中共党史专题资料丛书

陈夕 总主编

中国共产党与三峡工程

本卷执行主编 刘荣刚
执 行 副 主 编 刘一丁

中共党史出版社

图书在版编目（CIP）数据

中国共产党与三峡工程 / 陈夕主编 .—北京：中共党史出版社，2014.11（2023.1 重印）

（中共党史专题资料丛书）

ISBN 978-7-5098-2509-9

Ⅰ.①中… Ⅱ.①陈… Ⅲ.①中国共产党—党史—史料 ②三峡水利工程—史料

Ⅳ.①D23 ②TV632

中国版本图书馆 CIP 数据核字 (2013) 第 308657 号

出版发行：中共党史出版社

责任编辑：张墨研

责任校对：龚秀华

责任印制：段文超

社　　址：北京市海淀区芙蓉里南街 6 号院 1 号楼

邮　　编：100080

网　　址：www.dscbs.com

经　　销：新华书店

印　　刷：保定市中画美凯印刷有限公司

开　　本：170mm × 240mm　1/16

字　　数：490 千字

印　　张：34.75

印　　数：11001–14000 册

版　　次：2014 年 11 月第 1 版

印　　次：2023 年 1 月第 4 次印刷

ISBN 978-7-5098-2509-9

定　　价：65.00 元

《中共党史专题资料丛书》前言

中共党史资料是中共党史研究的基础。任何一项有价值的党史研究成果，无不是在充分占有相关资料的基础上取得的。

改革开放以来，党史资料征集工作在党中央的领导下，首先由省、地（市）、县三级党史工作机构开展立体网络式的全面征集，而后又开展专题征集、重点征集，由此将新民主主义革命时期在战争和白色恐怖环境下散失的大量党史资料收集、整理、编纂起来，为进一步深入研究这一时期的党史，奠定了坚实的基础。

进入新世纪后，为了推动社会主义革命、建设和改革开放新时期党史的研究，党中央在适时公布历史档案的同时，要求党史工作部门对领导干部和重大事件当事人手中留存的党史资料及口述史料展开征集。这一工作得到了各级领导干部、广大群众的热烈响应，取得了可喜的成果。

党的十八大以后，习近平总书记多次强调，学习党史、国史，是坚持和发展中国特色社会主义、把党和国家各项事业继续推向前进的必修课。这门功课不仅必修，而且必须修好。如何推动党史研究走向深入，为广大党员干部群众提供高质量的教科书，是党史工作者的神圣职责。

为了贯彻中央的上述指示精神，进一步推动党史的学习、研究和宣传工作，中共中央党史研究室宣传教育局在室务委员会的领导下，计划在以往党史资料征集工作的基础上，按专题编辑、出版中共党史专题资料丛书，陆续推出关于新中国成立以来的重大党史事件的资料。这一工作得到了国家社科规划领导小组的支持。《中共党史专题资料丛书》被列为国家社科基金重大项目。本丛书首批出版的资料包括《中国共产党与156项工程》、《中国共产党与三线建设》、《中国共产党与经济特区》、《中国共产党与三峡工程》、《中国共产党与西部大开发》、《中国共产党与当代西藏》等六个专题。

中共党史专题资料丛书所选资料难免有疏漏和不当之处，敬祈广大读者批评、指正。

编　者

2014年6月

目　录 CONTENTS

综　述

文献资料

专题资料

回 忆 录

大 事 记

综　述

三峡工程的决策与建设

长江三峡工程是我国开发、治理长江的关键性骨干工程，是当今世界最大的水利枢纽工程，是一个兼具防洪、发电、航运、补水等综合效益的巨大工程；是经过百年设想、半世纪论争、反复论证、17年建设建成的重大工程，是改革开放新时期经我国最高国家权力机关——全国人民代表大会审议、批准兴建的唯一一个重大建设项目；是中外广泛合作、国内各省市区和部门协调配合、全国各族人民群策群力的标志性工程。三峡工程的决策、建设历史，是一段风风雨雨、艰难周折的历史，是一段轰轰烈烈、发扬中国人民伟大创造精神的历史。

一

长江是人类文明的摇篮之一，是我国的母亲河。它是我国最大的河流，全长6300公里，流域面积180万平方公里，支撑着全国18.8%国土面积、32%人口、34%GDP、26%耕地面积。长江流域物产丰富，是我国重要的经济区域之一，在国家经济社会发展中具有极为重要的战略地位。长江流域水资源十分丰富，水的总量占全国的1/3，水电理论蕴藏量占全国的40%，是我国重要的水电能源基地。随着我国经济社会的不断发展和对资源的大量需求，水电的开发利用具有巨大的优势。长江素有“黄金水道”的誉称，是联系我国东、中、西部的航运大动脉，通航里程占全国的56%，航运能力占我国内陆航运的1/3。长江流域易受气候变化的影响，是自然灾害十分严重的流域，历史上屡遭严重的洪旱灾害，尤以中下游平原地区洪涝灾害最为严重。从清代以来，水灾更趋频繁。1860年、1870年两次特大洪水，中下游平原损失惨重。1931年、1935年两次大洪水，分别淹地5090万亩和2246万亩，直接淹死人口分别为14.55万人和14.2万人①。

20世纪以前，长江虽然能给我国人民以舟楫、灌溉之利，但其水患灾害严重，一直没有得到治理；丰富的水力资源，一直未能得到开发。20世纪以来，许多仁人志士看到水力发电的巨大优势，提出了开发长江三峡的构想和蓝图。早在1918年，中国革命的先驱者孙中山先生就在所著《实业计划》《第二计划》中，提出了开发长江三峡的计划。

孙中山不仅是一位伟大的革命家，在经济建设上，其眼光与思路也与众不同。1894年初，他在《上李鸿章书》中，在倡导“富强之大经，治国之大本”时，提出要“地能尽其利，物能尽其用”，并向李鸿章推荐了在欧美国家刚刚出现的水电：“……近又有人想出新法，用瀑布之水力以生电，以器蓄之，可待不时之用，可供随地之需，此又取之无尽，用之不竭者也。”②1912年，他在武汉发表的《以实业与商务重建我们的国家》的演说中，不仅阐发了其铁路计划，而且也提出要在长江上游修建一座世界最大最高的水坝的设想。1918年，他用英文写成的《实业计划》，提出了“六大建设计划”，其中《第二计划》的建港治河部分，就包括三峡水力资源的开发，长江的港口建设和航道的治理。指出：“自宜昌而上，入峡行，约一百英里而达四川之低地，即地学家所谓红盆地也。此宜昌以上迄于江源一部分河流，两岸岩石束江，使窄且深，平均深有六寻（三十六呎），最深有至三十寻者。急流与滩石，沿流皆是。”“改良此上游一段，当以水闸堰其水，使舟

① 《邹家华关于提请审议兴建长江三峡工程的议案的说明》，1992年3月21日。

② 岭南文库编辑委员会、广东中华民族文化促进会合编：《孙中山文粹》上，广东人民出版社1996年版，第12页。

得溯流以行，而又可资其水力。”[①]1924年8月，他在广州国立高等师范学校所作的《民生主义》演讲中明确指出：“又像扬子江上游夔峡的水力，更是很大。有人考察由宜昌到万县一带的水力，可以发生3000余万匹马力的电力，比现在各国所发生的电力都要大得多。不但是可以供给全国火车、电车和各种工厂之用，并且可以用来制造大宗的肥料。”[②]这是我国首次提出兴建长江三峡大型水力发电站的设想。

孙中山提出开发三峡水力资源设想后的很长一段时间里，中国水利界并没有作出大的反应，仅在1922年，北洋政府成立了一个名为扬子江水道讨论委员会的机构，这个委员会虽以长江中下游水利问题为议题，但没有开展实际工作。1928年南京国民政府成立后，将这个机构改组并转属交通部的扬子江水道整理委员会，其主要任务是治理航道，改善航运。扬子江水道整理委员会曾以长江中下游为主，进行过一些地形测量、河道测量和水文观测等工作。1930年初，国民政府工商部提出在长江上游筹设水电厂，并开始搜集资料工作，但坝区勘测、选址等工作没有进行，就不了了之。

1932年10月，由国民政府建设委员会技正（工程师）恽震建议，在国防设计委员会副秘书长钱昌照支持下，由国防设计委员会主持、国民政府建设委员会组织，扬整会派员组成长江上游水力发电勘测队，进入三峡地区，进行了为期两个月的长江上游水电勘测工作。这次勘测，选出了黄陵庙、葛洲坝两处低坝比较方案[③]。次年3月，扬整会将这次勘测的成果《长江上游水力发电计划》呈报交通部。交通部的批示是：“所呈计划尚属详明，应予存案备查。”这次勘测，是我国为开发三峡水力资源所作的第一次勘测研究工作，也是对孙中山开发三峡水力资源的首次回应。

抗战胜利前后，在美国政府特别是垦务局等机构和相关人士的帮助

---

① 张云昌、栾临滨主编：《中国长江三峡工程历史文献汇编（1918—1949）》，中国三峡出版社2010年版，第19页。

② 孙中山：《三民主义》，岳麓书社2000年版，第213页。

③ 恽震、曹瑞芝、宋希尚：《扬子江上游水力发电勘测报告》，1933年春。

下，沉寂多年的三峡水力问题突然升温。1944年4月，中国战时生产局顾问、美国经济学家潘绥写了一份名为《利用美贷筹建中国水力发电厂与清偿贷款方法》的报告，建议在长江三峡建造水力发电厂，同时兴办肥料厂，由美国投资并提供器材设备，以生产的肥料偿还债务。5月，美国垦务局设计总工程师、高坝专家萨凡奇博士应国民政府经济部资源委员会的邀请，以"规划战后开发西南水电"的名义，来华咨询。9月，在对三峡库区进行初步勘查的基础上，提出了《扬子江峡谷计划初步报告》，其中之一为《扬子江三峡计划初步报告》，即"萨凡奇方案"。这个方案提出了兴建三峡工程的建议，三峡工程的实际收益依次是发电、灌溉、防洪、航运、给水与游览等；规划坝高为250米，坝身用混凝土直线重力式；计划装机96台，最大装机容量为1056万千瓦，另有装机8万千瓦的厂用电力设备4套；工程分期进行；总投资约美金10亿元。[①]由此，长江三峡工程骤然进入勘测设计阶段。

1945年5月至8月，在国民政府经济部资源委员会主持下，成立了由国家水利、农林、交通、地质部门与长江流域机构组成的三峡水力发电计划技术研究委员会，以及负责设计、施工和勘测的全国水力发电工程总处三峡勘测队。10月，中国资源委员会与美国垦务局签订了《中美关于编制长江流域工程报告的合约》，通称《中美三峡工程设计合约》。合约规定，三峡工程由美国代为设计，中国派员参加。1946年4月，萨凡奇在中国技术人员陪同下复勘三峡坝址。10月，开发扬子江三峡水力，资源委员会全国水力发电工程总处特设扬子江三峡勘测处。在此前后，三峡工程坝区库区的地形测量、地质钻探、经济调查、规划设计工作陆续开展；中方参加设计三峡工程的人员分批赴美。然而，由于国民政府热衷于打内战，修建三峡大坝在技术上既不可行，在经济上也无能为力。1947年5月国民政府正式宣布："三峡工程暂告停顿"。随后，在美参加三峡设计工作的人员开始分批回

① 张云昌、栾临滨主编：《中国长江三峡工程历史文献汇编（1918—1949）》，中国三峡出版社2010年版，第48—72页。

国。[①]三峡工程仍然只是一个美好而又遥远、可望又不可及的梦想。

二

1949年10月1日新中国成立，中国历史翻开了新的一页，三峡工程也随之进入一个新阶段。

1949年汛期，长江发生洪水，当年虽非特大洪水年，但由于国民党统治时期水利设施严重失修，以致长江中下游堤防多处溃口，荆江大堤岌岌可危。当时，全国解放战争仍在进行中，中南局农林水利部组织中下游各省水利机构进行防汛与汛后的复堤、赈灾工作，并着手接收国民党政府所属水利机构如长江水利工程总局等。1949年10月，全国统一的水利领导机构水利部成立。11月，政务院财政经济委员会在北京召开全国各解放区水利联席会议，决定“以流域为单位，组织流域性的水利机构”。12月，政务院第11次政务会议决定中南水利部副部长林一山出任长江水利委员会主任，具体负责长委会的筹组工作。1950年2月，长委会在汉口正式成立，并启用由水利部颁发的印章。当时长江水利委员会下设长江上游工程局（驻北碚，1953年迁重庆）、中游工程局（驻武汉）、下游工程局（驻南京）、洞庭湖工程处（驻长沙）、荆江工程处（驻沙市）等。

新中国成立后，党中央把长江洪水的控制和长江的治理问题提到一个非常重要的位置。1950年，毛泽东让水利部汇报工作，问有没有办法解决长江洪水问题。水利部和长委会研究认为，要保证大局，避免更多的人受灾，就要牺牲一小块来蓄洪水，减轻大范围的受灾。提出，在湖北荆江公安县低洼的地方开辟一个分洪区，特大洪水发生时可以利用这个地区分蓄洪水。1950年国庆节前后，水利部副部长李葆华将此事汇报给毛泽东。

① 闵江月：《萨凡奇考察长江三峡前后》，载湖北省政协文史资料委员会、宜昌市政协学习文史委员会编《三峡文史博览》，中国文史出版社1997年版，第5—17页。

毛泽东问，这个地方临时解决问题还可以，它能用多少年，如果长江上游来的泥沙将分洪区淤了，不就用不成了吗？李葆华回答，初步估计如果每年都分洪，大概可以用二三十年。毛泽东听后说，能用二三十年就够了，那时就可以着手解决长江治本的问题了。[①]就这样，水利部和长委会即确立了以防洪工作为首要任务的治江方针，并积极进行复堤固堤，决定近期完成荆江分洪工程和一批湖泊蓄洪垦殖工程。

荆江分洪工程是新中国第一个治理长江的大型工程。1951年12月，长委会主任林一山在《治江工作的简要报告》“治江三阶段”中，首次提出以三峡工程为长江防洪的治本性工程，以荆江分洪工程为当时平原防洪的重要措施。1952年3月，中南军政委员会根据中央指示，作出《关于荆江分洪工程的决定》，“一致同意荆江分洪的计划，认为这一计划的方针是照顾全局，兼顾了两省，对两湖人民都是有利的”。同月，中央人民政府政务院发布了《关于荆江分洪工程的规定》，指出：“为保障两湖千百万人民生命财产的安全起见，在长江治本工程未完成以前，加固荆江大堤并在南岸开辟分洪区乃是当前急迫需要的措施。”[②]4月5日，荆江分洪工程主体工程北闸、南闸和分洪区围堤的主要组成部分黄天湖大堤全面开工，30万军民和技术干部齐心协力，日日夜夜奋战在工地上，6月20日提前15天完成任务。在荆江分洪工程建设过程中，毛泽东派水利部部长傅作义送来锦旗，写着“为广大人民的利益，争取荆江分洪工程的胜利”。周恩来也送了锦旗，写着“要使江湖都对人民有利”。荆江分洪工程的竣工，为防御1954年洪水、保障荆江大堤创造了重要条件。

荆江分洪工程完工后，中央进一步考虑到了长江的治理问题。1953年2月，毛泽东乘坐海军“长江”舰，由“洛阳”舰护航，从武汉到南京，亲自视察长江。长委会主任林一山陪着毛泽东从武汉到南京。在船上的三四天时间里，毛泽东主要谈了两件事，其中之一就是了解长江流域的情况，并着

① 魏廷琤：《陪三代中央领导视察三峡》，《百年潮》2006年第2期。

② 《中央人民政府政务院关于荆江分洪工程的规定》，1952年3月31日。

重研究长江中下游防洪问题。林一山说，我们在长江上游的干支流选择了一些水库，将来能够对洪水进行调蓄，降低中下游水位，配合堤防以及分蓄洪水的运用，从而确保长江中下游广大地区的安全。毛泽东问，这些水库修起来以后，长江洪水问题是不是就能解决了？林一山回答，还不行，这些水库下面还有30万平方公里，这些地方下暴雨，长江中下游地区还可能发生特大洪水。毛泽东又问，还有没有别的办法？林一山说，当时美国人在这里搞过计划，修建三峡大坝，它主要是为了发电，我们现在考虑的是利用这个大水库的库容调节长江水道宣泄不了的超额洪水，进行防洪。毛泽东得知费了那么大的力量修这么多的支流水库还是不能解决防洪问题后说，那为什么不在这个总口子上卡起来，毕其功于一役？就先修那个三峡水库怎么样？[①]毛泽东说你们回去之后抓紧研究，有了结果之后赶快向我报告，现在对外面不要讲。

1953年毛泽东提出研究三峡问题后，林一山给长江上游工程局布置了任务：研究在金沙江、岷江、嘉陵江、乌江四大河流兴建水利工程控制四江代替三峡工程，能否解决长江中下游防洪问题。长江上游局随即组织力量对三峡大坝坝址和三峡水库以及金沙江等四大河流进行控制性水库的勘选工作，并对长江中下游的洪水来源与组成、发生特大洪水的机遇以及各种可能的防洪方案进行全面研究。1954年4月，长江上游工程局组织人员对长江三峡进行勘查，选取坝址。经过一段时间的勘查，提出黄陵庙、三斗坪、茅坪等坝址更为有利，值得研究。

1954年夏，长江中下游发生了百年少遇的大洪水，虽然经过广大军民奋力防守、抢救，采取分洪措施，仍淹地4755万亩，受灾人口1800万，死亡3.3万人，京广铁路100天不能正常运行。历史上每次灾害，都给流域内人民的生命财产带来巨大损失，对国家经济造成很大的影响。毛泽东、刘少奇、周恩来于当年11月下旬在京广线的专列上，用了一整夜时间，听取林一

---

① 中共中央文献研究室编：《毛泽东年谱（1946—1976）》第2卷，中央文献出版社2013年版，第34—35页。

山关于长江流域规划和三峡工程设计工作的汇报。毛泽东还要周恩来回北京后给苏联政府联络，希望苏联派专家来华帮助进行长江流域规划和三峡工程设计研究工作。[①]

1955年起，在党中央、国务院的领导下，有关部门和各方面人士通力合作，全面开展长江流域规划和三峡工程勘测、科研、设计工作。1955年6月，以马林诺夫斯基为代组长的苏联专家组陆续来到武汉，不久专家组长德米特里也夫斯基正式抵达，中苏合作全面展开长江流域的规划工作。1955年10月到1956年6月，中苏专家对长江干流及主要支流进行了广泛查勘。长委会调集了18支勘测队在长江干流和嘉陵江、汉江、乌江、金沙江等地进行地质勘测。苏联航空测量队出动10余架飞机，分南北两线航测了长江流域主要地区。特别是1955年10月至12月，水利部党组书记、副部长李葆华和长委会主任林一山带领长委会一些主要负责人和工作人员，对长江上游干支流进行了综合查勘。苏联专家组成员参加。

就是在这次查勘中，中苏专家发生了意见分歧。苏联专家由于对长江防洪形势的紧迫性、严重性认识不足，对水电开发考虑较多，主张把重庆上游40公里的猫儿峡枢纽和上游干支流几个枢纽建起来解决近期需要，认为三峡工程规模太大、投资过多，不大现实。中方专家则认为长江防洪问题紧迫，是治理长江的首要任务；猫儿峡等工程淹没良田太多，不能作为治江重点；倾向于以三峡枢纽作为治江战略重点。

周恩来得知这一情况后，非常重视。1955年12月，他在北京专门开会，还邀请了中国科学院副院长竺可桢与会。在听取林一山和德米特里也夫斯基对治江战略的不同意见后，周恩来明确指出：长江中下游防洪，紧迫重要，三峡暴雨区形成的那种大洪水，是上游其他枢纽无法控制的，三峡水利枢纽扼中游来水的咽喉，地理位置十分有利，又有巨大库容，“对上可以调蓄，对下可以补偿”，不但对长江防洪有显著作用，综合效益也不是猫儿

① 中共中央文献研究室编：《周恩来年谱（1949—1976）》上卷，中央文献出版社1997年版，第427—428页。

峡等工程所能代替的；三峡工程应是长江流域规划的主体工程。[①]德米特里也夫斯基听后，赞同长江防洪是全局性的大问题，同意进行三峡工程研究。此后，苏联专家与中方专家相互配合，在编制长江流域规划和三峡工程设计等方面，在勘测、规划、设计、科研等领域，都作出了很大贡献。

由于长江流域规划涉及中央有关部委和长江流域各省市，1956年3月，国务院副总理邓子恢传达周恩来的指示，决定将长江水利委员会改为长江流域规划办公室（简称长办，属国务院建制，由水利部代管）。10月，水利部转发国务院通知，批准成立长江流域规划办公室。长办具体承担长江流域规划工作，燃料工业部所属水电建设总局、交通部、地质部、水产部等单位亦派出人员参加流域规划工作。

1956年6月，当长江流域规划和三峡工程研究有了初步成果时，毛泽东在武汉畅游长江后，写下了《水调歌头·游泳》一词，描绘出"更立西江石壁，截断巫山云雨，高峡出平湖"的三峡工程的壮丽宏图，唱响了兴建长江三峡工程的新乐章。

1956年上半年，经过几年的努力，长江水利委员会和不久前组成的长江流域规划办公室在即将提出以三峡工程为主体的长江流域规划要点报告时，长办主任林一山总结当时的工作成果，在《中国水利》杂志第5、6期上发表了题为《关于长江流域规划若干问题的商讨》的文章。文章着重讲了两个问题：一是三峡工程在长江流域治理开发中的枢纽作用和地位，提出"长江流域规划中必须首先解决防洪问题"，三峡是建设大坝的最好地点；二是在进行长江流域规划的同时，要对三峡工程的设计展开深入研究，其中谈到三峡工程的正常蓄水位最高为235米，有效库容可达1150亿至1260亿立方米，可以根本解决两湖平原的水灾；还可以保证万吨巨轮终年通航于城陵矶与重庆之间；可以装机2300万千瓦，年发电量1500亿度；可以通过汉江丹江口水库引水至华北黄淮平原。[②]

---

① 《长江三峡工程前期工作大事记》，《长江志通讯》1987年第3期（增刊）。

② 林一山：《关于长江流域规划若干问题的商讨》，《中国水利》1956年第5、6期。

1956年9月，时任电力工业部水电建设总局局长的李锐，针对林一山的文章，写了一篇题为《关于长江流域规划的几个问题》的文章，并组织一批水电专家，就长江的水文、防洪、发电、航运、地质及有关工程技术和施工等方面的问题，分别写了专文，发表于第9期《水力发电》"长江规划专号"上。这些文章认为：用三峡工程防洪是不必要、不经济的；荆江地区防洪形势非常严峻，如发大洪水，会导致淹死几十万人的毁灭性灾难的说法，是夸大其词、耸人听闻的；在全国用电量比较小的情况下，三峡所发的电根本用不了，会造成资源和投资的浪费；三峡工程所涉及的工程技术问题，不但国内解决不了，就连世界上也解决不了；提出用沅水五强溪工程替代丹江口工程。①这是在论证兴建三峡工程过程中最初的分歧意见。

1958年1月，中共中央在南宁召开工作会议，毛泽东要求会议安排讨论三峡工程问题，并将国内两种不同意见的代表林一山、李锐接到南宁，进行汇报。林一山和李锐分别作论辩发言。最后针对双方相持不下的意见，毛泽东在肯定修建三峡工程必要性的同时，充分吸取不同意见的合理部分，提出"积极准备，充分可靠"的三峡建设方针，并委托周恩来亲自抓长江流域规划和三峡工程工作。同时决定将水利、电力工业两部合并，成为水利电力部（1979年2月，将水利部和电力工业部分开。1982年国务院机构改革，再次将水利部和电力工业部合并。1988年4月，又重新恢复水利部）。

1958年2月底3月初，周恩来率100多位党政要员和专家，实地勘察荆江大堤和三峡工程的预选坝址——南津关和三斗坪。除实地查勘外，还在船上听取三峡工程研究和长江流域规划工作汇报、汉江流域规划和丹江口水利枢纽工程设计的汇报。周总理指出：由于条件比较成熟，汉江丹江口工程应当争取在1958年做施工准备或正式开工。建设丹江口水利枢纽工程，第一确保质量，第二要妥善安排移民，第三设计由长江流域规划办公

① 李锐：《关于长江流域规划的几个问题》，《水力发电》1956年9月号。

室负责，施工由湖北省政府负责，省长张体学亲自挂帅。①

1958年3月，周恩来在成都会议上作《关于三峡水利枢纽和长江流域规划的报告》。会议通过了《中共中央关于三峡水利枢纽和长江流域规划的意见》，明确提出："从国家长远的经济发展和技术条件两个方面考虑，三峡水利枢纽是需要修建而且可能修建的；但是最后下决心确定修建及何时开始修建，要待各个重要方面的准备工作基本完成之后，才能作出决定。估计三峡工程的整个勘测、设计和施工的时间约需15年到20年。现在应当采取积极准备和充分可靠的方针，进行各项有关的工作。""三峡大坝正常高水位的高程应当控制在200公尺（吴淞基点以上），不能再高于这个高程；同时，在规划设计中还应当研究190公尺和195公尺两个高程，提出有关的资料和论证。"②成都会议决定撤销长江水利委员会。这实际上对三峡工程两年多来的争论作了结论。

成都会议结束后，毛泽东于1958年3月30日乘坐"江峡"号客轮由重庆顺江东下，沿长江作了一次全面视察，并重点考察了三峡坝址。经过三峡时，毛主席在驾驶舱观察三峡地形，向身边的海员们说：有些地方航道仍然不好，在三峡修一个大水闸，又发电又便利航运，你们赞成吗？海员回答说：太赞成啦！修了水闸，航行就更加方便了。傍晚，船经三斗坪，毛主席叫掉转船头，减速行驶，到甲板上，仔细察看了三峡坝址。4月，毛泽东在武汉会见一个外国代表团时说，"我们准备在三峡筑一个水库。准备工作需要5—7年，连筑成就要15—20年"。"这将是我们的第一个大水坝。"③此后，三峡工程的设计和科研工作进入一个新阶段。

1958年4月，国家科委、中国科学院根据周总理开展三峡科研大协作的指示，成立三峡科研领导小组，中科院副院长张劲夫为组长，科委与水

---

① 王任重：《随同周总理考察三峡记》，《王任重文集》下卷，中央文献出版社1999年版，第300—311页。

② 《中共中央关于三峡水利枢纽和长江流域规划的意见》，1958年3月25日成都会议通过，4月5日政治局会议批准。

③ 曹应旺：《老一辈革命家与长江三峡》，《党的文献》1993年第1期。

电部各一负责人为副组长。6月，国家科委、中科院召开首次科研会议，对三峡工程开展全国科技大协作，到会的有82个单位、268人，同时还有13位苏联专家与会。[①]根据这次会议制订的计划，全国共200多个单位、近万名科技人员参加三峡工程的科研协作。此后，还召开过两次科研会议，就三峡重大科学技术问题、初步设计等进行研讨。

1958年5月，长办根据南宁会议和周恩来指示精神，完成了丹江口水利枢纽初步设计报告，由水利电力部和湖北省组织审查，通过了设计方案。1958年9月，丹江口水利工程正式开工，1959年12月胜利实现了汉江截流。1967年大坝达到挡水发电高程，下闸蓄水，1968年建成拦洪发电，1973年全部竣工。[②]丹江口工程是长江上第一个大型综合利用水利工程，其建设成功，不仅达到了兴利除弊、造福人类的目的，而且为以后的葛洲坝工程、三峡工程建设积累了经验，锻炼了队伍。

1958年3月成都会议以后，长办在完成丹江口水利枢纽初定设计等工作的同时，其工作重点主要是围绕三峡工程进行研究和设计，长办专家和苏联专家一起做了大量的地形、地质比选工作。在规划设计方面，成立了三峡工程设计领导小组，全力抓好设计工作。三峡工程设计领导小组每周召开一次会议，安排、布置、检查工作成果。1958年11月，提出《三峡水利枢纽初步设计要点报告》，并于次年3月报送水利电力部。1959年5月，“三峡水利枢纽初步设计要点报告”讨论会在武昌召开，会议就坝址选择、正常高水位选择及施工方案进行了重点讨论。经过讨论，绝大多数代表认为三斗坪与南津关两坝址相比，前者具有不可争辩的优越性。[③]大会一致同意选用三斗坪坝址和正常蓄水位200米方案——这是第一次确定三斗坪坝址。6月底，长办开始对三斗坪坝址进行初步设计。以后，又在该坝段比较了三条坝线，1960年经过比较，选择了上坝线，即现在通过中堡岛的坝线。

---

① 《三峡第一次科研会向中央的报告》，1958年6月。

② 张二江主编：《丹江口市志》，新华出版社1993年版，第205—215页。

③ 《长江三峡工程前期工作大事记》，《长江志通讯》1987年第3期（增刊）。

1959年，毛泽东针对战争状态下三峡工程怎么办的问题，在三峡建设方针“积极准备，充分可靠”之后又增添“有利无弊”四个字。当年12月，周恩来指示成立了三峡防空炸科研领导小组，张爱萍负责，张劲夫、钱学森、钱正英、林一山参加，并成立了以军事部门为主，有长办、中科院、清华大学等单位参加的三峡工程试验站。长办作为三峡工程的设计单位，对三峡坝址也进行了防护研究。从1961年起，从宽河谷段的三斗坪坝址研究转向窄河谷段的石牌、太平溪两处坝址防护的研究。1963年起又重点研究了太平溪坝址的防护工作。这一时期，还在东花园、官厅水库进行了化学爆炸模拟试验。以后，还在新疆核试验基地作了核爆模拟试验。①

1959年，由于黄河三门峡水库发生严重淤积问题，又提出水库的寿命问题。随后，长办根据毛泽东和周恩来的指示精神，加强了人防和泥沙的研究工作，将水库调度与泥沙淤积作为重大科技问题进行深入研究。此外，林一山亲率长办人员深入华北、西北多沙河流，对一些水库保留有效库容的经验进行实地考察，并针对三峡水量丰沛的特点进行研究，得出可在多沙的汛期降低库水位泄洪排沙，待汛后再蓄水至正常水位，使三峡水库保留有效库容的调度原则。1965年，长办提出成果报告，上报周总理和毛主席，并在黄河三门峡试用了研究成果，取得了很好效果。

1960年，中央考虑到当时国家的经济情况和国际形势，决定放缓三峡工程建设的进程。当年8月，周恩来在北戴河会议期间主持召开长江规划工作会议，调整三峡工作部署，并指示“雄心不变，加强科研，加强人防”。此后，长办在进行人防、泥沙、坝址等研究的基础上，根据当时国内经济情况，研究了各种分期的方案。1966年3月，向中央、毛泽东报送了《关于三峡水利枢纽分期开发研究的报告》，提出分期开发方案，即第一期水库正常高水位115米，主要任务是提前发电；第二期将大坝加高到162米高程，正常高水位150米，主要任务是防洪、发电；第三期正常高水位抬高到200米的最终规模。根据国家经济情况看，三峡工程宜早不宜迟，建议中

① 魏廷琤口述、刘荣刚整理：《长江三峡工程的决策》，《百年潮》2012年第3、4期。

央将三峡工程列为第三、四个五年计划期间的建设项目，争取1968年开始施工准备，1969年正式开工，1975年汛前开始发电。①不久，“文化大革命”爆发，兴建三峡工程被搁置下来。

1969年，当时全国缺电非常厉害，水电部军管会研究对策，设想上三峡工程。最终形成一个办法，既考虑备战要求和近期国民经济的实际情况，又考虑根治长江、开发水利的长远战略目标，建议三峡工程分两期建设：一期工程着重解决荆江地区防洪和鄂西、豫西、湘西、川东地区用电，以及改善川江最困难的峡谷航道；二期工程根本解决长江中下游地区的防洪问题，扩大发电效益等。为此水电部和湖北省一起于3月向中央写了一个《关于修建三峡水利枢纽的设想》的报告，建议三峡工程上马②。1969年10月，毛泽东视察湖北时，湖北省革命委员会主任曾思玉又提出要修建三峡大坝。毛泽东向他泼了“冷水”，提出“头顶两百亿立方水，你怕不怕？”指出在目前备战时期，不宜作此想。③

1970年3月，周恩来在全国计划工作会议预备会议研究“四五”计划纲要时说：“兴建长江三峡工程是伟大领袖毛主席的伟大理想，我们一定要在他健在的时候把这件事定下来，不把这件事办好，对不起党，对不起人民。”并计划把三峡工程写进“四五”计划纲要中。④10月，武汉军区和湖北省革命委员会向中央和国务院报送《关于兴建长江葛洲坝水利枢纽工程的请示报告》，建议在三峡工程之前，先兴建葛洲坝水利枢纽⑤。按照长办过去研究的建设程序，葛洲坝工程属三峡工程的一部分，是三峡工程的反调节工程，应在三峡工程建成之后兴建，或与三峡工程同时修建。

12月16日，周恩来听取葛洲坝工程与三峡工程相互关系的汇报，并要林一山把不同意先建葛洲坝工程的意见用书面写出。会后，周恩来将武汉

---

① 《长办关于三峡水利枢纽分期开发研究的报告》，1966年3月9日。

② 《水电部军管会、湖北省革委会关于修建三峡水利枢纽的设想》，1969年3月27日。

③ 《关于兴建长江葛洲坝水利枢纽工程周恩来给毛泽东的信》，1970年12月24日。

④ 魏廷琤口述、刘荣刚整理：《长江三峡工程的决策》，《百年潮》2012年第3、4期。

⑤ 《武汉军区、湖北省革委会关于兴建长江葛洲坝水利枢纽工程给毛主席并党中央、国务院的请示报告》，1970年10月30日。

军区、湖北省的报告及《中共中央关于兴建长江葛洲坝水利枢纽工程的批复》送审稿，并附上林一山的反对意见，呈送毛泽东。批复送审稿提出在“四五”计划期间兴建葛洲坝工程是可行的；“至于三峡大坝，需视国际形势和国内防空炸的技术力量的增长，修高坝经验的积累，再在‘四五’期间考虑何时兴建”[①]。12月26日，毛泽东在77岁寿辰的这天，在葛洲坝工程兴建报告上作了批示：“赞成兴建此坝。现在文件设想是一回事。兴建过程中将要遇到一些现在想不到的困难问题，那又是一回事。那时，要准备修改设计。”[②]

毛泽东批准的第四天，葛洲坝工程就大规模开工了。但由于准备不足，施工质量发生了严重事故。1972年10月、11月，周恩来抱病几次召集会议，研究葛洲坝工程问题，决定主体工程暂停施工，修改设计；指定由林一山、钱正英、张体学、王英先、马耀骥、沈鸿、谢北一、袁宝华、廉荣禄9人组成葛洲坝工程技术委员会，直接对国务院负责；修改设计工作由长办负责。[③]1974年9月，在国家建委主任谷牧主持下，审查了设计方案，葛洲坝工程于当年复工。1975年葛洲坝工程基本走上正轨，1981年初实现截流，1981年中通航发电。葛洲坝工程的兴建，一方面满足了华中地区近期用电的紧迫需要，同时也为三峡工程作了实战准备。

1974年葛洲坝工程复工后，三峡工程建设问题又提上议事日程。70年代中期，长办开始着手编制三峡工程可行性研究报告。由于60年代研究人防问题时，三峡坝址变来变去，这时首先要确定好三峡坝址问题。1978年2月，水电部在现场召开了坝址选择准备会议。1979年4月，国务院召开会议，听取有关三峡工作汇报，决定由林一山主持召开选坝会议。1979年5月，三峡选坝会议在武汉洪山宾馆召开。代表首先考察了太平溪、三斗坪两个坝址和荆江大堤险段，随后进行讨论。大家对这两个坝址的优缺点各持

① 《中共中央关于兴建长江葛洲坝水利枢纽工程的批复》，1970年12月25日。

② 《毛泽东对〈中共中央关于兴建长江葛洲坝水利枢纽工程的批复〉的批示》，1970年12月26日。

③ 《周恩来在葛洲坝工程技术委员会上的讲话摘录》，1972年11月。

不同意见，未达成一致。同时，部分代表还提出三峡工程不宜近期建设的意见，“主上”与“反上”双方吵得不亦乐乎。[①]1979年9月，根据国务院指示，水利部主持召开选坝汇报会，仍未取得完全一致意见。会后，水利部向国务院写了报告，除反映各方意见外，推荐以三斗坪开展初步设计。

三

1978年12月，党的十一届三中全会及时地、果断地把党和国家的工作着重点转移到社会主义现代化建设上来，作出了实行改革开放的新决策，开始了我国从“以阶级斗争为纲”到以经济建设为中心、从僵化半僵化到全面改革、从封闭半封闭到对外开放的历史性转变。20世纪70年代末，随着大规模经济建设的开展，华中地区甚至全国缺电越来越严重，影响了经济建设。1979年11月，当葛洲坝一期工程基本建成后，水电部向中央、国务院提出关于修建三峡水利枢纽的报告，建议将三峡作为我国四个现代化建设中的一项重大战略性工程，争取在90年代建成[②]。由于当时正处国民经济调整之际，三峡工程不可能提上日程。

1980年3月，美国政府为履行1979年8月邓小平与蒙代尔副总统签订的《中华人民共和国政府和美利坚合众国政府水力发电和有关水资源利用合作议定书》，派出以田纳西流域管理局主席弗里曼为团长的水电代表团来华进行工作会谈。代表团在华期间，参观了葛洲坝工程和三峡坝址。同时对中国国内有关三峡工程的争论情况，也有了一些了解。美国代表团回国后，在《工程新闻记录》杂志上发表报道，标题是《中国放弃了宏伟的水坝工程》，文中引用了莫里斯所说的：“我们的代表团成功地扼杀了

① 魏廷琤口述、刘荣刚整理：《长江三峡工程的决策》，《百年潮》2012年第3、4期。
② 《水利部关于三峡坝址选择和做好前期工作的报告》，1979年11月15日。

长江上那座700英尺的高坝，那里的一些工程师过去与这个工程恋爱了20年。”“我们帮了中国高级领导一个大忙。”该杂志面向全世界发行，影响颇大。为澄清问题，当时负责三峡工程和葛洲坝工程设计、时任长办副总工程师的魏廷琤在《人民长江》1980年第5期发表了《关于长江三峡水利枢纽若干问题辩证》一文，杨贤溢、魏廷琤等针对美国水电代表团的意见，写出《为什么必需兴建三峡工程》一文，送《工程新闻记录》，该刊于1980年11月摘登了这篇文章。[①]这些说法，加上当时我国正值国民经济调整，使中央领导对三峡工程心存疑虑。

中央的态度，使一些长期为三峡工程作准备并力促三峡工程早日上马的同志心情焦急。据时任长办副总工程师的魏廷琤回忆：1980年3月，我正在葛洲坝工地，听到湖北省委副书记王群传达国家计划会议预备会议精神，在这次会上邓力群传达了邓小平的话，根据当前经济形势，三峡工程十年之内可能上不去。我听后很着急。[②]恰巧这时，新华社湖北分社记者李永长采访魏廷琤，魏廷琤向他讲了三峡工程的基本情况，包括规划设计、施工、设备供应、资金需求等方面的情况以及葛洲坝工程和三峡工程的关系等。李永长据此写了一篇长篇动态清样。中央领导同志很重视这份反映材料。可能是邓小平了解了国内外对三峡工程意见分歧实在太大，于1980年6月下旬到陕西、四川、湖北等省考察。

1980年7月11日，邓小平在四川省省长鲁大东、湖北省委第一书记陈丕显等人陪同下，从重庆顺江东下，视察三峡坝区和葛洲坝工地[③]。邓小平一上船就关切地问长办副主任魏廷琤，有人说三峡水库修建以后，通过水库下来的水变冷了，长江下游连水稻和棉花也不长了，鱼也没有了。究竟有没有这回事？魏廷琤回答说：长江通过水库下泄的水量年平均为4510亿立方

---

① J·W·莫里斯、张继良：《美国〈工程新闻记录〉杂志1981年1月8日刊登美国陆军工程师兵团退休中将莫里斯为三峡工程给编者的信》，《人民长江》1981年第2期。

② 魏廷琤：《对长江三峡工程的历史回顾》，《中共党史资料》2002年第2期（总第94辑）。

③ 中共中央文献研究室编：《邓小平年谱（1975—1997）》上，中央文献出版社2004年版，第654—655页。

米，而三峡水库的库容只有年过水量的8%，会不断进行交换，水温变化不大，不影响农业和渔业。魏廷琤接着又向邓小平汇报了三峡工程研究的经过、工程规划设计、施工方案、设备制造、资金筹集等问题。

7月12日上午，船行进到三峡以后，邓小平又要身边的人将魏廷琤叫到船头会议室，一边观看两岸，一边谈三峡工程建设问题。邓小平详细询问了大坝、电厂、船闸的设计，并和国内外已达到的水平进行比较。他对设计所依据的基本资料包括水文、地质各种试验研究成果以及国内外大型水坝建设中发生过的一些重大问题也都作了了解，特别是和葛洲坝工程的对比询问得更为详细。他还特别问到，三峡工程会不会出现黄河三门峡工程出现过的泥沙淤积问题。魏廷琤作了详细汇报。邓小平还问到了三峡工程资金筹集问题。魏廷琤提出可用葛洲坝发电收入作为三峡建设资金，如果每度电0.1元，葛洲坝年发电160亿度，可得16亿元。邓小平对此很感兴趣。

下午，船到宜昌后，邓小平参观了葛洲坝工程，他看得很仔细。邓小平询问了葛洲坝一期工程的截流时间，他指示现在工地的各项设施以及机械设备将来凡是能用之于三峡的都要用上，那时不要再重复搞一套，要注意勤俭节约，不要浪费。在葛洲坝参观时，施工的同志汇报了工程施工情况，邓小平参观以后比较满意。

7月17日至20日，邓小平在武汉期间，党中央、国务院有关领导同志胡耀邦、赵紫阳、姚依林专程赶到武汉，汇报制定“六五”计划和长远规划的一些基本设想。在谈到三峡工程问题时，邓小平指出：此行看了长江三峡工程，听了汇报，了解到长江水运运量不大，长江中下游两岸防洪问题很严重，洪水淹到哪里哪里要倒霉，人民要遭殃，同时，长江两岸物产丰富，经济发达，三峡大坝建成以后航运问题可以解决，三峡工程可发大量的电，可促进这些地区的经济发展，环境影响问题也可以解决。他认为：修建三峡工程，对航运的影响不大，对生态环境的影响也不大，而对防洪所起的作用大，发电效益很大。因此，轻易否定三峡工程不好。[①]请党中央、国务院及有关部门的负责同志回北京后抓紧研究。邓小平这次谈话，对三峡工程是一个极其重要、极其关键的转折。

邓小平三峡之行后，三峡工程的相关工作开始加速进行。1980年8月，国务院召开常务会议，研究三峡工程问题，决定：关于三峡建设问题，由国家科委、建委负责，继续组织水利、电力及其他方面的专家进行论证，提出意见。根据国务院的决定，国家科委、建委随即组织筹备召开论证会，要求长办编制一套论证资料。1980年底，长办编制上报了《三峡水利枢纽论证报告》，后因故论证会没有召开。1981年2月长办提出了三峡分期开发、初期蓄水位128米、坝顶高145米的方案。

1982年2月，水利部部长钱正英向长办传达中央领导指示：三峡水利枢纽工程拟列入近期国家计划，并要求长办向中央作一补充报告。长办随即向中央、国务院和湖北省报送了《关于兴建三峡水利枢纽的补充报告》。《报告》说：从全局和长远考虑，我们认为选用最终规模蓄水位200米方案比较合理。为了减少集中投资的压力，特别是减轻移民负担，建议大坝、电站一次修建至最终规模，采取分期抬高蓄水位的方式运行。初期水位较低，能提前发电，同时移民数量减少有利于安置。随着发电收益的积累，从中适当提成，继续安置移民，并逐步抬高蓄水位，增加防洪、发电和其他综合效益。湖北省委、省人民政府讨论研究了长办的《补充报告》，并向中央和国务院写了《关于兴建长江三峡水利枢纽的报告》。[②]

1982年9月，党的十二大召开，提出到20世纪末工农业总产值要翻两番。十二大后，为适应工农业总产值翻两番对能源的要求，结合改善长江中下游的防洪、航运条件，国务院领导同志认识到应立即着手兴建三峡工程，但考虑到当时的国情，尽量减少水库淹没，建设规模要适当，三峡工程建设方案采用低坝方案——正常蓄水位为150米。1982年11月24日，邓小平

---

① 中共中央文献研究室编：《邓小平年谱（1975—1997）》上，中央文献出版社2004年版，第657页。

② 《湖北省委、湖北省人民政府关于兴建长江三峡水利枢纽的报告》，1982年2月10日。

在听取国家计委关于工农业产值翻两番汇报、谈到准备兴建三峡工程时说：我赞成低坝方案，看准了，就下决心，不要动摇[①]。

1982年11月底，水电部部长钱正英向长办提出：为了适应2000年总产值翻两番的要求，宜立即着手兴建三峡工程，但建设规模要适当，要适应中国当前的国情，尽量减少水库淹没。根据长办过去对三峡各种方案的研究，采用三峡蓄水位150米，可有防洪库容140多亿立方米，装机1200万千瓦，移民不超过40万人，投资约100亿元，这一规模比较适当，应立即研究这一方案的可行性。关于坝址问题，根据长办多年的勘探研究，三斗坪和太平溪都是好坝址。太平溪虽然节省混凝土，但结合我国当前的施工水平等情况看，可确定采用三斗坪作为三峡坝址。[②]

1982年12月，长办按照水电部的要求，开始研究正常蓄水位150米方案，并于次年3月提出《三峡水利枢纽150米方案可行性研究报告》。1983年5月，国务院决定由国家计委组织，请了350名专家，在京丰宾馆对长办提出的可行性研究报告进行审查[③]。在这次会上，许多同志提出意见，认为蓄水位太低了，防洪不够，把资源浪费了。最后经过妥协，说防洪可以临时超蓄，就是把坝顶提高到175米。就这样，审查论证比较顺利地通过了。

1984年2月，中央财经领导小组召开会议，研究建设三峡工程问题。会议讨论了水电部所提的《关于建议立即着手兴建长江三峡水利枢纽工程的报告》，决定三峡工程采用正常蓄水位150米、坝顶高程175米的方案，并立即开始施工准备，争取1986年正式开工。会议还决定成立三峡工程建设领导小组，筹组三峡特别行政特区和三峡工程开发公司。[④]4月5日，国务院以国函字第57号文件原则批准《长江三峡水利枢纽工程可行性研究报告》并批复："按正常蓄水位150米、坝顶高程175米设计。请水电部于今年年

① 《姚依林在三峡枢纽可行性研究报告审查会议上的讲话》，1983年5月3日。
② 《长江三峡工程前期工作大事记》，《长江志通讯》1987年第3期（增刊）。
③ 《姚依林在三峡枢纽可行性研究报告审查会议上的讲话》，1983年5月3日。
④ 《中央财经领导小组讨论兴建三峡工程问题的会议纪要》，1984年2月17日。

底前完成初步设计报审。”[①]随后，以国务院副总理李鹏为组长的国务院三峡工程筹备领导小组、以陈赓仪为组长的三峡开发总公司筹备处和以李伯宁为组长的三峡特区（以后改为“三峡行政区”、“三峡省”）筹备组相继成立，并展开工作；水电部和长江流域规划办公室也加紧编制150米方案（坝高175米）初步设计报告；三峡工程可先进行的场外公路、部分码头、供电、通讯、部分房屋建筑和施工征地等方面的前期准备工作也陆续展开。

1984年10月，就在三峡工程按150米方案进行筹备的时候，重庆市委、市政府向中央、国务院提出《对三峡工程的一些看法和意见》，认为三峡大坝150米方案的回水末端恰恰放在重庆以下的洛碛与忠县之间长约180公里的河段。这样，实际上把西南水陆交通枢纽的重庆港置于库外，使重庆以下较长一段天然航道得不到改善，万吨级船队难以直达重庆，而1984年1月长办向中央上报的180米方案，其投资、淹没、移民比低方案虽然有一定增加，但综合效益大，又能基本解决川江航运问题，是一个适中的方案，建议中央考虑180米方案。[②]交通部也持同样的看法。

1985年1月19日，邓小平在人民大会堂出席广东核电投资公司与香港核电投资公司合营合同签字仪式后，李鹏向他汇报了三峡工程建设的安排，以及三峡工程中争论比较大的两个问题——泥沙的淤积、坝高问题，并着重介绍了重庆提出的蓄水位180米方案，即中坝方案。邓小平听完汇报后说：过去是四川人不赞成把坝搞高，现在情况变了，四川人，主要是重庆人同意“180方案”。低坝方案不好。中坝方案是好方案，从现在即可着手筹备。中坝可以多发电，万吨船队可以开到重庆。[③]1月23日，邓小平在听取赵紫阳、姚依林、胡启立关于当前经济工作汇报时谈到三峡工程说：如果采取中坝方案，虽然增加50万人的搬迁，但可以增加装机容量700万千瓦。有了这一条，就可以把那50万人养活下来，万吨船也可以到重庆。

---

① 《国务院关于〈长江三峡工程可行性研究报告〉的批复》，1984年4月5日。

② 《重庆市委、重庆市人民政府对三峡工程的一些看法和意见》，1984年10月8日。

③ 李鹏：《众志绘宏图：李鹏三峡日记》，中国三峡出版社2003年版，第62—66页。

反正是两条：一条是万吨轮要能到重庆；第二条是能防洪。建设周期延长二三年可以。基础按中坝方案做，没有危险。[①]

在低坝与中坝方案尚待抉择的同时，社会上特别是一些政协委员对三峡工程建设问题也提出不同的意见。1984年5月全国政协六届二次会议时，不少委员对三峡工程表示关心，提出了意见和建议。10月以后，全国政协经济建设组连续召开五次座谈会，研究水电部提供的《长江三峡工程简要情况》，认为三峡工程需在条件具备后再上马。1985年4月全国政协六届三次会议期间，除大会、小组发言外，有167位委员就三峡工程问题单独或联合提出17件提案，建议"慎重审议"，"不要匆促上马"。[②]根据委员们的要求并经领导批准，经济建设组组成专题调查组于5月至7月赴四川、湖北进行了为期38天的调查研究，通过调查，得出结论：三峡工程近期不能上马，至少"七五"期间不该上马。[③]1985年12月，香港《文汇报》据此发表题为《三峡筑坝弊多利少，全国政协建议缓建》的文章。对于这个报道，长江三峡工程开发总公司（筹）有意见，专门致函《文汇报》。次年3月，该报又发表了长江三峡工程开发总公司（筹）答复全国政协"缓建"建议的文章[④]。这些都是关于三峡工程争论的反映。

对这些不同意见，党中央、国务院非常重视。1986年3月，邓小平在接见美国《中报》董事长傅朝枢、回答他关于三峡工程的问题时，对三峡工程建设问题采取了谨慎的态度。他说：对兴建三峡工程这样关系千秋万代的大事，中国政府一定会周密考虑，有了一个好处最大、坏处最小的方案时，才会决定开工，是绝不会草率从事的。[⑤]1986年4月，李鹏、姚依林在

① 中共中央文献研究室编：《邓小平年谱（1975—1997）》下，中央文献出版社2004年版，第1027—1028页。

② 全国政协工作组办公室编：《中国人民政治协商会议全国委员会工作组资料选编》，中国文史出版社1987年版，第396页。

③ 《三峡工程近期不能上——全国政协经济建设组关于三峡工程问题的调查报告》，1985年7月30日。

④ 国务院三峡工程建设委员会编：《百年三峡——三峡工程1919—1992年新闻选集》，长江出版社2005年版，第96—100页。

⑤ 《三峡工程大事记（1919—1997）》，《资料卡片》1998年第1期。

六届全国人大四次会议举行的新闻发布会上，在回答记者关于三峡工程情况的提问时，也作了回答：三峡工程是一项包括发电、防洪、航运等综合效益的巨大工程，这项工程不仅关系到我国当代的四化建设，而且是关系到子孙后代的大事。对这项工程，中国政府采取既积极又慎重的态度。现在还没有对这项工程作出是否开工的决定。①

1986年4月，为了实现对三峡工程决策的民主化与科学化，使决策经得起历史的考验，国务院领导率有关部门的同志赴三峡地区进行实地考察。其间，在宜昌听取筹备组正副组长对成立三峡省的不同意见后，宣布不成立三峡省。在返回北京的火车上，决定对三峡工程重新论证，同时确定了具体的决策程序：先责成水电部重新论证、编制可行性报告，然后由国务院组织审查委员会审查，再报国务院、中央政治局审议，最后提交全国人大讨论；中间还设一个协调小组，随时给全国人大、政协通气。国务院领导回到北京后，即向中央政治局常委作了汇报，说三峡工程在技术上还有些问题，但看来工程科技人员是能够解决的；在经济上投资是比较大的，但估计从经济上讲国力是可以承担的；问题出在政治上，政治上党外许多人坚决反对，将来提到全国人大，即使能通过，如果有三分之一的反对票，政治上就不好办。邓小平认为，如果技术经济可行的话，修三峡有政治问题，不修三峡也有政治问题，不修的政治问题更大。②邓小平还是主张上三峡工程的。

1986年5月，党中央、国务院以12号文下达《关于将三峡省筹备组改建为国务院三峡地区经济开发办公室的通知》，指出："由于对三峡工程论证和准备还需要一定时间，而三峡省筹备组要发展成为一个实体又不具备条件，以致目前这一地区形成湖北、四川两省不便管，三峡省筹备组无力管的现象。这种情况如久拖不决，极不利于这一地区的开发和建设，也不利于为三峡工程作好准备。为此，中央和国务院决定将三峡省筹备组改

---

① 李鹏：《李鹏论三峡工程》，中国三峡出版社、中央文献出版社2011年版，第57页。

② 参见刘荣刚、汪文庆：《与水利结缘六十年——访钱正英同志》，未刊稿，2004年1月26日经钱正英同志审阅。

建为国务院三峡地区经济开发办公室，负责指导和帮助这一地区的经济开发和移民试点工作。”①

1986年6月，党中央、国务院下发15号文件，即《关于长江三峡工程论证有关问题的通知》，决定由水电部广泛组织各方面专家，进一步论证修改原来的三峡工程可行性报告，要注意吸收有不同观点的专家参加，在广泛征求意见、深入研究论证的基础上，重新提出三峡工程的可行性报告；成立国务院三峡工程审查委员会，负责审查水电部提出的三峡工程可行性报告，提请中央和国务院批准，最后提交全国人民代表大会审议；指定李鹏、薄一波、王任重、程子华负责协调三峡工程的论证工作。②

随后，水电部根据这个文件的精神，成立了三峡工程论证领导小组，由钱正英部长和有关副部长、总（副）工程师12人组成。为了接受各方面的监督、指导，论证领导小组聘请21人为特邀顾问。这次论证分为10个专题：地质地震、水文与防洪、泥沙与航运、电力系统规划、水库淹没与移民、生态与环境、综合水位方案、施工、工程投资估算、经济评价，邀请了全国各行各业的412位专家，分别组成地质地震、枢纽建筑物、水文、防洪、泥沙、航运、电力系统、机电设备、移民、生态环境、综合规划与水位、施工、投资估算、综合经济评价14个专家组，参加论证工作。论证的程序是：正常蓄水位论证150米、160米、170米、180米和一次建成、分期蓄水以及两级开发等6个方案。综合经济评价论证分两个层次：一是上三峡工程与不上三峡工程，二是三峡工程是早上还是晚上。根据以上部署，14个专家组、工作组的专家们以对人民负责的严肃精神和严谨的科学态度，反复分析讨论研究，分别提交了专题论证报告。最后结论是“建比不建好、早建比晚建有利、建议早作决策”③。

1989年2月，长办根据各专家组论证结果，编出《三峡水利枢纽可行

---

① 《中共中央、国务院关于将三峡省筹备组改建为国务院三峡地区经济开发办公室的通知》，1986年5月8日。

② 《中共中央、国务院关于长江三峡工程论证工作有关问题的通知》，1986年6月2日。

③ 潘家铮：《三峡工程论证始末》，《中国三峡工程报》2002年4月25日。

性研究报告(讨论稿)》,围绕各界所关心的重要问题,着重论述了三峡工程的必要性、技术可行性、经济合理性,建议国家在经济条件容许的情况下尽快安排建设。1989年2月至3月,三峡工程论证领导小组召开第10次扩大会议,审议并原则通过长办编写的《长江三峡水利枢纽可行性研究报告》。至此,三峡工程重新论证工作历时2年8个月全部结束。

1989年5月,长办在水电部组织的对三峡工程论证结论的基础上,重新编制了《长江三峡水利枢纽可行性研究报告》,并于当年7月上报国务院审查。报告提出了三峡工程坝顶高程185米,最终蓄水位175米,初期运用水位156米,“一级开发、一次建成、分期蓄水、连续移民”的建设方案。[①]

与此同时,水电部邀请加拿大参加,与世界银行合作,平行进行了三峡工程可行性咨询工作。1988年8月,由加拿大国际开发署资助、加拿大国际项目管理集团长江联营公司编制了《中华人民共和国三峡水利枢纽可行性研究报告》。《报告》得出的结论,与我国水电部论证的结论相似:三峡工程技术上是可行的,经济、财务上是合理的,不存在影响工程环境可行性的问题。[②]他们的推荐方案为:坝高185米,正常蓄水位160米,防洪限制水位140米。

20世纪80年代三峡工程论证期间,社会各界对三峡工程高度关注,不同意见尖锐对立。一些政协委员和专家学者纷纷上书中央,建议缓上或不上三峡工程。1988年下半年,国内面临着治理经济环境、整顿经济秩序的压力,对三峡工程产生了一些影响。1989年春夏之交发生的政治风波,也影响了三峡工程的进展,延迟了党中央、国务院对三峡工程建设的决策。

以江泽民为核心的第三代中央领导集体对三峡工程十分重视。1989年7月江泽民就任中共中央总书记不久即到三峡坝区葛洲坝工地和荆江河段

① 《国务院三峡工程审查委员会呈党中央、国务院关于〈长江三峡工程可行性研究报告〉审查意见的报告》,1991年8月3日。

② 王家柱:《加拿大咨询公司编制的三峡工程可行性报告简介》,《人民长江》1988年第11期。

进行考察，了解长江防洪问题[①]。同时，还视察了长江水利委员会。他询问了有争议的各项问题，并对工程技术人员代表作了重要讲话，给从事三峡设计科研工作的人员以鼓励。他认为邓小平对三峡工程所作结论是有科学根据的，要大家更好地工作。

1990年3月，在全国政协七届三次会议召开之际，一些政协委员联合提案，建议将长江三峡工程列入"八五"计划，及早开工兴建。[②]这个提案经全国政协副主席王任重转给江泽民，江泽民批转给国务院总理李鹏。李鹏提出要国务院三峡工程审查委员会先听取一次汇报。

在江泽民、李鹏等党中央、国务院领导同志的支持下，1990年7月国务院在首都宾馆召开三峡工程论证汇报会。会上，国务院决定成立以邹家华为主任的国务院三峡工程审查委员会，对重新编制的可行性报告进行审查，再报请国务院正式审批。会议期间，江泽民会见了全体代表。1991年8月，国务院三峡工程审查委员会审议并通过了《长江三峡工程可行性研究报告》，认为：三峡工程技术上是可行的，经济上是合理的，国力是可以承担的。

1991年2月，国家副主席王震、全国政协副主席王任重邀请部分著名水利专家学者及有关同志在广州举行三峡工程座谈会，听取专家们对工程的意见。与会专家论证了三峡工程的重要性和迫切性，希望中央在"八五"计划和十年规划中早作安排，争取工程1992年下半年开工，力争在20世纪末、21世纪初开始发挥效益，在2010年前全部完成。建议尽快恢复三峡工程筹备领导小组的工作，积极准备开工建设。[③]

1991年4月全国政协七届四次会议召开后，全国政协委员李伯宁在写给王任重的一封建议信中，希望加强对三峡工程的宣传。王任重立即转给中央政治局各常委。江泽民在信上批示："看来对三峡是可以下毛毛雨，进

---

① 魏廷琤：《小平同志与三峡工程》，《中国三峡建设》1997年第4期。

② 李伯宁：《我的水利梦》，中国三峡出版社1996年版，第476—479页。

③ 中共中央党史研究室、中共湖北省宜昌市委员会、中共湖北省委党史研究室：《中国共产党与长江三峡工程》，中共党史出版社2007年版，第129—130页。

行点正面宣传了。也应该开始做点准备。”[①]同年12月，江泽民批示：“现在要下中雨了。”随后中央和地方媒体对三峡工程进行了广泛宣传。由陈慕华率领的全国人大常委会考察组、王光英率领的全国政协视察团、甘子玉率领的省市长考察团以及李铁映率领的全国文教体卫考察团等也纷纷前往三峡考察。

1992年1月，李鹏主持国务院第95次常务会议，讨论了国务院三峡工程审查委员会的审查意见。国务院原则同意建设三峡工程，并提请党中央和全国人民代表大会审议。

1992年2月，江泽民主持中央政治局常委会第169次会议，讨论三峡工程问题。会议由李鹏首先汇报了有关情况，姚依林、乔石、李瑞环、薄一波、杨尚昆、万里等同志发言。这次会议开了两个半天，先汇报，后讨论，最后江泽民总结说，毛主席、周总理当年提出来要建三峡，后来小平同志极力主张建，看来还是有根据的。经过论证，应该提交全国人大。江泽民讲得很风趣，还引证了一段歌德的长诗，大意是修建这个工程以后，造福一方的人民，安居乐业。[②]会议原则同意国务院关于三峡工程审查意见的汇报，并请国务院根据会议形成的意见，对建设三峡工程的有关问题作进一步研究后，再将兴建长江三峡工程议案提交七届全国人大五次会议审议。

3月16日，李鹏向七届全国人大五次会议提交《国务院关于提请审议兴建长江三峡工程的议案》，提出：经过几十年来的治理实践和各种方案的反复研究和论证，为解决长江中下游的防洪问题，必须采取综合治理措施。兴建三峡工程是综合治理的一项关键性措施。同时，三峡工程还有发电、航运、灌溉、供水和发展库区经济等巨大经济和社会效益。三峡工程的兴建，对加快我国现代化建设进程，提高综合国力，具有重要意义。[③]

---

① 李伯宁：《我的水利梦》，中国三峡出版社1996年版，第494页。

② 李鹏：《众志绘宏图：李鹏三峡日记》，中国三峡出版社2003年版，第139页；魏廷琤口述、刘荣刚整理：《长江三峡工程的决策》，《百年潮》2012年第3、4期。

③ 《国务院关于提请审议兴建长江三峡工程的议案》，1992年3月16日。

在七届全国人大五次会议召开前，由于各方工作到位，许多过去对三峡工程有意见的同志大都转变了看法。在全国人大表决前，四川代表团中反对的人仍很多。国务院副总理、三峡工程审查委员会主任邹家华，全国政协副主席、三峡工程论证领导小组组长钱正英，率领水利部长杨振怀等有关部门的同志，专门参加了四川代表团的讨论。代表们畅所欲言，谈出了心里话，意见的焦点集中在对移民安置的顾虑上，因为70%的移民在四川，万一有个闪失，如何对得起川东父老。也有代表提出其他一些问题。对这些问题，都一一给予解答，大多数代表听后非常满意。根据四川代表的意见，邹家华副总理、钱正英副主席建议大会主席团在《关于兴建长江三峡工程的决议（草案）》最后加上一句话："对已发现的问题要继续研究，妥善解决。"大会主席团同意了这个建议。

1992年4月3日，七届全国人大五次会议以1767票赞成、177票反对、664票弃权、25人未按表决器通过了《关于兴建长江三峡工程的决议》，决定将兴建三峡工程列入国民经济和社会发展十年规划，由国务院根据国民经济发展的实际情况和国家财力、物力的可能，选择适当时机组织实施。[①]这表明三峡工程开工已经指日可待。

四

从1992年全国人大通过兴建三峡工程的决议，到2009年基本建成，三峡工程建设经历了开工准备、一期工程建设、二期工程建设、三期工程建设等四个阶段。

---

① 《关于兴建长江三峡工程的决议》，第七届全国人民代表大会第五次会议1992年4月3日通过。

（一）开工准备阶段

1992年4月全国人大批准兴建三峡工程后，国务院成立了三峡工程建设委员会筹备小组，并组织起草了关于三峡工程建设委员会组织机构和工作任务的意见。11月，国务院总理李鹏在武汉主持召开国务院三峡工程建设工作会议，确定：三峡工程应该用现代化的市场经济的办法来进行建设，采取以业主为主导的管理方式；三峡工程建设委员会是国务院的一个议事机构，主要是给三峡总公司做后盾；三峡工程建设要按照国际上的惯例，采用招标制，按招标的办法应该有一个竞争。[①]1993年1月，国务院发出关于成立国务院三峡工程建设委员会（简称三峡建委）的通知，明确三峡建委是三峡工程高层次的决策机构，直接领导三峡工程建设，由国务院总理李鹏任主任，副总理邹家华、国务委员陈俊生及郭树言、肖秧、李伯宁任副主任，全国政协副主席钱正英任顾问。委员会成员由国家计委、国务院经贸办、公安部、民政部、财政部、建设部、能源部、机电部、交通部、水利部、农业部、林业部、物资部、中国人民银行及国家土地管理局的负责人组成；因工作需要，长江水利委员会主任魏廷琤、能源部副部长陆佑楣同志亦为委员会成员。三峡建委下设办公室，具体负责三峡工程建设的日常工作；三峡工程移民开发局负责三峡工程移民工作规划、计划的制定和监督实施。[②]由于政府换届，根据人事变动工作的需要，三峡建委的领导和成员曾多次调整。1998年至2002年以朱镕基、吴邦国为主，2003年起以温家宝、曾培炎为主，2008年起以李克强、回良玉为主，仍以各部委负责人共同组成。

1993年9月，国务院批准成立中国长江三峡工程开发总公司（简称中国三峡总公司）。中国三峡总公司作为三峡工程项目业主，全面负责三峡工程的建设和建成后的运行管理，负责建设资金的筹措（含移民安置费）与偿还。按照市场经济的要求和国际惯例，三峡工程的建设体制实行业主负

① 《李鹏论三峡工程》，中国三峡出版社、中央文献出版社2011年版，第87—99页。

② 《国务院关于成立国务院三峡工程建设委员会的通知》，1993年1月3日。

责制、建设监理制、招投标制和合同管理制。[1]1994年7月，国家计委批准中国三峡总公司实行计划单列；1994年8月，国家对外贸易经济合作部同意中国三峡总公司开展对外经济贸易业务。

1992年，国务院决定在对全国电网用电征收每千瓦时3厘钱三峡工程建设基金的基础上，从1993年1月1日开始，三峡基金调整为每千瓦时征收4厘钱；1994年3月，把葛洲坝电厂的产权划归中国三峡总公司，其部分发电利润可用于三峡工程建设。三峡工程建设基金、葛洲坝电厂的发电利润、三峡工程自身收入，属于国家投入。三峡工程建设资金来源还通过利用三峡电站发电收入、贷款、发行债券等途径解决。

1993年7月，长江水利委员会作为设计总成单位负责的三峡枢纽工程初步设计报告，经三峡建委审查通过。初步设计报告分为枢纽工程、水库淹没处理和移民安置、输变电工程三大部分。之后，长委会又编制了大坝、电站建筑物、永久船闸、垂直升船机、机电（含首端换流站）、二期上游横向围堰、建筑物安全监测、变动回水区航道及港口整治等8个单项技术设计。后来，三峡工程技术设计有两项重大变化。一是升船机建设。1994年底至1995年上半年，根据李鹏总理指示，三峡建委办公室组织研究了升船机不建或缓建的问题，决定升船机推迟到2009年或稍后建成。二是直流首端换流站的位置。1995年11月，李鹏主持召开三峡建委第5次会议决定，输变电工程初步设计直流换流站的站址在坝区外选择，并由国家电网建设总公司组织建设和管理。

1994年7月，三峡工程右岸一期工程混凝土纵向围堰的基坑在中堡岛破土动工，从此，中堡岛从地图上消失。右岸一期工程随之全面展开。1994年1月，三峡一期工程的主体工程三大建筑物，即永久船闸、临时船闸和升船机、左岸大坝和电站的一期开挖工程正式开标。随后，场地内的征地移民、场地整平、施工用水用电设施、对外专用公路以及西陵长江大桥和坝区内道路施工等各项准备工作全面展开，坝区航运交通指挥部也宣布

① 《国务院关于中国长江三峡工程开发总公司有关事项的批复》，1993年7月29日。

成立。

1993年6月，国务院第6次常务会议通过《长江三峡工程建设移民条例》。同年8月，国务院总理李鹏签发实施。8月，江泽民主持召开中央财经领导小组第7次会议，重点研究了三峡库区移民和资金筹措工作，决定“中央统一领导，分省负责，县为基础”。1994年6月，邹家华主持会议，研究三峡工程建设和移民问题，确定三峡工程移民实行分省负责、经费包干使用。8月，国务院发出《关于三峡工程库区进一步对外开放问题的批复》，同意将三峡工程库区各市县列为长江三峡经济开发区，实行沿海经济开放区的优惠政策。1993年5月，三峡工程坝区移民第一村——中堡岛新居民点动工建设。11月底，中堡岛文物挖掘抢救工作结束。1994年12月，三峡库区最大的重点移民工程——川东天然氯碱工程开工。

经过近两年的努力，至1994年底，三峡坝区各项基础设施已初具规模，左右两岸的土石方开挖工程已全面展开。三峡一期工程土石围堰已经完成，一期导流工程具备了浇筑混凝土的条件。三峡工程前期准备工作取得丰硕成果，为三峡工程正式开工打下了坚实基础。

（二）一期工程建设阶段

1994年11月，李鹏主持召开国务院三峡建委第4次会议，研究三峡工程的开工问题。12月14日，李鹏亲赴现场，宣布三峡工程正式开工。随后以土石方开挖为重点，以大江截流为中心，三峡工程施工如火如荼地在左右两岸展开。至1997年底，共完成土石方开挖1.4亿立方米。

1995年11月，按照“三峡输变电系统和电站建设应分开，电网应全国统一建设统一管理”的要求，国务院批准组建国家电网建设总公司。12月，三峡建委批准了三峡工程输变电系统设计。1996年6月，国家电网建设有限公司（后更名为中国电网建设有限公司）正式成立，作为国家电网建设的业主，负责三峡输变电工程的投资、建设和管理。同月，三峡输变电开始转入工程施工阶段。1997年3月，三峡输变电第一个单项工程——长寿至万县的500千伏输变电工程破土动工。

1995年4月，三峡库区首批移民大搬迁启动，湖北秭归向家店村35户移民外迁到湖北宜昌市伍家岗区。1997年9月，《长江三峡工程库区重庆市水库淹没处理及移民安置规划报告》编制完成。11月，《长江三峡工程库区湖北省淹没处理及移民安置规划报告》编制完成。1998年第一季度，《长江三峡工程水库淹没处理及移民安置规划报告》汇总编制完成。

1997年6月30日，经过近三年的建设，右岸导流明渠按期通航。左岸临时船闸初具规模，永久船闸土石方开挖完成设计总量的70%，基本完成左岸1号至6号机组的大坝和厂房基础开挖，二期导流截流工程按照设计和施工计划顺利推进，上下游围堰四个堤头向江心进占，平抛垫底工程顺利进行。9月底，大江截流前的枢纽工程、库区移民工程全面验收完毕。10月，国务院三峡建委第6次会议审议批准《长江三峡工程大江截流前验收报告》。11月8日，大江截流实现合龙。江泽民、李鹏亲临三峡工地截流施工现场视察。李鹏发布截流合龙令，并宣布合龙成功。江泽民发表重要讲话，高度评价大江截流的伟大胜利①。大江截流的成功，标志着三峡工程第一阶段的预期建设目标圆满实现。

（三）二期工程建设阶段

从1998年开始，三峡工程转入二期工程建设阶段。1998年5月，三峡工程临时船闸通航；8月，二期围堰防渗工程全部告捷；9月，二期基坑积水抽干，万古江底首见天日；坝段河床基坑土石方开挖当年基本结束。1998年7至9月，三峡坝区连续出现8次流量大于50000立方米每秒的洪峰，二期围堰工程经受严峻考验。1999年，施工进入混凝土浇筑高峰期，连续三年混凝土年浇筑量突破400万立方米，屡创世界纪录。

1999年，根据中国三峡总公司建议和确保三峡工程质量的需要，国务

---

① 《江泽民文选》第2卷，人民出版社2006年版，第67—70页。

院三峡建委决定组建三峡枢纽工程质量检查专家组，由全国政协副主席钱正英任组长、两院院士张光斗任副组长，每年两次到工地检查工程质量①。同年，还成立了三峡工程稽查组，对三峡工程资金运作及安全生产进行稽查。中国三峡总公司也成立了质量总监办和安全总监办，聘请中外权威专家担任专业质量总监和安全总监。

从2000年开始，金属结构和机电设备安装工程，伴随混凝土浇筑和灌浆工程相继展开，2001年进入安装高峰。2001年11月，三峡工程70万千瓦水轮发电机组本体开始安装；2001年11月，三峡工程二期围堰完成历史使命开始被拆除。

2001年2月，国务院总理朱镕基主持国务院第35次常务会议，审议并原则通过《长江三峡工程建设移民条例（修正草案）》。该条例自2001年3月1日起执行。②2002年1月，三峡二期工程的枢纽工程、输变电工程、移民工程三个验收大纲通过审查。3月，三峡二期工程蓄水前库底清理工作全面启动。5月，三峡大坝开始永久挡水，上游基坑破堰进水。7月下游基坑破堰进水。

2002年10月26日，随着最后一仓混凝土浇筑到位，全长1580米的三峡左岸大坝全线浇筑到设计的185米高程。11月6日，三峡工程胜利实现了导流明渠截流。

2003年5月，国务院三峡建委第12次全体会议批准三峡二期工程验收组的验收意见，同意枢纽工程按期下闸蓄水，船闸进行试通航，首批机组发电。6月1日，三峡工程如期下闸蓄水，6月10日水库蓄水到135米。6月16日，双线五级船闸成功试通航。7月10日，首台机组并网发电，到11月22日，首批6台机组相继投产发电。这标志着三峡工程二期三大目标顺利实现。

---

① 《国务院三峡工程建设委员会关于成立三峡枢纽工程质量检查专家组的通知》，1999年6月10日。

② 中共中央党史研究室、中共湖北省宜昌市委员会、中共湖北省委党史研究室：《中国共产党与长江三峡工程》，中共党史出版社2007年版，第376—380页。

（四）三期工程建设阶段

2003年9月，国务院三峡建委第13次会议召开，温家宝主持会议并作重要讲话，指出：三峡二期工程建设任务已顺利完成，三期工程全面展开。我们面临的任务仍很艰巨，责任重大。一定要再接再厉，尽职尽责，确保如期完成三峡工程的各项任务，向国家、向人民交出一份完满的答卷。[①]

2004年，三峡工程进入三期工程建设阶段。三期工程建设的主要任务是：修建三期上、下游土石围堰，在其保护下修建三期碾压混凝土围堰，和已建成的纵向混凝土围堰及三期下游土石围堰，形成三期基坑，在基坑内修建右岸厂房坝段、电站厂房和右岸非溢流坝段。

2004年12月，国务院三峡建委第14次会议召开，温家宝主持会议并作重要讲话，强调三峡工程建设要更加重视工程质量和安全生产，更加重视移民安置，更加重视库区经济发展和生态环境保护，更加重视水库管理，高标准、高质量完成三峡工程建设任务。

三期工程是工程建设和运行管理并重的阶段。虽然按设计在135米蓄水位运行期间，三峡工程不承担长江防洪任务，但在研究防洪调度预案时，曾研究在长江发生特大洪水、长江上游洪水或中游发生特别重大险情时，工程可采取预泄、超蓄等手段以缓解长江中游的防洪问题，而提前发挥防洪效益。发电方面的效益极为明显，2003年11月以后，三峡左岸电站有6台机组投产运行。

2006年5月，温家宝主持召开国务院三峡建委第15次会议，听取三峡建委副主任、办公室主任蒲海清汇报三峡工程建设和库区移民工作，以及汛后蓄水至156米的准备工作等；三峡库区地质灾害防治工作领导小组副组长负小苏汇报了三峡库区三期地质灾害防治工作有关情况。温家宝指出，今后一段时期需要做好以下重点工作：一是确保三峡工程建设质量；二是切实做好移民稳定工作；三是大力推动库区经济社会发展；四是进一

① 《温家宝在国务院三峡工程建设委员会第13次全体会议上的讲话（摘要）》，2003年9月5日。

步加强生态环境保护和水库管理。[①]

2006年5月20日，三峡大坝全线达到185米设计高程；6月6日，三峡大坝上游碾压混凝土围堰爆破拆除，三峡大坝开始全面挡水；10月27日，三峡水库胜利实现156米蓄水目标，提前一年进入初期运行。

2008年7月，国务院副总理、国务院三峡建委主任李克强主持召开三峡建委第16次会议，并作了重要讲话。提出："三峡工程各项工作稳步推进，工程建设进展顺利，目前三峡枢纽工程和输变电工程接近完成，已进入后期建设的关键时刻。同时，汛期即将来临，安全度汛任务很重。工程建设必须善始善终，坚持质量第一，安全第一，严格遵循进度服从质量和安全的原则，精心组织，科学管理，确保三峡工程建设经得起历史的检验。"[②]

根据1993年7月、1994年12月和1997年2月国务院三峡建委先后批准枢纽工程初步设计报告、水库移民补偿投资概算总额及切块包干方案、输变电系统设计概算，三峡工程建设的主要任务是：

1.枢纽工程。包括拦河大坝、水电站和通航建筑物等。拦河大坝全长1983米，坝高185米；水电站装机26台，总容量1820万千瓦；通航建筑物为双线五级船闸和单线垂直升船机，年单向通过能力分别为5000万吨和350万吨。水库正常蓄水位为175米，总库容为393亿立方米，其中防洪库容为221.5亿立方米。

2.输变电工程。直流换流容量为1800万千瓦，交流变电容量为2275万千伏安，供电范围包括江苏、广东、上海等10省市，输电线路总长9194公里，并配套建设调度自动化系统、继电保护等项目。

3.水库移民。库区规划移民搬迁建房人口124.55万，迁建房屋4365.5万平方米，搬迁工矿企业1632家、城市（县城）12座、集镇114座，实施文物保

---

① 《温家宝在国务院三峡工程建设委员会第15次全体会议上的讲话（摘要）》，2006年5月12日。

② 《李克强在国务院三峡工程建设委员会第16次全体会议上的讲话（摘录）》，2008年7月17日。

护项目1087处。

在党中央、国务院的正确领导下，经过全体工程建设者的共同努力，三峡工程建设进度总体提前。截至2008年底，三峡枢纽工程除地下电站和升船机（这两个项目为原初步设计以外的续建和缓建项目）尚在建设中，原初步设计建设任务已全面完成。2008年10月，26台70万千瓦机组已全部投入运行，工期较初步设计提前一年。输变电工程方面，2007年全面建成投产，提前一年完成初步设计任务。移民工程已累计搬迁安置移民125. 5万人，复建房屋4923万平方米，关闭、破产、迁建工矿企业1629家。

2009年8月，长江三峡三期枢纽工程最后一次验收——正常蓄水175米水位验收获得通过。2010年10月，三峡试验性蓄水成功达到正常蓄水位175米，开始全面发挥防洪、发电、航运、补水等综合效益。

（一）防洪效益明显。三峡水库防洪库容221.5亿立方米，可以将荆江河段防洪标准由10年一遇提高到100年一遇，遇千年一遇特大洪水，配合荆江分洪和其他分蓄洪工程的运用，可保证荆江河段安全行洪，避免发生毁灭性灾害。三峡工程自2006年蓄水至156米以来，开始初步发挥防洪效益；2008年试验性蓄水至172米水位后，已经具备了正式防洪运用的条件；2009年汛期，三峡工程多次发挥拦蓄洪峰作用。三峡工程在长江中下游防洪体系中发挥了骨干作用，9次拦蓄洪峰流量超过5万立方米每秒的洪水，其中两次入库洪峰流量超过7万立方米每秒（1998年最大入库洪峰流量为6.48万立方米每秒），调蓄后下泄流量削减至4万立方米每秒左右，保证沙市不超警戒水位，有效减轻了长江荆江河段及中下游的防洪压力。

（二）发电效益显著。2009年6月30日，三峡左、右岸电站26台机组首次全部并网发电。截至2011年底，三峡电站累计发电5310亿度，输送电量5284亿度，对促进华中、华东地区和广东等省（市）的经济发展作出了积极贡献。三峡电力外送，还促进了全国电力联网和西电东送、南北互供输电大格局的形成，大大提高了电网的运行质量，有着显著的跨流域调节、水火电互补调节等联网效益和补偿调节效益。

（三）航运效益突出。三峡工程的建设，促进了长江航运事业的蓬勃发展，提高了长江干流及库区支流航运条件和库区港口通航能力，长江黄金水道的作用日益显著。三峡水库蓄水后，坝址上游660公里主航道单位运输成本下降约37%。自2003年6月船闸通航至2011年底，过闸及翻坝货运量累计5.5亿吨，其中2011年过闸1亿吨，比2003年增长6.3倍；船闸年均通航率保持在94.6%至98.9%之间，明显高于84.13%的设计要求。

（四）补水效益逐步发挥。三峡工程建成后，经水库调节，增加了长江枯水期流量，改善了长江中下游航运和用水条件，三峡水库已成为中国最大的战略性淡水资源库，在长江流域和国家重要战略资源配置中的作用更加突显。随着三峡水库蓄水位的逐步抬高，三峡工程的生态补水作用开始显现，枯水季节通过加大下泄流量，有利于改善长江中下游通航条件，保障长江中下游生产生活用水需求。2003年至2011年，三峡水库枯水期向下游补水力度逐步增大，累计补水564天、共788亿立方米，枯水期流量最低月份平均流量从入库时每秒3670立方米提高到出库时每秒5430立方米。

（五）节能减排效益开始显现。提升了对水电清洁能源的利用水平。按全国6000千瓦及以上火电机组2003年至2011年标准煤耗测算，截至2011年底，三峡电站利用水能发电量可替代火电标准煤耗1.85亿吨，减少排放二氧化碳4.22亿吨、二氧化硫88万吨、氮氧化物142万吨、烟尘63.26万吨。[①]

三峡工程作为世界上最大的水电工程，在发挥巨大综合效益的同时，在移民安稳致富、生态环境保护、地质灾害防治等方面还存在一些亟须解决的问题，对长江中下游航运、灌溉、供水等也产生了一定影响。

2010年11月，国务院副总理李克强主持召开国务院三峡建委第17次会议审议三峡工程验收结论的报告和后续工作规划，强调三峡工程初步设计建设任务如期完成后，要科学安排各项后续工作。

2011年5月，国务院总理温家宝主持召开国务院常务会议，讨论通过

① 《国家审计署关于长江三峡工程竣工财务决算草案审计结果》，2013年6月7日。

《三峡后续工作规划》。《三峡后续工作规划》的主要目标是：到2020年，移民生活水平和质量达到湖北省、重庆市同期平均水平，覆盖城乡居民的社会保障体系建立，库区经济结构战略性调整取得重大进展，交通、水利及城镇等基础设施进一步完善，移民安置区社会公共服务均等化基本实现，生态环境恶化趋势得到有效遏制，地质灾害防治长效机制进一步健全，防灾减灾体系基本建立。①

开展三峡后续工作，对于确保三峡工程长期安全运行和持续发挥综合效益，提升其服务国民经济和社会发展能力，更好更多地造福广大人民群众，具有重大意义。

2014年6月，国务院副总理、国务院长江三峡工程整体竣工验收委员会主任汪洋主持召开验收委员会第一次全体会议，部署安排三峡工程整体竣工验收工作。汪洋指出，开展三峡工程整体竣工验收，是全面完成工程的必经程序。要以对国家、对人民、对历史高度负责的精神，依法、严格、科学、规范地组织开展竣工验收，为进一步做好三峡后续工作、深化长江开发治理和长江经济带建设奠定坚实基础。

按中国有关水利水电工程验收规程，工程在全部完成建设内容、各单位工程能正常运行并经过专项验收的基础上，经过一个汛期运行后，可进行整体竣工验收。三峡工程作为特大型水利水电工程，为切实保证其安全、科学、持续运行，国务院三峡建委在三峡工程初步设计建设任务基本完成后，安排了6年时间进行试验性蓄水运行。监测表明，各项指标均在设计或预测范围之内，库区地质总体安全稳定，水库水质总体良好，三峡工程质量、功能等都得到了相应的检验，验收的各项准备已经就绪。

三峡工程整体竣工验收程序是，2014年6月底前，验收委员会完成组织机构的设立和验收大纲的审定。2015年6月底前，中国工程院提交第三方独立评估报告。2015年第四季度，完成各项工程的竣工验收，并形成整体竣工验收报告。2016年第一季度，将召开验收委员会全体会议，讨论

① 《人民日报》2011年5月19日。

作出整体竣工验收结论，提请国务院三峡建委全体会议审议并报国务院审批。

五

纵观三峡工程半个多世纪的决策、建设历史，它自始至终都是在党中央、国务院的关心和领导下开展工作的。毛泽东描绘蓝图，邓小平拍板定案，江泽民、胡锦涛努力实施，党中央几代领导集体的关怀和支持对三峡工程的决策和建设起了极为关键的作用。三峡工程是我国改革开放、社会主义现代化建设的重要成果，在政治、经济、技术和管理方面具有深远影响和重大意义。

2008年初，在三峡工程即将完工之际，国务院三峡建委正式委托中国工程院实施“三峡工程论证及可行性研究结论的阶段性评估”。经过两年多的工作，中国工程院于2010年12月发布了《三峡工程阶段性评估报告·综合卷》。《评估报告》认为，三峡工程在1986年至1989年的论证工作与可行性研究时做出的“建比不建好，早建比晚建好”的总结论；推荐水库正常蓄水位175米；“一级开发，一次建成，分期蓄水，连续移民”的建设方案，经受了实践检验。①

三峡工程完工后，根据全国人大财经委员会关于三峡工程竣工验收的相关要求和国务院的部署，国家审计署于2011年6月至2012年2月对长江三峡工程竣工财务决算草案进行了审计。2013年6月，公布了长江三峡工程竣工财务决算草案审计结果。审计结果表明，三峡工程总体建设运营情况良好，专项资金管理基本上做到了合规有序，三峡工程发挥的综合效益达

---

① 中国工程院三峡工程阶段性评估项目组：《三峡工程阶段性评估报告·综合卷》，中国水利水电出版社2010年版，第57—68页。

到或超出预期目标。[①]

三峡工程的顺利建成，一靠发挥我国社会主义制度的优越性，集中力量办大事；二靠改革开放以来综合国力的提高，为工程建设提供了前所未有的机遇和环境；三靠在社会主义市场经济体制下，建立了一套符合市场经济原则的工程建设管理体制。三峡工程在论证、决策、建设、管理等方面形成了许多有益的经验和做法，为我国重大工程建设和管理提供了可借鉴的经验。

（一）坚持决策的科学化、民主化，为我国重大工程项目建设树立了典范

长江三峡工程是我国在重大工程项目上实行科学和民主决策的典范。其决策始于新中国成立初期，到1992年全国人大通过决议，历时近半个世纪。这期间出现了多次激烈的论争，进行了反复的论证，体现了决策的科学化、民主化。1958年，毛泽东在南宁会议上，特地把赞同三峡工程上马的林一山和反对者李锐叫到一起，让两人充分发表意见，之后在成都会议虽然通过了《关于三峡水利枢纽和长江流域规划的意见》，作出了三峡工程需要修建而且可能修建的决定，但也采取了非常审慎的态度，表示“最后下决心确定修建及何时开始修建，要待各个重要方面的准备工作基本完成之后，才能作出决定”。20世纪60年代，由于三门峡水库淤积等问题出现，特别是国际形势的日趋紧张，毛泽东对兴建三峡工程更加谨慎，以致湖北方面坚持上马，他都泼了“冷水”。70年代末80年代初，当修建三峡工程的建议再次提出后，邓小平直接到现场调研，并作出了“轻易否定三峡工程不好”的结论。党的十二大前后，党中央、国务院研究三峡工程问题时，责成有关部门进行了两次论证，一次是1980年国家科委、建委负责的论证，一次是1983年5月国家计委组织的论证。1984年10月，当重庆市、

① 《国家审计署关于长江三峡工程竣工财务决算草案审计结果》，2013年6月7日。

交通部对三峡工程低坝方案提出意见后，国务院又要求国家科委、计委进行了水库水位论证。1985年以后当决定兴建三峡工程时，社会上特别是一些政协委员提出了不同意见，对此党中央、国务院非常重视。1986年6月，党中央、国务院发出《关于长江三峡工程论证工作有关问题的通知》（中央15号文），对三峡工程决策的程序作出严格规定：一是由水电部组织专家进行全面论证，二是由国务院成立审查委员会进行审查，三是提请全国人大审议。三峡工程从重新论证开始到工程开工建设，严格贯彻了“中央15号文”的精神，成功地实现了三峡工程决策的科学化和民主化。

水电部随后组织的论证，根据各方面对三峡工程提出的问题和意见，划分为10个专题，设了14个专家组，在与有关部门协商的基础上，聘请了412名专家，进行了为期2年8个月的论证。在论证中，自始至终坚持了实事求是的科学态度，既充分利用了过去的成果，又不局限于以往的结论，论证结论有着严格的科学基础，经受住了历史的检验；论证过程充分发扬了技术民主，考虑了各种不同意见和建议。根据科学民主的原则，专家组的论证工作是完全独立进行的，不受干预；专家组内部充分尊重了不同意见，不强求一致。14个专题论证报告有9个是一致签字通过的。有5个专题报告分别有1位至3位专家组成员（9位专家10人次）对专题报告的结论有不同意见而未签字，并提交了书面意见。鉴于论证工作是一项复杂的系统工程，采用了先课题、后综合和课题与综合互相交叉的工作方法。论证结束后，根据论证重新编制了可行性研究报告，为党中央、国务院的正确决策提供了充分的依据。

现在，随着三峡工程的建成和效益的发挥，越来越证明过去对三峡工程的论证结论是基本正确的。从三峡工程决策的宏观过程来看，三峡工程决策是非常尊重科学的，是很注重发扬民主的，是积极听取了不同意见的。在我国所有重点建设工程决策中，还没有一个工程像三峡工程这样经过旷日持久的酝酿、论争、论证和进行可行性研究的。

（二）坚持与时俱进，随着对重点难点问题认识的深化及时采取改进措施

1992年3月，国务院副总理邹家华向全国人大作三峡工程议案说明时曾明确要求："三峡工程规模巨大，技术复杂，对已发现的问题，要继续深入研究。在今后的工作中还会有这样或那样的技术问题，都必须高度重视，认真对待，使工程建设更加稳妥可靠、经济合理。"①三峡工程建设中的重大问题，如移民安置问题和生态与环境问题、泥沙问题，都具有很强的社会性、时效性或不确定性，而三峡工程的建设周期长，建设期又处于我国经济社会发展的转型期，只有坚持与时俱进，能动地去适应工程建设的大环境，才能有效地解决这些重点难点问题，从而推进工程的顺利建设。

三峡工程开工后，在国务院三峡建委的领导和组织协调下，各有关部门坚持与时俱进，不断深化对这些问题的认识，及时予以补充、改进和完善。如，针对三峡泥沙问题的复杂性和重要性，保留了论证时成立的泥沙专家组，结合监测工作进行跟踪和深化泥沙研究。泥沙组在原型观测技术、监测成果分析、蓄水时机论证等方面做了卓有成效的工作，提出了一系列富有建设性的建议。在移民安置工作中，为有效减轻库区环境容量的压力，1999年及时采取了"两个调整"的重大措施，一是农村移民安置政策的调整，二是工矿企业迁建政策的调整，加大了库区农村移民外迁和搬迁工矿企业结构调整的力度，为三峡水库按时实施分期蓄水创造了基本条件。为统一协调和推进库区的地质灾害防治工作，2001年成立了地质灾害防治工作领导小组，要求对库区急需治理的地质灾害做到快调查、快规划、快立项、快审批、快实施，并安排专项资金用于地质灾害防治项目。与此同时，也进一步加强了水污染防治工作，成立了三峡库区水污染防治领导小组，陆续安排专项资金用于库区沿江城镇污水处理和垃圾处理。在输

① 《邹家华关于提请审议兴建长江三峡工程的议案的说明》，1992年3月21日。

变电工程建设中，根据电力市场的变化和西电东送的实施，及时将供电范围由初步确定的华中电网（包括湖北、湖南、河南、江西4省）、华东电网和川渝电网东部（即重庆市），调整为华中电网、华东电网和广东省，于2001年增加了三峡至广东省的直流输电工程。

在三峡工程建设中，正是由于坚持与时俱进，高度重视对重点和难点问题的深化认识和妥善解决，从而保证了按建设方案分期蓄水和电力全部安全外送的顺利实施。

（三）坚持深化改革，推动我国水电建设管理体制的创新

我国的水利水电工程建设，在计划经济下一直实行自营制的建设管理体制，甚至采用过“指挥部”、“大会战”的方式组织工程建设。三峡工程是在我国从计划经济向社会主义市场经济转轨的时期进行论证和建设的。1993年初，国务院作出重要决策，三峡工程建设要按照社会主义市场经济的办法组织工程建设，并且按照政企分开的原则确定了工程建设管理体制的框架，从而使三峡工程开工伊始，就迅速建立起了既适应市场经济条件又符合三峡工程特点的新型建设管理体制，有力地保证了工程建设的顺利进行。

在三峡工程的建设管理体制中，国务院设立的三峡建委，是三峡工程的高层次决策机构，下设办公室，作为三峡建委的办事机构，处理协调日常事务，履行政府职能。工程建设实行项目法人责任制，国务院批准成立的中国三峡总公司，作为三峡枢纽工程的项目法人，全面负责和承担三峡工程的筹划、筹资、建设、经营、还贷、国有资本的保值和增值，并以其经营效益滚动开发长江上游的水力资源。在三峡工程建设过程中，三峡总公司作为市场经济条件下项目开发的责任主体，按照市场经济的原则组织工程建设，实行招标投标制、合同管理制、工程监理制，并坚持不断深化改革，在工程投融资和管理体制上进行了重大创新。随着工程建设的进展，国务院还确定国家电力公司（现国家电网公司）作为项目法人，负责三峡

输变电工程建设以及跨区联网的工程管理。移民工作则实行“中央统一领导、分省负责、县为基础”的移民管理体制以及“移民补偿投资切块包干、任务包干”的原则。实践证明，这套新型的建设管理体制，理顺了政府、企业和市场之间的关系，为有效组织三峡工程建设提供了体制保障。

在投资管理方面，三峡工程实行“静态控制、动态管理”的投资管理方式。在国内良好的宏观经济环境和国家相关政策支持下，通过优化设计、科技创新、引入竞争机制、强化施工管理、优化融资方案，以及实行移民资金与任务“双包干”责任制等一系列措施，有效控制了工程投资。截至2008年底，三峡工程静态投资完成额1352.66亿元，其中：枢纽工程500.9亿元、输变电工程322.74亿元、移民资金529.02亿元，与批准概算一致；竣工财务决算草案金额2078.73亿元，比测算的动态投资减少了406.64亿元，其中枢纽工程减少390.24亿元、输变电工程减少16.4亿元。枢纽工程的静态、动态投资均控制在国家批准的初设概算及预计的投资范围内。①

（四）坚持科技创新，不断提高工程建设的科技含量与水平

三峡工程是目前世界上最大的水利枢纽工程，在科学技术上面临前所未有的严峻挑战。工程开工后，在国家有关部门的大力支持下，组织科技攻关，大力开展科技创新，在设计、施工、设备制造和电网建设等方面，取得了丰硕的创新成果。通过引进、消化、吸收再创新，实现大型水轮发电机组、大型铸锻件和直流输电工程国产化目标。有关国内厂商通过与国外厂商联合设计、合作生产，以及核心技术引进和消化吸收，已能够独立制造70万千瓦水力发电机组。枢纽工程获国家级科技成果奖21项、专利700余项，通过自主研发，大型水电机组的转轮水力设计、机组全空冷技术等关键核心技术达到国际领先水平。交流输电工程设备基本实现立足国内制造，直流输电工程设备国产化率达到70%左右。输变电工程获国家科技进

---

① 《国家审计署关于长江三峡工程竣工财务决算草案审计结果》，2013年6月7日。

步一等奖1项、专利135项，实现重大自主创新170项，建成了杆塔试验室、电力系统电磁兼容实验室等具有国际先进水平的重点试验室，解决了超大规模交直流互联电网的调度运行以及安全稳定控制技术难题。[①]这些科技创新成果，不但为工程建设的顺利进行提供了技术保障，而且推动我国水利水电工程建设的整体水平迈上了一个新台阶。

三峡工程建设集成了世界上最先进的技术和装备，在导截流及围堰技术、大坝混凝土快速施工、船闸高边坡的开挖和支护等关键技术问题上取得了重大突破。三峡工程两次成功截断长江，截流的综合难度在世界截流史上是罕见的，标志着我国河道截流技术已跻身世界领先地位。采用了以塔带机为主，以高架门机、塔机和缆机为辅的综合施工方案，实现了混凝土的高强度连续施工，1999年至2001年共浇筑混凝土1400万立方米，其中2000年浇筑强度达到548万立方米，创造了混凝土浇筑世界新纪录。成功解决了船闸高边坡开挖和稳定、大型金属结构制造和安装等一系列技术难题，建成了世界上总水头最高、连续级数最多的双线五级船闸。在机组安装过程中，坚持“无缝交接、首稳百日”的技术路线，2003年在5个月内连续投产了6台70万千瓦水轮发电机组，创造了大型水轮发电机组安装投产世界新水平。三峡工程在科技创新上的成功探索和实践，对于研究总结我国在改革开放新的历史条件下如何发扬自力更生精神和重要技术开发及重大装备制造的自主创新建设，有着重要的借鉴意义。

（五）坚持质量第一，建设世界一流工程

三峡枢纽工程的建设，以中央领导提出的“一定要把三峡工程建设成为世界第一流的工程”为目标，高度重视质量管理。工程开工后，中国三峡总公司即成立了由设计、施工、监理等参建各方质量责任人组成的质量管理委员会，颁布实施了《三峡工程质量管理办法》和《三峡水利枢纽合同

---

① 《国家审计署关于长江三峡工程竣工财务决算草案审计结果》，2013年6月7日。

项目工程验收暂行规程》。1999年6月，为了进一步加强质量管理，国务院三峡建委成立了工程质量检查专家组，每年分两次赴现场对工程建设质量进行检查指导。专家组强调的“不留工程隐患是三峡工程质量的最低标准，也是三峡工程建设的最高原则”，有力地促进了全员质量教育和全面、全过程的质量管理。在工程建设第二阶段的施工高峰期，中国三峡总公司提出了“双零”目标的质量安全管理理念，即“以零质量缺陷实现零质量事故，以零安全违章保证零安全事故”。在工程建设第三阶段中，三峡总公司又特别强调质量管理要消灭“质量顽症”，坚持“慎终如始”，从而使工程质量始终处于受控状态，施工过程中发生的质量问题都得到了认真处理。2010年12月，中国工程院发布的《三峡工程阶段性评估报告·综合卷》，对三峡枢纽工程质量的总体评价是：一期工程质量良好，二期工程质量总体优良，三期工程质量优良。

三峡输变电工程的建设，在开工时就确立了“国内领先、国际一流”的质量目标，重视优质工程策划，注重安全质量的过程管理，确保工程建设环境达标，使各级质量管理体系迅速建立并有效运转。建设中全面推行施工监理制度和设备监造制度，严格执行设备出厂试验、检查和验收的质检程序。工程全面达标投产，并顺利通过国务院验收，输变电单项工程优良率达到100%，获国家优质工程奖和设计奖15项，系统运行安全稳定，未发生电网安全事故，其中交流输电线路2009年和2010年每百公里故障停运率均为0.094次，明显优于国内同类工程（平均分别为0.106次和0.199次）；直流输电线路2009年和2010年每百公里故障停运率分别为2.3次和1.7次，约为国际平均水平的1/6左右。①

三峡移民工程的建设，满足175米水位线以下的移民搬迁任务要求，已完工验收的迁建用房和学校、医院、公路、桥梁等1.83万个项目，投入使用情况总体良好。为移民生产生活水平的恢复、提高和库区的社会稳定创造了良好条件。

---

① 《国家审计署关于长江三峡工程竣工财务决算草案审计结果》，2013年6月7日。

三峡工程由于切实贯彻了“质量第一”的方针，不仅顺利建成了当今世界上规模最大的水利工程，还培养出了一大批有较强质量意识和质量管理经验的建设管理队伍、设计队伍、监理队伍和施工队伍，对于我国水利水电和电网建设的技术进步和质量管理有着重要的意义。

（六）坚持统筹兼顾，实现社会效益、经济效益、生态效益的协调统一

三峡工程影响面广，涉及技术、经济、社会、人文、生态等诸多方面。在三峡工程的建设和运行中，妥善处理了防洪、发电、航运的关系，工程建设与地方经济发展、移民安置和环境保护的关系，实现了社会效益、经济效益和生态效益的协调统一。

三峡工程是多目标、多功能的大型水利枢纽工程，防洪、航运和补水等公益性功能属于社会效益，发电属于经营性功能是企业经济效益的主要来源。在水库调度中，坚持把防洪放在首位，严格遵守防洪调度规程和国家防总的指令，发电服从于防洪，确保长江中下游防洪安全。优化三峡船闸调度，对所有船舶实行免费过闸，不断提高通航能力，满足长江航运事业快速发展的需要。在长江枯水季节，以牺牲发电水头为代价，加大下泄流量，改善下游通航条件和长江中下游供水状况，发挥了三峡工程的生态补水效益。

三峡工程移民130多万人，涉及湖北省、重庆市20个县市。国务院对三峡水库移民工作十分重视，1999年决定三峡工程开发性移民政策实行“两个调整”。对安置容量有限的地方将移民外迁到经济状况较好的省、市；组织全国对口支援库区经济，关闭落后的工厂，调整库区经济结构。截至2011年底，实际移民搬迁建房人口129.64万，迁建房屋5054.76万平方米，分别比计划增加5.09万人和689.26万平方米。三峡工程移民工作全面贯彻落实中央各项方针政策，各有关地方积极开展对口支援工作，促进库区经济社会稳步快速发展，移民居住环境和库区基础设施明显改善，生产生活水

平不断提高，居民收入稳定增长，库区安置和外迁的移民状况总体稳定。以1997年为基准，2011年三峡库区地区生产总值为4444.66亿元，增长了6.71倍，年均增长12.5%；城镇居民年人均可支配收入18694元，增长了3.19倍，年均增长10.78%；农村居民年人均纯收入6427元，增长了2.9倍，年均增长10.33%。[①]现在，国家制定了库区经济社会发展规划，建立了三峡库区产业发展基金，并启动了三峡工程后续工作，加大对移民的后期扶持力度，以进一步促进库区经济社会的协调发展。

三峡工程高度重视落实生态环境建设与保护政策措施，组织实施了《三峡库区及其上游水污染防治规划》、《三峡库区地质灾害防治总体规划》，通过优化设计和环保施工，强化施工期噪声和“三废”污染控制，加强水土保持，及时恢复施工区植被，减少了对环境的不利影响。库区长江干流水质总体稳定，以优于三类为主。治理水土流失面积超过1.8万平方公里，入库泥沙量明显下降，年平均入库2亿吨，明显低于5.3亿吨的设计值，库区泥沙淤积好于预期。对受工程影响的珍稀特有动植物采取了有效保护措施。库区地质灾害防治工作取得初步成效，完成地质滑坡防治工程397处、高切坡防护项目2874处、库岸防治204公里，避险搬迁7万余人，并建立了库区地质灾害监测与预警体系，设置专业监测点251个、群测群防监测点3113个。[②]环境监测结果表明，三峡工程对生态环境的影响总体上在当年可行性研究报告预测范围内。随着三峡工程的建成及投入使用，今后在对生态环境、库区发展和工程运行继续加强调查研究和安全监测的基础上，更加注意新情况和新问题，进一步系统和全面总结三峡工程的建设经验。

---

① 《国家审计署关于长江三峡工程竣工财务决算草案审计结果》，2013年6月7日。

② 《国家审计署关于长江三峡工程竣工财务决算草案审计结果》，2013年6月7日。

文献资料

中央人民政府政务院
关于荆江分洪工程的规定

（1952年3月31日）

长江中游荆江段由于河道狭窄淤垫，下游弯曲，不能承泄大量洪水，且堤身高出地面十数公尺，每当汛期，洪峰逼临，险工迭出，时有溃决的危险。如一旦溃决，不仅江汉广大平原遭受淹没，并将影响长江通航，且在短期内难以堵口善后。不决，则以长江水位抬高，由四口（松滋、太平、藕池、调弦）注入洞庭湖的水量势必增多，滨湖多数堤垸必遭溃决。为保障两湖千百万人民生命财产的安全起见，在长江治本工程未完成以前，加固荆江大堤并在南岸开辟分洪区乃是当前急迫需要的措施。

荆江分洪工程完成以后，如长江发生异常洪水需要分洪时，既可减轻洪水对荆江大堤的威胁，并可减少四口注入洞庭湖的洪量；同时，做好分洪区工程又能保障滨湖区不因分洪而受危害。这一措施对湖北、湖南人民都是有利的。为此，本院特作下列规定：

（一）1952年仍以巩固荆江大堤为重点，必须大力加强，保证不致溃决，其所需经费可酌予增加。具体施工计划及预算由长江水利委员会会同湖北省人民政府拟订，限期完成。

（二）1952年汛前应保证完成南岸分洪区围堤及节制闸、进洪闸等工程，并切实加强工程质量。其所需人力，应由湖北、湖南和部队分别负担。

（三）1952年不拟分洪。如万一长江发生异常洪水威胁荆江大堤的最后安全，在荆江分洪工程业已完成的条件下，可以考虑分洪，但必须由中南军政委员会报请政务院批准。

（四）湖北省分洪区移民工作应于汛前完成。

（五）关于长江北岸的蓄洪问题，应即组织察勘测量工作，并与其他治本计划加以比较研究后再行确定。

（六）为胜利完成1952年荆江分洪各主要工程，应由中南军政委员会负责组成一强有力的荆江分洪委员会和分洪工程指挥机构，由长江水利委员会、湖南、湖北两省人民政府及参加工程的部队派人参加，并由中南军政委员会指派得力干部任正副主任，工程指挥机构的行政与技术人员由各有关单位调配。

上述各项工程，因时间紧迫必须抓紧时机进行周密的准备工作，并保证按期完成。至于人力、器材、运输及技术等方面，如中南力量不足时，得提出具体计划，速报请政务院予以解决。

毛泽东在授予荆江分洪工程30万工程建设者锦旗上的题词

（1952年5月）

为广大人民的利益，争取荆江分洪工程的胜利！

周恩来在授予荆江分洪工程30万工程建设者锦旗上的题词

（1952年5月）

要使江湖都对人民有利。

毛泽东为庆贺武汉人民战胜1954年长江特大洪水的题词

（1955年3月31日）

庆贺武汉人民战胜了1954年的洪水，还要准备战胜今后可能发生的同样严重的洪水。

周恩来在“积极准备兴建三峡枢纽会议”上的讲话

（1958年3月6日）

这次会议主要问题是如何积极准备兴建三峡枢纽，根据南宁会议的精神召开的。在南宁会议上曾提出兴建三峡枢纽的可能性问题，现在就是要听听苏联专家和各部门兴建三峡枢纽的意见。要回答这一问题，当然要涉及全江，要谈整个长江流域规划，因为兴建三峡枢纽必然地要联系到远景与近期的开发，干支流的关系，大中小型工程的结合，上中下游的兼顾以及水火电的比例等一系列的问题，也就必然会涉及长江流域的综合利用，整个工业的部署和电力网的设立等。这次会议的中心虽然是兴建三峡枢纽问题，但同志们在发言中联系到这些问题也是自然的合理的。这是我要谈的第一个问题。

这次会议开得很好。林一山同志写的报告，长办专家组长李镇南同志的发言都很好。大家一致肯定三峡必需搞而且也能搞，在政治上经济上都具有伟大意义，技术上也是可能的，在不太长的时间15至20年内就可完成三峡枢纽的兴建。取得这样一致的意见，大家都愿意做促进派，这是很大的成功。今天集中苏联专家和各部门的意见，这绝不是像两年前那样的设想，而是比两年前情况清楚很多了。正是肯定了这一点，而肯定的根据乃是经过各方面的论证和收集了大量的资料。由此可以说明，长江流域规划办公室在苏联专家帮助、中央有关部门及省市协助下，在工作上有成绩，尤其是集中力量在三峡研究上有成绩。两年来的争论也是必要的，不争论哪会有这样多的材料回答各方面提出的问题？这是建设社会主义的内部问题，这也是有意义的。今后长办主要注意力会更多集中在三峡，当然也要完成长江流域规划，要积极为兴建三峡做好准备工作，同时也要注意到其他各个方面。在今后工作中，还允许有反对的意见，这是我们社会主义的优越性，正如王任重同志说的，“以三峡为主体进行长江流域规划工作中，今后仍然会有争论”。争论只要是不妨碍工作，有利于工作，就应当提倡鼓励。三峡枢纽是千年大计，对问题只发展一面，很容易走到片面，为三峡枢纽搞得更好，还是可以争论的，因为这样才有利于工作，而不是妨碍工作，这是在促进事物的发展而不是促退事业的前进。过去的争论，现在基本问题已经解决，还有一些残留的问题还可在小范围内争论。葆华同志提出在水电部范围内谈谈，这个办法很好。总之我们应该肯定，长办工作上有成绩，争论也是必要的。这是我要谈的第二个问题。

第三个我想谈谈修建三峡枢纽本身的问题：

首先，兴建三峡枢纽进行准备工作要认真搞。毛主席指示说：如可能就要“积极准备，充分可靠”。过去长办积极，但我们督促不力，因为当时认为修建三峡枢纽不会太快，认为有些问题一下解决不了。现在既已经肯定了三峡枢纽，就应积极准备，配合全国形势积极准备。必须积极准备，才能做到充分和可靠。毛主席的指示，应成为我们今后工作的指针。

第二，三峡枢纽综合利用，不能孤立地谈，要与干支流、上中下游结合搞，要分担任务配合进行。即使三峡水库能蓄1000亿立方的洪水，还是有些问题解决不了，但我们可以让很多水库分担任务，分期进行。干支流防洪、发电、灌溉、航运等都是如此。三峡大坝的土建工程正像长办专家组长说的一样，可以不分期，而电站可以分期。三峡枢纽是问题的主体，但是我们不能集中一点，不及其他，三峡枢纽是重点而不是一切，应有主有从，这样才能全面论证问题。

第三，是兴建三峡枢纽的准备时期问题。准备工作可分作三个阶段：第一个阶段是长江流域规划要点阶段，现在已经基本完成，修改后全部在今年第二季度交出。第二阶段是规划性设计。第三阶段是初步设计。规划性的设计，即是初步设计的第一阶段，南津关与三斗坪两坝区都要进行。地质部有人怕分散力量，只想搞一个坝段。如果我们要学本事，就要搞两个地方，可以吸取经验，训练人才，况且地质情况如同每人的面孔一样，是不同的，应两处都搞，地质部要勉为其难，两个坝段应进行综合比较。如果要否定萨凡奇，也要有材料，三峡大坝是世界性的问题，有了根据也可以说服萨凡奇，虽然他是美国人，但他是一个科学家。在规划设计中发生了新的问题也要进行研究和修正，只要做好了规划性的设计，初步设计才能有根据地进行，这样才能做到“充分可靠”。

第四，三峡枢纽的坝址和坝高。坝址有两个，即南津关和三斗坪，具体证明谁好还待进一步勘测设计比较，再作决定。坝高200公尺，是否可以肯定下来。来时朱副主席见了我就催，赶快决定下来有利，不定下来工业不好安排。如重庆的工业建设，肯定下来就容易布置工厂。三峡正常高水位200公尺按目前情况可以肯定。

第五，猫儿峡、宜宾、温塘峡等水利枢纽可以取消，因为淹没太大，事实上在我们这一辈子可以不提，现在可以搞亭子口等水利枢纽。

第六，施工的直接间接准备工作都应积极进行。林一山同志提出试验坝很好，而且也很重要，有这样一个坝可以做试验，就可以更好的研究围堰及导流等问题。其他一系列的准备都应加紧，如交通线路等也应积极准备进行。三峡施工也可能提前，不要等东风来时准备工作还未作好，那就太不好了。

第七，三峡枢纽完成的时间设想15至20年，争取设计工作在5、6年内做完，争取11至12年内完成三峡枢纽的施工，如搞得早些要15年，晚些可以到20年，这样工作可以有个约束，可据以制定计划。如果尽了一切力量，千方百计，还完成不了，或发生新的情况，应再报中央批准。

第八，三峡投资与效益：三峡工程投资估计70亿至80亿元，加上输变电和用电户工业的投资等，可能共需700亿至800亿元，从今天大发展的情况看，这多年间国家是完全可以投入这么多的资金。但问题还是要看效益，中间一部分投资还会有积累；另一方面，多快好省的方针应该贯彻，反对浪费、反保守，还可以节约，在其他大坝的设计施工中还会创造新的经验，再进一步多快好省，工程费会更省一些，效益会更大一些。计委要进行计算。

第九，定工作程序：长江流域规划要点报告，在今年第二季度全部提出，要陆续提交，林一山同志报告也要修改好。1959年交出三峡枢纽规划性设计；三斗坪还可能早些，1963年交出初步设计。如果接着就搞，到1973年或是1975年三峡枢纽就要全部建成。长办应据此仔细计算提出具体的工作程序。

第四个问题是以三峡枢纽为主体的长江流域规划：

第一，长江流域规划要点报告已提出一个纲，林一山同志报告只提重点，尚待补充修改。今后进行长江流域规划的方针应该是："统一规划，全面发展，适当分工，分期进行。"统一规划要以三峡枢纽为主体求得全面发展，并进行适当地分工。即使长江流域规划委员会成立，也不能包揽一切，也管不了这么多，长办也不能超出应管的范围，水电部、各省以及流域机构要适当进行分工。如丹江口枢纽，设计仍由长办搞，湖北省应着重政治领导，技术方面由长办负责，施工将来要另设工程局。分期进行，例如洞庭湖的四口、四水治理方案必须拟定程序，分期进行。

第二，要解决各种关系，如远景与近期、干流与支流、上中下游、大中小型工程以及水火电等五种关系。这些都有一定联系，应相互结合，也就是从前所说的"相济"。因为它们本身有矛盾，才有对立的统一，因为工作中发生不平衡，而再求得新的平衡，要把各个关系结合起来。很难确切地说，干流在前或是支流在前，小型工程在前或是大型工程在前，不要这样的固定，而要根据具体情况实事求是地进行。如沅水的五强溪，不能早于资水拓溪，湘中灌溉如具有条件也可先搞。

第三，组织工作。长江流域规划复杂，长办要在规划委员会领导下依靠国家计委主持，以水电部为中心，拟制大体的计划，再根据这一计划进行与各省的分工，计委要统一审核批准。长江流域规划要点报告提出后要研究讨论，批准以后进行分工，各省皆有很多事要做，分工后有些工作各省就可以搞。各方面都应根据多快好省、勤俭建国的方针，不能光搞大的，花很多钱，这样才有利于促进。

第四，长江防洪问题。三峡未兴建以前，洪水的威胁还是存在的，荆江大堤、洞庭湖区、无为大堤，尤其是两湖地区，防洪要加紧进行。在防洪上两湖应协作，可召集会议，中央也派人参加，确定规划安排，两湖必须协作。例如建闸垦殖很好，但必须蓄洪，必须双方兼顾。又如围垸可以增加生产，但别处会淹没更多，不然这样大的洪水又往何处去挤？这些问题必须要深入研究。堤防加高也不是轻而易举的问题。润河集和荆江分洪是我经手的，当时只能急其所急，不搞是不行的，有不同意的当时只有说服，尽管有缺点，乃是一个指头十指头的问题。如说长办工作缺点一样，也是一个指头十个指头问题。今天我们是比以往前进了，当然也不能墨守成规。

第五，这个会的附产物是汉江丹江口。由于准备充分，现在已经肯定了丹江口纳入第二个五年计划。汉江流域规划仍要继续进行，汉江支流南河规划也要作出安排。南岸也要搞，现在要南北兼顾。湖南提出方案，如提出15个项目，花13亿元，必须统筹安排。沅水五强溪修起来时间太长，澧水需要做工程很急，这些问题，水电部、长办、湖南省要进行统一考虑。还有与三峡有关的清江，则可并入作为三峡问题的组成部分，也要进行研究。

第五个问题：经济规划统由计委负责，长办专家组长提出经济设想的研究，这当然是可以的，但最后决定与审查批准权在计委。

中共中央关于三峡水利枢纽和长江流域规划的意见

（1958 年 3 月 25 日成都会议通过，4 月 5 日政治局会议批准）

成都会议大组会议在1958年3月23日讨论了周恩来同志关于三峡水利枢纽和长江流域规划的报告，会议同意这个报告，并且提出以下几点意见：

（一）从国家长远的经济发展和技术条件两个方面考虑，三峡水利枢纽是需要而且可能修建的；但是最后下决心确定修建及何时开始修建，要待各个重要方面的准备工作基本完成之后，才能作出决定。估计三峡工程的整个勘测、设计和施工的时间约需15年到20年。现在应当采取积极准备和充分可靠的方针，进行各项有关的工作。

（二）为了便于今后有关的工业、农业、交通等基本建设的安排，并且尽可能地减少四川地区的淹没损失，三峡大坝正常高水位的高程应当控制在200公尺（吴淞基点以上），不能再高于这个高程；同时，在规划设计中还应当研究190公尺和195公尺两个高程，提出有关的资料和论证。

（三）三峡工程的准备工作时期，对美人沱和南津关两个坝址的继续勘测和研究，对一切主要的技术问题和经济问题的探讨，都应当采用展开争论、全面比较论证的方法，以求作出充分可靠的结论；某些重大的技术问题必须作试验研究。三峡水利枢纽和长江流域规划的要点报告应当于1958年第二季度交出。三峡工程的规划性设计应当争取于1959年交出，初步设计应当争取在1962—1963年交出。

（四）长江较大洪水一般可能五年发生一次，要抓紧时机分期完成各项防洪工程，其中堤防特别是荆江大堤的加固，中下游湖泊、洼地蓄洪排渍工程等，决不可放松。在防洪问题上，要防止等待三峡工程和有了三峡工程就万事大吉的思想。

（五）长江流域规划工作的基本原则，应当是统一规划，全面发展，适当分工，分期进行。同时，需要正确地解决以下七种关系：远景与近景，干流与支流，上中下游，大中小型，防洪、发电、灌溉与航运，水电与火电，发电与用电（即有销路）。这七种关系必须互相结合，根据实际情况，分别轻重缓急和先后的次序，进行具体安排。三峡工程是长江规划的主体，但是要防止在规划中集中一点，不及其他和以主体代替一切的思想。

（六）由于条件的比较成熟，汉水丹江口工程应当争取在1959年作施工准备或者正式开工。

洞庭湖水系的规划问题和两湖间的防洪问题，应当于最近期间由王任重同志负责召集有关省份有关部门的负责同志开会商议，定出方案。四川和贵州水系的规划，鄱阳湖水系的规划，以及安徽和江苏有关长江的防洪、灌溉等问题，都应当分别由地方负责同志召集各有关方面开会研究，定出方案。

（七）为了加强对三峡工程和长江规划的领导，应当正式成立长江规划委员会，委员名单由恩来同志提出，报告中央通过。三峡工程和长江规划中的设计文件，均应经过国家计划委员会会同有关方面审查，报告中央批准。

三峡水利枢纽科学技术研究会议秘书处向中央的报告

（1958年6月）

聂副总理、总理并转主席及中央：

一

根据中央决议和主席、总理对修建三峡枢纽所指示的“积极准备充分可靠”的精神，由中国科学院、水利电力部、一机部、长办联合筹备，于6月5日至6月16日在武汉召开了三峡水利枢纽科学技术研究会议。参加会议的有中国科学院的研究机构，产业部门的研究、设计、施工单位，高等学校，以及国家有关部、委、局和地方科学工作委员会等共82个单位、268人（不包括长办参加的人员），并有苏联专家13人参加指导。

会议开幕时，由张劲夫、冯仲云、王任重三位同志根据党在建设社会主义时期总路线的精神向到会代表作了报告。长办林一山主任和副总工程师李镇南同志介绍了三峡枢纽的研究情况，然后分为水利、动力、地质、机械、综合经济5个专业大组及一个人民防空小组，全面地讨论了关于三峡水利枢纽科学技术研究项目，研究了与科学技术有关的问题，分别签订了协议或制定了任务书，确定了分工协作关系。会议期间曾乘专轮到三峡现场查勘。

这次会议是在党的八大二次会议向全国人民提出党在建设社会主义时期的总路线以后召开的，会议自始至终贯彻了鼓足干劲、力争上游、多快好省地建设社会主义的精神。到会的科学家、教授和工程技术人员在认识了三峡枢纽建成的巨大的经济作用和政治意义之后，干劲十足，一致表示，在党的领导和苏联专家帮助下，有信心、有力量解决任何复杂困难和问题。各单位代表都勇于承担任务，甚至包下任务。

（以下略）

二

这次会议的主要任务是讨论并协议分担有关建设三峡枢纽的各项研究课题。但是，由于各项研究任务与枢纽建设的速度密切相关，因此在讨论研究课题的过程中，首先就涉及到枢纽建设的期限问题。参加会议的代表一致认为在大跃进的形势下，三峡枢纽争取在10年左右的时间内建成是非常必要的也是完全可能的。动力组的代表们从动力的要求方面进行了分析，认为即使按照水利电力部原来计划在第二个五年计划期间增加发电容量2400万千瓦的指标为准，1967年左右即要求三峡能投入运行。而目前计划已增加至5500万千瓦，所以三峡电站尽早投入运行更为必要。三峡电站如能在1967年左右投入运行，将在保证电力供应上起到“稳住阵脚”的作用，在动力平衡上具有战略意义。所以从工农业大发展对动力要求来看，三峡电站应尽早投入运行。其他各组分析了在10年左右建成三峡工程的技术可能性。地质组的代表们认为如果选用三斗坪坝区，他们可以负责在10年左右完成三峡的建设，解决一切有关的地质问题。水利组的代表们认为从水工设计和施工方面来说，大坝在三斗坪完全可能在10年左右的时间内建成。机械组的代表们从设备供应方面进行了研究，认为只要现在就开始积极准备，那么在供应为10年左右建成三峡枢纽的设备方面，虽然比较紧张，但还是完全可能的。长办的同志们在这次会议以前，也曾本着跃进的精神研究了缩短三峡建设期限的具体措施，认为如果大坝修建在三斗坪，并采取设计、施工准备和施工相互交叉的办法，则三峡枢纽完全可能争取在1961年开工，1966年或1967年开始发电，1968年基本建成。所以通过这次会议，我们认为只要抓紧各方面的准备工作，三峡枢纽的建设期限可以比中央要求的15至20年大为缩短，争取10年以内建成是必要的也是可能的。如要再快仍有可能，但须中央作出新的指示。

在会议进程中涉及的另一个重大问题是关于坝区选择的问题。三峡枢纽有两个可能坝区，即：南津关和三斗坪。南津关属石灰岩地区，地质条件非常复杂。三斗坪属花岗岩和花岗片麻岩地区，地质条件比较简单，但大坝修在三斗坪区初期的综合效益略逊于南津关。因此长办根据今年3月总理查勘三峡时的指示，正在同时进行两个坝区的规划性设计，根据设计要求而提出的试验研究项目也是包括两个坝区的。但根据目前已掌握的资料来看，坝区选择基本上已经可以肯定，在这种情况下，如果仍将两个坝区的试验研究工作平行进行，不仅将造成巨大的耗费，而更重要的是将阻碍枢纽建设工作的加速进行。长办方面也希望能及早确定坝区，以便勘测设计工作的加速进行，因此在实地查勘了两个坝区以后，专门组织了一次讨论。在讨论中大家一致认为：三斗坪坝区地形地质条件优越，在现有技术水平上就可以有把握地进行施工，而南津关坝区地质条件复杂，河谷狭窄，水深流急，修建大坝时有很多超世界水平的问题必须解决，目前虽已有解决的途径，但还没有充分的把握，同时由于导流工程复杂艰巨，又需处理喀斯特地基，所以施工期限必然比三斗坪为长，此外，南津关的总投资和初期投资也远比三斗坪为高，远景发展中增加装机、扩建船闸的条件也比三斗坪困难，所以三峡枢纽修建在三斗坪是符合多快好省的方针的。三斗坪唯一的缺点是初期运转时的综合效益略差，电能约比南津关少10%弱，三斗坪至南津关一段的航道改善不如南津关彻底，但是随着上游干支流水库的兴建，上述综合效益的差别将基本消灭，水能则可获得同样的充分利用，所以这次会议认为坝区取舍问题已很明显。因此决定在坝区未正式选定前，各项科学研究工作即以三斗坪为重点。

三峡枢纽的兴建，从总的方面来说是超过世界水平的一个问题，并且在兴建的过程中也必然会在科学技术上创造一系列超过世界水平的事例。但是对三峡的技术问题也应当给予恰当的估价。根据这次会议的讨论研究，三峡的技术问题虽然复杂，也不是某些人想象的那样高不可及。如果大坝修建在三斗坪，仅在现有技术水平的基础上，也完全可以有把握建成。不过为了更好地贯彻多快好省的方针，在建设这样规模巨大的枢纽工程时，还必须在若干重大问题上突破现在的世界水平，创造世界的先例。根据这次会议的讨论研究，兴建三峡工程所需要解决的重大问题约有以下几方面：

1. 经济方面：三峡的建设必将对整个国民经济发生巨大的影响，与长江流域内的工业、农业、交通运输业的发展远景有密切关系，因此有必要对长江流域广大地区的国民经济发展远景进行研究，对今后15至20年内的国民经济发展远景作出必要的预测，并在近期计划中考虑到兴建三峡的因素。在动能经济方面需研究动力平衡问题、全国统一动力系统的形成问题以及三峡大量季节性电能的利用问题等。

2. 地质方面：三斗坪坝区虽然具有修建高坝的优越条件，但地质问题仍是一项重大的关键问题，必须加强勘探研究工作，进一步查明各项工程地质条件，如花岗岩风化带的分布规律及风化岩石的工程特性等，以便能安全而经济地处理基础，修建大坝。此外，喀斯特的研究和处理问题对我国水电建设具有一定的实际意义（如开发清江、乌江均须在石灰岩地区建坝）。所以仍须在现有工作基础上对南津关地区的喀斯特问题进行分析研究。

3. 水工设计方面：为了验证枢纽建筑物的安全和稳定，需要进行模型试验，分析大坝及厂房等主要建筑物的应力情况及水力学条件。这些问题是目前科学技术水平已经可以解决的问题，只需模拟三峡的具体条件进行试验研究。此外为了进一步改进水工设计，也需要结合三峡的特点研究一些新型的结构型式，例如采用管柱钻孔法修建大坝，双列式的电站厂房等。

4. 水工施工方面：由于三峡枢纽规模巨大，施工问题极为复杂，为了使施工可靠并加速施工进度，必须研究新的施工技术，如：石方爆破、开挖的新技术，加快混凝土浇筑速度的施工技术、大直径隧洞开挖、衬砌的方法，堆石围堰的抛填和截流的方法，管柱施工的方法等，此外还需要研究适宜于大坝应用的水泥及其他建筑材料，研究采用新型的施工机械。

5. 动力方面：高压输电技术及设备问题是动力方面的一个重要问题。因为三峡发电量大，成本低，除一部分电力供给附近地区的用户外，还将有大量电力远送。估计远景将有500万至1000万千瓦的电力需要输出，输电距离达500至1200公里，这样规模的输电最好能采用60万至80万伏的高压线路，但目前我国已建设的输电线路最高只有22万伏，世界水平也只有40万伏，因此超高压的交流输电技术和设备问题须进行研究。此外根据苏联和瑞典的研究，输电距离超过650公里，容量超过75万千瓦，则以采用直流输电较为经济，所以三峡采用直流输电可能有利，但我国目前还未采用过直流输电，因此也应结合三峡的兴建进行试验研究。三峡电站是世界上机组最多容量最大的电站，以三峡为中心的动力系统也将是世界上规模最大的系统，为了保证电站和系统的运行安全可靠，仅靠人工操作是非常困难的，而须采用自动控制，因此电站和动力系统的自动化问题也须研究。

6. 机电设备方面：三峡电站装机容量很大，远景最少在3000万千瓦左右，所以为了便于布置厂房、降低造价、改善运行条件，要求能采用大容量的巨型水轮发电机组。目前世界上已在制造的最大机组不过20万千瓦，已设计的也只30万千瓦，但根据三峡电站的容量看，最好能采用更大的机组，如40万至60万千瓦，甚至100万千瓦的机组。因此需要研究试制这些超巨型的机组以及相应的电器设备，此外如巨型的升船机（1000至5000吨），巨型起重机（2000至2500吨）新型及巨型的施工机械等也需要研究或试制。

根据建设三峡需要在各方面解决的问题，这次会议确定了一些研究课题，其中有很多超过目前世界水平的。因此可以预计，通过大规模的试验研究，通过三峡枢纽的兴建，我们在水电技术方面以及其他有关的若干科学方面，必然会赶上和超过世界水平。

三

为了使建设三峡枢纽的有关科学研究工作能迅速而有效的开展，借以促使三峡枢纽提前施工提早建成，经过会议讨论，认为需要采取以下几点措施：

1. 在国务院长江流域规划委员会领导下设立三峡枢纽科学技术研究工作领导小组，由水利电力部、国家计委、中国科学院、一机部、长办、交通部、地质部主管科学研究的负责同志组成，负责统筹规划三峡枢纽科学技术研究工作，并进行经常的检查督促，协调平衡。在领导小组之下设水利、动力、地质、机械、经济等5个专业大组及一个防空小组，具体负责推动各方面工作。

2. 三峡枢纽的科学技术研究工作，规模庞大，牵涉面广，任务繁重。为了有效地进行工作，一方面必须调动各方面的力量，另一方面也必须有研究的核心，建议在经济规划方面以计委为中心，水工技术方面以长办为中心，机电设备的试制和供应方面以一机部为中心，其他有关部门及高等学校则分别与上述各单位密切配合，在领导小组的统一领导下对三峡枢纽展开有中心的全国研究工作。为了使各项研究任务在人力、物力上得到可靠保证，以满足积极准备兴建三峡枢纽的要求，建议国务院批准此次会议拟定的三峡枢纽研究项目，作为国家任务下达各有关部门及高等学校；对于其中若干重要研究项目，由于牵涉面广，不便于由若干单位分别承担的，建议从各有关方面调集人力，组成专门问题研究小组，以便能在一定时间内集中作战，重点突破。经过会议研究，目前拟成立地质、机械、防空等3

个小组。

3. 充分利用中苏两国政府122项科学技术合作项目，积极学习苏联先进经验，争取苏联专家的大力帮助。对三峡枢纽科学技术研究项目中为了争取时间必须尽先提出的合作项目，要求国务院科学规划委员会同意作为紧急措施于今年向苏方提出。

同时，为了发挥现有留苏研究生的潜力，改善部分研究生脱离国情选定研究课题的现象，建议有关部门根据可能条件将三峡枢纽科学技术中重大研究项目作为研究生的研究任务，这样，不仅培养了干部，学到了经验，而且有利于解决三峡枢纽的重大科学技术问题，缩短准备时间。

4. 为了解决修建三峡枢纽中复杂的科学技术问题和研究试制巨型机件，根据中央指示“一切重要科学技术问题必须经过实验”的方针，需要充实和加强原有的研究机构和试验基地；并根据各项新技术的要求，在结合生产，基本上不增加开支的原则下，迅速建立一批工业性试验基地，使研究、设计、生产、试制紧密结合，使三峡枢纽的一切重要科学技术都可以经过试验，而建立在充分可靠的基础之上。例如需在现有水电站进行研究巨型水轮机飞逸转速的现场试验；需要结合中小型水利枢纽试制100吨至500吨的升船机；需要选择一条近期建设的远距离高压输电线路研究提高容量和稳定措施，并提前架设一段500至600千伏的送电路线，作为工业性试验改革；以及在长办设计的枢纽范围内选择适当的水利工程采用管柱围堰施工试验等。建立这些试验基地，虽然绝大部分可以和生产相结合，可以不另增加开支，但是有些也需要增加一定的设备和开支，耗费一定的人力和时间。甚至有些还会和正常生产秩序发生一定的矛盾，因此估计会遭遇到一定的阻碍。为了能顺利地建立必要的试验基地，建议中央责成有关部门大力支持建立必要的试验基地。

5. 三峡枢纽是综合利用长江水利资源的一项主体工程，它的建设将对整个国民经济发生巨大影响。因此为了积极准备兴建三峡枢纽，除需要从科学技术方面积极进行之外，到会同志认为亟需国家计委负责召集中央各部及有关省市迅速加强研究长江流域近期与远景的经济规划问题，使国民经济发展计划与三峡枢纽的建设可以相互结合，相互促进。例如根据到会有关部门的反映，如果三峡枢纽工程提前兴建，则在施工机械及其他机电设备的供应方面感到非常紧张，需要立即着手进行准备，如筹建重型机械制造厂、大型水轮机发电制造厂、超高压设备制造厂、特殊材料冶炼厂、化工厂等。而这些工厂的建立既可提高现有生产水平，又可为三峡兴建作好准备，因此要求计委迅速召集有关部门进行研究，及早确定，以免将来筹建不及变成延缓三峡建设速度的一环。其次，在交通运输方面，沿江上下游的交通运输线路、码头以及为三峡施工所需修建的线路亦应结合近期的国家计划立即筹建。此外，以三峡电站为中心的全国统一动力系统的规划和动能设计亦需以当前国民经济的总体规划为基础。因此要求计委能及早明确各主要工业部门对动力的需求、全国及地方动力事业发展的规模及速度、全国及地方的动力平衡情况，以及耗电多工业的布局等。总之，为了促进三峡的兴建，建议计委抓紧研究与三峡有关的经济规划问题。

周恩来在北戴河长江会议上的讲话

（1958年8月31日）

今天是座谈，大家谈的问题，不作最后确定。长江流域规划要点报告，现不作批准。要联系全面，结合三峡初步设计要点，再加讨论。报告要修改，这是工作方法和手续问题。

柯老说得很对，要看看全面，看看今天，也要看看明天。长江流域规划要点报告，在大跃进新形势下，要补充得更加完善，要求比黄河规划更要完全。经过几年实践证明，河流规划工作必须进行多方面比较研究工作，到今天黄河规划才算完整。黄河在过去只着重上面，昨天报告的黄河干支流水库、水土保持、下游河道整治的三大规划比较好，可以认为是以三门峡为中心的黄河流域规划。长江流域规划报告我看了，还有些地方值得修改。黄河三门峡100年就可以了，三峡至少1000年。张劲夫同志刚才说的对，三峡是千年大计，主席有伟大的理想，我们要很好联系全面。蓄洪垦殖可以增加耕地，但十年以后耕地还会要这样多？要多搞些湖泊，不仅为了今天，还要为了明天，要为和平，也要为战争，三峡坝炸垮了，下面有很多湖也好办些。江水北调有四条引水线路，长江的上中下游都可以设想，要搞一个全面的规划。长江流域规划要点报告，可以分发各省讨论，并以省为单位，把省的水利化搞出来，再根据各省规划作出整个长江的干支流、大中小、水网化、湖泊化的具体安排，提出解决长江防洪、发电、航运、灌溉等全面的综合利用的整体规划。长江规划要点报告中增加的水网化、湖泊化，还有水产，都要做一些工作，与整体计划联系起来。水利电力部发一个通知，要求各省在今年12月底将长江规划要点报告讨论完，并提出各省水利化的计划，长办综合进行修改长江规划要点报告，再由计委报请中央批准。

在今春三峡会议时，我曾说过：三峡是长江主体工程，应有主有从，全面进行论证，防止只集中一点不及其他的思想。黄河三门峡过去只注意控制上面径流，而今年在三门峡以下的伊洛河、沁河等地区就足以造成黄河花园口仅次于1933年、而达21000秒立方的洪峰流量。三峡也是不能全部解决长江防洪问题。丹江口、五强溪、万安本身不受大的危险，又有很大的综合利用价值，各省应作出规划，这一点很重要，请三个大协作区多关心一些。

三峡工程我同意富春、柯老的意见，多做准备工作，并结合总路线精神要多快好省。长办对规划有成绩，不断想了一些新的办法进行长江流域规划工作，这应该鼓励。长江流域规划要点报告年底交中央批准。三峡枢纽坝址也在年底确定。南津关坝区现在不要放弃，三个坝区应找更多的材料，目前实际力量可以摆在三斗坪，增加三斗坪坝区有价值的论证，南津关为了否定也应该多花一些力量。世界高坝应多作一些研究，科学家也要摆问题加以论证。三峡研究成功是科学界巨大的贡献。萨凡奇只搞了一个南津关坝区，可是他提出了问题，他还有功。三峡初步设计明年交出，推迟一点也好，可使准备工作更充分。有了这两步设计，我们准备工作就有把握了！明年准备，后年大准备，这样不致影响国家明年达到3000万吨钢！也不致影响到后年国家达到的5000万吨钢！

三峡的科学研究和技术准备，同意以王任重同志为首的张劲夫、冯仲云、林一山四位同志的报告，现在可以着手进行，报请中央批准。

三峡的防空问题，要加强研究，这样大的工程要震动世界！难道帝国主义不会来破坏？三峡防空多花一点钱，不是中心问题；工程所需材料也有，在宜昌上下都要修坝，当然我们还要加强防御。科学研究以张劲夫同志为首好吗？（总理问王任重同志，王点头）教委、科委也要研究，协作进行。

现在看来，三峡在1961年开工有把握，施工期限估计6、7年，则在第三个五年计划可以建成，这时我国正在向共产主义社会过渡中，这已很伟大！长江有3000万千瓦的电力资源获得开发，这时我国已进入共产主义社会，这种情况不会太晚。原来设想三峡在15—20年建成这已是奇迹！现在6、7年可以建成，我们应向这个方向努力！

另外一个问题，三峡正常高水位190、195公尺在报告中要加上（富春同志插话：还有群众性工程对长江水利建设有什么影响也要加上）。有关三峡试验工程，蒲圻枢纽可以在今年上马，长滩枢纽明年上马，这样试验工程大小做两个，从现场研究工作方法最好，把握也更大。

丹江口枢纽的器材问题，湖北与水利电力部合作解决。三峡枢纽施工技术力量几路会师，明年1、2月份批准，这样做有把握。

长江流域规划委员会，在今年成都会议上已经批准，现在可以上马。甘、陕、青、浙四省由于在长江内地区不大，关系较小，可由各省省委书记一人参加。其他在长江内的各省，第一书记、省长二人参加。中央有关各部再商量。三个大协作区区长是副主任，任重同志多负些责任。这个方案好不好？富春、先念、荣臻也做个副主任，你们同意吗？（大家都说同意）。

长江流域规划办公室关于三峡水利枢纽分期开发研究的报告

（1966年3月9日）

中央，主席：

长江规划和三峡工程的研究，在总理亲自指导下，按照主席所指示的“积极准备，充分可靠”和“有利无弊”的方针进行工作，力求作出一个符合客观实际而具有先进科学技术水平的建设文件，为三峡工程做好技术准备。最近几年，根据主席的指示，我们着重研究了建筑物防护、水库淤积及分期建设等三个问题。在这些问题的研究过程中，我们进一步认识到分期建设更符合于“有利无弊”的方针，大大增加了近期建设三峡工程的可能性。

在三峡设计的整个过程中，我们根据不同时期、不同要求，研究了许多不同的工程方案，并分别进行了各有关坝址的地质勘测工作。1958年我们所提三峡初步设计要点报告，着重论证了三斗坪火成岩坝址，否定了南津关石灰岩坝址。以后，按照“有利无弊”方针研究工程防护问题和分期建设方案时，勘测工作就由探索石牌坝址到最后确定太平溪坝址。在上述四个代表性的坝区内，都曾做过大量的地质研究工作，其中三斗坪方案约占了76%的工作量，而对于最适合工程防护与分期建设方案的太平溪坝址，勘测工作还不够充分。我们现在正在努力加强工作，力争在短期内把太平溪方案的勘测设计工作做深做透。

三峡水利资源综合利用效益极大，是它的突出特点。但要积极开发就必须解决建设规模与经济发展水平之间的矛盾问题。建设大型水电站，往往受到用电需要（即地区电力负荷）的限制，也就是电站近区供电过剩，远区送不出去，造成积压和暂时不平衡的状态。因而规模特大的水电站，往往难以安排到国家建设计划中去。三峡水电站是一个特大型水电站，这个矛盾就显得更加突出，这也是有人反对近期建设三峡一项重要根据。分期建设方案的研究成果，可以有效地解决这个矛盾。三峡枢纽分期建设初期规模，大于三门峡或丹江口工程不多，基本属于同级规模。因而尽早建设三峡工程是需要的和可能的。

第一期工程主要目标是发电、航运。坝顶高程124米，水库发电蓄水位高程为115米，水库总容量50亿立方米，有效调节库容10.5亿立方米。水电站保证出力226万千瓦，充分装机可达500万千瓦以上。水库回水至万县以上的毛垒寺。宜昌到重庆间航道最困难的一段将得到根本改善。第一批装机8台，容量120万千瓦，年发电量100亿度。水库区移民8.1万人，淹没耕地5.4万亩。总投资约为14亿元。总工期包括施工准备一年半在内，约需7年半时间，即可开始发电。14亿元的投资任务完成以后，在大坝与水位不变的条件下，每增加15万千瓦的机组一台，仅增加投资0.44亿元。

第二期工程的主要任务是在一定程度上满足防洪需要，并继续扩大发电和航运效益。大坝坝顶提高到162米高程，水库发电蓄水位可抬高到150米高程，水库总库容增至183亿立方米，有效库容增至77亿立方米。水电站保证出力可以提高到414万千瓦，充分装机则可以达到900万千瓦以上，年平均发电量约600多亿度。水库回水至四川长寿，川江航道将得到进一步改善。防洪方面，在长江发生200年一遇的较大洪水时，经水库调蓄以后可将洪峰流量从87600秒立方米削减至63900秒立方米。在荆江分洪和荆北分洪放淤工程的配合之下，可以保障荆江大堤的安全，并基本解除洞庭湖湖区和长江中下游的洪水灾害。水库区将增加移民人口18万，增加淹没耕地8.7万亩，装机至900万千瓦时，总投资约需增加16亿元。其中扩建地下厂房，每增一台50万千瓦的机组，需增加0.46亿元。

第三期工程将大坝坝顶加高到设计高程。三峡水库最终规模的设计蓄水位，拟进一步重新论证，由原设计的200米高程降至190米高程。设计蓄水位降低10米后，总库容从732亿立方米降为600亿立方米，有效库容仍将维持388亿立方米。防洪效益都可以做到千年一遇的洪峰流量从93400秒立方米削减至55000秒立方米。水电站保证出力将由1260万千瓦降至1140万千瓦，装机总容量由3000万千瓦降为2700万千瓦，年平均发电量由1360亿度降为1230亿度左右（上述水利指标，原设计均考虑了可能兴建的上游干支流水库的影响，现正按实际情况进行修正）。全部水库土地淹没将由61万亩减为45万亩，移民则可从113万人减至86万人（其中重庆市迁移人口将从32万减至19万人）。总投资约由55亿元降至50亿元。从减少水库淹没损失方面来看，190米方案是有利的。190米高程，电站装机至1700万千瓦时，累计投资约41亿元。

三峡水利枢纽的规划设计原则应当是：综合利用合理安排防洪、发电、航运，充分利用水利资源，除害兴利，在其他防洪工程配合下，逐步达到根治长江的目的。在实现各项水利目标的程序上，可以根据实际需要，逐步实现。分期建设可以用较少的投资额、较短的工期，尽早地发挥效益，有利于国家资金的合理使用，同时也有利于工程防护。

分期建设第一期先收发电、航运之效。紧接着再进行扩建，适当满足防洪的需要。扩建的方式，可以考虑以下三种：第一，如需提前解决防洪问题，可只加高大坝至162米高程，但不抬高水库发电蓄水位；第二，按第二期规模加高大坝，扩大装机；第三，在大坝不加高的条件下，增建地下厂房，扩大装机容量。上述三种方式，将来可根据需要进行选择。我们认为：第一种方式，可迅速发挥防洪作用，增加投资约3亿至4亿元，可优先考虑。第三种方式，在第二期工程扩建时需更换更多的发电机，是不经济的。扩建的资金可以依靠自身收益的一部分来解决。按第一期装机8台，年发电量100亿度、每度电售价5分钱计算，则年收益即达5亿元，完全可满足扩建的资金需要。

建设三峡工程可以做到技术上充分可靠。三峡工程目前在设计中所选择的太平溪坝址（宜昌以上50多公里），在地形地质等自然条件方面是良好的。三峡工程虽然是世界特大规模的水利工程之一，但建设技术已是国内外水平所能解决的，例如修建200米左右高度的混凝土重力式大坝，国外早有成例，我国正在修建的刘家峡和即将修建的乌江渡大坝，也已接近这个水平。引水隧洞和地下厂房每一个机组段的规模，也不是当前世界上最大的。设计中考虑采用的每台50万千瓦的水轮发电机组和50万伏超高压输电技术，都未超过当前世界上已经达到的水平。只要我们认真吸取国内外已有的大型水利枢纽建设的经验，做好各方面准备工作，就完全可以打一个大庆式的歼灭战。

兴建三峡水利枢纽，对长江中下游特别是荆江河段防洪有巨大的作用，但不能完全依靠三峡水库来解决全部问题。如荆北低地，只靠隐患很多的荆江大堤防护是极不安全的。在长江发生较大洪水时，仍有发生决口的危险。一旦溃决，必将招致数十万人民的死亡。经过研究，还需在荆江地区建设以荆北放淤为主体的一系列防洪工程，与三峡水库相配合。荆北分洪放淤和荆江大堤加高、加固等工程，可使上荆江安全泄量扩大10000秒立方米，代替三峡水库防洪库容160亿立方米。分洪放淤工程，采用修建与荆江大堤平行的二道堤方案。既可尽早减少两湖水灾，又可从根本上解决荆江大堤的决口威胁。这些工程应提前兴建，投资共约3.0亿元。

关于防空问题。战争来了，敌人会对其无法占领的大型水利工程进行袭击破坏，像三峡这样的工程无疑是敌人进行破坏的重要战略目标。因此，大型水利工程建设，就必须研究工程防护问题。三峡大坝位于深山峡谷之中，四周有高山包围，是非常隐蔽的。根据朝鲜战争的资料，由土石材料堆筑的大坝，在不降低水位运行的条件下，是易被炸毁的。而混凝土坝特别是重力式混凝土坝，在降低坝前水位运行的条件下，是难以被炸毁的。三峡第一期工程，大坝基础部分是按最终规模设计的，混凝土坝建在岩石基础上，好似一座人造山，不易破坏，更谈不上彻底破坏。第二期工程仍有较大的超载能力，常规武器仍破坏不了。对原子弹的袭击，则可以采用水埋坝削减水中冲击波的方式防御。即使从最坏处着想，万一大坝被炸垮了，可由上游水埋坝挡水，也不致造成下游严重灾害。电站厂房绝大部分采用地下建筑物是不怕炸的。第三期工程扩建时，我国防力量将大为增强，那时工程防护可能已不成严重问题。万一发生战争，还可适当降低水库水位运行，以策安全。降低水库水位运行，在长江天然流量大的情况下，水电站发电能力将不致显著降低。由于三峡自然条件特别优越，即或不降低水位，而按最安全的防护标准增加大坝的防护断面，使防空更为安全，其增加投资也不多，发电经济指标仍很优越。

关于水库长期使用问题。经过调查研究、分析论证，证明水库寿命问题可以得到合理解决。三峡水库全部处在高山峡谷之中，坡降较陡。库区形状是条带状而不是大肚子型的。根据河流学理论和国内外已有的水库淤积资料，当汛期采取排沙方式，使坝前水位处在防洪下限水位（为了保留水库的最大防洪库容，在设计中规定的汛期最低水位）时，在死库容淤满以后，水流通过水电站的输水系统和大坝的泄洪排沙建筑物下泄，可以使水库形成河流状态，其流速足以达到排沙的目的。又因死库容淤满后峡谷河床坡降变缓，一方面可以保持发电所需的水头，另一方面，又可以保证水库尾闾干流的重要河段不会发生淤积翘尾巴现象。在设计技术上采取汛期排沙汛后蓄水方法，既可防止库区继续淤积，保证水库长期使用，又可基本上不影响枢纽的综合利用，做到有利无弊。而三峡分期建设的实践经验又有利于将来具体确定最终规模的排沙底孔设计。建议选择一个条件适宜并正在修建的多泥沙河流水库，按水库长期使用的原理修改工程设计，以便在基本不影响或完全不影响当前效益的原则下，进行延长水库寿命的试验。

综上所述，经过十多年的调查研究和分析论证工作，证明了三峡工程完全可以做到“充分可靠”和“有利无弊”。而采用分期建设的方式，可使国家投入较少的资金，尽早获得较大的发电、航运和防洪效益。据当前的国家经济发展情况看，三峡工程宜早不宜迟。建议中央将三峡工程列为第三、四两个五年计划期间的建设项目。争取在1968年开始施工准备，1969年正式开工，以保证1975年汛前开始发电。如果中央同意这个建议，请批转各有关方面继续积极进行准备工作，定出审批设计文件时间。

水电部军管会、湖北省革委会关于修建三峡水利枢纽的设想

（1969年3月27日）

中共中央、中央文革、国务院、中央军委：

伟大领袖毛主席亲自关心的三峡工程，在毛主席一系列最新指示的引导下，最近提出了一个比较现实可行的设想。这个方案综合效益大，淹没损失较小，工程防护问题可以解决，特呈请中央审查批准。

一

（略）

二

认真总结过去的经验，提出了修建三峡水利枢纽的设想。这个设想以毛主席“备战、备荒、为人民”的伟大战略方针和对三峡的一系列光辉指示为指导，既考虑备战要求和近期国民经济的实际情况；又考虑根治长江，开发水利的长远战略目标，本着远近结合的原则，建议三峡工程分两期建设。

第一期工程着重解决荆江地区防洪和鄂西、豫西、湘西、川东地区用

电，以及改善川江最困难的峡谷航道为主要目标，并尽量减少淹没，水库设计蓄水位为海拔150米左右，大坝坝顶高程海拔160米左右，总库容约186亿立方米到200亿立方米，防洪库容80亿立方米到150亿立方米，发电保证出力约400万千瓦，水电站装机容量约800万千瓦（是目前世界上最大的水电站），年发电量约550亿度，淹没耕地约9万亩，迁移人口约25万人，混凝土工程约1000万立方米到1400万立方米，工程总投资约40亿元左右，施工期10年左右。

第二期工程可根本解决长江中下游地区的防洪问题，扩大发电效益，或解决水库淤积问题，因淹没移民和工程防护等问题短期内难以解决，近期不进行扩建，但在修建第一期工程时预做必要的准备，为远景发展留有余地。

这样安排，既提前利用了长江丰富水量和三峡有利的地形、地理条件，满足近期国民经济发展的迫切需要，又避免了由于规划过大而造成工程防护、淹没移民、工程投资等问题上的困难，并使近期与远景互相衔接，逐步根治水害，开发水利。

三峡坝址先后曾研究了南津关和美人沱两个坝区。前者为石灰岩区，地质条件复杂；后者为花岗岩区，建坝条件可靠。经过反复比较，认为三峡大坝建筑在美人沱坝区更符合毛主席“充分可靠”的指示。在美人沱坝区又研究了十个坝址，重点比较了三斗坪和太平溪两坝址。三斗坪坝址施工条件好，施工导流可以利用江心的中堡岛做纵向围堰；施工通航较容易解决；施工场地开阔，可打人民战争；又做了大量勘测设计工作，建坝条件已弄清楚。太平溪坝址较隐蔽，布置地下厂房条件比三斗坪好，初期混凝土工程量比三斗坪少，但施工条件较复杂，施工通航问题较难解决，土石方开挖工程量比三斗坪多。对于这两个坝址的最后选定，我们将进一步组织力量，研究提出有关的资料和论证，并召开一次现场会议讨论后报中央审批。

三

这个方案的第一期工程有如下的效益：

一、防洪：可以有效地削减荆江洪峰，根本改变荆江地区的防洪被动局面，使荆江地区再遇1954年洪水不分洪，若配合荆江分洪工程可使荆江大堤的防洪能力提高到五百年一遇。对洞庭湖和洪湖地区，再遇1931年、1935年洪水，配合近期防洪措施（即加固堤防和整治江道）也可不分洪。遇1954年洪水，可以大大减少分洪淹没损失。

二、发电：可以满足鄂西、湘西、豫西及川东等三线地区相当时期的用电需要，每年节省发电用煤约2000万吨到2500万吨，对解决北煤南运将起巨大作用。同时，还可以利用三峡廉价电能，发展电力排灌，生产化肥，促进农业“四化”的早日实现。

三、航运：可以改善川江航道约330公里到530公里。素称天险的万县以下至三峡坝址的峡谷航道得到彻底改善。长江中游的航道可保证达到标准航深3米左右。对坝址以下至宜昌共约40公里的峡谷航道，拟继续兴建三峡下游的葛洲坝枢纽予以解决。

四

备战和淤积是兴建三峡的两大关键问题，根据初步研究成果，第一期工程可以得到解决。

一、关于工程防护问题：第一期工程的总库容不超过200亿立方米，约与丹江口、新安江水库相同，而长江的安全泄量比汉江、新安江大一倍多，这种情况和过去方案设想的总库容700多亿立方米大不相同。在采取一定的防护措施后，即使大坝遭到核攻击而万一溃决，也可以利用荆江分洪工程保护荆江大堤和武汉的安全。从积极的方面，拟将坝体水下部分按最终规模一次建成。水上部分适当加固，坝顶适当加高，这样使大坝有一定的防御层；施工上游围堰在施工完成后不拆除并适当加强；电站采用地下厂房。采用这些措施后，三峡有较高的防护能力。三峡大坝距离美帝、苏修最近的军事基地都在1200公里以上，四周高山环抱，可作防护屏障。随着我国国防力量的日益加强，敌人对三峡工程的核攻击更加难以实现。

二、关于水库泥沙淤积问题：长江在三峡的含沙量为每立方米1.2公斤，约为黄河的三门峡含沙量的3.5%，每年输沙量按多年平均计算为5.3亿吨，约为黄河三门峡的1/3。根据三峡水库地形的特点（峡谷水库）和泥沙主要集中在汛期（汛期5个月占全年沙量的91%）的特点，拟采取以排沙为主的办法，在大坝上设置排沙底孔。汛期降低蓄水位，除特大洪水（超过下游安全泄量）外，一般洪水泄洪排沙（并保证发电），至汛末再抬高蓄水位。粗略估算，采用这样的排沙措施后，三峡初期工程大约运用100年后，水库淤积可能达到新的相对平衡（即基本上不再淤积）。根据伟大领袖毛主席对世界革命形势的估计，三峡工程在100年内将进一步扩建到最终规模，初期泥沙淤积全部在死库容内，不会影响三峡后期工程效益。退一步讲，即使三峡工程100年内不扩建，第一期工程水库水位在150米以下还有保留库容50亿立方米，包括150米以上的超高库容，共有库容约110亿立方米，仍可防洪、发电。从长远看，随着三线工农业建设的发展，水土保持和水利化必将随之发展，入库泥沙将逐步减少，水库长期使用问题是可以得到解决的。

五

（略）

六

为了做好三峡工程建设的各项准备工作，早日建成三峡工程，我们建议：

（1）加强对三峡工作的领导，请求中央组织三峡工程领导小组，我们恳切希望总理继续领导三峡工作。

（2）在今年6月组织一次现场会议，根据中央批准的指导思想，选定坝址，部署勘测设计和科学研究工作，争取在1970年完成初步设计，报请中央审批。

武汉军区、湖北省革委会关于兴建长江葛洲坝水利枢纽工程给毛主席并党中央、国务院的请示报告

（1970年10月30日）

为了实现伟大领袖毛主席“高峡出平湖”的伟大理想，加速社会主义建设，解决湘西、鄂西、豫西、川东三线建设和工农业生产用电，去年5月，我们向毛主席和中央报告了建设三峡的设想。去年10月间，毛主席来汉视察时，从战备着想为我们进行三峡水利建设指明了努力的方向，我们坚决照办。

遵照毛主席的伟大教导，我们会同中央水电部、长江流域规划办公室等有关部门对建设南津关下游葛洲坝的设想，又经过反复勘察、模型试验，认真研究，均认为切实可行。现建议兴建宜昌长江葛洲坝水利枢纽工程。

一、工程规模

葛洲坝水利枢纽工程建低坝，坝高为海拔69米，土石方约3300万立方米，钢筋混凝土约400万立方米，淹没耕地8600亩，移民13000人。水电站利用径流发电，装机204万千瓦，年发电量约120亿千瓦时，造价约13.5亿

元，力争少花钱，多办事。预计3年半开始发电，5年左右竣工。建成后，是全国最大的水利枢纽工程。

二、工程效益

兴建葛洲坝水利枢纽工程，是为建设长江三峡高坝创造初步经验的一项工程。大坝建成后，可改善南津关以上100—180公里的航道条件。水电站发电后，与丹江工程、湘西电站构成一个电网，可以解决湘西、鄂西、豫西、川东三线建设和工农业近期用电。

三、工程保证

我们在现场进行了水工试验和研究。试验结果：泥沙虽有些淤积，但人工完全可以调节、控制，对大坝影响不大，保证不淤塞，不断航。关于工程防护问题，对泄洪闸和电站，采取分散部署，一旦发生战争，大坝万一被破坏，洪水期最大下泄量仅3亿—5亿立方米，枯水期最大下泄量也只有7亿—8.5亿立方米。宜昌到沙市河槽容积较大，荆江大堤和枝江铁路桥可以保证。但是宜昌市西坝工业区和沿江街道要采取防范措施。

四、施工准备

经过长期勘测，葛洲坝地质情况清楚，地震烈度为6度，适宜筑坝，工程设计正在进行。宜昌到鸦雀岭与焦枝线接轨的铁路正在勘建。葛洲坝工程指挥部已经成立，工程队伍正在积极进行准备工作。

我们决心高举毛泽东思想伟大红旗，在毛主席为首的党中央英明领导下，遵照毛主席“备战、备荒、为人民”和“自力更生”、“艰苦奋斗”、“勤俭建国”的方针，“精心设计，精心施工”，全心全意地依靠工人阶级，组织贫下中农和民兵参加，大打人民战争，多快好省地完成这项光荣任务，为伟大领袖毛主席争光！为伟大的社会主义祖国争光！

关于兴建长江葛洲坝水利枢纽工程周恩来给毛泽东的信

（1970年12月24日）

主席：

去年10月，主席在武汉曾在曾思玉同志提议修三峡大坝时说到在目前备战时期不宜作此想。后来，他们就同水电部、长办转而设想改修三峡下游宜昌附近的葛洲坝低坝，采用径流发电，既可避免战时轰炸影响下游淹没的危险（低坝垮了只多3亿到8.5亿立方米水量的下泄，宜昌到沙市河槽内可以容积），又可争取较短时间加大航运和发电量（航运单向年达到2500万吨左右，发电装机可达到204万千瓦，保证出力80万千瓦，时间五年可成）。武汉军区和湖北省革委会本年10月就提出报告请中央列入“四五”计划。中央政治局11月会议讨论，原则批准，要他们多做水工试验和研究，并写一可靠的水坝工程资料。我和国务院业务组（先念、登奎、德生三同志均参加），与曾思玉、张体学、林一山等同志和水电部负责人经多次研究和讨论，认为在“四五”计划中兴建葛洲坝水利工程是可行的，他们所提出的资料和数据，也是经过10年来的现场地质勘察、水工试验和历史水文记录的积累和分析得来，基本可靠。而在施工过程中，还可精心校正，精心设计，力求避免20年修水坝的许多错误。至于三峡大坝，需视国际形势和国内防空炸的技术力量的增长，修高坝经验的积累，再在“四五”期间，考虑何时兴建。现将中央批复送审稿及报告和附件、附图呈上，请审阅，并请主席批示。林一山意见书一并送上，供参阅。

周恩来

附件：林一山写给周恩来的信

总理：

遵照您的指示，我赶写一个如下的简要报告。

为了更好地实现伟大领袖毛主席“高峡出平湖”的宏伟理想，使长江三峡水利枢纽工程真正作到“积极准备，充分可靠”和“有利无弊”，我在今年4月曾向中央写过关于三峡水利枢纽兴建时机和建设问题的报告。在准备兴建葛洲坝工程的研究过程中，又曾口头汇报了葛洲坝方案与三峡工程的相互关系和可能造成三峡工程施工的一些困难。现将兴建葛洲坝与三峡工程有关的一些问题简要报告如下。

（一）先兴建葛洲坝工程与三峡工程的相互关系和可能造成的影响

葛洲坝位于宜昌市上游6公里，距设计中的三峡坝址约40公里。在1958年长江流域规划报告中，为了改善大坝以下峡谷河段航道和解决三峡电站忽开忽停所引起的长江航道水位忽高忽低等问题，在规划中提出了葛洲坝梯级方案，该梯级也是一个最稳定的大型电站，它可以利用和调节三峡电站每天很不稳定的下泄流量。

当时曾研究过先修三峡后修葛洲坝，或者同时兴建，但未考虑过先修葛洲坝后修三峡，并且初步认为是不利的。

最近几年，由于“三西”（豫西、鄂西、湘西）地区国家急需用电，有人提出立即修建葛洲坝工程，其优点是能较三峡提前发电。

但是在讨论过程中，长办有相当一部分同志认为先修葛洲坝工程将给三峡工程施工造成一系列的问题和困难。虽然这些困难可以设法克服，但也是值得引起重视和注意的。

首先，葛洲坝设计蓄水位为66米，在三峡枯水位45米时，抬高水位20米，将给三峡工程施工造成一系列的困难。

围堰导流是三峡工程施工中的关键工程，即在冬季枯水期无水或浅水中修建一个与河流平行的纵向混凝土围堰，把河床分成两半，一半施工，一半导流。而先修葛洲坝以后，就要在20米深水中修筑这样的纵向围堰，这将造成一系列的困难，而增加的工程投资也未曾作过计算。

同时，三峡工程的岩石开挖，如电站尾水，船闸导航渠道等也增加了困难。

在围堰工程方面，由于葛洲坝工程在洪水期升高水位不多，影响似乎不很严重。但截流工程却因枯水期的水位由30—40米，增高到50—60米左右，水深增加约50%，也给横断河床的横向围堰工程增加了困难。有人说葛洲坝截流围堰经验有利于三峡施工，这也不一定。说先建葛洲坝有利于三峡工程的施工截流和减少岩石开挖量，这只在两个工程相互结合时，即基本同时兴建时才是这样的。

葛洲坝工程建成后泥沙淤积问题，总的方面可以解决。但淤积变化规律或者将会出现什么新情况，对于三峡工区的影响估计不太严重，但这些问题尚无法了解。

如果为了减少或克服葛洲坝工程给三峡施工造成的困难而降低葛洲坝发电水位，这样可以使三峡坝址基本上不影响施工。但这种措施，将使葛洲坝电站在三峡施工相当一个时期内基本失去作用。葛洲坝电站的最低发电水头为6米，这时它只能发出设计发电量的1/5—1/3，这时系统供电是一个大问题。

（二）有无必要先建成葛洲坝

在国家急需用电的情况下，先建成葛洲坝工程能较三峡工程提前一些时间发电。但可否从其他方面寻找电源，我认为可以考虑。

多年来长办对三峡工程分期开发方案做了大量的研究工作。三峡第一期工程水库水位为115米，其工程规模、发电量、投资等方面均基本与葛洲坝相同。

葛洲坝电厂装机12台，总容量204万千瓦，年发电量120亿千瓦时。工程量：土石方3000万立方米，钢筋混凝土400万立方米，需要钢筋、钢材16万吨，总投资13.5亿元，第一台机组发电时间，工期3年左右。

三峡第一期工程（115米方案）电厂装机28台，总容量420万千瓦，保证出力226万千瓦，年发电量100亿千瓦时。工程量：土石方4100万立方米，钢筋混凝土560万立方米，需要钢筋、钢材6万吨，第一台机组发电时间，工期最迟是7年左右。

但是，三峡第一期工程除发电时间较长外，其他优点远非葛洲坝方案所能比拟，尤其在战备情况下，它是最可靠的战时电站。

三峡工程开发可分为三个独立的运用阶段。第一期工程（115米方案，总库容50亿立方米）建成后，可以根据国家建设需要在任何时候逐步加高加大到第二期工程（150米水位，总库容200亿立方米），在国家能有计划有步骤地进行投资、移民，逐步满足长江防洪、发电、航运等各方面的要求，达到"有利无弊"的目的，实现伟大领袖毛主席的伟业宏图。

三峡第一期工程（115米方案）可以改善三峡至万县以上川江最险河段航道。大坝以上30公里和万县以上至重庆地区航道稍加改善，可使川江三线地区与长江中下游形成一条可靠的运输线。

在防护工程方面，采用新的施工方法，即按照我在今年4月报告中新设想的进一步加大混凝土重力坝断面，将大坝上游坡面坡度采用1∶1，甚至稍大的坡比，可以防御任何核武器的破坏能力。可以设想，在建成葛洲坝以后，如果再兴建与葛洲坝同等优越条件和同等规模的另一个水电站，这样，则两个葛洲坝电站的投资，用于三峡第一期工程和一部分扩建工程时，则可得到两个葛洲坝的效益，并能节余投资约6亿元。这项投资，如果用于防护工程可使三峡第一期工程坝体增加到坝底400米宽，坝顶200米宽。以后仍可在电站的不断扩建过程中继续加大坝体断面，以达到战时防御需要的标准。

三峡大坝的太平溪坝址线，其电站是地下厂房，修建在500—700米花岗岩高山以下，大坝则修建在四面环山，两岸在1000多米高山的峡谷出口。三峡工程的设计条件，可以充分体现伟大领袖毛主席对三峡工程"积极准备，充分可靠"和"有利无弊"的指示，并符合"备战、备荒、为人民"的战略方针。

三峡大坝可以建成一个人工石山，其防御条件可以继续创造以至达到最大的极限，并随着电站的扩建而不断增加大坝断面。这是因为三峡工程有利条件很多和电站指标优越，混凝土不断增加后仍然有利。

在以毛主席为首的党中央的亲切关怀下，在总理的直接组织领导下，长江流域规划办公室的数千革命工人、革命干部和革命知识分子，为实现伟大领袖毛主席对三峡工程所作的一系列英明指示，对主席所关心的三峡工程可能出现的各种重大困难问题进行了各方面的研究，我们认为兴建三峡工程在技术上的可能性已经得到了解决，国内外尤其是国内建设所取得的实践经验，对三峡工程上防轰炸、下防地震、中防泥沙的“三防”方面，已经找出了妥善的解决办法，因而兴建三峡工程的时机已经成熟。

（三）建议

1. 在批准修建葛洲坝工程时，应组织力量专门讨论研究一个比较完善的计划，以克服葛洲坝工程给三峡工程施工造成的各种困难。

如果三峡工程在今后2年左右可能开工时，则可在葛洲坝工程蓄水发电以前做好三峡枢纽水下部分工程。

2. 如果不先建葛洲坝工程，则在完成准备兴建葛洲坝工程的基础上，充分发挥各方面的积极性，立即转入着手筹建三峡枢纽工程，进行施工准备，“三西”用电问题可另外设法解决。

建议召开全国性的专门会议，研究讨论并审查各种有关三峡工程的技术可能性问题。

林一山

1970年12月17日

中共中央关于兴建
长江葛洲坝水利枢纽工程的批复

（1970 年 12 月 25 日）

武汉军区、湖北省革命委员会并告四川、湖南、河南省革命委员会，国家计委、建委、水电部、交通部、一机部：

中央同意你们关于兴建宜昌长江葛洲坝水利枢纽工程的报告。

修建葛洲坝水利枢纽，是有计划、有步骤地实现伟大领袖毛主席“高峡出平湖”伟大理想的实战准备，也是落实毛主席“备战、备荒、为人民”、“要准备打仗”伟大战略方针的重要措施。

遵照伟大领袖毛主席“在战略上我们要藐视一切敌人，在战术上我们要重视一切敌人”的教导，一定要“精心设计，精心施工”，妥善解决各项技术问题，既要考虑到有利的因素，也要考虑到可能发生的不利因素；既要考虑战时万一遭到敌人破坏不致危害下游的可靠措施，也要考虑今后保证三峡高坝建设的有效措施。希望你们更高地举起毛泽东思想伟大红旗，突出无产阶级政治，放手发动群众，大打一场人民战争，多快好省地完成建设任务。

责成武汉军区和湖北省革命委员会主持，由水电、交通、一机部和长江流域规划办公室等有关方面参加，组成坚强的施工指挥部，进行现场设计，在今年年内提出设计方案报国家建委审定。为争取时间，你们可即组织力量进行施工准备。为了集中力量打歼灭战，清江隔河岩工程停建，其所列今年投资转由葛洲坝使用。

毛泽东对《中共中央关于兴建长江葛洲坝水利枢纽工程的批复》的批示

（1970 年 12 月 26 日）

赞成兴建此坝。现在文件设想是一回事。兴建过程中将要遇到一些现在想不到的困难问题，那又是一回事。那时，要准备修改设计。

周恩来在葛洲坝工程技术委员会上的讲话摘录

（1972 年 11 月）

1972年11月8日—21日，由周恩来总理主持召开了葛洲坝工程会议，参加会议的有李先念同志等中央及有关部门的负责同志。在这次会议上，决定成立葛洲坝工程技术委员会，共9人组成，由林一山同志负责。决定对葛洲坝工程进行修改设计，暂时停止施工。周总理在三次汇报会上，耐心地听取意见，反复地进行语重心长的教诲和严肃的批评，并作了重要指示，可以告慰的是他当年所担心的葛洲坝工程，现在已全部建成，并发挥了巨大的经济效益。因为谈话过程中有许多插话，仅就其中主要点，摘编如下：

周总理听了工程局领导汇报后说：长江出乱子，不是一个人的事，不是你的事，也不是我的事，是整个国家、整个党的问题。

当谈到丹江口工程出现过质量问题时，总理讲：丹江口1958年开工到现在，还不总结经验，太不科学了，22年不愿总结经验，是吃大亏的事，走了许多弯路，总理特别强调要不断在实践中总结经验，兴建过程中遇到问题要修改设计，还要鼓干劲。工程领导应到生产第一线去。

当汇报到葛洲坝大坝混凝土出现裂缝时总理讲：为什么不搞温控呢！不坚持真理，这是党性问题，应该实事求是。对工程怎么能得过且过，水利工程是与水打交道，一点马虎不得，马虎一点，马上出问题，这是关系人民生命财产的问题，怎么能得过且过……

当谈到葛洲坝工程上马急了时，总理讲：是我们点了头的，如果我们硬是不同意也搞不起来。所以主席在批示里讲，“现在文件设想是一回事。兴建过程中将要遇到一些现在想不到的困难问题，那又是一回事。那时，要准备修改设计”。现在不就修改了吗？现在要修改，再不能等了。

周总理以信任和严肃的口气说：葛洲坝设计出问题，找林一山。从此，周总理就把葛洲坝工程修改设计的事委托林一山同志负责，组成九人的技术委员会。

总理讲：我第一担心是通航，第二是泄洪，整顿队伍也很重要，不能头痛医头，脚痛医脚，当然，主要是设计，要把方案搞出来。长江上如果出问题，砍头也不行，这是国际影响问题。建国二十几年了，在长江修一个坝，不成功，垮了，要载入党史。我对这个问题是战战兢兢，如临深渊，如履薄冰。

在第三次汇报会上总理又讲：20年我关心两件事，一个上天，一个水利，这是关系人民生命的大事，我虽然是外行，也要抓。水利至少有三千年的经验，这是科学的事，都江堰总算是科学，有水平，有创造嘛！两千年前有水平，两千年后应该更高嘛！总理希望水利工程具有防洪、发电、航运、灌溉和水产五种经济效益。

当汇报到葛洲坝设计有许多需解决的问题时，总理讲：过去没有实践，所以说，葛洲坝要修改设计，葛洲坝要成为三峡大坝的试验坝。并告诉林一山同志，把主要精力集中在葛洲坝工程上。技术委员会组成后，搞一个进度表，报计委，如有什么困难，写报告，通过水电部报国务院解决。长办不要改组，不要撤销。

水利部关于三峡坝址选择和做好前期工作的报告

（1979 年 11 月 15 日）

国务院：

今年5月中旬，在武昌召开了三峡选坝会议，到会55个单位，200多位代表。遵照国务院领导同志的指示，我部于9月中旬召开选坝会议的汇报会，请国家建委、电力工业部、交通部、一机部、地质部、工程兵等有关部委参加，共同听取了选坝会议6个专业组组长的汇报，学习了先念同志对《国内动态清样》第1647期的批示，并对选坝有关问题展开了认真热烈的讨论。会后，征求了有关部门的意见。现报告如下：

一、三峡水利枢纽的主要情况

三峡枢纽位于宜昌上游约40公里的西陵峡内，控制长江流域100万平方公里的集水面积。设计正常库水位为海拔200米高程时，总库容700亿立方米，水库回水将达重庆。水利枢纽有防洪、发电、通航、引水、养殖等综合效益。防洪库容370多亿立方米，如再遇1954年那样的洪水，可保荆江大堤与武汉市的安全，并大量减少向洞庭湖和洪湖的分洪量；如遇1870年型的特大洪水，配合加固堤防，也能确保荆江大堤与武汉市大堤不致决口。

发电装机2500万千瓦，年发电量1100亿度，接近目前全国发电量的一半，和北京、上海、广州的输电距离都在1000公里左右，都在超高压输电范围之内。航运方面，可以消除三峡险滩，大型驳轮直达重庆，水库蓄水后还将为南水北调和淡水养殖提供条件。三峡的工程规模：按常规方案（即坝体不因防护而加大断面），太平溪坝址混凝土约2500万立方米，土石开挖约7500万立方米；三斗坪坝址的混凝土量约3000多万立方米，土石开挖约5200万立方米。两处的工程投资差别不大，都约为100亿元。水库淹地约70万亩，需移民140万人。如移民费按每人平均4000元计算，工程总投资约为150亿元。超高压输变电工程据估计约40到50亿元。以上总需约200亿元。

二、坝址比较

三峡坝址，经过长江流域规划办公室和地质部20多年的勘探研究，否定了美国人在40年代提出的南津关坝址，最后提出了三斗坪和太平溪两个坝址。大家一致认为，两个坝址的地质情况都是清楚的，都是修建混凝土高坝的优良坝址。两处的地震基本烈度都不超过7度。

两个坝址相距7公里（三斗坪在太平溪下游），地质条件相同，都是坚硬的火成岩基础（石英闪长岩）。但是地形地貌有明显的不同。三斗坪河谷较宽，坝顶长度约2500米；太平溪河谷较窄，坝顶长度约1500米。由此决定了两个坝址的不同特点。在枢纽布置上，三斗坪可修坝后式厂房，船闸干扰较小，枢纽布置的余地较大；太平溪宜修地下厂房，整个枢纽的布置比较集中。在工程量上，三斗坪的土石开挖量较少，混凝土浇筑量较大；太平溪土石开挖量较大，混凝土浇筑量较小。从防护观点看，太平溪山体较雄厚，目标相对地较小，如果为了增强防护需要加大坝体，则因太平溪的坝较短，需要增加的混凝土量较少。从施工观点看，三斗坪的场地较开阔，难度比较小一些。

会上表示的意见：地质部门认为，两个坝址的地质条件是一比一：交通部赞成三斗坪，工程兵四所赞成太平溪。绝大多数同志认为，常规方案，三斗坪坝址较优；防护条件，太平溪较优。但是对三峡大坝是否应当为了防护加大断面，多数同志引证国内外经验，不同意这样做，认为最有效的措施是预降水位，减少蓄水；在设计过程中还可考虑其他有效措施，例如充分利用下游围堰等。总的看来，对坝址比较虽然有各种意见，但是多数同志认为，两个坝址的优缺点都是相对的，并没有原则性的差别，或不可克服的缺点。也正因为如此，才使两个坝址长期比较，定不下来。绝大多数同志表示，应当到决定的时候了，并表示虽然自己倾向于某个坝址，但如决定采用另一坝址，也可以同意。

《动态清样》反映了对一些重大问题有不同看法，如：（一）三峡枢纽的综合效益问题；（二）水库泥沙淤积问题；（三）巨型机电设备的研制问题；（四）施工前的准备工作问题；（五）移民问题。这些问题都需继续做更深入的研究工作，但对两个坝址的比较无关。应当在确定坝址后，抓紧开展科研，提出设计方案。很多同志认为，三峡当务之急是将设计科研引向深入，而不是再耗费力量去争论坝址。

根据以上讨论情况，考虑到有关部门的意见，我们建议以三斗坪坝址作初步设计，要求长办在明年年底以前提出初步设计要点报告，经过审定后在1981年提出初步设计。

建设三峡枢纽，将为我国实现四个现代化提供强大的物质基础，应该积极进行。三峡工程的建设时间一般要10年以上，即使80年代兴建，也要到90年代才能建成。因此，我们认为，不论何时开工，三峡的前期工作必需抓紧进行，不能松懈。考虑到三峡工程规模巨大，涉及许多国民经济部门，涉及许多重大的科学技术问题，我们建议：

（一）在国务院直接领导下，成立三峡技术委员会，吸收有关部委参加，请一位副总理主持，领导三峡的设计和科研工作。当年周总理指示成立葛洲坝技术委员会，实践证明这种组织形式是正确的。

（二）由三峡技术委员会或国家科委主持，尽早召开三峡科研会议，抓紧开展有关三峡的科研工作。

（三）将三峡工程列为中美水电技术合作项目。

（四）对于葛洲坝蓄水前三峡的预建工程，长办拟请提出方案，报请计委、建委审批。

邓小平视察三峡、葛洲坝、丹江口的谈话

（1980年7月）

1980年7月11日至16日，邓小平副主席由湖北省委陈丕显书记、四川省鲁大东省长等陪同，从重庆乘东方红32号轮东下，视察了长江。12日，过长江天险三峡，下午抵达宜昌，视察了长江葛洲坝工程。13日，抵达武汉。

途中，邓副主席询问了以下问题。

一、关于鄂西地区自然资源分布情况。11日晚，轮船停泊万县时，邓副主席了解鄂西资源情况，陈书记要长办魏廷琤同志作了汇报。鄂西铁矿储量很大，分布在宜昌、恩施两个地区，远景储量有17亿吨，甚至更多，并经冶金部门长期研究，准备开采。但谈到存在着地下开采难度较大，矿石含磷较多以及交通运输较困难等问题时，邓副主席询问了铁矿分布的地区、矿石的品位如何，川汉铁路选线的情况，回答了上述问题：铁矿含铁量约为30%—40%；地下开采和选矿问题技术可以解决；川汉铁路选线时比较过南、中、北等线，中线即走清江河谷的线路，但由于工程过于艰巨，不如南线。在讨论开发清江水利资源时进行过研究，结果是铁路服从水坝，将来铁矿石运输靠水运，即在矿区建设架空索道，将矿石运至清江河边，然后用水运至长江沿岸各钢铁企业；开发渠化清江，可得水电约200万千瓦，通行由300吨驳船组成的船队，现在长江沿岸大型钢铁企业进口外矿，从长远看是不合理的，应积极建设鄂西铁矿基地；另外，川东巫山、鄂西北郧阳亦有大型或较大型铁矿，在三峡太平溪坝址附近还有铬矿，川东地区还有锰矿。鄂西除铁矿外，还有大规模的磷矿可以开采。除制造磷肥外，可

提炼黄磷供国内外需要。三峡及其以上长江河谷地区，500米高程以下适于种植柑橘。鄂西地区最为丰富的是长江水利资源，开发长江水利资源可以兴利除害。此后，魏详细汇报了长江中下游洪水灾害和防洪规划问题。汇报后，邓副主席指出，你的意思是要修建三峡大坝，而他（指万县地委负责同志）是不赞成的。

二、12日早餐以后，陈书记向邓副主席介绍了宜昌地委书记马杰和荆州地委书记胡恒山同志。邓副主席询问了两地区的情况，当了解到荆州地区是湖北省重要粮棉基地时指出，还有黄冈地区也盛产棉花。邓副主席说，1947年刘邓大军挺进大别山时穿的是单衣，在鄂东十天之内即收集起全军十多万人所需的布匹和棉花。然后，他又说反对建三峡大坝的人有一条很重要的理由，说是建了大坝以后水就变冷了，影响下游地区水稻和棉花的产量，还有鱼也少了。魏廷琤接着汇报了关于生态问题。第一，三峡水库较原来河道水面仅增加1000平方公里，分布在全长700公里的川江两岸，和中游平均河宽大致相近，对气候不会有明显改变。第二，水库水温呈垂直分布，长江流量大，可以调节，且国外有采用活动进口的水电站进口布置，对下游农业生产不致产生不利影响。第三，丹江口水库修建后，汉江的鱼产量并没有减少。现在关于鲟鱼过坝的问题还在研究中，可以采用网捕过坝，人工繁殖也有希望。随后，至船尾看瞿塘峡口，邓副主席问，在这里选过坝址没有？答：这里在三峡上口，水深流急，地质条件不好，且整个三峡河段是水能比较集中的，如不利用，而在上口建坝，要得到同等防洪发电效果，则对四川会造成更大的淹没损失，因而将坝址选在下游西陵峡中段黄陵背斜核心部位的火成岩区。邓副主席又问，你们不是有两个比较坝址吗？答：现在剩下太平溪和三斗坪两个比较坝址，相距7公里，都在宜昌县境内，坝址条件都很好，适于建高坝。

在观看三峡天险时，看到滩多流急，航行困难，邓副主席说，1920年出川去法国留学时，船行到中途坏了，只好改变行程。

三、12日下午午休后约2时许，邓副主席找魏廷琤同志详细询问了三峡工程的情况。首先询问了两个坝址的情况。答：两个坝址都是好坝址，各有优缺点，选择哪一个都可以。太平溪坝址在三斗坪上游约7公里，河谷相对较窄，土石方开挖较多，约7000余万立方米，混凝土工程量较小，约2500万立方米；三斗坪坝址土石方开挖约5000余万立方米，混凝土工程量较大，约3300万立方米。前者土石方开挖较多，混凝土较少，后者在施工导流方面简便一些。两个坝址工程投资都差不多，约95亿元左右，全部建完约16年，平均每年投资约6亿元左右。如果利用围堰发电，从开工到第一台机组发电，约需6年半时间，累计投资约40亿元左右；利用坝体挡水发电，约需9年半，累计投资约70亿元。邓副主席问，围堰发电的水轮发电机前后如何衔接？答：先用临时机组，即葛洲坝的发电机，水轮机加套，将来换装正式三峡机组，两者之间不会发生矛盾。邓副主席又问，采用100万千瓦的机组国内能否制造，并问国外已造到多大的机组。答：美国大古力电站已在70年代采用70万千瓦的机组，水轮机转轮直径9.8米，这种尺寸的水轮机用到三峡来，由于三峡水头较高，即接近100万千瓦。美国爱利斯·查谟公司董事长给邓副主席写的信，转给了我们，他们表示愿意承制三峡100万千瓦的机组。一机部沈鸿副部长表示，100万机组可以造，也可以和美国人合作，共同设计，在我们工厂造。邓副主席表示这是个好办法，这个办法可行。邓副主席又问到工程投资95亿元，不包括移民费30多亿元，分16年使用，围堰发电6年半开始受益，是否即1981年开工，1987年就可以发电。答：是这样的，全部建成16年，就到了1996年，年发电量1100亿度，接近今年上半年全国发电总量，以每度6分计，可收入66亿元，这是一笔很大的数字。邓副主席说，利益很大，要进一步好好地讨论。

邓副主席又问到95亿工程费中，施工机械费是多少。答：9亿多元，葛洲坝工程现在购进的5亿多元施工设备中，大部分可用到三峡工程。邓副主席说，应当予以扣除，并问到机电设备费用占多少。答：约20余亿元。

邓副主席又问到通航问题。答：三峡大坝建坝后，提高坝前水位130余米，回水到重庆以上的合江，过坝采用船闸过坝，设双线梯级船闸，单向年通过能力达5000万吨。邓副主席说，那么双向就是1亿吨。现在宜昌的年货运量仅200余万吨，邓副主席问是什么原因。答：一方面是货源问题，现在下水是主要的运输流向，大宗货物为磷矿和木材，其他为石油及其制品、土特产、钢铁、百货等为数不多，属调剂物资；另一方面，现在航道条件不好。营运成本高，上游川江航道滩多流急，航道狭窄，运行周期长，成本高，坝址以下荆江河段沙滩多，枯水期航行困难。只有在建三峡大坝后，上游淹没了滩险，下游由于水库调节枯水流量，增加了一倍以上，长江航运条件才能得到根本改善。上次美国来的代表团由于不了解情况，谈了些不正确的意见。

四、在视察葛洲坝工地时，行至上游围堰防淤堤时，邓副主席又问魏廷琤同志，葛洲坝工程施工场地这样宽敞，上游大坝坝址附近较窄，能不能布置得开呢？答：上游两个坝址的下游均有河滩地可以利用，经平整后，都可得到近900万平方米的施工场地，并可以利用葛洲坝基地作为后方基地。邓副主席问，两个坝址相距多远？答：相距约40公里。又问是否修铁路，工人上班可乘火车。葛洲坝工程局廉荣禄同志答，前方建一些单身宿舍，平常不回宜昌过大礼拜。邓副主席又问沙石骨料运输单靠铁路是运不了的？答：水运和铁路运输结合。邓副主席说，应以水运为主。答：是这样的，并且还要利用开挖出来的新鲜岩石，轧一部分碎石料掺用。邓副主席又问，这些附属工厂是否结合使用容量够不够？答：结合使用，如机修厂、综合加工厂等，但混凝土系统等容量不够，还得增加、补充一部分。邓副主席说，应该采用先进的施工设备。

五、13日上午，交通部副部长彭德清找长办魏廷琤同志，对三峡大坝对航运的影响等问题，进行了座谈，并谈到了葛洲坝工程希望大江船闸不要缓建。另外，南津关整治向家嘴开挖一定要挖够。长办表示，葛洲坝通航问题在技术上一定负责，建大坝亦如此，将来重庆以下航道将因建坝而渠化，得到根本改善，畅通无阻。

魏廷琤追记

1980年7月15日

湖北省委、湖北省人民政府关于兴建长江三峡水利枢纽的报告

（1982年2月10日）

党中央、国务院：

最近小平同志指示：三峡水利枢纽工程拟列入近期国家计划。我们完全拥护这一指示。长江流域规划办公室根据小平同志指示和王任重同志来汉听取汇报后的意见，向党中央和国务院写了《关于兴建三峡水利枢纽的补充报告》。省委常委会议专门讨论研究了长办的这一报告，一致认为：长办这一报告，经过长时期的调查研究，基本数据是可靠的、具有科学根据的，是符合我国经济建设方针和实际情况的。省委赞成他们的意见。

三峡跨越川、鄂两省。湖北省的党组织与全省人民，历来关心三峡水利枢纽的建设问题。从党中央1958年成都会议通过《关于三峡水利枢纽和长江流域规划的意见》以来，我们多次参与了有关这一工程的研究。近几年省委也多次酝酿、议论过这一问题，并且向中央汇报过我们的看法和意见。

我们认为，长江三峡水利枢纽工程具有重大的战略意义。它是一个具有防洪、发电、航运、水产等多方面作用的综合工程，对将来“南水北调”也有重大作用，特别对防洪和发电，具有重大意义。从防洪来看湖北对长江洪水的危害，是个特别敏感的地区。1954年洪水，全省受灾农田面积2100多万亩，死亡3万余人。整个长江中下游，共淹没农田4700多万亩，受灾人口1800多万人。在100多天的时间里，武汉市工业生产受到损失，京

广铁路不能正常通车。如再遇到比1954年更大的洪水，损失将更为严重。三峡水利枢纽，是从根本上解决长江中下游防洪问题的关键性工程，可控制武汉以上洪水来量的2/3左右，如大坝蓄水位达到200米，即使遇到历史上1870年那样的高水位，也可确保荆江大堤和武汉市的安全。这对我省以至整个长江中下游地区人民生命财产安全和工农业生产的发展，关系极大，对全国也有很大影响。从能源来看，湖北是一个严重缺煤地区，近几年来，除本省自产的煤炭以外，每年需要国家调拨和外地协作煤炭约1300万吨。从华中、华东地区看，有的省煤炭资源的条件较好，但多数省煤炭不足，能源供应比较紧张。三峡水利枢纽建成，可装机2500万千瓦，每年发电量1100亿度，可代替原煤6000多万吨，而且比较经济，这对解决我省以至华中、华东地区能源供应问题，意义也是十分重大的。

关于三峡水利枢纽的规划、勘测、设计和有关重大技术问题的研究，经过30年来的工作，已经得到解决，从技术上讲，是具备条件的。过去考虑得较多的，主要是财力问题。现在长办建议采用分期抬高蓄水位，逐步修建大坝和电站的办法，据测算，初期工程投资平均每年8亿元，高峰年10亿元；全部建成共需投资168亿元。我们认为这个办法比较符合实际，适应我国国力情况，是可行的。他们还建议，可以用葛洲坝和三峡枢纽工程本身分期发电的收入作为工程投资的主要来源，不足部分再由银行贷款。我们赞同这一建议，这样可以充分调动各方面的积极性，减轻国家负担，更有利于投资问题的解决。如中央决定仍采取国家拨款方式，我们也赞成。从现有设计、施工队伍看，我们认为，经过丹江口和葛洲坝两大工程的实践，是能够胜任的。长办有3000多工程技术人员，有近30年的工作基础。三三〇工程局，有施工队伍5万多人，有价值5亿多元的施工机械，有较好的后方基地。葛洲坝工程的土建工程约于1986年基本结束，可以和三峡工程衔接起来，土石方开挖和填筑施工力量1983年即可开始转移，进行三峡工程的施工准备工作。如果葛洲坝工程建成后，不及时衔接三峡工程，长办和三三〇工程局的队伍倘若拆散、迁移或者停工窝工，则以后再要上三峡工程将造成巨大浪费。据我们和长办研究，葛洲坝工程和三峡工程的衔接中，如能结合进行清江隔河岩工程，更能充分利用工程队伍的力量，完全消除窝工，提高经济效益。为此，建议中央对隔河岩工程给予考虑。

因此，兴建三峡水利枢纽工程，意义重大，条件成熟，建议中央早下决心，及时安排计划，争取早日动工。

我们将在中央的统一安排下，配合工程进展，做好我们应该做的工作。特别是移民问题，是关系到四川、湖北两省一百多万人民切身利益的大事情，是关系到枢纽工程能否顺利进行的重大问题之一，一定要安排好。在这个问题上，要总结以往的经验教训，改变过去那种把移民费发给个人的办法，而要把移民费集中起来使用；统一规划，搞好移民工程（包括生产和生活两个方面）的建设，保证移民的生产和生活水平能比原来的水平有所提高。

姚依林在三峡枢纽可行性研究报告审查会议上的讲话

（1983年5月3日）

同志们:

国务院决定由国家计委组织召开的长江三峡水利枢纽工程可行性研究报告审查会,今天就正式开始了。

参加这次会议的,有我国水利方面、电力方面、交通航运方面、地质方面、机械制造、环境保护方面的领导机关、科研设计施工单位和有关工厂、高等院校的教授、专家、学者、工程技术人员和工程的领导人员与党政机关负责同志,共350余人。

对一个大项目的审查来说,邀请的专家学者之多、方面之广、规模之大,都是过去少有的。在这里,我代表国务院和国家计委向出席这次会议的同志们,表示热烈的欢迎。

在今天的开幕会上,我想讲三个问题。(一)讲一讲我们为什么要加强重点建设。(二)讲一讲最近中央领导同志对兴建三峡工程的考虑。(三)讲一讲如何开好这次审查会。供同志们参考。

一、我们为什么要加强重点建设

这是中央领导同志特别是小平同志一再强调的一个最大问题,我们必须充分认识它的重要性。同志们知道，党的十二大确定了我国经济建设的战略目标、战略重点和战略步骤。总的要求是在不断提高经济效益的前提下，依靠科学技术进步，到本世纪末实现工农业总产值翻两番。为了确保这个宏伟目标的实现，今后二十年必须分两步走，前十年主要是打好基础，使后十年出现经济振兴。所谓打好基础，除了进一步振兴农业以外，最根本的问题，就是要把重点建设搞上去。也就是尽快地把国家安排的能源、交通等方面的建设搞好。不然的话，“翻两番”的战略目标就难以实现。

二、中央领导同志最近对兴建三峡工程的考虑

长江是世界性的大河，是我国水力资源的宝库，有着巨大的综合利用价值。我们这一代人，如果能够亲手在长江三峡兴建水利枢纽工程，实现毛主席生前“高峡出平湖”的夙愿，将是举世瞩目的大事。

关于开发长江水力资源，规划三峡水利枢纽，早在50年代毛主席、周总理就提出来了。1958年，党中央成都会议作了专门决议，并对长江流域规划原则、三峡工作方针作了重要规定。此后，水利、电力、地质、交通、科委等部门和长办及有关地区，执行中央的指示，做了大量工作。但由于历史上的曲折，更由于三峡工程巨大，始终下不了决心进行建设。1982年11月24日，小平同志听取国家计委关于二十年工农业总产值翻两番的汇报，汇报中谈到准备兴建三峡工程的问题。他说，我赞成搞低坝方案。看准了就下决心，不要动摇。陈云、先念、耀邦、紫阳同志，也都先后赞同小平同志这个意见。中央领导同志为什么考虑兴建三峡工程呢？大家知道，三峡水利枢纽工程具有重大的战略意义。它兼有防洪、发电、航运等方面巨大的综合效益，对长江中下游的经济发展关系重大。从三峡工程可行性研究报告提供的数据来看，水库建成后，对长江中下游，特别是提高荆江河段

的防洪能力，将起一定作用；水库建成后，库区形成的深水航道，将使川江航运条件得到改善；三峡电站装机1300万千瓦，年发电量646亿度，对缓和华东、华中和川东电力供应紧张状况，将起重要作用。

我在这里，还想多说几句能源问题。同志们都清楚，能源供应紧张，是我国国民经济发展的制约因素。因此，“六五”期间和今后一个时期内，发展电力、发展煤炭生产是国家建设的重点。发展石油也很重要，但是海上油田要到90年代才能发挥较大的作用。我给大家摆一笔大账：按照现在的初步设想，二十年工农业总产值翻两番，其中工业总产值平均每年需要增长7.6%。根据国内外的经验，电力工业的发展速度应略高于国民经济的发展速度，至少也应做到与国民经济的发展同步。按此计算，到2000年，我们大体需要11000亿度至12000亿度电。那么，如何加快电力的发展呢？我们认为，在方针上要采取水火并举。在水电方面，重点是继续开发黄河上游、长江中上游干支流和红水河的水力资源，建设一批大型水电站；在火电方面，重点是在煤炭资源丰富的山西、内蒙古、两淮、豫西、渭北、贵州等地和运输条件较好的地区，建设一批大型火电站；此外，还要在缺乏能源地区，建设一批核电站。

我提出以上的电力情况，是想进一步告诉同志们兴建三峡水利枢纽工程的必要性，尤其希望大家联系华东、华中、川东地区的发展和供电状况来考虑三峡工程的问题。我国长江中下游的工农业生产，在全国经济中占有很大的比重，这是我国经济比较发达的地区。但是这个地区煤炭、水力资源十分缺乏，如不设法解决这个地区的电力问题，不仅制约着上海、江苏、浙江等地区经济的发展进度，也影响本世纪末我国工农业总产值翻两番目标的实现。怎样解决？从全国来说，西南地区水力资源丰富，应当发展，但距离负荷中心较远，东送困难，只能限于局部地区使用；华北地区煤炭储量丰富，但水源不足，而且长距离大量外运也相当困难；长江中游支流虽可建设一些水电站，如隔河岩、五强溪、彭水、构皮滩等水电站，但容量比三峡小得多，东送电量有限。而三峡电站装机容量大，又处我国腹地，位置适中，输电条件优越，距上海等负荷中心直线距离在1000公里左右，在三峡电站经济输电半径之内。因此，建设三峡电站对解决华东、华中、川东地区用电需要，合理利用长江水力资源，改变长江中下游的工业格局，发展长江的水运事业，促进全国的社会主义现代化建设，都具有重大的作用。

三、如何开好这次会议

同志们，兴建长江三峡水利枢纽工程，是全国人民多年以来的共同愿望，具有巨大的经济意义和政治意义。因此，作为专门审查这项工程而召开的这次会议负有重大使命，我们要向党中央、国务院、全国人民做出负责的回答：在长江三峡建设水利枢纽工程是可行的，还是不可行的。如果我们的回答是可行的话，就必须是经得起当代的考验，也要经得起年代久远的考验。周总理1972年在听取葛洲坝工程汇报时讲得特别好。他说，长江出乱子，不是一个人的事，也不是我的事，是整个国家、整个党的问题。陈云同志最近也对我讲了这方面的问题。因此，我们这个会，是一个认真负责的审查会，也就是一个认真负责的工作会。不是一般的论证会、学术讨论会，而是要对三峡工程可行性研究报告认真负责地提出审查意见。

我们这次对三峡工程的可行性研究报告是围绕低坝方案进行审查。高坝发电多，防洪效果好，这是显而易见的。但是淹没太多，投资太大，上游的群众不能同意，国家的财力也负担不起，而有关部门和地区又不甘心于低坝，因此争论多年，不能下决心。如果我们继续争论下去，我看我们这一辈人就不能在这个问题上有所作为了。这次政治局常委一致赞成低坝，长办也赞成了低坝方案，上游和下游各省市的领导同志也都大体上取得了一致，这是总结了多年争论经验的结果，是一个良好的时机。所以我们主张把低坝建设起来，把我们将来如何进一步开发长江水利水电的事业留给我们的子孙后代去，相信他们那时的科学技术一定会比我们现在进步，他们一定会比我们高明，他们一定会有更多办法来进一步开发长江。所以，我向会议建议，我们的审查工作，要针对长办提出的150米水位方案进行研究，不要再争论高坝低坝了。我们要讨论诸如正常蓄水位问题、坝址选择问题、防洪问题、发电问题、航运问题、移民迁建问题、施工和对外输电问题、投资问题、环境评价问题、机电设备制造问题，等等。所有这些问题，都要从科学技术上、经济效益上、国防战备上，研究行还是不行，提出我们的审查意见。当然，我们在审查长办提出的可行性报告时，并不排除那些富有建设性的其他建议，包括与150米低坝相比更经济合理又实际可行的方案在内。对三峡工程造价要认真审查，但不要与计划安排搅在一起。计划安排要根据"七五"综合平衡与二十年远景规划考虑。移民是个大问题，会上要定些原则，并结合过去的经验教训，对安置办法进行改革。移民要做大量细致的工作。这个问题，将来还要召开专门会议深入讨论。

搞好这次审查工作的关键，靠在座各位同志的共同努力。为了提高会议的工作效率，我在这里提出几点要求。第一点，要畅所欲言。我们审查长办提出的可行性报告，要敞开思想，各抒己见，充分地讲意见，以便使工程方案更臻完善。第二点，要充分讨论。在讨论中，要提倡耐心听取不同意见，欢迎大家挑鼻子挑眼，这是一方面；另一方面，我们也提倡有理有据地阐明自己的观点，以求得把问题搞清楚。第三点，要讲究科学性。我们研究工程方案的一切技术问题和经济问题，都要持科学态度，要占有充分的资料和数据，切忌"想当然"。我们要像周总理当年所讲的那样，正确处理一系列关系，如：远景与近景，干流与支流，上中下游，防洪、发电、灌溉与航运，水电与火电，发电与供电，等等。处理这些关系问题，都离不开实事求是的科学态度。第四点，要有全局观点。我们任何一个人都有局限性。做经济工作的同志，容易有做经济工作的局限性。做技术工作的同志，容易有做技术工作的局限性。部门有部门的局限性，地方有地方的局限性。因此，我们在审查三峡工程时，要特别注意研究全局性的问题，注意研究自然科学的问题，注意研究经济科学问题，注意研究自然科学与经济科学相结合的问题。大家放开视野，统观全局，集思广益，使三峡水利枢纽工程，成为我国在现有条件下，最经济合理、最实际可行的一项伟大的工程建设。

中央财经领导小组讨论兴建三峡工程问题的会议纪要

（1984年2月17日）

2月17日上午，赵紫阳同志主持召开中央财经领导小组会议，讨论水电部钱正英同志《关于建议立即着手兴建长江三峡水利枢纽工程的报告》。1983年5月，国家计委主持审查《长江三峡水利枢纽工程可行性报告》，专家们讨论同意蓄水位150米的方案。以后水电部对审查中提出的正常蓄水位高程、泥沙淤积、施工通航、淹没损失调查、主机设备等问题，与有关单位协作，开展了方案调查、科学实验、实地调查等工作，并召开了党组扩大会，提出了150米、180米等主要方案：第一方案，正常蓄水位150米，坝顶高程165米，为防御百年一遇洪水，在去年审定的方案基础上，坝高再加10米，即175米；电站装机容量1300万千瓦，年发电量646亿度；库区可形成四五百公里的深水航道；需移民50万人，淹没耕地11万亩；总投资190亿元。第二个方案，正常蓄水位180米，坝顶高程195米；电站装机容量2080万千瓦，年发电量901亿度；库区可形成六七百公里深水航道；下游枯水调节量增加3000秒立方米；需移民105万人，淹没耕地34万亩；总投资271亿元。这个方案能充分利用三峡水利资源，并能防御千年一遇的洪水。除以上两个方案外，还有160米、170米等中间方案。

会议经过讨论，提出以下意见：

（一）会议认为，长江三峡水利枢纽工程150米的方案比较符合我国的国力，既能装机1300万千瓦，又照顾了防洪的需要，而180米以上的方案虽然装机能多七八百万千瓦，但投资将达300亿元，移民超过100万，工程浩大，如因力量不足、拖长工期，效益反而不好。两相比较，150米方案较切合实际，中央常委去年也曾同意这一方案。这次就定下来，按此设计。今明两年做工程的前期准备工作，争取1986年正式动工。工程所需投资列入计划。三峡枢纽工程是当今世界上最大的工程，兴建三峡是件大事。今年先在党内酝酿，提出具体方案后向政治局、人大常委会和人代会汇报。并通过一个文件，号召全国人民大力支援此项工程的建设。

（二）三峡工程举世瞩目，对国内外人民有很大的吸引力，要广集资金。为此，一要利用买方信贷，二可发行股票（国内、国外都发行），用各种办法争取筹集到一半资金，其余由国家预算拨款解决。此事请计委牵头，会同财政部、水电部、人民银行和中国银行等有关部门研究提出方案。

（三）为了便于做好移民工作，可将三峡工程涉及移民的有关地、市、县，统一规划为一个特区，直接管理，所需资金、物资由计委直接下拨。

（四）决定由李鹏、宋平、杜星垣、钱正英等同志负责筹建三峡工程建设领导小组或委员会，李鹏同志牵头。并决定成立三峡工程开发总公司，请领导小组提出方案和名单，报中央和国务院批准。

国务院关于《长江三峡水利枢纽工程可行性研究报告》的批复

（1984年4月5日）

国家计委、水电部、交通部、财政部、建设部、机械工业部，四川、湖北省人民政府：

国家计委1983年6月报送的《长江三峡水利枢纽工程可行性研究报告审查意见的报告》，已经国务院原则批准。请抓紧提出初步设计方案，经审查同意后，提请全国人大常委会和全体会议审议通过，然后正式开工兴建。

现对有关问题批复如下：

一、三峡工程按正常蓄水位150米、坝顶高程175米设计。请水电部于今年年底前完成初步设计报审。

二、关于解决通航和泥沙淤积问题的措施，请水电部会同交通部在初步设计阶段中研究落实。施工临时通航，除垂直升船机方案外，还应进行明渠通航、临时断航等多种方案的比较，提出专题报告报批。

三、鉴于三峡工程规模巨大，涉及的问题广泛、复杂，在建设中应按特批的三峡基本建设程序办事。在三峡工程初步设计方案和工程概算未批准前，今明两年可先进行场外公路、部分码头、供电、通讯、部分房屋建筑和施工征地等方面的前期准备工作。同时，可按照可行性研究报告中的总体规划方案，进行单项工程设计（对外公路等项目的设计方案，报水电部审批）。要多方面努力，为争取主体工程1986年正式开工创造条件。

四、四川、湖北两省和淹没区的各级人民政府，要配合水电部等有关部门做好水库淹没核查和移民安置规划工作。当前在施工准备阶段，要配合做好施工征地、移民安置以及公路、邮电、输电线路等项建设的有关事项。同时，要明令禁止在水库淹没区搞新的基建工程，违背规定而新建的工程，今后一律不予赔偿。

三峡工程有巨大的综合效益，是举世瞩目的我国最大的重点工程。四川、湖北两省，水电部和中央各有关部门，都要从大局出发，把承担三峡工程建设任务、积极支援三峡工程，当做自己光荣的职责，同心协力，做好前期工作，为全面建好三峡工程做出贡献。

中共中央办公厅、国务院办公厅转发《关于开展三峡工程筹备工作的报告》的通知

（1984 年 4 月 29 日）

四川、湖北、湖南、江西、河南、江苏、安徽、贵州、上海、北京等省、直辖市党委和人民政府，中央和国家机关各部委、军委各总部、各人民团体：

《关于开展三峡工程筹备工作的报告》已经中共中央、国务院批准，现转发给你们，请遵照执行。

长江三峡工程是建国以来最大的建设项目，对实现本世纪末工农业的年总产值翻两番具有战略意义。各有关地区、部门都要从全局出发，关心三峡工程建设，支援三峡工程建设，同心协力，为全面建好三峡工程做出贡献。

在人大对三峡工程作出决定前，暂不对外宣传。

附：关于开展三峡工程筹备工作的报告

2月17日中央财经领导小组会议，对建设三峡工程问题作了原则上的决定，责成我们四个负责筹备工作。据此，我们对筹备工作中的一些问题，多次进行讨论研究，并取得了一致意见。现将情况报告如下：

第一，关于成立三峡工程建设领导机构问题。考虑到三峡工程是建国以来规模最大的重点建设项目，它的建设，不仅对我国国民经济发展起着十分重要的作用，而且也涉及到四川、湖北及长江下游各省的利益，同时，与国务院许多部委，与许多科研单位、大专院校、军事部门也有着程度不同的联系。因此需要成立一个全国性的组织，来协调中央和地方以及各部门之间的关系，并对建设中的方针、政策及重大步骤作出决策。这个组织暂定名为国务院三峡工程建设委员会，由国务院一位副总理兼任主任，国家计委主任、中央财经领导小组秘书长和水电部部长任副主任，委员由各有关省、直辖市和国务院各有关部委负责人担任。这个委员会成立的日期，最好定在人大常委会对三峡工程进行了讨论，并相应作出建设三峡工程的决定之后为好。委员会下设办公室，办公室设在水电部，负责日常工作。

为了及时开展三峡工程建设的筹备工作，可先成立国务院三峡工程筹备领导小组。由李鹏同志任组长，宋平、杜星垣、钱正英同志任副组长，成员由国家计委黄毅诚、芮杏文，国家经委林宗棠，国家科委杨浚，建设部李锡铭，水电部陈赓仪、黄友若，交通部郑光迪，机械部沈烈初，石油部李天相，财政部迟海滨，经贸部魏玉明，中国银行崔延绪和湖北省田英，四川省何郝炬等同志组成。办公室主任由黄友若同志兼任。领导小组经批准后即开展工作，对外暂不宣布，该小组同时负责三峡工程建设委员会的筹备工作。

第二，成立三峡工程开发总公司。总公司是一个独立核算的经济实体，具有法人资格，在国家计划指导下的经营管理和对外交往中都行使较大的自主权。总公司在三峡工程建设期间是该工程的建设单位（总甲方）；工程投产后全部资产，包括债务，都归其所有，并负责水电站的经营管理。开发总公司实行董事会领导下的总经理负责制，党的组织起保证监督作用。总公司对内对外发行股票或债券，由投产后发电和其他收益中偿还。

葛洲坝工程局是三峡工程主要施工单位，它和总公司是承包关系。为了提高经济效益，避免吃“大锅饭”，总公司可按单项工程在全国范围内招标，择优选择施工单位。水电部长江流域规划办公室是三峡工程的设计单位，承担主要设计任务。

葛洲坝电厂是三峡工程开发总公司的组成部分，固定资产和职工原则上应属总公司管理。但考虑到三峡工程建设初期，为使总公司能集中精力搞建设工作，葛洲坝电厂管理体制不作变动，由华中电管局代管，但财务预算决算要经总公司审批，电厂所创造的利润上缴总公司，作为建设投资的组成部分。

第三，妥善解决库区移民问题。这是三峡工程的关键，必须花大力气，下大功夫妥善处理。鉴于三峡库区移民量大，是一项政策性很强的工作，而且涉及到湖北、四川两省和中央有关部委，拟由筹备领导小组组织力量，进行调查研究，并和两省及中央有关部委协商后，提出方案报请国务院审定。

第四，三峡工程建设资金的筹措。这个工程需要大量资金，要多想点办法，多开辟一些渠道加以解决。现在设想有下列资金渠道：

一、由国家拨款，纳入国家基本建设投资计划的资金；

二、开发总公司的卖电收入和其他收入；

三、向国内发行三峡工程建设股票或债券，由受益地区的企事业单位和个人认购，其利息一般应高于银行利息，股票允许在市场上流通，三峡发电后按股票分红并得到相应比例的用电权；

四、利用外资，争取使用若干外国政府的低息贷款和外国出口信贷；

五、石油生产形势比较好。石油部以每年包干后超产油中得到的收入，认购一部分三峡工程建设股票或债券。

第五，三峡工程的建设程序。这个工程规模巨大，必须采取积极、慎重和科学的态度，必须严格按建设程序办事。由于现有的建设程序不一定适合三峡的特殊要求，因此必须制订适合三峡工程的程序。这个程序委托领导小组办公室会同国家计委制订，报领导小组审查，经国务院批准后实施。一定要把这个程序搞好，这是保证三峡工程质量和经济性的一项重大措施。初步设想，这个程序有下列主要内容：

一、审查可行性报告，由国务院批准，即可开始部分施工的前期准备工作；

二、审查工程初步设计，经三峡工程建设委员会组织审查、国务院同意后，提交全国人大批准，就可以正式列为建设项目；

三、所有单项主体工程的技术设计，必须经水电部审查、建设委员会批准后才能进行施工；

四、开发总公司根据国家批准的初步设计和总概算制订工程年度计划、年度预算和决算，经建设委员会审查批准后全权负责执行，并由银行和审计部门监督执行。

第六，今年前期工作所需要的经费。中央财经领导小组会议确定，今明两年要完成施工前期工作。鉴于工作量很大，任务比较艰巨的情况，建议在可行性报告批准后，同意水电部今年开始进行部分施工前期准备工作，包括公路、码头、供水、供电、通讯、场地平整和部分科研工作，共需投资8000万元。已初步商得石油部同意，今年再超产30万吨石油，上交国家，列收列支，拨交水电部专款专用，作为今年三峡工程前期经费。

第七，关于起草建设三峡工程报告问题。三峡工程是一项举世瞩目、全国关心的特大工程项目，应经中共中央和国务院讨论后向全国人大提出报告，经人大批准后，向全国人民发出号召，动员全国力量来完成这一工程。可由水电部组织一个班子代国务院起草这个报告，并于今年上半年完成，经领导小组审查后，再提交国务院讨论。

以上报告，是否妥当，请予批示。

李　鹏　宋　平　杜星垣　钱正英

1984年3月15日

国务院三峡工程筹备领导小组第二次会议纪要

（1984年9月25日）

1984年9月18日至21日，李鹏同志在京主持了领导小组第二次会议。

会议传达了中央书记处第147次会议在听取水电部党组整党汇报时所作的关于“为加快三峡工程的建设，妥善解决三峡库区移民问题，决定成立三峡特区，特区政府直属国务院领导”的决定。会议听取了领导小组办公室《关于落实领导小组第一次会议交办事项的汇报》、《关于三峡成立特区的初步设想》，长办《关于三峡工程施工期通航方案、泥沙淤积问题研究情况及库区移民调查情况的汇报》，三峡开发总公司筹备组《关于三峡施工前期准备工作进展情况及1985年施工准备工作和需要解决的问题的汇报》、《关于三峡开发总公司的任务、职权和体制的意见》及《关于三峡工程所需资金的筹集方案》。大家重点围绕成立三峡特区问题进行了热烈讨论，一致拥护中央的决定。最后，李鹏同志作了总结讲话。会议结果纪要如下：

一、大家一致认为，成立三峡特区政府既可照顾三峡工程建设资金又可照顾移民利益，变单纯安置性移民工作为开发性移民工作，组织移民充分利用三峡地区的优势，发展商品经济，发展各种类型的专业户和地方乡镇企业，努力勤劳致富。这是总结了30多年来水电建设的经验提出的方针，这有利于工程建设，有利于妥善解决水库移民问题，有利于特区人民支援工程和库区移民问题，有利于开发库区各项资源。同志们认为，三峡库区资源丰富，人民勤劳，风景优美，名胜古迹很多，水运交通方便。尽管与先进地区相比，目前经济还不发达，但只要政策对头，方法得当，各方努力，完全有可能通过三峡工程的兴建，开发本地区的经济资源，把这里建设成经济发达的富饶地区。

二、关于特区范围。特区范围的划分要考虑三个原则：水库淹没高程的影响；尽量照顾传统的经济区划，不要人为割断已经形成的经济网络；还要考虑有利于安定团结，不要因特区区划问题引起干部和群众的波动。中央决定，川、鄂两省凡有移民的地区划归三峡特区，两省都表示拥护。会议的倾向性意见是把涪陵、万县和宜昌市（按新的区划）成建制划入特区，首府设在宜昌市。四川省对涪陵、万县成建制划入特区表示赞成；湖北省对宜昌市成建制划入特区，尚有不同看法，会议请湖北省田英同志向省委汇报，再由水电部与湖北省及有关方面进一步协商后，再上报确定。

三、要加快特区的组建工作。成立三峡特区问题中央已经做了决定，应当积极进行组建，不宜受三峡工程初步设计审批程序的影响，久等不利，容易引起思想混乱。三峡工程筹备领导小组办公室要尽快起草一个《关于成立三峡特区政府的报告》，报党中央和国务院审批。报告内容可包括中央决定成立三峡特区政府及领导小组贯彻这一决定的过程；三峡工程的概况、效益和需进一步研究的问题；特区政府的区划、任务和方针。

四、建议中央和国务院尽快批准成立三峡特区的筹备组，以利工作。筹备组成员建议由中央选派二人，两省、涪陵、万县、宜昌各出一人。

五、关于中国三峡开发总公司组建问题。根据中共中央办公厅和国务院办公厅“转发《关于开展三峡工程筹备工作的报告》的通知”，开发总公司的性质、任务已明确，业已批准。三峡开发总公司筹备组经过几个月的努力，现已具备条件成立“中国三峡工程开发总公司”，已可按国家有关规定完成公司注册手续。公司所需经费要有偿使用，现在需要的前期工作费用先贷款，三峡工程项目批准后，计入三峡工程投资。中国三峡工程开发总公司既是建设公司，又是经营管理公司，这是我国水电建设史上的一大突破。搞好了，可以在工程开工一定的时间后，以自身收入扩大再生产，进一步提高经济效益，协同特区政府开发库区。有关对公司减免税收等政策问题，由水电部和财政部共同提出具体意见。诸如钢材等建筑材料可以考虑直接部分进口，制定有关的特殊政策等。

六、关于三峡工程施工准备。会议原则上同意争取1985年、1986年两年完成工程三通一平的工作，1987年开始主体工程施工。1985年的具体工作和投资安排，由水电部提出向计委汇报核定。

七、关于三峡科研问题。鉴于有些同志对三峡工程的泥沙、通航、移民和生态平衡等问题尚有疑虑，应积极开展科研工作。由于三峡工程的科研涉及许多部，会议确定由国家科委抓总，组织分配任务，协调有关各方，包括水电部、一机部、交通部、国务院重大装备办公室等单位，共同努力完成。在科研任务安排上，明年应把对泥沙淤积的研究放在第一位，年内审定科研成果并作出结论。科委要组织开好今年11月召开的泥沙专题科研会议。水电、交通两部要协同抓紧模型试验，还可出国考察有类似问题河流的治理措施和效果。在三峡工程建设中要不失时机地吸取国外最先进的东西。会议要求，在向人大报告前，长办要提出移民、施工期通航和泥沙淤积三个大问题的解决办法。

八、为避免在三峡特区组建期间造成不必要的混乱和经济上的损失，会议希望湖北、四川两省要做好所属各有关部门的思想工作，对待将要划归三峡特区的地区，要与不划的地区一视同仁，照样加强领导，照样关心，照样保持各种经济、计划渠道的畅通，以保证和支持组建三峡特区的任务顺利完成。

重庆市委、重庆市人民政府对三峡工程的一些看法和意见

（1984年10月8日）

小平、耀邦、紫阳同志并报国务院：

长江三峡工程是举世无双的历史性工程，它具有巨大的综合效益。我们对党中央、国务院兴建长江三峡工程的决策是拥护的。从1958年成都会议到目前我市总体规划，凡系大中型工程及一切重要项目建设，都是严格按照三峡工程200米方案回水高程进行控制的，对于200米方案回水高程以下的大型工厂作了相应的处理；为了增大防洪发电效益，为彻底改善川江航运条件，即使淹没部分市区和土地，我市也早有思想准备。最近，市政府已成立"重庆市协建长江三峡工程办公室"，以便与中央有关部门配合，在三峡工程建设中，做出我市应有的贡献。

一

我们认真研究了三峡工程的有关资料，听取了各方面专家的意见，感到三峡工程中的一些重大问题，还需要在前期工作中进一步作出科学的论证，以期在稳妥可靠基础上收到最大的综合效益。如150米方案回水变动段的泥沙淤积和上延由此而造成的碍航问题，还没有可靠的对策。

水库淤积问题是一个世界范围的问题，是国内外正在致力研究而未完满解决的问题。很多水库因为淤积而缩短寿命乃至淤废的现象并不是个别的。水库回水末端泥沙淤积及其上延更是十分普遍而严重的现象。这个问题，在世界上研究成果不多，是一个难度很大的科研课题。一般建坝都是把回水变动段置于主要通航河段以上。因此在我国的长江主航道上建坝，回水末端放在什么位置显得尤其重要。

三峡大坝150米方案的回水末端恰恰放在重庆以下的洛碛与忠县之间长约180公里的河段。这个位置十分不利。这样，实际上把作为西南水陆交通枢纽的重庆港置于库区之外，使重庆以下较长一段天然航道得不到改善，万吨级船队（4×3000吨）难以直达重庆。在回水变动段内还可能因泥沙淤积出浅碍航，造成新的“卡口”，使川江航道有可能比现在恶化。理由是：

1. 回水变动段地形不利。

洛碛到忠县回水变动段，属浅滩多淤河道，解放前该段河道有滩险和碍航礁石200多处，最小航深2.1米。解放后经过整治，有了好转。航深由2.1米提高到2.9米，可常年通航1000至1500吨驳船组成的船队，年通过能力下水为2000万吨，上水为1400万吨。但是目前该河段的特征仍然是：河势平缓，河床宽阔，航道弯曲，浅滩密布。浅滩河段共有19处，川江著名的浅滩上洛碛、下洛碛、王家滩，忠州“三湾”的脱靴、滥泥湾、折桅子均在此段。平均纵坡0.19‰，表面流速1至3米／秒，洪水期江面宽度一般在800米以上，大部分为卵石河床，边滩和江心洲较多。这种河床条件更易于泥沙淤积，在天然状况下，该河段“涨淤落冲”基本平衡。据长航川江航道区多年观测资料，汛期进入该河段的泥沙，在浅滩河段，卵石淤厚为0.3至1.0米，在宽浅河段，局部地区泥沙淤厚达10至30米。因汛后水流归槽的冲沙作用，在枯水季仍能维持2.9米的最小航深。但是，建库后，回水抬高，流速减慢，改变了原来的水沙条件；同时，150米方案的水库调度曲线表明，该河段的冲沙期，正是水库的蓄水期，汛期淤积的泥沙再无法冲走，逐年积累，淤积必然日趋严重。

2. 进入回水变动段的泥沙绝对量很大。

长江（宜昌站）多年平均输沙量为5.2亿吨，居世界第四。重庆港位于长江、嘉陵江的汇合处，嘉陵江多年平均输沙量为1.67亿吨，居长江水系之首。近年来，因上游水土流失加剧，含沙量有增加的趋势。今年8月含沙量高达每立方米60公斤，比以往的最高含沙量高出一倍左右。加上重庆以上长江干流年输沙量为3.26亿吨，每年即有4.9亿吨以上的泥沙进入回水变动段。这样多的泥沙受回水顶托，淤积是不可避免的。采取人工的办法清淤，迄今还提不出可靠的措施与办法。

根据长办资料，三峡进库泥沙中，底沙约占1%，为500万吨左右，其中大于10毫米的卵石为70万吨。由于底沙对流速反应十分敏感，进库后，流速减缓，首先在库尾淤积，同时在进库泥沙中，小于0.1毫米的细沙含量高达80%以上，这些细沙在建库前是不参与造床作用的，建库后就参与造床作用了。据长办早期资料，其中大半将在库尾三角洲的顶部及前坡淤积，使库尾三角洲迅速加高，并向坝前推进，使回水变动段易于出浅。

3. 类似三峡的四川龚嘴水库、湖北黄龙滩水库的运行情况，证实三峡水库回水变动段泥沙淤积、上延及碍航问题是十分可能的。

大渡河上龚嘴水库，平均含沙量0.7公斤/立方米，比三峡1.17公斤/立方米还小，水库长30公里，河流坡降比长江大（也是峡谷区）。从1972年蓄水发电到1980年，库容已从3.45亿立方米减为1.8亿立方米，淤积了44%；每年入库泥沙70%至80%落淤在库内；在回水变动段，每年增加淤积量12万至60万立方米，平均淤厚0.2米，并出现明显的库尾三角洲。这个三角洲的洲面和回水末端的水位不断抬高，起淤点不断向上游延伸，仅1979年就比1974年抬高了1.57米。

湖北堵河黄龙滩水库，情况与龚嘴相似，从1974年到1980年，入库泥沙淤积率达92%，水库长93公里，在回水变动区淤积量占入库泥沙的48%。1980年发生百年一遇大洪水，水库大泄，当时仍有86%的泥沙淤在库内。由于库尾淤积，枯水期小木船也难航行。

4. 目前电算难于准确预测回水变动段泥沙分布与航深。

长办电算资料表明，即使乐观估计，150米方案20年淤后，平沙坝最小水深为2.8米，白河壁为2.7米，也要出浅碍航。而长寿到重庆仍为天然河道。枯水季仅以维持现有的2.9米最小航深。远不能满足万吨级船队所需最小航深3.5至4.0米的要求。而且一维电算难以反映三维泥沙淤积的实际情况，更无法预测航深。长办1978年提出的《长江三峡水利枢纽坝址选择补充设计阶段正常高水位选择补充报告》中也认为，目前国内外泥沙研究水平难于确切估计（包括电算手段）回水变动段的淤积情况。葛洲坝工程回水计算成果与实际情况的较大出入就证实了这点。葛洲坝工程回水一维电算原预计是回到秭归、巴东附近，长约100公里，但是，目前长航及巫山水文站实测回水影响长达170至200公里。因此，直到目前为止，没有谁能说电算（数学模型）可以准确估计回水变动段的泥沙淤积分布与航深。

上述各条说明，按150米方案建坝后，回水变动段有可能在成库初期的枯水季就出浅碍航，多年累积性淤积后，航深很可能回复到川江整治前的2.1米。那时，川江现行客轮和驳船队就不能通过，只能改组为小船上达重庆。而且，在多淤少冲情况下，回水变动段上段75公里内的6处浅滩还可能形成连续的砂卵石浅滩群，堵住重庆港进出口要道。当淤积逐年上延，还可能影响到重庆港和锚地，堵住重庆的“大门”，堵塞西南地区与华东、华中相联系的交通咽喉，将长江东西航运分割为两段。由于整个川江航运通过重庆港的货运量占80%以上，重庆以下不到20%，这不仅会严重影响西南地区的经济建设，而且将影响到华中、华东地区的燃料、原料供应。

我们认为兴建长江三峡水利枢纽，不仅要有很好的防洪作用，巨大的发电效益，而且要使川江航道得到较好改善而不是恶化，从某种意义上来说，航运比防洪发电更为重要，因为它是不可替的。因此，我们希望在最后确定正常蓄水位时要充分考虑发挥长江的潜在航运效益。

二

近二三十年来，长办对三峡枢纽正常蓄水位做了反复研究，200米和190米方案综合利用效益巨大，经济上合理，技术上可行，唯淹没损失大，移民总数多，限于当前国力，目前实施尚有一定困难。150米、160米、170米等低方案，淹没移民虽然较少，但综合效益很低，也难于解决川江航运问题。尤其是回水变动段的位置，均把重庆港置于十分不利的地位。而1984年1月长办向中央上报的180米方案，其投资、淹没、移民比低方案虽然有一定增加，但综合效益大，又能基本解决川江航运问题，我们认为是一个适中的方案。

180米方案，坝顶高程195米，正常蓄水位180米，死水位150米，防洪限制水位158米。与150米方案相比，其主要利弊是：

1. 180米方案能较好地解决防洪问题。150米方案防洪库容仅73亿立方米（千年一遇为220亿立方米），只能预防百年一遇以下的洪灾，对百年一遇到千年一遇以上洪水，难以解决。而180米方案防洪库容增加到197亿立方米（千年一遇为324亿立方米），可使荆江地区防洪标准由150米方案的百年一遇提高到千年一遇，即使发生1870年那样的特大洪水，经过调度，可争取荆江大堤不溃决，使长江中下游免受毁灭性的洪灾，这是150米方案办不到的。

根据长办资料，180米方案多年平均防洪效益为5亿元，与150米方案的2. 1亿元相比，增加2.9亿元。

2. 180米方案能较充分地利用三峡水力资源。180米方案装机容量2080万千瓦，多年平均发电量901亿度，比150米方案多装机780万千瓦，每年平均多发255亿度电，这对改变华中、华东用电紧张状况大有好处。按每度电3.5分计，180米方案比150米方案，每年增加直接效益8.93亿元。

3. 180米方案，将为南水北调中线工程创造有利条件，而150米方案难以实现南水北调。

4. 最重要的是，180米方案已使重庆港处于三峡水库库区内，库区将形成600至700公里的深水航道。重庆以下航道的急流险滩全被淹没，川江航运将有较大的改善。重庆港每年绝大部分时间处于深水库区，万吨级船队可直达重庆，改变了150米方案可能卡住川江中断航道、堵塞重庆港的严重局面，为以重庆港为中心组织现代化的西南内河运输网，做到江海直达、干支相连，江河湖海相通；为开发大西南，振兴四川经济，支援华东、华中经济建设，充分发挥长江航运能力创造了条件。

5. 180米方案，淹没耕地34.2万亩，比150米方案增加23.05万亩；迁移人口105.5万人，增加72.19万人，但180米方案每万瓦的淹没指标远远低于我国绝大部分已建、在建和拟建大型水电站。

中央准备设特区，采取改革性方法发展特区经济，进行开发性安置，移民问题有可能得到较好解决。

6. 据长办资料推算，在第一批机组发电前的10年，180米方案比150米方案，每年只增加投资1亿元；在第一批机组发电后的7年，每年平均只增加投资7亿元。而发电后到竣工，每年比150米方案约多收入电费6亿元，实际每年增加约1亿元的投资。随着国民经济的增长，我们的国力是可能胜任的。

综上所述，180米方案综合效益明显地优于150米方案。但是，经初步推算，180米方案常年回水变动段，上至重庆江津县油溪附近，下至重庆港以上不远的地方，考虑到回水变动段泥沙淤积可能向下推移，容易对重庆港区产生不利影响，建议在作可行性研究时，将防洪限制水位和死水位适当提高，以便把回水变动段上移到重庆港以上更远的适当位置。为了进一步解决180米方案回水变动段的泥沙淤积问题，三峡工程还应与整个长江水系的开发利用配合起来，有计划地在长江上游干支流上建库，并做好绿化造林、水土保持工作。180米方案正好与规划的朱阳溪枢纽相衔接，有利于长江干流第三梯级的开发。

总之，180米方案既能较充分发挥三峡工程的综合效益，国力又能基本胜任，建议中央予以考虑。

邓小平在听取李鹏汇报电力建设时有关三峡工程的谈话

（1985 年 1 月 19 日）

1985年1月19日上午10时，小平同志在会见香港中华电力公司主席嘉道理勋爵后，又听取了李鹏同志的汇报；参加汇报的有黄毅成、周南、王全国、魏玉明、赵庆夫、李建安、赵宏、郑华、周溪舞等同志。

邓：我们再谈谈电的问题。我主要关心后十年电是怎么安排的？

李：电今年投产500万千瓦。“七五”期间每年安排600万，争取到700万，结转到后十年建设的还有3800万，大的项目有三峡水电站和几个核电站。

邓：三峡要建多少年？

李：三年准备，七年建设，十年后第一台机组开始发电。三峡问题争论还比较大，一个是泥沙淤积，怕影响川江航道；一个是坝究竟搞多高。

邓：万吨轮能开到重庆吗？

李：不能开，坝高150米回水只能到长寿。过去是我们四川人不赞成把坝搞高了，现在情况变了，我们四川主要是重庆人提出可建设中坝，坝高180米，万吨轮可以到重庆。这些年重庆在180米以下没有安排建设。

邓：中坝可以增加多少电？

李：由1300万千瓦增加到2000万千瓦，增加700万千瓦。

邓：很好，那为什么不搞中坝？

李：过去是四川人反对。

邓：中坝增加多少移民？

李：低坝移民36万，到电站建成可能增加到50万，而中坝移民大约100万。

邓：我看了你们的材料，我看现在移民办法对头了。

李：现在是安置性移民，把移民后靠或迁到别的地方去，不是种地。现在准备把移民的钱用来开工厂，办农场，特别是柑橘品种很好。还可以发展乡镇企业，搞第三产业增加收入。

邓：这个办法很好，用这种办法移民100万也没有什么了不起，可以发展乡镇企业，搞第三产业，发展旅游业，也可以搞经济作物，那里是亚热带，可种柑橘。四川本来产荔枝，杨贵妃吃的荔枝就是四川出的。长江建了坝，对航运有没有影响？

李：这两年过葛洲坝的货运量每年增加40%。已建了两个船闸，还有些问题，主要是国产设备质量不过关。正在建设的三号船闸建成后，就不会有什么影响了。

邓：三峡是个大项目，我们要从长远利益考虑，给子孙后代留下点好的东西。现在四川人也赞成中坝了，你和紫阳同志说说要认真考虑中坝。

李：紫阳同志已布置要我们组织论证。

邓：中坝可以多发电，万吨轮可以开到重庆，这是多么了不起啊。今后有意识地把工业项目摆在那里，对整个地区国民经济发展都有重大意义。建设中坝，钱可能多一些，建设时间是不是要长一点？

李：可以分期建设。中坝方案第一台机组开始发电时间可能多一年。建三峡还有一条方针，就是"以电养电"。第一台机组开始发电后，就利用发电的收入作为建设的资金和移民的资金。

邓：低坝不好。我过去还不知道万吨船到不了重庆，要认真考虑中坝。

李：耀邦和紫阳同志都赞成，成立一个三峡行政区，用行政区的力量来支持三峡建设，做好淹没区的移民和经济开发工作。

邓：三峡建设现在开始了没有？

李：现在已开始做些准备工作，主要是修路通电。

邓：发电机有多大，准备用哪里的？

李：低坝每台机50万，中坝每台机70万，开始准备从美国购买并引进技术，以后可以自己生产。

邓：还要搞哪些项目？

李：还有一批大的火电项目，主要利用山西煤，通过三条铁路运出来，一条是大同到秦皇岛；第二条从晋东南经过焦作到山东石臼所下海。

邓：那就是沿着滹沱河修出来。

李。是的。煤从这三个港口上船，运到沿海地区，在大连、秦皇岛、天津、上海、宁波、福州、广东等地建设一批火电站，500万千瓦。准备集资办电，利用外资办电，每台机组当在35万以上。

邓：2000年前电要搞到多少，才能保证翻两番的需要？

李：至少要与国民经济同步发展，搞到2亿千瓦以上。原来计委设想的叫“三、五、七、九”，就是“六五”平均每年投产300万，“七五”每年投产500万，“八五”每年投产700万，“九五”每年投产900万。现在看来，这个不够了，因为除了工农业用电外，人民生活用电增加也很快，还要千方百计多搞一点，办法就是大家办电，不是一家办电。“七五”要争取平均每年搞到700万，到“九五”需要搞到1000万以上，这样才能基本上保证翻两番的需要。

邓：有希望吗？

李：只要政策对头，我看有希望。

邓：很好。我今天就只想听到你这句话。有人说，电搞上去了，翻三番都可以。好吧，今天我们就谈到这里吧。

中共中央、国务院关于成立三峡省筹备组的通知

（1985 年 3 月 4 日）

各省、自治区、直辖市党委、人民政府，中央和国家机关各部委，军委各总部，各人民团体：

正在筹备兴建的长江三峡工程，是我国新中国成立以来最大的工程，它的建成，将对长江中下游防洪、发电、航运产生巨大的综合效益，对我国在本世纪末实现工农业年总产值翻两番和四个现代化的建设，具有重大的意义。为了保证三峡工程顺利建成，妥善安置库区移民，加快三峡地区的经济开发，中共中央、国务院认为有建立三峡省的必要。

三峡省的区划范围，原则上包括四川省的涪陵、万县两个地区及湖北省宜昌地区的绝大部分、宜昌市和鄂西土家族苗族自治州的巴东县。三峡省的正式建立和所辖范围的最后确定，将由国务院同湖北、四川两省协商并在三峡工程正式确定开工后，提请全国人民代表大会或它的常务委员会审议决定。

在三峡省正式建立之前，先成立三峡省筹备组，并建立党组。三峡省筹备组由李伯宁、陆佑楣、王汉章、辛文、马杰、欧阳荣、张忠民、黄森荣八位同志组成。李伯宁同志任组长，陆佑楣、王汉章、辛文同志任副组长。筹备组党组由上述筹备组成员组成。李伯宁同志为书记，陆佑楣、王汉章、辛文同志为副书记。代表四川和湖北两省参加筹备组的同志，在两省原有职务不变。不与两省脱离关系，但主要精力抓筹备组的工作。

三峡省筹备组的主要任务是：

第一，研究制定三峡省的经济、社会发展规划和开发这一地区的有关政策。

第二，制定开发型的移民安置规划。

第三，做好安置移民的试点工作。

第四，研究制定三峡省机构设置和人员编制方案，进行建立三峡省的准备工作。三峡省省级领导班子由中央组织部负责考核配备。

第五，与国务院有关部委和两省协商安排一些适合放在三峡省的工程项目。

三峡省筹备组应按照改革、精简、效能的原则，设立必要的办事机构，负责办理前述五项任务。办公地点设在宜昌市。办事机构的工作人员编制暂定151人，从四川、湖北两省的省级机关和涪陵、万县、宜昌地区、宜昌市和巴东县抽调，国务院各部委也可抽调一些同志参加工作。参加筹备组的工作人员，除转党的临时关系外，其他关系仍在原单位。抽调人员名单由筹备组商有关单位研究确定。

三峡省筹备组在筹备期间，涪陵、万县、宜昌地区、宜昌市和巴东县的一切党政工作，仍分别由四川、湖北两省领导和安排。这些地区、市、县的经济建设，两省要和以往一样给予积极支持，已经安排在这些地区、市、县的新建、改建、扩建、技术改造项目一般不要改变计划，还要尽可能多安排一些建设项目。这些地区、市、县的干部一般不要外调，个别需要外调的要与筹备组协商。两省对筹备组要给予全力支持。

中央、国务院各部委要对筹备组的工作给予大力支持。凡是可以在三峡省范围内建设的项目，要尽可能安排，为实现开发型移民安置计划积极创造条件。各省、自治区、直辖市要尽其所能给三峡省的筹备工作以积极支持，努力为支持三峡工程的建设和联合开发三峡省做出贡献。

为了便于三峡省筹备组开展工作，今后，中共中央、国务院和中央、国家机关各部委下发的文件，包括发到省军级的，都要发给筹备组；召开的会议与筹备组有关系的，也要通知筹备组派人参加。

中共中央、国务院关于将三峡省筹备组改建为国务院三峡地区经济开发办公室的通知

（1986年5月8日）

由于对三峡工程论证和准备还需要一定时间，而三峡省筹备组要发展成为一个实体又不具备条件，以致目前这一地区形成湖北、四川两省不便管，三峡省筹备组无力管的现象。这种情况如久拖不决，极不利于这一地区的开发和建设，也不利于为三峡工程作好准备。为此，中央和国务院决定将三峡省筹备组改建为国务院三峡地区经济开发办公室，负责指导和帮助这一地区的经济开发和移民试点工作。所属的万县、涪陵、宜昌地区和宜昌市、巴东县，仍继续由四川省、湖北省领导和管辖，今后三峡工程如正式兴建，这地区的移民开发工作也分别由两省承担，不再变动。

国务院三峡地区经济开发办公室设在水电部，委托国家计委和水电部代管，办公室人选另行通知。

三峡省筹备组的干部原则上调回原单位。

三峡地区所属市、县大部分地方至今经济比较落后，部分山区尚未摆脱贫困状态。中央和国务院认为有必要采取一些优惠政策和措施予以扶持，国务院各部门和湖北、四川两省要尽可能在安排建设项目、投资开发上给予适当照顾，为三峡工程的兴建创造条件。

中共中央、国务院关于长江三峡工程论证工作有关问题的通知

（1986年6月2日）

长江三峡工程是一项举世瞩目，全国人民关心的巨大工程，它的建设对我国四化大业具有深远影响。中央和国务院对三峡工程采取了积极而又十分慎重的态度。三十多年来，我国有关部门和科学技术人员对三峡工程做了大量的勘测、科研、设计工作、积累了丰富的资料，国务院也曾多次组织专家讨论并原则批准过三峡工程可行性研究报告。但是，这一工程还有一些问题和新的建议需要从经济上、技术上深入研究，整个工程的可行性研究报告尚待进一步论证和补充，以求更加细致、精确和稳妥。为此中央和国务院特作通告如下：

一、由水利电力部广泛组织各方面专家，进一步论证修改原来的三峡工程可行性报告。要注意吸收有不同观点的专家参加，发扬技术民主，充分展开讨论，得出有科学根据的结论意见，分阶段、分专题向中央书记处、国务院和人大常委会汇报，并及时向政协通报情况。在广泛征求意见、深入研究论证的基础上，重新提出三峡工程的可行性报告。

二、成立国务院三峡工程审查委员会，负责审查水电部提出的三峡工程可行性报告，提请中央和国务院批准，最后提交全国人民代表大会审议；委员会由国家计委、经委、科委、中国科学院、财政部、水电部、城乡建设环境保护部、交通部负责同志以及有关方面人员组成，由李鹏同志任主任，宋平、宋健同志任副主任。

三、为了加强这一工作的领导，中央指定李鹏、薄一波、王任重、程子华同志负责协调三峡工程的论证工作。

潘家铮在三峡工程论证领导小组第十次（扩大）会议上的总结发言（节录）

（1989年3月7日）

一、对两年多来论证工作的回顾和评价

自从中央和国务院在1986年6月下达15号文件，责成我们负责重新组织三峡工程的论证工作以来，已经两年零八个月了。我们根据中央和国务院的要求，“在广泛征求意见、深入研究论证的基础上，重新提出可行性研究报告”，成立了14个专家组负责进行专题论证。聘请了21位特约顾问，以接受各界的指导；最后由长办（长江水利委员会办公室）根据专家组的论证成果重新综合编写了可行性研究报告，提交本次大会审议。论证工作进度比原计划延长了一些时间。这是因为我们坚持进度必须服从质量的原则，力求提出一个有科学根据的、经得起历史考验的可行性报告。所以在论证过程中不断根据各方面的意见，增加了许多研究、试验和分析工作。现在，三峡工程的重新论证工作即将告一段落。

在本次大会中，同志们对这一阶段的工作作出了评价。大家认为两年多来的工作是严格执行了中央15号文件的指示，贯彻了民主化和科学化精神的。参加论证的400多位专家，都是我国有关科学技术界的精英，许多专家是国际上享有盛誉的权威。直接间接参加工作的人员更多，达数千人。论证工作的基础，除了30多年来各部门、各单位的大量勘测、设计、试验、

研究成果外，还有前一阶段国家计委、科委组织水位论证时取得的重要成果，有国家科委配合论证工作组织进行的大量科技攻关成果。当然还包括了这两年多来在各专家组直接主持或指导下补充进行的所有调查试验、研究分析和勘测设计成果。14个专题论证报告都是400多位专家在上述丰富可靠的资料基础上，呕心沥血，深入研究，反复研讨，逐渐取得一致认识后才定稿提出的。对各自专业范围内的重大问题都作出了科学的论断。论证工作是严肃、认真和充分的。专家们的辛勤劳动和极端负责精神，理所当然地受到大家的尊敬和给予了高度评价。许多同志认为，这样深入、广泛的科学论证工作，在国内还是少见的。正如陆佑楣同志在开幕词中所说的："我们的论证成果，凝聚了30年来长办和其他有关部门、单位和地方上成千上万人的辛勤劳动，凝聚了近两年多来14个专家组、工作组530多位专家和数千名参加调研、试验和计算工作的同志们的智慧和心血，是国家的宝贵财富。"论证领导小组感谢领导和同志们所给予的评价，并且愿意指出，在所凝聚的智慧和心血中，特别包括一些对三峡工程建设有不同见解的专家们的智慧和心血，各种不同意见，都有助于论证工作的深入。总之，所有参加论证的专家和同志们，都对整个论证工作做出了重要贡献。我代表论证领导小组谨向全体专家和同志们表示衷心的感谢。在论证过程中，领导小组所做的工作非常有限，缺点很多，我们只是问心无愧地作了自己最大的努力，力求遵循中央指示的精神去做，而且准备接受全国人民的审查和历史的考验。

二、对可行性报告（审议稿）的审议意见

长办这次提交的《长江三峡水利枢纽可行性研究报告》（审议稿）是根据14个专家组的专题论证报告和30多年来积累的大量资料重新编写的。在讨论中，绝大多数同志认为，这份报告基本上做到了综合概括14个

专题论证报告的成果，从长江流域综合规划出发，论述了三峡工程的地位和作用，以及与各种综合替代方案的比较。报告阐述了推荐的工程方案和对所有主要问题的研究情况与结论。这些主要问题都在可行性研究范围内作出了答复或得到解决。与1983年的可行性研究报告相比，在各方面都有较大的提高和深化，结论更为合理、可靠、可信。许多地方的研究深度已超过可行性研究阶段的要求，因此原则同意这个报告，并建议作些修改后提交给国家作为宏观决策的依据。同时同志们指出，可行性研究不能深入解决所有的问题，尤其对于三峡这样巨大复杂的工程，还有不少问题需在下阶段做进一步工作来落实或解决。有个别同志则认为论证尚不够完善明确，不足以作为决策依据，也不同意报告的结论。

领导小组根据多数同志对可行性报告的基本评价，决定原则通过《审议稿》，要求长办根据会议上同志们所提的各种意见，对报告的文字进行一次全面细致的复核，并作必要的修改和补充，尤其对于同志们指出的不完全符合专家组结论、提法和上次领导小组扩大会议决定的地方，要认真修改。最后由领导小组审定后上报国务院。各位顾问和专家如还有对报告文字的具体修改意见，希望能提交会议秘书组转交给长办考虑。

对于讨论及审议中的不同意见，我们将如实上报。根据对发言统计分析，认为三峡工程根本不可行、不能修建的意见极为个别，主要分歧是在早建还是晚建的问题上。多数同志从全国经济建设的发展战略，从防洪、能源、通航和供水的需求及三峡工程的巨大效益出发，并考虑到过分推迟建设将带来重大损失和困难，实际上否定了这一宝贵资源的开发可能，建议在国家经济条件容许情况下尽早安排建设。而部分同志认为在当前整顿经济秩序、治理经济环境、压缩基建规模的形势下，考虑到三峡工程规模很大，投资集中，在2000年前不能发挥效益，不赞成早建。领导小组认为，中央交给我们重新论证三峡工程的任务，是要我们从技术、移民、生态环境和经济财务等各方面阐明修建三峡工程的必要性和可行性，并如实反映建与不建、早建与晚建的利弊得失，为国家决策时提供一个科学依据。这仅仅是第一层次的工作。至于三峡工程究竟建不建，在什么时候建设，要由国务院审查委员会根据我国国民经济发展的战略规划和布局、国家财政经济情况、改革开放和整顿治理的成果，统揽全局综合研究后作出抉择，提交政治局讨论，最后还要提交人大讨论通过。三峡工程的可行性研究，毕竟不能代替更大范围的国民经济发展规划研究，更不能代替国家做决策。这是属于更高层次考虑和决策的事，何时审查，如何审查，都将由国务院决定。我们要做的是在上报可行性报告的同时，认真如实地整理不同意见，一并上报，以便中央了解全面情况，作出正确的决策。

三、其他意见和下一步工作

在讨论中许多同志就下一步工作提出了很重要的意见或建议。

同志们鉴于三峡枢纽是一项战略性工程，牵涉和影响面十分广泛深远，特别考虑到库区人民再也不能长期等待下去，因此迫切要求中央能够根据论证成果和各方面的意见及早作出宏观决策。有的同志建议可以分步骤来解决，那就是先从国民经济发展的战略布局考虑，从宏观和长期规划角度出发，先研究三峡工程是否需要修建和审定其规模，然后再根据国家的具体经济形势确定最佳的修建时间。

许多同志关心库区的发展问题，特别是要为三峡工程作出重大贡献的四川、湖北两省、市、地区的领导，都作了重要发言。他们除表示同意可行性研究报告、服从中央的决策、有信心解决好移民和迁建问题外，恳切地希望在近几年中国家能增加向库区的投入，扩大移民试点，加强上游水土保持工作。这样做，投入虽有限，却可以促进库区经济的发展，帮助库区脱贫致富，而且也为今后修建三峡工程减少很大的损失和困难。

还有许多同志建议，三峡工程的前期工作和科研攻关工作要继续进行，不能间断。专家组暂时不要解散，要负责整编好所有资料。一些同志还对下阶段需特别抓紧的研究和设计工作，例如对通航建筑物、航道、投资估算和财务分析等的进一步研究和复核，提出具体的建议。有的同志建议领导小组在向国务院报送可行性报告的同时，全面总结论证工作的经验，等等。

领导小组感谢代表们所提出的这些重要建议，并决定了以下几点：

（1）在国务院审查可行性报告以前，论证领导小组和各专家组将继续保留待命，并协助长办修改可行性研究报告和继续组织进行必要的前期工作和科研工作。

（2）在向国务院呈报可行性报告时，领导小组将同时写简要报告上报。这个简要报告中将扼要叙述论证工作的过程，主要的结论，以及通过审议后我们的认识和建议。

这里还要说明一下，为了引进技术，进行验证，经国务院批准，中加两国政府商定，由加拿大政府提供资助，聘请加拿大最著名的咨询集团在世界银行的监督指导下独立地进行三峡工程可行性研究。现在也已提交了报告。他们的结论有些和我们一致，有的并不相同（如水位方案）。为使中央了解全部情况，我们的简要报告中也将简介加方报告的主要内容，以及与我们论证成果的比较。

在向中央提交报告时，并将报送以下附件：

1）以前审议通过的14个专家组的专题论证报告。

2）所有参加论证工作的人员名单，包括特邀顾问、政协委员、省市地区领导、各专家组的顾问、正副组长、专家及各工作组的全体人员。

3）审议发言汇编，以及不同意见的汇编。

4）在世界银行指导下完成的加拿大咨询公司编制的三峡工程可行性报告。

这一简要报告将由领导小组成员签名，不再要求特邀顾问在上面签名。因为特邀顾问是我们从各界聘请来监督和指导我们工作的，与各专家组聘请的技术顾问性质不同，不应强求一致。特邀顾问的发言和意见都将另外上报，这样特邀顾问可以更不受拘束地在更高层次上发表独立的咨询意见。

上报的文件将分送特邀顾问及各专家组。

（3）领导小组将继续组织有关同志，整理汇编全部论证成果。

（4）领导小组将向计委、科委请示部署今年的前期工作和科研工作。

姚依林在国务院三峡工程论证汇报会结束时的讲话

（1990 年 7 月 14 日）

国务院召开的三峡工程论证汇报会，今天就要结束了，我讲几点意见：

一、这次会议邀请了116位专家、教授、学者和有关同志参加，从7月6日到14日，历时9天。会议期间，三峡工程论证领导小组汇报了论证工作的全面情况和主要结论意见。与会同志认真阅读材料，积极准备，有76位专家、教授、学者、有关方面的同志和湖北、湖南、四川省、重庆市的负责同志在6个半天的大会上发表了意见。其中有46位同志发了言；印发了30位同志的书面发言和材料。在大家的共同努力下，这次会议开得很好。会议的气氛是民主的，尊重科学的，各种意见都有发表的机会，畅所欲言。因此，我认为会议是很成功的。

二、关于三峡工程的论证工作

长江是我国最大的河流，长江流域是我国国民经济比较发达的地区，又是近期重点发展的地区，沿江经济走廊的建设和发展，对我国的经济发展将起重大的作用。三峡工程是长江治理开发中具有防洪、发电、航运等巨大综合效益的骨干工程。但三峡工程规模大、作用大、影响广。所以，党中央和国务院历来对三峡工程采取积极而又十分慎重的态度。毛主席、周总理等老一辈革命家，都曾亲切关怀并亲自过问三峡工程，提出了“积极准备，充分可靠”的方针。1958年党中央成都会议通过了《关于三峡水利枢纽和长江流域规划的意见》。决议指出:“从国家长远的经济发展和技术条件两方面考虑,三峡水利枢纽是需要修建而且可能修建的。”决议还要求:“应当采取积极准备和充分可靠的方针,进行各项有关的工作。”30多年来三峡工程已做了大量的规划、勘测、科研和设计工作,积累了丰富的资料。1970年党中央和国务院决定兴建葛洲坝水利枢纽,为三峡工程做了试验。

这次三峡工程重新论证工作,是按照党中央和国务院在1986年发出的15号文件要求进行的。1984年国务院曾原则批准了三峡工程150米方案的可行性报告。此后各方面提出了许多意见,为了“更加细致、精确和稳妥”,中央和国务院要求原水利电力部“在广泛征求意见,深入研究论证的基础上,重新提出三峡工程可行性报告”。并在论证中“注意吸收有不同观点的专家参加,发扬技术民主,充分展开讨论,得出有科学依据的结论意见”。这些都体现了中央和国务院是积极而又慎重的这一方针。

论证具体组织工作,是由原水利电力部负责的。参加论证工作的人员范围很广,包括了国务院所属的17个部门、单位,中科院所属12个院所,28所高等院校和8个省市的专业部门的专家、学者和科技人员,同时邀请了一部分有不同意见的同志参加。同志们从这次会议文件中所发的论证人员名册中可以看出,有21位特邀顾问和412位专家,他们大多是全国各行各业第一流水平的专家,其整体科学技术水平是高的。

三峡工程论证的14个专题报告和重新编制的三峡工程可行性研究报告,反映了几十年来各有关部门、单位和近3年来400多位专家研究的工作成果,是国家的宝贵财富。直接参加和配合论证工作的专家、工程技术人员数以千计,这些同志长期以来埋头苦干、尊重科学、追求真理的求实精神、科学态度和严谨的工作作风,是应当受到赞扬的。这里应当特别指出的是,参加论证工作的大批专家,不少人年岁已高,他们为了祖国的四化大业,不辞辛苦,勤奋工作,体现了我国知识分子热爱社会主义、热爱祖国的优良传统,应当受到敬重和高度评价。借此机会我代表国务院向参加这项工作的专家和各方面的同志们表示感谢和慰问!在论证期间,有8位参加论证工作的领导同志和著名专家不幸去世，他们为三峡工程论证作出了贡献，我们要永远纪念他们。

三峡工程论证贯彻了中央15号文件，体现了科学化、民主化精神。对论证之前和论证过程中各有关单位和同志提出的问题和意见，也作了论证。根据论证成果重新编写的三峡工程可行性研究报告，基本资料丰富、翔实，论证成果是有说服力的。6月初由全国水资源和水土保持工作领导小组主持审查原则通过的《长江流域综合利用规划要点报告》，肯定了三峡工程在长江流域综合治理开发中的地位和作用。

三峡工程规模大而且影响深远，对于这样一个巨型工程的利弊得失和各类技术经济问题，有这样、那样的不同看法和意见是正常的。不同意见的交流和讨论，有助于论证研究工作的深入。这样做，可以避免决策上的重大失误。这次三峡工程论证成果比过去任何一项工程都更加深入、细致、精确，这是和论证过程中不同意见的交流、讨论分不开的。

这次会议上许多同志赞同论证报告，也有一些同志发言对报告提出不同意见，指出不足之处。大体上可分为四类意见：一是要不要兴建三峡工程，也就是在长江流域规划中有无三峡工程的问题；二是何时修建三峡工程合适，早建好还是晚建好；三是水库蓄水位问题；四是对有些工程的技术经济和环境问题还有些疑虑。对第一个问题，会上只有个别同志不同意建三峡工程，绝大多数同志认为在长江治理和综合开发中三峡工程是需要的，只是何时兴建为好的问题。第二个问题，关于早建晚建的问题，参加论证的专家大多数主张早建，也有的同志主张推迟到2000年以后再考虑。对此应由国家综合部门进行宏观经济的系统分析，根据综合国力情况，在审查可行性报告时确定。至于蓄水位问题专家们已作了论证，这次会上有的代表建议再考虑一下160米方案，也有的代表发言对此表示不同意见，在审查可行性研究报告时要认真研究。对第四类问题，如通航建筑物、移民、泥沙、地震、国防及环境等问题，论证报告中已作详细的论述，部分代表从各个方面提出意见和建议，有的可在审查可行性研究报告时研究，有的可在下步工作中继续优化和研究。根据这些情况，三峡工程论证领导小组提交的重编三峡工程可行性研究报告可以开始组织审查。

三、关于下一步工作

1. 经国务院研究，组织了三峡工程审查委员会（请李鹏同志宣布）。要抓紧对重编的三峡工程可行性研究报告进行审查并报告中央和国务院。

2. 继续抓紧三峡工程前期工作和科研等基本工作，编制初步设计报告，请国家计委、科委会同有关部门作出部署和安排，各有关部门要积极配合。在初步设计过程中，对一些有疑虑和不放心的问题，要继续深入进行科研试验，比较优化，并及时向国务院报告进展情况。鉴于三峡工程的规模大、技术复杂、影响面广，对建设中的一些重大科学技术、经济问题，请国家计委、科委和有关部门统筹安排好，列入国家重点科技攻关计划。

3. 加强库区管理和移民试点工作。水库移民问题是三峡工程建设中最困难的任务，不论三峡工程早建或缓建，都必须加强库区的管理和移民试点工作。要搞开发性移民，并尽可能纳入全国农业开发计划，要搞好库区城镇农村的建设规划、移民规划和移民试点工作，国家在资金上给予支持。库区淹没线以下的人口和基本建设必须严格加以控制和管理，这一方面，请四川、湖北两省，以及有关地、县实地制定专门条例和办法加以落实和贯彻。

国务院三峡工程
审查委员会第一次会议纪要

（1990年12月11日）

1990年12月11日下午，国务委员、国务院三峡工程审查委员会（以下简称三峡审查委）主任邹家华同志主持召开了三峡审查委第一次会议，研究部署了三峡工程审查工作。国务委员、三峡审查委副主任王丙乾、宋健同志及三峡审查委成员出席了会议。三峡审查委办公室常务副主任张春园同志对审查工作的准备情况及下一步工作安排作了汇报。

汇报说，1990年8月，国务院批准组成了三峡审查委，并相应设立了办公室。办公室组建后，做了一些审查准备工作，对三峡审查委的任务、审查内容、方式等提出初步意见。三峡审查委的主要任务是负责审查三峡工程可行性报告，提出审查意见呈报国务院。审查工作的主要内容是，三峡工程在技术上是否可行，经济上是否合理及其对环境的影响，并对建设资金筹措、兴建时机及实施步骤提出意见。建议审查工作采用“分专题、分阶段”的方式进行。首先将三峡工程可行性研究报告分为10个专题，组织专家预审，然后由三峡审查委集中审查，提出审查意见。

会议认为，三峡工程是一项举世瞩目、全国人民关心的巨大工程，三峡审查委受国务院委托，负责审查可行性研究报告是一件影响深远、责任重大的重要工作，要本着实事求是、极端负责的精神，认真抓紧做好。

会议原则同意三峡审查委办公室就审查任务、内容及方式提出的建议，并就有关问题决定以下意见：

（一）同意采用“分专题、分阶段”的审查方式。为确保审查意见的科学性、公正性，专题预审的专家组，要注意吸收没有参与过三峡工程可行性研究的专家参加。专家组人员要精干，人数不宜过多。这次审查的重点是各方面提出的一些疑点、难点和工程的经济可行性。要认真研究各种意见，对有争议的主要不同观点，应做出有说服力的科学结论。

（二）各专题预审工作由三峡审查委有关成员负责主持，具体分工如下：朱训、方樟顺同志负责地质与地震；林汉雄、陈光健、李绪鄂同志负责工程规模、枢纽建筑物与施工；杨振怀、邹竞蒙同志负责水文与防洪；钱永昌同志负责航运与泥沙；黄毅诚同志负责发电与电力系统；何光远同志负责机电设备；刘中一、王先进同志负责移民；曲格平、高德占、周光召同志负责生态与环境；陈光健、柳随年、迟海滨、郭振乾同志负责投资估算、经济评价与资金筹措；杨振怀、刘仲藜、刘国光同志负责综合。

（三）审查工作初步安排：1990年底前组成各预审专题专家组，1991年1月中旬前审查委员和专家查勘现场，1991年3月底基本结束专题预审工作，1991年第二季度集中审查意见报国务院。

（四）水库移民是三峡工程建设中最困难的任务之一，在国家未对三峡工程做出最后决策前，要按照1990年7月20日国务院总理办公会议纪要精神，库区移民按正常蓄水位175米做工作，移民工作不能停。同时，对库区淹没线以下的基本建设必须严格加以控制和管理，请四川、湖北两省制定有力的措施认真贯彻落实。

国务院三峡工程审查委员会呈党中央、国务院关于《长江三峡工程可行性研究报告》审查意见的报告

（1991年8月3日）

1990年7月，国务院听取长江三峡工程论证情况汇报后，决定将《长江三峡工程可行性研究报告》（以下简称《报告》），交国务院三峡工程审查委员会（以下简称审委会）审查。经过一段时间的酝酿准备，12月11日，审委会召开第一次会议，决定分10个专题，由审委会委员分别主持，聘请有关专家组成预审组进行预审，然后再由审委会集中审查。10个预审组共聘请了163位专家，其中过去未参加三峡工程论证工作的占62%，现任各有关部门行政、技术职务的占73%。截至1991年5月，10个预审组在有关审查委员率领和主持下，先后进行了实地考察，召开了预审会议，提出了预审意见。邹家华、宋健、陈俊生同志也分别进行了考察。

1991年7月9日至12日，审委会召开第二次会议，听取了10个预审组的预审意见，委员们本着实事求是、尊重科学的精神，进行了认真讨论、审议。8月3日，通过审查意见。现将主要审查意见报告如下：

一、对《报告》的评价

关于三峡工程的勘测、设计和科研工作以及资料的搜集、整理、论证，自1953年始，在已故的毛泽东、周恩来等老一辈无产阶级革命家和其他中央领导同志直接关怀下，长江水利委员会（原长江流域规划办公室）和有关部门已经持续进行了38年。1958年，国家科委曾组织近万名科技人员就有关的重大科技问题进行过200多项课题研究。1983年，长江水利委员会正式向国家提出了三峡工程的可行性研究报告。1984年，国务院曾原则批准了三峡工程150米方案的可行性报告。此后，各方面提出了许多意见。1985年，国家科委和国家计委又组织数百名专家对水位问题进行了专题论证。为了更加细致、精确和稳妥，中央和国务院要求原水利电力部在广泛征求意见，深入研究论证的基础上，重新提出三峡工程可行性报告。因此，1986年，由原水利电力部再次组织我国400多位专家（其中大多数是第一流专家）重新进行了全面论证。在重新论证期间，专家们又做了大量调查、分析和科学试验工作。同时，国家科委组织了3000多人配合进行科技攻关；关心三峡工程的各方面人士，也提出了许多意见和建议。这些都有力地促进了论证工作的全面、深入开展。1989年，三峡工程论证领导小组向国务院上报了经过重新论证的三峡工程可行性研究报告。

审委会一致认为，根据重新论证成果编写的《报告》，是建立在长时间、大量工作基础之上的，主要结论具有广泛的民主性和坚实的科学性。资料丰富，论证充分，已达到了相当高的科学技术水平，研究深度已经满足可行性研究阶段的要求，可以作为中央决策的依据。

三峡工程的论证工作，规模之大、时间之长、研究和论证程度之深，在世界上类似大型工程中是少见的。《报告》是多部门、多学科长期通力合作取得的丰硕成果，是数以百计的部门和单位，成千上万的专家和工程技术人员长期不辞辛苦、埋头苦干的智慧结晶，也是贯彻“百花齐放、百家争鸣”的方针，发扬民主，充分听取不同意见，反复论证的结果。

二、对《报告》的审查意见

《报告》推荐三峡工程坝顶高程185米，最终蓄水位175米，初期运用水位156米，“一级开发、一次建成、分期蓄水、连续移民”的建设方案。这一方案具有防洪、发电、航运以及供水、水产、发展库区经济等巨大的综合的经济效益和社会效益。特别是它可大大提高荆江河段南北两岸防洪标准，成为保障荆江两岸1500多万人民生命财产安全的关键性工程措施。审委会一致同意《报告》推荐的三峡工程建设方案和关于兴建三峡工程的必要性、重要性、紧迫性和可行性的结论。

经过多方案比较以及实地地质勘探，《报告》提出三峡工程坝址选在三斗坪是合适的。这里花岗岩岩体完整，力学强度高，透水性弱，工程地质条件十分优越。适宜兴建混凝土高坝。工程建设中需要解决的技术难题，已有明确的结论和解决办法。68万千瓦水轮发电机组和50万伏超高压输变电等主要机电设备除需引进某些关键技术，进口某些关键材料、元件和配套零部件以外，均可立足国内制造。《报告》中兴建三峡工程的技术措施是可行的。

《报告》的经济评价表明，三峡工程具有良好的国民经济效益，而且早建比晚建效益更显著。通过对早建、晚建和不建几种不同方案的比较分析，证明早建方案的国民经济评价指标优于其他方案。关于项目的财务效益，预审重新测算的结果表明，三峡工程的售电成本低，还贷能力强，资金回收快，利税产出多。

三峡工程是一项分年度投资的大型工程。三峡枢纽工程的土建工程量大约相当于两个葛洲坝工程，淹没区人口（1985年底调查数）相当于丹江口水库移民人口的两倍。按1990年价格计算的枢纽工程、输变电工程和移民费用三项合计，静态投资为570亿元（不包括开工建设期间的利息和物价因素，因目前难以精确计算）。三峡工程所需资金总量虽大，但可以筹措。因为三峡工程本身自筹能力强（包括前期3年施工准备在内，则第1至12年，约需投入300亿元；第13至15年期间，发电收入已能解决其间投资的大部分；第16年开始，发电收入已大于所需投入），整个工程，其自身和作为三峡工程先期工程的葛洲坝电站两者可利用的发电收入约占资金需要量的44%，这是很多工程难以办到的。主要是在发电以前和发电初期，特别是土建、设备安装和移民的资金高峰重叠期，需要采取多渠道筹资的办法。按照要有可靠和稳定的资金来源、充分发挥中央和地方两个积极性，以及资金来源多元化等原则，《报告》对资金筹措考虑了9种渠道，即：葛洲坝电站发电加价收入、征收水电建设基金、国内银行贷款、预算内基建投资、中央财政专项拨款、地方集资参股、利用外资、三峡工程自身发电收入和发行三峡工程建设债券及股票等。

审委会认为，《报告》对三峡工程的经济评价、投资估算是适当的，上述9种资金渠道是可行的，在具体执行中，可视实际情况确定。工程发电后是具有还贷能力的。同时，三峡工程每年所需的水泥、钢材、木材占这些原材料全国年产量的比重不大，分别占1991年计划年产量的3.6‰、2.5‰和1.8‰。因此，按15年建设工期，从财力、物力上看，我国国力是能够承担的，今后国民经济的发展和综合国力的增强，将为建设三峡工程提供更为有利的条件。三峡工程的兴建，不仅不会影响本世纪内第二步战略目标的实现，而且有助于为下世纪初国民经济的发展增加更加坚实的能源、交通基础，为我国四化建设的顺利进行提供新的条件。

关于对水库移民能否安置好和建库后对生态与环境的影响以及泥沙、人防等问题，审委会同意《报告》的结论：三峡工程移民安置任务艰巨，但只要坚定不移地贯彻党中央、国务院确定的把赔偿性移民转变为开发性移民的方针，根据目前试点的实践经验来看，移民工作是可以做好的；对生态与环境的影响有利有弊，采取适当措施，弊也可减少到最低程度；泥沙淤积问题可以采用“蓄清排浑”，优化水库调度，结合港口改造，进行航道整治和疏浚等多种措施加以解决；人防问题对所有大型水库都存在，应该和可以采取必要的保护措施，减少战争带来的危害。例如采取及时预警，降低水位的对策。60年代，周总理曾提出要依靠放空水库的对策。一场较大规模的战争，不可能毫无征候，因此，这是切实有效的办法。三峡水库设有低高程、大流量的泄水建筑物，必要时将水库水位降到145米（库容170亿立方米），或降到130米（库容103亿立方米）。三峡水库不仅泄放条件好，而且下游允许的安全泄量较大。水库下游有20公里长、宽仅200至300米峡谷约束水流，溃坝洪水经过下游缓冲，流量可大大削减。根据上述条件，对多种情况进行模型试验，即使水库大坝遭受突然袭击，从最不利的溃坝分析，也只是坝址至沙市以上地区局部灾害严重，溃坝不致造成荆江两岸毁灭性灾害。此外，设计上还考虑了一些提高大坝抗爆能力的措施。上述问题，只要认真对待并落实相应的对策，是可以解决或缓解的。这些问题都不影响兴建工程的决策。

据此，审委会一致同意《报告》提出的基本结论：兴建三峡工程的效益是巨大的，特别是对防御长江荆江河段的洪水灾害是十分必要的、迫切的，技术上是可行的，经济上是合理的，我国国力是能够承担的，资金是可以筹措的，无论是从发挥三峡工程巨大的综合效益，还是从投资费用和移民工作的需要来看，早建比晚建都更有利。

三、对三峡工程决策的建议

审委会经过反复研究，充分讨论，意见是一致的，没有原则的分歧。大家认为，长江对我国的经济、社会发展具有十分重要的作用。同时，长江中下游的洪水又对两岸人民的生命财产以及国家经济建设构成直接威胁和损害。为了确保长江两岸特别是中下游地区的经济发展和社会长治久安，对长江洪水防治必须采取综合治理措施，包括上游水土保持、防护林建设、治理泥沙淤积、干支流水库建设，以及加强有关地区的堤防防护体系、建设分蓄洪区、群防自救和防汛等措施，而三峡工程则是诸多综合措施中的关键措施。同时，三峡工程的建成，在发电方面将是下世纪初华中、华东地区不可缺少的能源基地，在航运方面也是极大提高川江航道通过能力，发展长江航运事业，有利于缓解川东、华中、华东运输紧张状况的必要手段。三峡工程将和其综合措施一起组成一个完整的系统工程，对防治长江流域的洪灾，对长江流域乃至整个国民经济的发展产生积极的、长远的重要作用。大家一致认为，经过各方面专家近40年的调查研究、试验和论证，提供了大量科学的数据和资料，充分说明了兴建三峡工程的必要性和可能性。因此。决策时机已经成熟，今年江淮流域的严重水灾提醒我们，已经到了可以决策和应该决策的时候了。若再推下去，不仅兴建时将付出更大的代价，效益也将相应推迟发挥，而且国家将愈来愈面临荆江两岸发生巨大洪灾的风险。不论是从政治上，还是从经济发展来看，三峡工程的兴建时机都宜早不宜迟。工程越晚建，库区淹没损失越大，移民费用越高，难度也越大；而工程越早上马，费用越少，效益越高，难度也越小。因此，审委会同意《报告》提出的尽早开工兴建的意见，认为如果资金落实，三峡工程从1993年开始进行施工准备工作，1996年起正式开工的建议是适当的。为此，应扩大和加速开发性移民试点，抓紧各项前期准备工作，研究确定筹资方案，并成立高层次协调组织或机构，以领导和协调上述工作。考虑到关于三峡工程的争论是正常的、有益的，长期以来，国内外对不上三峡工程的议论不少，而对上三峡工程的重要性、迫切性和可行性的公开介绍很少，建议今后以适当方式全面准确地宣传兴建三峡工程的意义和作用，以便鼓舞和教育全党、全国人民统一认识，团结一致，共同为完成这一宏伟任务作出贡献。

以上如无不妥，建议党中央、国务院批准《长江三峡工程可行性研究报告》，并提请全国人大审议。

万里在七届全国人大常委会第二十一次会议上的讲话(摘录)

（1991年8月28日）

这里我着重讲讲长江的问题。长江是我国第一大江，流域面积达180万平方公里，特别是中下游的80万平方公里，更是我国人口密集、经济发达的精华所在。长江流域的水灾有两大类型：一是上游山区连降暴雨，由川江经三峡涌出成灾；二是中游局部地区、山丘连降暴雨，洪水猛涨成灾。今年江淮至太湖流域的水灾属后一类型。根治长江，必须把长江流域180万平方公里范围作为一个整体，建立节节设防、脉络相通的河流网系。因此，重点在中下游，但也不能忽视上游地区的水土保持工作，增加森林覆盖率，不断改善生态环境。从中下游来说，“万里长江，险在荆江”。荆江大堤是长江防洪最重要的骨干性工程。1954年，长江流域发生特大洪水。荆江大堤发挥了重大作用，使位于这个堤段附近和下游的沙市和武汉等10多个大中城市和上千万人口的生命财产得以保护。据一些专家研究，本世纪以来，我国水情中有个现象值得重视，就是许多江河越来越频繁地出现大洪水和特大洪水。长江南京段，超过水位8.5米达到9米以上的水位，90年间共出现10次，其中前半个世纪只有2次，而后40年却出现了8次，平均5年一次。同时，创历史最高水位的3次都在后40年内。如果再发生1954年那样的特大洪水，荆江大堤还能抵挡得住吗？恐怕谁也没有把握，谁也不能肯定说不出问题。为什么呢？因为近30年来荆江大堤虽然加高培厚了近两米，但由于长江河道淤塞严重，江水水位抬高过快，超过沙市大部分楼房，已形成“人在水下走、水在天上行”的险势。加上堤基脆弱，易受洪水冲刷、侵蚀，险患甚多。管涌、崩岸、脱坡、散渍等险情时有发生。同时，荆江大堤的抗洪作用，必须依托荆江、洪湖、洞庭湖等分蓄洪区来支撑。30多年来，由于人口急剧增加，大量围垦湖泊洼地造田，河道淤塞，这些分蓄洪区已发生重大变化，仅洞庭湖的容积就减少了119亿立方米。有的分蓄洪区已建成富裕的鱼米之乡和初具规模的工业基地。如果不及早从根本上解决人口大量增加与蓄洪行洪的矛盾，发展经济与分涝蓄洪的矛盾，不用说决堤，一旦蓄洪，损失也会十分惨重。如果三峡工程上马，就会减轻荆江大堤的压力，确保长江中下游两岸人民生命财产的安全。

关于长江三峡工程，争论已久，最近国务院又组织各方面的专家进行了论证。这项工程事关重大，必须特别慎重对待。应当十分尊重各方面专家各种不同的意见，认真地反复地研究这些不同的意见，从中吸取有益的东西，选择最可行的实事求是的方案。我认为，从整个国民经济稳定发展这个长远的需要看，从确保长江中下游安全这个紧迫的需要看，三峡工程的必要性日益明显。

国务院关于提请审议兴建长江三峡工程的议案

（1992年3月16日）

全国人民代表大会：

长江是我国第一大河，流域面积占全国总面积的19%，养育着全国1/3的人口，工农业总产值约占全国的40%，在我国国民经济发展中占有重要地位。长江中下游的洪水灾害历来频繁而严重。新中国建立以来，国家在长江流域进行了大规模的防洪建设，对保障中下游地区的经济建设和人民生命财产安全，发挥了很大作用。但由于多方面的原因，长江资源还没有很好开发利用，水患尚未根治，上游洪水来量大与中下游河道特别是荆江河段过洪能力小的矛盾，依然十分突出，两岸地面高度又普遍低于洪水位，一旦发生特大洪水，堤防漫溃，将直接威胁荆江两岸江汉平原和洞庭湖区的1500万人口和2300万亩良田，人民群众的生命财产和一批重要的大中城市、工矿企业和交通设施，将会遭受巨大损失，严重影响国民经济全局。这是我们国家的心腹大患。

如何解决长江的防洪问题，更好地开发长江资源，中共中央和国务院一直很重视，社会各界也十分关注。经过几十年来的治理实践和对各种意见、方案的反复研究和论证，解决长江中下游的防洪问题，必须采取综合治理措施。兴建三峡工程是综合治理的一项关键性措施。三峡工程兴建后，可将荆江河段防洪标准由目前的10年一遇提高到100年一遇；配合其他措施，可以防止荆江河段发生毁灭性灾害；还可减轻洪水对武汉地区及上游的威胁。同时，三峡工程还有发电、航运、灌溉、供水和发展库区经济等巨大的综合经济效益和社会效益。三峡工程建成后年发电量840亿千瓦时，占目前我国年发电总量的1/8，可为华东、华中和川东地区的经济发展提供重要的能源，可以大大提高川江航道通过能力，万吨级船队有半年时间可直达重庆，为发展西南地区的经济和繁荣长江航运事业创造条件。三峡工程还有利于长江中下游城镇的供水，有利于南水北调。总之，三峡工程的兴建，对加快我国现代化建设进程，提高综合国力，具有重要意义。

国务院对兴建三峡工程历来采取既积极又慎重的方针。近40年来，有关部门和大批科技人员对三峡工程做了大量的勘测、科研、设计和试验工作。特别是1984年以来，社会各界提出了许多新的建议和意见。一些同志本着对国家、人民和子孙后代高度负责的精神，对库区百万移民的安置、生态与环境的保护、上游泥沙的淤积、巨额投资的筹措和回收等疑难问题，从不同角度提出各自的意见，这些意见对于开拓思路，增进论证深度，完善实施方案，起到了十分有益的作用。

经过多年的研究、论证和审查，三峡工程坝址选在湖北省宜昌县三斗坪镇。工程的拦河大坝全长1983米，坝顶高程185米，最大坝高175米。水库正常蓄水位175米，总库容393亿立方米。水电站总装机容量1768万千瓦。工程静态总投资570亿元（1990年价格）。主体工程建设工期预计15年。工程建设第9年，即可发电受益，预计在工程建成后不太长的时间里，即能偿还全部建设资金。国务院三峡工程审查委员会对可行性研究报告进行了认真审查，认为三峡工程建设是必要的，技术上是可行的，经济上是合理的，随着经济的发展，国力是可以负担的。

三峡工程规模空前，技术复杂，投资多，周期长，特别是移民难度很大。对于已经发现的问题要继续研究，妥善解决，对今后可能出现的各种困难和问题，要有足够的思想准备。要谨慎从事，认真对待，使工程建设更加稳妥可靠，努力把这项造福当代、荫及子孙的事情办好。

国务院常务会议经过认真讨论，同意建设三峡工程。建议将兴建三峡工程列入国民经济和社会发展十年规划，由国务院根据国民经济的实际情况和国家财力物力的可能，选择适当时机组织实施。

请审议。

国务院总理　李　鹏

邹家华关于提请审议兴建长江三峡工程的议案的说明

（1992年3月21日）

各位代表：

我受国务院的委托，就《国务院关于提请审议兴建长江三峡工程的议案》作如下说明。

一、三峡工程的审查过程

三峡工程规模巨大，影响深远，国务院对兴建三峡工程历来采取既积极又慎重的方针。从50年代开始，在毛泽东、周恩来等老一辈无产阶级革命家和其他中央领导同志的直接关怀下，有关部门和广大科技人员进行了大量的勘测、科研、设计和试验工作。1984年，国务院组织专家论证审查后，曾原则批准三峡工程（正常蓄水位150米方案）可行性研究报告。此后，有关部门、地方和社会各界人士，本着对国家和人民负责的精神，提出了各种有益的意见和建议。党中央和国务院对此十分重视，为了使工程决策更加科学、民主和稳妥，要求原水利电力部在广泛征求意见、深入研究论证的基础上，重新提出三峡工程可行性研究报告。1986年原水利电力部组织全国各方面专家412人，分14个专题进行论证。同时，国家科委配合论证，组织全国300多个单位、3200多名科技人员对45个专题进行科技攻关，取得了400多项科研成果。经过近3年的努力，14个专家组陆续完成了专题论证报告。1989年，长江水利委员会根据论证成果重新编制了三峡工程可行性研究报告。近40年来，三峡工程的论证工作不仅有大批的专家和各界人士参加，而且对超过一般论证工作的内容，进行了大量的科研、试验工作，使工程论证尽可能建立在科学的基础上。国务院于1990年7月听取了重新论证的情况汇报和各方面的意见后，决定成立国务院三峡工程审查委员会，对可行性研究报告进行审查。

国务院三峡工程审查委员会的审查工作，采取先分10个专题进行审查，然后再由审查委员会集中审查的办法，明确要认真地研究各方面提出的一些疑点、难点和不同意的意见，并作为这次审查工作中的一个重要方面，力求使审查得出客观、科学、公正的结论。10个预审组共聘请了163位专家，其中过去未参加三峡工程论证工作的占62%，现任各有关部门行政、技术职务的占73%。各预审组进行了实地考察，召开了预审会议，于1991年5月都提出了预审意见。1991年7月9日至12日，审查委员会召开第二次会议，听取了10个预审组的预审意见。委员们本着实事求是、尊重科学的精神，进行了认真的讨论和审议，一致认为三峡工程的前期工作规模之大，时间之长，研究和论证程度之深，在国内外是少见的。它是成千上万的专家和工程技术员长期不辞辛苦、埋头实干的结晶，也是发扬民主，听取不同意见，反复论证的结果。审查委员会认为，无论赞成的、疑问的或者不同意的意见，都是为了如何更好地解决长江中下游的防洪和治理，都是从对国家和人民负责出发的。这些意见对增加论证深度、改进论证工作以及完善论证结果都起到了十分积极的作用。对待所有意见都应采取博收其长、吸取合理部分的态度，而不应采取排斥对立的态度。因此，在论证、审查中，对有关部门、地方和社会各界提出的意见和建议进行了认真研究，采纳了许多有益的意见。审查委员会一致认为，在重新论证基础上编制的可行性研究报告，其研究深度已经满足可行性研究阶段的要求，可以作为国家决策的依据。1991年8月3日，审查委员会召开最后一次全体会议，一致通过了对长江三峡工程可行性研究报告的审查意见，认为三峡工程建设是必要的，技术是可行的，经济是合理的。建议国务院及早决策兴建三峡工程，提请全国人大审议。

1992年1月17日，国务院常务会议认真审议了审查委员会对三峡工程可行性研究报告的审查意见，同意兴建三峡工程，提请全国人民代表大会审议。

二、关于兴建长江三峡工程的重要性和必要性

（一）解决长江中下游的防洪问题是国家经济发展的需要，必须采取综合治理措施

长江是我国最大的河流，全长6300公里，流域面积180万平方公里，约占全国总面积的19%，养育了全国1/3的人口。长江流域的水资源十分丰富，总量占全国的1/3，水力资源可开发量占全国的53%，内河航运里程占全国的70%。流域内气候适宜，物产丰富，工农业总产值占全国的40%，在我国经济建设中占有十分重要的地位。

但是，长江流域的水旱灾害分布很广，尤以中下游平原地区洪涝灾害最为严重。从清代以来，水灾更趋频繁。1860年、1870年两次特大洪水，中下游平原损失惨重。本世纪1931年、1935年两次大洪水，分别淹地5090万亩和2246万亩，直接淹死人口分别为145500人和142000人。1954年大洪水，虽然经过广大军民大力防守、抢救，采取分洪措施，仍淹地4755万亩，死亡33000人，京广铁路100天不能正常运行。历史上每次灾害，都给流域内人民的生命财产带来巨大损失，对国家经济造成很大的影响。

如何解决长江中下游特别是荆江河段的防洪问题，解除长江中下游两岸人民乃至国家、民族的心腹之患，一直受到中央的重视。社会各界对此

也十分关注，提出了很多好的意见和建议。经过几十年来的治理实践和对各种意见、方案的反复研究和论证，要解决长江中下游的防洪问题，必须采取综合治理措施，包括有工程措施，也有非工程措施。诸如：①在干支流广大地区进一步搞好水土保持；②对主要支流开展治理，修建水库；③在干流上兴建三峡工程；④加强中下游堤防建设，特别是应尽快完成1980年确定的近期防洪方案；⑤加强分蓄洪区建设；⑥加强河道整治和洞庭湖、鄱阳湖的治理；⑦加强防洪管理和非工程防洪措施，包括防汛、河道清障、严禁盲目围垦、通讯和预警、群众自救等措施的建设等，形成一套完整的综合防洪体系。综合治理中的各项措施都在防洪体系中的某一方面发挥它一定的作用。兴建三峡工程也是发挥其一定的作用，而不是替代其他各项综合措施。综合治理的每一项措施对于解决长江中下游的防洪问题都是十分重要的，这些措施互补长短，都是不可缺少的，都必须进一步得到加强。各方面对综合治理措施提出了不少很好的、很有益的意见和建议。不论现在和将来，凡是对治理开发长江有益的建议和意见都应该认真研究和采纳，不要因为考虑兴建三峡工程而予以忽视。三峡工程的建设时间比较长，所以其他各项措施更需要加强领导，更好地组织全面实施，以防止和减少在建设期间可能出现的洪涝灾害所造成的损失。限于本议案的内容主要是关于提请审议兴建三峡工程，所以对其他措施这里就不具体展开说明了。

（二）兴建三峡工程，是诸多综合治理措施中的一项关键性工程措施

建国40多年来，党和政府领导人民在长江流域进行了大规模的防洪工程建设，加高加固干支流堤防3万公里，完成土石方40.5亿立方米，修建支流水库48000座，并安排了一批平原临时分蓄洪区，对保障中下游地区的经济建设和人民生命财产安全起到了很大作用。

但是，目前长江上游巨大的洪水来量与中下游河道过洪能力小的矛盾

仍然十分突出，在荆江河段尤为严重。据历史记载和调查，自1153年以来，长江宜昌的洪水大于8万立方米每秒的有8次，其中1860年、1870年在荆江上段的枝城洪峰流量达11万立方米每秒。而现在荆江河段的过洪能力，包括南岸向洞庭湖分流，也只能安全通过约6万立方米每秒的洪水流量，相当于10年一遇的防洪标准。超过这个标准，就需要采取分洪措施。现在，分蓄洪区内人口稠密，每分蓄洪一次，损失巨大。而且，分洪后荆江河段也只能通过约8万立方米每秒的洪峰流量。一旦出现类似1860年、1870年这样的大水，即使运用分洪区后，仍有约3万立方米每秒的超额洪水无法安全通过，将造成南北岸堤防漫溃的严重局面。

荆江河段，北为江汉平原，南为洞庭湖区，汛期洪水位高于两岸地面6米以上，多的达10余米。一旦南岸堤防溃决，洪水将直趋洞庭湖，沿线民垸荡然无存；北溃洪水将直泻而下，淹没整个江汉平原，并危及武汉市和京广铁路的安全。荆江两岸人口1500万人，耕地2300万亩，是我国重要商品粮棉基地，还有一批重要的大中城市和工矿企业、交通设施、油田等。无论南溃、北溃或两岸俱溃，广大人民的生命财产均将遭受到巨大损失，严重影响我国国民经济建设的大局。

作为长江中游起分洪调蓄作用的洞庭湖，每年长江水带入泥沙近1亿吨，因此，泥沙淤积日趋严重，不断萎缩。建国前有湖面4350平方公里，而到1983年只剩下2691平方公里，面积减少38%，大大降低了洞庭湖对荆江河段的分洪能力，进一步加剧了河道过洪能力小与上游洪水来量大的矛盾，使荆江河段原已十分紧张的防洪形势更趋严峻。如不采取措施，洞庭湖将会逐渐消亡，长江中游洪水失去调蓄场所，对荆江防洪也是十分不利的。

三峡工程地理位置优越，能控制荆江河段洪水来量的95%以上，控制武汉以上洪水来量的2/3左右，特别是能够有效地控制上游各支流水库以下至坝址约30万平方公里暴雨区所产生的洪水。这是其他防洪措施所难以替代的。三峡工程是提高荆江河段防洪标准，保障两岸人民生命财产安全的一项关键性工程措施。

三峡工程的防洪作用显著，可以将荆江河段的防洪标准由10年一遇提高到100年一遇；配合分蓄洪工程，可以防止荆江河段发生毁灭性灾害；可以减少流入洞庭湖的水、沙，减轻洞庭湖的淤积和防洪负担，延长洞庭湖的寿命；可以较大幅度地减少中游的分蓄洪损失；可以减轻洪水对武汉地区的威胁，对下游地区也有一定防洪作用。为了保障长江中下游地区特别是荆江河段南北两岸1500万人民的生命和财产安全，使社会长治久安和国民经济持续稳定协调发展，及早兴建三峡工程是十分必要的。这也是兴建三峡工程的主要出发点。

（三）三峡工程可为华中、华东和川东地区提供重要能源

任何一个水利工程的兴建，都应该尽可能地发挥其综合效益。三峡工程也不例外，除了要考虑其首要的巨大的防洪作用外，同时还要利用水力发电，带来巨大的发电效益。三峡水电站，年发电量840亿千瓦时，约相当于1991年全国总发电量的1/8。与火电相比，相当于14座装机120万千瓦的火电厂和3个年产1500万吨规模的煤矿及相应的运输工程。兴建三峡工程对缓解华中、华东及川东地区能源供应的紧张状况，减轻煤炭供应和运输的压力具有重要意义。同时，三峡工程地处我国腹地，距各大负荷中心的输电距离均在1000公里左右，三峡工程的建成将促进全国几大电网联网，可大大提高电网运行质量和效益。

积极开发水力资源是我国能源发展的一个重要方针。目前国家正在长江支流上建设二滩、五强溪、隔河岩、东江、铜街子、宝珠寺等一批大型水电站。根据国民经济发展的需要，长江干支流上其他规划中的主要骨干水电站，都将在本世纪末和下世纪初得到开发。三峡工程的兴建将进一步促进我国水电的开发，同时也将为西电东送起到中间支撑点的作用。

（四）三峡工程的另一个效益就是可提高川江航道通过能力，促进长江航运事业的发展

目前重庆至宜昌660公里航道，流经丘陵和高山峡谷，落差120米，滩多水急，航道通过能力小，运输成本高，限制了航运发展。三峡工程建成后，将改善通航条件，下水单向年通过能力由目前的1000万吨提高到5000万吨，航运成本可降低35%—37%，万吨级船队有半年时间可直达重庆，为发展西南地区的经济和繁荣长江航运事业创造条件。

三峡工程是一个综合利用的水利工程，除防洪、发电、航运等效益外，还可增加长江中下游枯水期流量，有利于沿江城镇的供水，有利于南水北调、缓解北方地区缺水矛盾，并有灌溉、水产、旅游、发展库区经济等效益。三峡工程的兴建，对促进华中、华东、西南地区乃至全国的经济和发展都具有十分重要的意义。

三、关于三峡工程的建设方案

三峡工程正常蓄水位的选择，涉及工程规模、工程效益、水库淹没、移民安置和泥沙淤积等重大问题。国务院于1984年曾原则批准正常蓄水位150米的三峡工程可行性研究报告。同年，重庆市政府向国务院报告，要求将正常蓄水位提高到180米，以便万吨级船队能直达重庆港。交通部门也持同样的看法。在重新论证和审查中，根据各方面提出的意见和要求，分别对正常蓄水位150米、160米、170米、180米，以及“两级开发”和“一级开发、分期蓄水”等6个方案进行了全面的技术和经济论证。考虑到三峡工程首先应当满足中下游的防洪要求，万吨级船队能够直达重庆，泥沙淤积问题的处理要有把握，以及库区人民不希望水库在防洪运用时因超蓄而造成临时搬迁等因素，最后确定，采用水库正常蓄水位175米，大坝坝顶

高程185米和“一级开发、一次建成、分期蓄水、连续移民”的建设方案。该方案比原方案更为合理，防洪库容由原来的73亿立方米增加到221.5亿立方米，使三峡工程的防洪、发电、航运效益增大，是各有关部门、地方和库区人民都能够接受的方案。初期先按156米蓄水位运用，有利于移民安置，又可验证泥沙淤积对库尾航道、港口的影响。

经过多年的研究和论证，三峡工程坝址选在湖北省宜昌县三斗坪镇。工程的拦河大坝全长1983米，坝顶高程185米，最大坝高175米。水库正常蓄水位175米，水库总库容393亿立方米，其中防洪库容221.5亿立方米；水电站装机26台，总装机容量1768万千瓦，多年平均发电量840亿千瓦时。工程静态总投资按1990年价格水平计算为570亿元。工程建设需准备3年；主体工程总期预计15年，第一批机组在第9年开始发电。

四、关于三峡工程的技术可行性

三峡工程的勘测、设计和科学试验工作已进行了近40年，基本资料丰富，前期工作做得比较充分。大坝建在坚硬完整的花岗岩岩体上。工程规模虽大，但建筑物都是常规型式，我国有比较丰富的建设经验，有能力完成设计和施工任务。主要机电设备可依靠自己的力量，立足国内制造。总的来讲，工程建设在技术上是可行的。一些同志比较担心的泥沙淤积、水库诱发地震和库岸稳定问题，经过国内有关专家的深入研究，已基本搞清楚，并有了对策。

长江的平均含沙量小，但年输沙量仍相当大，又是一条重要的通航河流，因此，泥沙问题应该慎重对待。根据国内许多工程解决泥沙问题的成功经验，并经过大量的模型试验研究表明，三峡水库是一个河道型水库，采取“蓄清排浑”的方式来运用，即汛期沙多水多，开闸门放水排沙；枯水期水少沙少，关闸门蓄水，这样水库可以长期保持绝大部分的有效库容，保证防洪、发电和航运等综合效益的发挥。论证中重点研究了泥沙淤积对重庆市的影响，认为采取综合措施后可以满足航运的要求；水库长期运用后，在假定的不利条件下，泥沙淤积将会使洪水位略有抬高，但其达到的水位不致影响重庆主要市区。

水库建成蓄水后是否产生诱发地震，一直是地质与地震部门长期研究的重点。经过几十年的调查研究，他们认为三峡工程坝址处于地壳稳定性较好的弱震环境地区，建库后虽然不能排除局部地段产生水库诱发地震的可能，但即使发生水库诱发地震，影响到坝区的烈度将不超过6度，不致影响工程的安全。

关于三峡水库库岸稳定问题，经过长时间的调查研究，专家组认为，水库无渗漏及严重的浸没坍岸问题，库岸的总体稳定性是好的。少数可能失稳的大型崩塌滑坡体离三峡坝址都在26公里以外，不会影响工程的运用和大坝安全。水库蓄水后江面展宽，水深加大，因崩塌滑坡导致堵江碍航的可能性比建库前大为减小。

三峡工程规模巨大，技术复杂，对已发现的问题，要继续深入研究。在今后的工作中还会有这样或那样的技术问题，都必须高度重视，认真对待，使工程建设更加稳妥可靠、经济合理。

五、关于建设资金筹集的可行性

三峡工程建设所需静态投资为570亿元（1990年价格）。其中，枢纽工程投资298亿元，水库移民投资185亿元，输变电工程投资87亿元。在论证和审查中，采用多种方法对建设三峡工程进行了国民经济评价和财务评价，包括静态分析、动态分析、工程本身的投入产出分析和各种替代方案的比较。研究结果表明，三峡工程虽然总投资大，总工期长，但由于防洪、发电、航运等综合效益大，并在建设的中期就可发挥出巨大的发电效益，因此，仍能取得较好的国民经济效益和财务效益，各项国民经济评价指标和财务评价指标均能达到国家规定的标准。由于从第9年起第一台机组发电后就有收益，因此预计工程建成后的第2年，有可能偿还全部建设资金。

资金筹措是兴建三峡工程的一个关键问题。工程实际需要筹措的资金比静态资金数量要大。具体数额与开工时间、物价、贷款利率等因素有关，特别是物价上涨因素对资金需要量的绝对数影响较大，但三峡工程的实物工作量（工程量约相当于两个半葛洲坝，发电量约相当于六个半葛洲坝）不会随物价上涨而增加。同时，物价上涨，电价等也会随之增加，筹资能力相应加大，这是一种“水涨船高”的关系。

三峡工程投资基数较大，但资金投入流程长，发电前资金需要量约为总量的一半左右。发电后的建设资金相当部分可以靠发电收入自筹，据测算，在建设期间可以发电4300多亿千瓦时，创利税近400亿元。在工程开始发电以后靠自身发电和葛洲坝电站的电价收入基本上能满足建设资金的需要。因此，三峡工程建设资金筹措的关系，是解决发电前近300亿元（1990年价格）的建设资金问题，平均每年投入25亿元至30亿元，占1992年全国基本建设总规模5700亿元的5‰左右。除适当提高葛洲坝电站发电电价所得收入和征收水电建设基金外，所需资金还可以通过社会各方面筹资，如债券、股票、贷款以及利用外资等来解决。只要发挥中央和地方两个积极性，采用多渠道筹集，建设所需资金是能够解决的。

考虑到三峡工程规模巨大，需要资金量多，因此，正式开工建设的时间，还要根据国民经济实际情况和国家财力物力的可能来确定。

六、关于水库移民、生态环境和人防问题

（一）水库移民是大家十分关心的问题

三峡水库移民，量大面广，据1985年统计，淹没区人口725500人，淹没耕地356900亩，涉及川鄂两省19个县（市）。安置区经济不发达，土地资源有限，移民安置又涉及社会、经济以及生态与环境问题，这是兴建三峡工程中一个关键的和困难的问题。中央和地方对此都十分重视，社会各界也很关注。

为探索解决三峡水库移民安置的途径，1985年国务院决定在三峡库区进行开发性移民试点工作，改变过去一次性赔偿的办法，实行开发性移民方针。6年多来，川鄂两省有关县、市进行了开发性移民试点工作，对农村移民安置、城镇及工厂搬迁和人才培训等方面作了探索，受到了库区领导干部和群众的欢迎和支持。试点经验表明，开发性移民大大优越于过去的赔偿性移民，利用移民工作计划的投资，作为发展当地经济的资金，合理地开发利用当地的资源，积极发展第一、二、三产业，努力拓展移民环境容量，同时安置好移民，使移民的生产和生活得到较好的安排。试点的成功，大大增强了各级领导做好移民工作的信心。

从目前的情况看，做好移民安置工作，也还有一些有利因素：一是54%以上是城镇居民，基本上可从事原来的职业，农村移民的数量不到总数的一半；二是农村移民和被淹的土地，分散在库区周边2000公里的范围内，淹没土地占有关县市的比重小，没有一个乡全淹，库区资源较丰富，生产门路较多，大多数移民可以就近后靠安置；三是全国的支持。即使如此，由于三峡工程移民安置量大，任务十分艰巨，对存在的问题要有充分估计，因此，切不可有任何松懈。要搞好三峡工程移民安置，必须继续认真贯彻中央确定的开发性移民方针，做好移民安置规划，制定切实可行的政

策，调动各方面积极性，加强管理，加强领导。国务院已成立三峡工程移民试点工作领导小组，负责部署移民试点的各项工作。当前要继续做好扩大移民试点的工作，使得试点地区移民的生产和生活得到合理稳定的安排，并严格控制库区淹没线以下的基本建设和人口增长。

（二）生态与环境问题

国家对三峡工程的生态与环境问题极为重视，从50年代开始就组织力量进行研究。80年代以来，研究工作更加广泛、深入，并列入了国家"七五"科技攻关计划。最近，有关部门编制的《三峡水利枢纽环境影响评价报告书》，已通过了主管部门的预审和国家环保局的终审。

三峡工程建设对生态与环境的影响，既有有利的方面，也有不利的方面。有利的影响主要有：可以有效地减少洪水灾害对中下游地区生态与环境的破坏，减缓洞庭湖的淤积和萎缩；增加中、下游枯水期流量，改善大坝下游枯水期水质，并可为南水北调提供水源条件；与火电相比，可减少大量废气、废水、废渣对环境的污染。

不利影响主要在库区，如水库淹没、移民和城镇迁建，若处理不当，会加剧库区已紧张的人地矛盾，可能产生新的水土流失；库区部分水域水质污染会加重；部分文物古迹被淹没，三峡自然景观也会受到一定影响；对水生生物和珍稀物种有影响；泥沙淤积对库尾也会有影响等。

三峡工程对生态与环境的影响广泛而深远，本着对人民负责和对子孙后代负责的精神，对不利影响必须予以高度重视，要采取得力措施将其降低到最小程度。结合三峡工程的建设，必须认真做好包括城乡建设、移民安置、资源开发、水质保护、环境整治等在内的库区综合规划；库区新建项目要选无污染或少污染的产业，必须切实执行在审核项目的同时也要审核环保的制度；积极治理老污染源；建立生态与环境监测网络，对生态环境实行监测、管理和研究；要制定三峡库区的环境保护办法；对文物古迹要尽可能地搬迁和保护。各方面要在人力、物力、财力上给予支持，以保证各项环境保护措施的落实。

（三）人防问题

战时三峡工程大坝的安全问题，从50年代起就进行了大量试验研究。减轻遭核袭击溃坝产生的洪灾损失，最有效的措施之一是在出现战争征兆时，降低水位运行，或放空水库。三峡工程设置有低高程、大流量的泄水建筑物，必要时可在一个星期或10天之内，将水库水位降低至145米或130米。此时，水库库容仅103亿立方米至170亿立方米，万一溃坝，影响大为减轻。三峡水库下游有20公里长的峡谷河段，对溃坝洪水起约束、缓冲和削减作用，有利于减轻洪灾损失。在大坝遭突然袭击严重破坏的情况下，据溃坝模型试验，溃坝洪灾损失是严重的，但由于狭长峡谷所产生的缓冲作用，可以减轻危害，不致造成荆江两岸发生毁灭性灾害。

在人防问题上虽然做了很多工作，但仍需继续深入研究，采取工程防护和积极防御等综合措施，最大限度地减轻三峡工程可能因遭战争破坏而产生的损失。

七、对三峡工程决策的建议

综上所述，国务院三峡工程审查委员会认为，三峡工程是一项规模宏大的水利枢纽工程，在防洪、发电、航运和供水等方面将产生巨大的综合效益，特别是对保障荆江两岸1500多万人民生命财产安全具有十分重要的作用。从对增强我国综合国力和为下世纪初国民经济发展打下坚实的基础来说，兴建三峡工程也是十分必要的。有关三峡工程的勘测、科研、设计和试验工作自50年代初开始，全国有关部门和各方面人士通力合作，已持续进行了近40年，前期工作深入，需要研究和解决的主要问题，已基本清楚，并有了对策。建设方案通过重新论证和审查，考虑和吸收了各方面的有益意见和建议，更趋完善。三峡工程的前期工作已经可以满足可行性研究阶段的要求。三峡工程建设是必要的，技术上是可行的，经济上是合理的，随着经济的发展，国力是可以负担的，当前决策兴建三峡工程的条件已经基本具备。

长江百余年来发生了5次大洪水，自1954年以来，已有近40年没有发生全流域性的大水。洪水的出现有一定的周期性，在一定意义上讲，发生大洪水的威胁在不断增长。去年淮河、太湖地区遭受严重洪涝灾害，提高了全社会的水患意识，全国人民和各界人士对兴建三峡工程更为关切，增加了及早决策兴建三峡工程的紧迫感。当前我国政治稳定、经济稳定、社会稳定。现在决策兴建三峡工程，时机也是比较适宜的。

国务院常务会议审议了三峡工程审查委员会对三峡工程可行性研究报告的审查意见，经过认真研究，同意兴建长江三峡工程，建议将兴建三峡工程列入国民经济和社会发展十年规划，并由国务院根据国民经济实际情况和国家财力物力的可能，选择适当时机组织实施，请审议。

三峡工程规模大，投资多，建设周期长，移民量大，技术复杂，影响面广，建设任务十分艰巨。在今后的工作中，对可能出现的各种困难和问题应有充分的估计和足够的重视，谨慎从事，认真对待，听取各方面的意见，使三峡工程建设更加稳妥可靠。要充分调动各方面的积极性，同心协力，把这项造福当代、荫及子孙的事情办好。

我的说明完了，请各位代表审议。

关于兴建长江三峡工程的决议

（1992年4月3日第七届全国人民代表大会第五次会议通过）

第七届全国人民代表大会第五次会议，审议了国务院关于提请审议兴建长江三峡工程的议案，并根据全国人民代表大会财政经济委员会的审查报告，决定批准将兴建长江三峡工程列入国民经济和社会发展十年规划，由国务院根据国民经济发展的实际情况和国家财力、物力的可能，选择适当时机组织实施。对已发现的问题要继续研究，妥善解决。

国务院关于成立国务院三峡工程建设委员会的通知

（1993年1月3日）

各省、自治区、直辖市人民政府，国务院各部委、各直属机构：

为了确保三峡工程建设的顺利进行，国务院决定成立国务院三峡工程建设委员会（以下简称“委员会”）。现就有关问题通知如下：

一、委员会是三峡工程高层次的决策机构，由李鹏总理任主任委员，邹家华副总理、陈俊生国务委员及郭树言、肖秧、李伯宁同志任副主任委员，全国政协副主席钱正英担任顾问。委员会成员由国家计委、国务院经贸办、公安部、民政部、财政部、建设部、能源部、机电部、交通部、水利部、农业部、林业部、物资部、中国人民银行及国家土地管理局的负责同志组成。考虑到工作需要，请魏廷琤、陆佑楣同志任委员会成员。三峡工程建设和移民开发的日常工作由郭树言同志负责。

二、委员会下设办公室，具体负责三峡工程建设的日常工作。为了加强三峡工程建设中的移民工作，在委员会下设三峡工程移民开发局，负责三峡工程移民工作规划、计划的制定和监督实施，办公室和移民开发局均设在国家计委，编制和户头单列。移民开发局在国务院三峡地区经济开发办公室的基础上组建。

三、成立中国长江三峡工程开发总公司。这是一个自负盈亏、自主经营的经济实体，是三峡工程项目的业主，全面负责三峡工程建设和经营，调能源部副部长陆佑楣任总经理。

四、自本通知下发之日起，过去国务院有关三峡工程方面的非常设机构予以撤销。

附件：

国务院三峡工程建设委员会组成人员名单

主 任 委 员：李　鹏（国务院总理）

副主任委员：邹家华（国务院副总理）

陈俊生（国务委员）

郭树言（湖北省省长）

肖　秧（四川省副省长）

李伯宁（国务院三峡地区经济开发办公室主任）

顾　问：钱正英（全国政协副主席）

成　员：姚振炎（国家计委副主任）

石万鹏（国务院经贸办副主任）

陶驷驹（公安部部长）

崔乃夫（民政部部长）

刘仲藜（财政部部长）

侯　捷（建设部部长）

黄毅诚（能源部部长）

何光远（机电部部长）

黄镇东（交通部部长）

杨振怀（水利部部长）

刘中一（农业部部长）

高德占（林业部部长）

柳随年（物资部部长）

周正庆（中国人民银行副行长）

王先进（国家土地管理局局长）

魏廷琤（水利部长江水利委员会主任）

陆佑楣（能源部副部长）

国务院关于中国长江三峡工程开发总公司有关事项的批复

（1993年7月29日）

国务院三峡工程建设委员会办公室：

报来《关于呈请审批〈中国长江三峡工程开发总公司章程〉的报告》（国三峡办发计字〔1993〕11号）收悉。根据《国务院关于成立国务院三峡工程建设委员会的通知》（国发〔1993〕1号）等有关文件精神，现就有关事项批复如下：

（一）中国长江三峡工程开发总公司，是独立核算、自主经营、自负盈亏、具有法人地位的经济实体，是三峡工程项目的业主，全面负责三峡工程建设和经营。需要向国务院请示、报告的事项，由国务院主管三峡工程的领导负责审定。公司正、副职领导，按干部管理权限任免。公司实行计划单列，具体由国家计委落实。

（二）公司的开办等具体事宜，请与有关部门直接联系办理。

国务院三峡工程建设委员会
关于批准《长江三峡水利枢纽初步设计报告（枢纽工程）》的通知

（1993 年 7 月 31 日）

水利部长江水利委员会，中国长江三峡工程开发总公司：

受李鹏总理委托，邹家华副总理主持召开了国务院三峡工程建设委员会第二次会议。会议同意核心专家组的审查意见，决定批准《长江三峡水利枢纽初步设计报告（枢纽工程）》（以下简称初步设计），作为下阶段设计和施工的依据。

原则同意初步设计采用的“明渠通航、三期导流”施工方案，垂直升船机要在第11年投入运行。同意水轮发电机组单机容量由68万千瓦调整为76万千瓦，装机总规模由1768万千瓦调整为1820万千瓦。同意枢纽工程概算按1993年5月末价格控制在500.9亿元以内（包括茅坪溪防护5.9亿元）。

水利部长江水利委员会（以下简称长委会）要继续努力，在下阶段设计中尽可能地便利施工、降低施工难度和风险度，降低工程造价，缩短工期；抓紧编制重要工程的单项技术设计和其他工程的招标设计；保证图纸的按期供应。

中国长江三峡工程开发总公司（以下简称三峡总公司）要依据批准的初步设计，精心准备，精心组织，应用现代化的管理科学指导施工，保证工程质量，保证首批机组发电工期和总工期的按期实现。

三峡总公司和长委会还要进一步研究增加首批发电机组台数的施工

方案，以尽量增大施工期间的发电效益。

目前承担右岸工程任务的长江葛洲坝工程局要克服困难，保证按质、按量、按期完成任务。

湖北省、宜昌市人民政府要按期完成坝区征地移民任务，保证施工准备工程的顺利进行，为三峡工程移民带个好头。

邹家华在三峡工程移民工作会议上的讲话

（1993 年 12 月 27 日）

这次三峡工程移民工作会议，是国务院三峡工程建设委员会成立后召开的第一次大型的、专门研究三峡工程移民问题的会议，也是在具有重要历史意义的党的十四届三中全会闭幕不久的新形势下召开的。三峡工程移民是整个三峡工程的重要组成部分，如何适应我国计划经济体制迈向社会主义市场经济体制的要求，如何确保移民任务的顺利完成，是摆在我们面前的重大课题。江泽民、李鹏等中央领导同志对三峡工程移民工作非常关心，先后作过多次重要指示。江泽民总书记曾亲自主持中央财经领导小组会议，专门研究三峡工程和移民问题。前不久，李鹏同志在考察三峡工程施工准备和移民情况时强调，三峡工程造福子孙后代，成败关键在于移民。

去年4月，全国人大七届五次会议通过《关于兴建长江三峡工程的决议》后，在党中央、国务院领导下，三峡工程的各项准备工作正在积极进行。截止11月底，全部施工准备工程累计完成土石方挖填1300万立方米；坝区红线内共征地13000多亩，搬迁移民5346人；库区移民完成土地开发27000多亩，城镇道路11条，桥梁5座，迁建工厂3个，正在抓紧实施的还有部分城镇道路、郊外公路复建、通信和输变电工程等。同时，还组织了大批力量分期分批地进行分县的移民安置规划；对口支援库区移民工作也取得了一定成效。这次会议的主要任务是，要总结经验，表彰先进；针对当前存在的问题，统一移民工作的指导思想；动员全国力量进一步开展对口支援工作；讨论库区经济发展规划纲要，研究扶持库区经济发展的有关政策。下面，我讲几点意见。

一、三峡工程建设是我国经济工作中的一件大事

（略）

二、认真贯彻开发性移民方针，建立“中央统一领导、分省负责、县为基础”的领导体制

为探索移民的新路子，为三峡工程正式移民提供经验，从1985年开始，国家每年拿出一定的资金，由原国务院三峡地区经济开发办公室会同四川省、湖北省以及三峡库区各级人民政府，在三峡库区进行了移民试点。8年来，共安排移民资金4.6亿元，完成了改土建园14.8万亩，除了按比例返还原农户的外，能用于移民安置的有8.5万亩；试办了28个工厂；搞了部分城市道路和供水工程等，均收到了实效。移民试点工作，摸索了一些符合库区实际情况的经验。

从今年起，三峡工程库区移民由试点转为有计划地组织实施阶段。从这一段的实践看，工作虽有成效，但由于正遇上地方各级人民政府换届，干部变动较大，在移民安置工作的目标、标准和措施上出现了一些不同认识。为了切实做好移民工作，这次会议要认真研究和统一这方面的认识。

1. 要充分认识到移民工作的艰巨性

三峡工程移民数量之大，牵涉面之广，前所未有，情况非常复杂。做好

移民工作必须正确处理全局与局部、长远与眼前、国家与个人之间的利益关系。因此，移民工作不仅是项行政工作、经济工作，而且也是一项很重要的政治思想工作。所以，对移民工作的艰巨性要有充分的估计和认识，工作要扎实、细致。

2. 坚定不移地贯彻开发性移民方针

开发性移民方针，是在总结建国40多年来水库移民的经验，吸取以往一次性赔偿教训，考虑到三峡工程的特殊性和三峡库区经济状况，由中央确定的。所谓开发性移民，就是国家把三峡工程用于移民搬迁补偿的经费，作为安置移民生产、生活的一项基金，加上其他发展经济的投入，由有关人民政府组织领导移民群众，统筹使用，合理开发资源，妥善安置移民，使移民的生活水平达到或超过原有水平，并为三峡库区长远的经济发展和移民生活水平的提高创造条件。

移民试点的实践证明，开发性移民方针符合库区实际，深受库区人民欢迎，并写入了《移民条例》。希望四川、湖北两省和三峡库区各级人民政府、国务院各有关部门应认真贯彻执行这一方针。

3. 实行就地后靠、当地解决的原则

在有条件的地方，对移民进行就地后靠、当地解决，是建国以来水库移民的成功经验，它不仅有利于移民的生产生活，还有利于保持原有的风俗习惯、人际关系，也有利于社会的安定。三峡库区绝大部分地方的环境容量是够的，城镇搬迁和农村移民经过努力有条件进行就地后靠、当地解决。为激发移民开荒改田的积极性，从明年起，要加大农业投入，以移民安置乡为单位，进行以土地开发为主的农业综合开发。水利及配套设施要跟上，为移民提供较高质量的土地。立足于以土为本，对农村移民来说是风险最小和最可靠的生产生活的基本保障。当然，农村移民安置以大农业为基础，并不是说搞农业是唯一途径，只是要先有一个立足点，然后在有条件的地方努力发展农副产品加工、运输、服务等二三产业，扩大移民就

业容量。通过上述安置途径后，有的地方在本地确实安置不了的部分农村移民，可以按照《移民条例》的有关规定和要求，适当地外迁一部分，但外迁所需移民投资不能超过国家核定的补偿标准，不能突破国家审批的移民概算。总之，城镇搬迁和农村移民，应从各地实际情况出发，因地制宜，分类指导，关键是要坚持开发性移民、做到经济合理、妥善安置，绝对不留后遗症。

4. 移民安置搬迁和水库淹没处理要与枢纽工程进度相衔接

根据三峡工程“分期蓄水、连续移民”的要求和三峡库区移民搬迁安置的特点，要按照李鹏总理反复强调的那样，移民安置搬迁和水库淹没处理要与枢纽工程进度相衔接；要突出重点，远近结合；在资金到位的情况下，移民宜早不宜晚，制定出移民的全面规划，确保与工程进度相衔接。从现在起到135米水位蓄水、部分机组开始发电的10年间，应采取购买土地、开垦荒地、改造低产田地、调整土地等多种办法，使库区绝大部分需要生产安置的农村移民每人拥有的土地不低于当地平均水平，有条件的地方力争达到一亩经济林园、半亩稳产高产粮田；应有计划地妥善解决135米水位直接淹没区域和受影响区域的移民安置搬迁以及恢复其城镇的交通、通信、供水、供电功能及文物保护处理；应适当解决135米水位以上淹没区域旧城迁建的基础设施的复建、搬迁工厂的技改以及受到滑坡和泥石流威胁的居民区的提前搬迁等问题。

5. 正确处理好近期目标和长远利益的关系，把移民安置搬迁与本地长远发展需要解决的问题严格区别开来

根据《移民条例》所规定的“国家扶持、政策优惠、各方支援、自力更生”的原则，三峡库区各级人民政府和群众应珍视三峡工程建设的难得机遇，充分认识到三峡工程兴建将给库区带来的长远利益。同时，应从实际出发，体谅国家困难，把补偿与发展的界限严格区别开来，正确处理好近期目标和长远利益的关系。三峡地区是山区，不能跟平原城市和大城

市攀比。对城镇迁建标准和公用设施复建，应按《移民条例》和《规划大纲》的规定进行。按照移民安置规划，对城镇迁建给予的迁建补偿经费列入移民经费安排，因扩大规模和提高标准，超出部分的经费由有关地方人民政府和有关单位另行解决。同时，国务院各部门应在各自主管的业务范围内对库区实行支援和照顾。三峡库区各级人民政府要发扬自力更生、艰苦奋斗的精神，利用国家对库区的优惠政策、移民安置规划、经济发展规划和全国对口支援的有利条件，使库区的经济逐步得到发展，库区的移民逐步得到安置，库区群众的生活水平逐步得到提高。

6. 实行“中央统一领导、分省负责、县为基础”的移民管理体制

加强对移民工作的领导，明确职责，是保证移民工作顺利进行的关键。按照“中央统一领导、分省负责、县为基础”的移民管理体制，国务院已成立国务院三峡工程建设委员会移民开发局，主管三峡工程的移民安置工作。

“分省负责、县为基础”的有关问题，《移民条例》也作了原则规定，总的要求是在国务院的统一领导下，由四川、湖北两省人民政府分别负责本省的三峡工程移民安置工作。要依据《移民条例》的要求和三峡工程建设委员会审批的移民规划和投资概算，包干完成本省负责的三峡工程移民安置搬迁任务。在分县规划中，长江水利委员会要与两省密切合作，两省可结合各自的实际情况，制定出实施计划。实施计划不能突破移民投资概算，不能把地方长远发展规划与移民安置搬迁规划混在一起，不能把资金算到移民账上。要教育广大干部群众自觉发扬自力更生、艰苦奋斗的精神，不等不靠，像试点阶段那样，积极主动地做好各项工作。在对口支援库区移民中，两省要走在全国前头，省级各部门制订出对口支援规划，力求实效。要建立移民工作首长负责制，希望两省党政主要负责同志亲自抓，分管领导集中精力抓，建立起一级抓一级的工作责任制。

三、深入开展对口支援库区移民工作

自国务院办公厅去年发出对口支援三峡库区移民工作的通知，特别是去年8月国务院召开对口支援库区移民工作会议以来，全国各地区、各部门开展了多种形式的对口支援活动。其主要特点：一是积极响应。参加对口支援工作的有中央国家机关的近60个部门和全国20个省、市。其中发挥部门职能作用，为库区改善投资和移民安置环境成效突出的有国家计委、经贸委、国家科委、交通部、铁道部、化工部、建设部、邮电部、水利部、电力部、煤炭部、轻工总会、交通投产公司、原材料投资公司、能源投资公司、有色金属工业总公司、烟草总公司、民航总局、建材总局、中国人民银行、农行、工商行、建设银行；加强组织领导，动员各方力量投入对口支援，成绩显著的有湖北省、四川省、辽宁省、江苏省、福建省、北京市、天津市、广州市、深圳市、武汉市。二是真抓实干，与三峡库区县（市、区）结成了377对对口支援关系，落实了一批对口支援项目。据统计，已完成的项目有100个，正在实施的项目有84个，支援资金13383万元；帮助培训人才388人；吸收库区劳务1560人。三是遵循优势互补、各方支援、互惠互利、共同发展的原则，支援形式和内容多种多样，创造了不少经验。

一年多来的对口支援实践，虽然初见成效，但发展不平衡，有的与移民结合得不紧密，有少数省至今未行动，甚至个别直接受益省也未行动。这些问题，需要在今后工作中克服。为进一步动员全国各地区、各部门和人民群众积极参与三峡工程建设、支援库区移民，使对口支援工作深入持久、卓有成效地开展下去，需要认真抓好以下几方面的工作。

1. 要进一步提高对支援三峡库区移民的认识，增强搞好对口支援的积极性、主动性和自觉性

三峡工程是全国人民的重点工程，对口支援库区移民就是参与三峡

工程建设，就是以实际行动支持国家经济发展战略。中央国家机关各部门，全国各省、市，三峡库区各级人民政府，要广泛深入地动员和组织群众，增强责任感，形成共识和合力。库区各级人民政府要组织、带领和教育干部群众积极、主动、热情地做好对口支援的各项准备，创造深入开展对口支援的良好环境，珍惜来自各方的支援。

2. 进一步明确对口支援的目标、任务

横向对口支援的省、市，要选好与库区优势互补、共同发展的结合点，除合作兴办项目外，要在技术支援、信息交流、市场拓展、经营管理、营销策略、人才培训、产品开发、劳务输出等方面为库区县（市、区）提供支援和方便，促进库区现有企业素质和经济效益的提高，帮助受援方增强自我发展的能力。纵向对口支援库区的国务院各部门要带个好头，积极为全库区生产力合理布局、基础设施的改善、优势资源开发、经济社会发展和移民安置创造条件，在业务工作和项目安排等方面给予重点支援和倾斜照顾并制订出具体支援方案，有计划地组织实施。

3. 进一步完善对口支援的运作方式

横向的对口支援工作，由各省市负责组织协调。从明年起应按照“突出重点，以点带面，扎实推进”的方式，即各省市在现已结对进行对口支援的基础上，分别确定一个库区县（市、区）为支援重点，派出得力干部到支援重点县挂职，协调对口支援工作，以点带面。具体制订对口支援规划和组织实施，一任接一任，一帮到底，一直到三峡工程建成。纵向的，即中央国家机关各部门及四川、湖北两省省属有关部门的对口支援，分别由中央国家机关各部门和四川、湖北两省负责组织协调。

4. 要加强对口支援工作的领导，建立健全考核制度

中央国家机关各部门和各省、市要切实加强对口支援工作的领导，配备精干、高效、稳定的对口支援工作办事班子，要教育干部群众顾大局、识

大体，尽心尽力为三峡库区移民安置作出实绩。全国对口支援三峡库区移民的工作，国务院责成三峡工程移民开发局负责日常的组织协调和经验的总结推广，检查对口支援工作的完成情况。

5. 要进一步调动各方面的对口支援积极性

一是各省市和库区各级政府为推动对口支援，要进一步完善有关的扶持政策；二是用好国家近期出台的三峡库区经济开放区和开放城市的优惠政策及其他有关的政策。

四、关于促进三峡地区经济发展和社会进步的问题

20世纪90年代和21世纪初，是三峡地区经济发展的至关重要的时期，也是三峡工程建设的关键时期。三峡地区物华天宝，有着独特的地理优势和丰富的自然资源，对发展经济有着较为有利的条件。同时，由于这一地区属于贫困地区，山地多、耕地少、自然灾害频繁、生态环境脆弱。对本地经济发展和社会进步带来了很大制约因素。党中央提出的“以上海浦东开发为龙头，进一步开放长江沿岸城市”的战略决策和三峡工程的上马，给三峡地区带来了千载难逢的机遇。

三峡工程移民数量之大，史无前例，任务极为艰巨。三峡库区经济的发展，将对移民的搬迁安置带来极为有利的条件。同样，移民的妥善安置，将会有力地促进三峡库区经济的发展和社会的进步。为此，有关部门正在编制两个综合规划：一是长江水利委员会牵头组织编制的三峡库区移民安置规划；二是国家计委牵头组织编制的三峡地区经济发展规划纲要。这两项规划经批准后，将有计划、有步骤地组织实施。

为推动三峡地区加大对外开放的步伐，把开发与开放结合起来，国务院对三峡库区制定了若干优惠政策，其中包括《移民条例》中已出台的10

条政策措施和最近国务院即将批准的将长江三峡库区各市县列为长江三峡经济开放地区，实行沿海经济开放地区的政策，将宜昌市、万县市、涪陵市列为沿江开放城市，实行沿海开放城市的7条政策等。

从1994年起，到2000年，国家每年要给三峡库区安排一定的技术改造专项贷款，用于三峡库区搬迁工厂的技术改造。

三峡库区各级党政领导要抓住机遇，充分调动各方面的积极性，把力量凝聚到三峡工程移民安置和经济发展上来，同心同德，为做好移民安置工作做出不懈努力。

五、积极行动起来，切实抓好当前的移民工作

要全面、正确地宣传三峡工程移民，让全国人民都了解和支持三峡工程移民。当前，各地区、各部门，特别是三峡坝区和库区要认真学习、宣传《移民条例》，把《移民条例》的精神认真贯彻到工作中去，做到依法移民，按条例办事。

要加紧进行分县移民安置规划工作。由于规划工作滞后，已对移民工作产生了一定影响。这项工作牵涉面广，工作量大，情况复杂，特别是在淹没指标、搬迁规模和标准、农村移民生产安置途径和标准、专项设施恢复“功能”以及补偿投资多少等问题上，还有不同认识，四川、湖北两省各级人民政府和有关部门应严格按照《移民条例》及今年中央财经领导小组第7次会议纪要和《规划大纲》的要求处理。当前，由于《规划大纲》是试行稿，通过对三峡库区几个县规划实践，暴露出了一些问题，需要在下一步修订当中予以补充和完善。总之，规划工作很重要，很实际，各方应顾全大局，团结协作，互相尊重，互相配合，把规划建立在科学、求实、可行的基础上。

国务院各有关部门应积极配合三峡工程移民安置，大力开展水土保

持、环境治理、防护林带建设、自然灾害防治等日常工作，切实搞好计划生育，严格控制人口机械增长，严禁在淹没线下搞建设，并建立相应的规章制度。

同志们，三峡工程，举世瞩目，移民工作，任重道远。它不仅是四川、湖北两省的事情，也是全国人民的共同事业。时代赋予了我们这项光荣而艰巨的使命，我们只能干好，要对国家负责，对人民负责，对历史负责。我们要在党中央、国务院的领导下，在全国各地区、各部门和全国人民的支持下，在库区广大干部群众的共同努力下，发扬自力更生，艰苦奋斗的精神，团结奋战，圆满完成这一光荣艰巨的任务！

国务院关于三峡工程库区进一步对外开放问题的批复

（1994年8月25日）

湖北、四川省人民政府：

湖北省人民政府《关于将宜昌市辟为经济特区的请示》（鄂政发〔1993〕23号）和四川省人民政府《关于三峡工程四川库区列为对外经济开放区的请示》（川府发〔1993〕91号）收悉。现批复如下：

一、同意将湖北、四川两省所辖长江三峡工程库区下列各市县列为长江三峡经济开放区，实行沿海经济开放区的政策：

湖北省宜昌市所辖的宜昌、秭归、兴山县；恩施土家族苗族自治州所辖的巴东县。

四川省万县市所辖的巫山、巫溪、奉节、云阳县和开县、忠县；黔江地区所辖的石柱县；涪陵地区所辖的丰都、武隆县；重庆市所辖长寿、江北县和巴县、江津市。

二、宜昌市、万县市、涪陵市列为沿江开放城市，实行沿海开放城市的政策。

国务院三峡工程建设委员会关于研究三峡工程正式开工问题的会议纪要

（1994年11月17日）

1994年11月17日上午，李鹏总理主持召开了国务院三峡工程建设委员会（以下简称建设委员会）第4次全体会议，研究三峡工程正式开工问题。

会议听取了郭树言同志关于建议三峡工程年底前正式开工的情况汇报；听取了陆佑楣同志关于三峡工程施工准备、1994年计划完成情况和1995年计划安排的汇报。会议经过讨论，议定以下主要事项：

一、关于三峡工程正式开工

自1993年1月中央决定成立国务院三峡工程建设委员会以来，在党中央和国务院的领导下，在全体建设者的努力下，三峡工程的施工准备工作进展顺利。1993年7月建设委员会审查批准了《长江三峡水利枢纽初步设计报告（枢纽工程）》；今年9月组织专家初审了三峡工程输变电系统设计；制定了大型水轮发电机的技术装备政策。对泥沙、生态环境和文物保护问题给予了高度重视。各项技术准备工作达到了正式开工的要求，各项施工准备工作进展顺利。按照社会主义市场经济原则确立了枢纽工程建设管理体制。坝区征地移民工作截至10月底完成总量的91%，今年可基本完成。准备工程中的两项控制性工程已经完成。右岸一期围堰已填筑到设计高程，茅坪溪防护工程泄水隧洞已正式通水；对外交通专用公路正在按计划施工，场地平整已完成总量的90%；右岸混凝土拌和系统和砂石系统可在年底前投产，供水、供电、通信和砂石水运码头可满足开工的需要。目前三峡工程已具备了正式开工的条件。

会议一致认为，今年12月中旬正式开工比较适宜。待中央、国务院批准后，向全国人大常委会备案，即宣布正式开工。开工仪式要简朴、隆重。

二、关于三峡工程巨大效益

要进一步宣传三峡工程的综合效益，特别是防洪、发电、航运、灌溉、供水等方面的效益。长江中下游是我国重要的产粮区和工业发达地区。长江一旦发生特大洪灾，不仅会造成大量人员伤亡，而且会对我国国民经济和社会安定产生重大影响。今后在讲三峡工程巨大效益时，要把防洪效益放在首位，讲清三峡工程是解决长江中下游严重洪水威胁的诸多综合措施中的一项不可替代的关键性工程。三峡工程不仅具有巨大的经济效益，还具有巨大的环境效益和社会效益。让全国人民、台港澳同胞和世界各国朋友进一步理解和支持三峡工程。

三、关于三峡工程资金筹措

三峡工程静态投资（1993年5月末价格）总额为900.9亿元，其中枢纽工程为500.9亿元，库区移民400亿元。三峡工程的资金自筹能力较强，第11年（2003年）首批机组发电后开始有资金收入，至第13年（2005年）当年发电收入加上三峡工程建设基金和葛洲坝电厂利润收入与当年动态资金需求达到平衡。第14年（2006年）出现资金盈余，此后不再向国家借债，而且开始偿还贷款本息，至第18年（2010年）可还清全部贷款本息，经测算，资金平衡年前的动态资金需求总额为1468亿元。

资金平衡年前的动态资金主要从以下几个方面筹措：三峡工程建设基金，葛洲坝电厂利润，三峡电厂利润，国家开发银行贷款，国外商业借贷和发行债券。经测算，三峡工程的资金需求国力可以承受。

会议一致同意三峡工程的筹资方案。会议认为，对三峡工程这样的特大型工程仿照铁路、邮电、公路、电力等行业的筹资方式筹集建设基金，确立了稳定的有保证的资金来源机制，这既体现了我国社会主义制度的优越性，也是全国人民对三峡工程的支援。

会议认为，三峡工程资金平衡年以前的资金需求，考虑了物价、利率等因素，并预留了预备费等费用，基本上是包得住的，不会留下很大的缺口。国务院三峡工程建设委员会代表政府筹集资金，也代表政府对工程建设进行必要的行政干预，以确保工程建设顺利进行。

四、关于三峡库区移民工作

库区移民是三峡工程成败的关键，一定要做好。会议同意1994年11月16日建设委员会办公会议关于三峡工程水库淹没处理补偿和移民安置投资切块包干问题的决定。根据库区淹没实物指标测算，静态移民补偿概算投资总额为400亿元（1993年5月末价格水平）。这个投资总额不仅可以补偿淹没的损失，也考虑了库区适当的发展。除经核定的物价指数外，不得突破。这是三峡工程移民工作的一项重大举措，按照“中央统一领导、分省负责、县为基础”的原则，加大两省的权力和责任，有利于调动库区各级干部和群众的积极性。

三峡工程的移民工作坚持开发性移民的方针。在移民进度上仍坚持在移民与工程进度相衔接的前提下，按照资金的可能，宜前不宜后、宜早不宜晚的原则。国务院三峡工程建设委员会移民开发局的职责主要是协调、监督、服务。

要把库区人民盼望改变库区贫困面貌的急切心情引导到实事求是、自力更生的轨道上来。要让库区人民知道，三峡工程的建设为库区的经济和社会的发展带来了前所未有的机遇。三峡库区一定会改变过去长期贫困的面貌，逐步成为长江上游一个经济繁荣、环境优美、人民安居乐业的新型经济区。

五、关于三峡工程的管理

三峡工程是目前世界上最大的水电工程，必须有第一流的工程质量，第一流的现代化管理，第一流的施工技术。要实行高度机械化施工，不搞人海战术。坝区实行封闭式管理。施工结束，施工人员必须撤出坝区。要做好坝区周围相关区域的总体规划。坝区内的土地不能轻易转让，工程建成后要将这一地区建设成青山绿水的风景区。

要按照社会主义市场经济原则和现代企业制度组织工程建设，要与国际惯例接轨，实行招标承包制、工程监理制和合同管理制，以控制进度、确保质量、提高效益，严禁任何承包单位进行转包。

李鹏在三峡工程开工典礼大会上的讲话

（1994年12月14日）

举世瞩目的三峡水利枢纽工程，经过长达40年的论证，全国人大七届五次会议批准，又进行了近两年的施工准备，现在已经具备了开工的条件。中央决定三峡工程正式开工，这是我国经济建设中的一件大事，也是全国人民关注的一件大事。我代表党中央、国务院向多年来参加工程勘测设计、科研和论证的专家学者，向参加三峡工程建设的广大建设者，向一切为三峡工程做过贡献和表示关心的国内外人士表示崇高的敬意和亲切的慰问！

三峡工程是一项具有防洪、发电、航运等巨大综合效益的工程。长江洪水一直是我国的心腹之患。长江中下游是我国重要的经济发达地区，历史上曾多次发生过严重洪水灾害，给江汉平原、洞庭湖区广大人民群众的生命财产和沿江重要城市、工矿企业、交通干线带来极大的损失。三峡工程是解决长江中下游洪水威胁的诸多措施中的一项关键性工程，不仅可以防止荆江两岸发生毁灭性灾害，减轻对江汉平原、洞庭湖地区和武汉的威胁，还将提高长江中下游的防洪标准，意义是十分重大而深远的。三峡水利枢纽是全国乃至世界规模最大的水电站。它将为华中、华东、四川等地区提供大量的电力，并促进全国电网的形成，对长江沿岸的经济繁荣产生巨大的推动作用。三峡工程建成后，高峡出平湖，将极大地改善长江的航运条件，万吨级船队将可从武汉直达重庆，充分发挥黄金水道的作用。经过认真筹划，三峡的名胜古迹得到最大限度的保护，而且可以形成新的景观。三峡工程及其坝区将会成为现代化与民族风格相融合的气势磅礴、青山绿水、环境优美的风景旅游区。三峡的旅游事业将得到进一步发展。

三峡工程是目前世界上最大的水利水电工程。我们一定要把它建成世界第一流的工程。第一流的工程要有第一流的现代化管理、第一流的文明施工、第一流的工程质量。要按照社会主义市场经济原则和现代企业制度进行工程管理，实行项目法人责任制、招标投标制、工程监理制和合同管理制。三峡施工要采用先进的施工机械和施工方法，做到用人少，工期短，质量好，效益高。施工现场要实行封闭式管理，建立良好的工作秩序，为文明施工创造有利的条件。

库区移民是三峡工程成败的关键，任务十分艰巨。移民要实行开发性移民方针。不仅要做好移民的安置，还要发展库区的经济，提高人民的生活水平。三峡移民要实行“中央统一领导、分省负责、县为基础”的管理体制，移民经费切块分给四川和湖北两省，包干使用。各级政府要统筹安排，精打细算，结合开发，合理使用。希望库区广大人民发扬风格，顾全大局，做好搬迁安置和开发工作，支持三峡工程的建设。

为了促进三峡库区的经济发展，国务院已决定三峡库区列为经济开放区，给予优惠政策。国家和省市在安排建设项目时，将根据建设条件，予以同等优先的原则加以考虑。中央有关部门和省市要对库区实行对口支援。所有这些都给库区带来了前所未有的发展机遇。库区各级政府和广大人民群众要抓住这个机遇，发扬自力更生、艰苦奋斗的精神，努力把库区逐步建设成为一个经济繁荣、社会发展、人民安居乐业的地区。

为确保三峡工程顺利进行，国家已建立了由全国支持的三峡工程建设基金，形成稳定的建设资金来源，并且制定了可行的国内外资金筹措方案，三峡工程的建设资金是有充分保证的。

三峡水力发电机组和输变电设备将采用世界先进技术和设备，我们欢迎世界上具有制造大型水电和输变电设备经验的厂商参加竞争，转让技术，合作生产，参与这一工程建设。

同志们，三峡工程开工以后，在建设过程中，还会遇到新的问题和困难，但是我们相信，在以江泽民同志为核心的党中央领导下，在广大建设者努力和全国人民支持下，任何困难都难不倒我们，三峡工程建设必将得到顺利的进行，1997年实现大江截流，2003年首批机组发电，2009年工程将全部竣工。一个宏伟壮丽的三峡工程将巍然屹立在中国的大地上，它将向全世界证明：中国人民有志气、有能力、敢于也能够建设好当今世界上最大的水利水电工程。三峡工程功在当代利千秋！

现在，我宣布，三峡工程开工！

国务院三峡工程建设委员会第五次全体会议研究三峡工程有关问题的会议纪要

（1995年11月1日）

1995年11月1日，李鹏总理主持召开了国务院三峡工程建设委员会（以下简称：建设委员会）第5次全体会议。会议听取了陆佑楣同志关于枢纽工程进展和1996年打算的汇报；潘家铮同志关于8个单项技术设计方案审查情况的汇报；唐章锦同志关于移民工程进展情况的汇报；漆林同志关于1996年三峡工程资金计划协调情况的汇报；陆延昌同志关于输变电系统设计和筹资方案的汇报；黎安田同志关于换流站站址选择情况的汇报；郭树言同志关于金沙江向家坝、溪洛渡电站前期工程有关问题的汇报。会议结束时，李鹏总理、邹家华副总理作了重要讲话。会后，11月8—12日，李鹏总理、邹家华副总理和郭树言、蒋祝平、肖秧、陆佑楣同志及建设委员会部分成员视察了三峡工程施工现场，了解了施工进展情况、拟议中的小江水利枢纽坝址和湖北省巴东县长江岸边山体滑坡情况。11月10日，李鹏总理又作了重要讲话。经过会议讨论，议定以下主要事项。

一、要不断总结经验，按现代科学管理方法进行三峡工程建设三峡工程

自1994年12月14日正式开工以来，枢纽工程建设和移民工作进展顺利，取得了显著成绩。实践证明，党中央、国务院对三峡工程建设所采取的方针政策是正确的。这些方针归结起来就是按照现代的科学管理方法进行三峡工程建设，实行业主责任制、招标投标制、监理制和合同管理制。无论是枢纽工程建设，还是移民工程，都为我国水电建设事业提供了新的经验，要认真总结这些新经验。在适当的时候以建设委员会名义向党中央写出报告。

二、关于枢纽工程大江截流问题

同意中国长江三峡工程开发总公司（以下简称三峡总公司）关于1997年11月实现大江截流安排。一是截流是水电工程的一个重要标志。按原定计划1997年冬季截流比较稳妥，可以有充足的时间保证1998年安全度汛。在绝对保证施工质量的前提下，如果截流能提前工期，也是可以考虑的。二是大江截流有一定的政治意义和经济意义。1997年香港将回归祖国，我们有这样一个大工程的顺利建设，以社会主义建设的辉煌成就来迎接香港的回归。顺利实现大江截流，全国人民对三峡工程就更加有信心，就会进一步把认识统一到如何搞好三峡工程上。会议提出，1996年是关键的一年，除完成土石方开挖、混凝土浇筑工程量和截流前的其他工作量以外，要完成外围工程，要通路、通桥、通航空，以及准备好左右岸的砂石料系统和其他施工手段。希望三峡工程的业主、设计、施工、监理等单位，三峡

库区各级政府，都要为1997年大江截流努力奋斗。

三、关于计划资金问题

由于三峡工程投资采取“静态控制、动态管理”的办法，尽管这几年全社会物价与银行贷款利率高，但是在三峡总公司和设计、施工、监理单位的共同努力下，三峡枢纽工程投资得到有效控制，没有超出静态概算。这说明在投资计划和资金的使用上，只要搞好科学管理，还是有潜力可挖的。

这几年，三峡工程基金到位是好的，电力部和财政部等部门做了大量工作。今后，电力部要继续将这项工作视为自己的工作；财政部要督促各省市按时缴纳，对于拖欠三峡基金的，必要时可动用转移支付手段扣还，我们要坚持自力更生的精神，在世界上争口气，把三峡工程建设好。

对于1996年资金筹措，会议认为：原则上要按照国务院已经批准的各项筹资政策进行落实，即：（1）从1996年起，在三峡工程直接受益和经济较发达、将来也受益的地区每度电再加征3厘钱，作为三峡基金；（2）葛洲坝电厂上网电价每度电再提价2分，即4年增提4分。考虑到东北地区经济比较困难和华中地区的承受能力，在东北地区不再加征3厘钱（即在黑龙江、吉林、辽宁、内蒙、陕西、青海、宁夏、甘肃、新疆、云南、贵州、广西、海南和西藏共14个省区暂不再加征3厘钱），葛洲坝电厂上网电价推迟一年全部到位（即在已提价2分的基础上，1996年提价1分，1997年提价1分）。采取上述措施后，资金出现缺口，可采取两种解决办法：一是在海外增发一部分债券；二是增加国家开发银行贷款。

三峡工程投资节余的资金要用在工程建设以及经建设委员会批准的概算外项目。

为保证葛洲坝电厂的积累资金更多地用于三峡工程建设，同时为三峡电站培养运行管理人才，葛洲坝电厂要尽快过渡到直接归属三峡总公司的建制，完全由三峡总公司管理。电厂的运行调度仍由华中网局负责。具体事项由电力部和三峡总公司协商解决。

葛洲坝集团公司是三峡主要施工单位，但由于主客观方面的原因，背的包袱和债务很重，经营困难。集团公司要加强内部管理，改善经营，在体制上要进一步分离社会管理职能。对当前因购置设备所负的债务，由三峡总公司继续给予帮助，在设备储备贷款上由人民银行、建设银行给予支持。

四、关于若干重大技术方案审查问题

1. 关于升船机问题，同意建设委员会办公会议议定的意见，保留项目，予以缓建。其续建所需资金及续建工程的组织实施均仍由三峡总公司负责，有关的试验研究和工程设计应继续进行。

2. 关于大坝二期工程采用碾压混凝土技术范围的问题，只要质量保证，经济上可行，可由三峡总公司决策。

3. 枢纽工程其他重大技术方案，如上游通航建筑物导航隔流堤布置方案问题，由三峡总公司继续组织研究，超出初步设计范围的，提交建设委员会决策。

五、关于三峡工程输变电问题

电网建设要和电站建设分开。今后，电站建设可以采取不同的筹资渠道，可以多家建设，但电网必须由国家统一建设、统一管理。这要成为我国今后电站和电网建设的一个方针。会议同意：葛洲坝到上海的直流输电线路（包括换流站）与整个三峡输变电工程（包括直流输电及换流站）一起，由国家电网公司作为业主单位负责建设和管理。

对于三峡工程直流输变电换流站站址的选择应考虑以下几项原则：第一，在经济上比较节省；第二，比较便于管理；第三，保证安全运行；第四，要留有发展余地，考虑到今后西电东送和国家整体电网布局，同意三峡工程的直流换流站设在坝区之外宜昌市郊的合适地址。

对于换流站的论证，水利部长江水利委员会做了大量工作。在下一步设计招标时，要尽量吸收长委会参与进去。

六、关于金沙江下游的水电开发问题

金沙江水能资源丰富，由于水电开发投资较大，工期较长，其开发要借鉴我国水电建设经验和核电建设中“以核电养核电”滚动发展的经验，也就是第一座电站发电后为建设第二座电站提供资金，坚持“流域、梯级、滚动”发展的方针。

关于金沙江向家坝、溪洛渡电站的前期工作，要抓紧进行，在“九五”期间完成可行性报告。至于是先上向家坝还是先上溪洛渡，待方案论证后再作决定，争取在“十五”期间开工建设其中一个电站。三峡总公司是建设这两个电站的业主，前期工作费用由三峡总公司负责筹借，可以先从三峡枢纽工程投资结余中列支。

七、关于三峡库区移民问题

这几年的移民工程有了较大进展。通过移民工程的实践，已经形成了一套正确的方针和原则：一是开发性移民；二是分省切块经费包干，任务包干；三是根据枢纽工程进度分期移民；四是多渠道移民。今后仍然要坚持并进一步完善上述方针和原则。

1. 移民进度与重点要根据枢纽工程进展进行安排。每年的移民计划要突出重点，并把近期和后期的移民任务综合加以考虑，统筹进行安排。前期、后期的移民资金要有适当的比例。目前，第一阶段的坝区移民任务已经完成；第二阶段的重点是保证完成大江截流后（坝前水位82.28米）淹没线以下的移民任务；第三阶段的重点是保证完成首批机组发电时（坝前水位135米）淹没线以下的移民任务。移民经费一定要专款专用，严禁挪作他用。

2. 库区移民要按全县规划进行。湖北省要在今年内审批完分县规划；四川省要争取在明年上半年完成分县规划并抓紧审批。分县规划既要适当考虑今后的发展，又不能贪大求洋，一定要量力而行。移民开发局要做好指导与协调工作。

3. 要多渠道安置移民。库区农村移民的安置，大量的应就地后靠，以发展大农业为基础进行安置。在有条件的地方，可以发展二、三产业，但要充分估计到搞二、三产业必须与当地的经济基础相适应。还要制定外迁移民的措施。对于外迁移民，可以考虑先以输出劳务的形式进行，然后再逐步转为移民，把对口支援、劳务和移民结合起来。要充分发挥社会主义制度的优越性，发挥党的领导作用，发挥群众的创造性。

4. 库区的被淹没企业，要结合搬迁进行产业结构、产品结构和企业组织结构调整，用好补偿经费。通过技改贷款、对口支援、吸收外资等途径，按照国家关于劳动密集型产业逐步向中西部转移的战略，选准一批有市场、销路、技术起点较高的项目，但也不能完全追求高新。对于技改贷款，请国家开发银行、建设银行和工商银行予以支持。

5. 关于库区移民优惠政策问题，所得税三减两免的政策可以继续执行。由于三峡经济开发区刚建立，引进外资尚处于起步阶段，进口设备免税等问题，由财政部研究可否适当延长执行日期。

八、关于三峡枢纽工程水轮发电机组招标问题

按照设计要求，三峡水利枢纽工程2003年第一批机组开始发电。三峡工程的装备、技术要求高，牵涉面广，请建设委员会办公室和机械部进行协调，把这项工作抓深抓细。

机组招标，实行公开招标，议标决策，第一是要保证质量；第二是要利用这个机会引进技术，把我国的水轮发电机组制造技术提高到国际水平，带动我国民族工业的发展；第三是价格与贷款条件合理。三峡工程全部的26台机组，12台以外方为主，我方参与，14台以我方为主。但是先行投产的左岸14台机组要一次招标，中外双方实行联合设计、合作制造，其中12台以外方制造为主，2台以我方制造为主，由外方监制。以外方为主的机组对国内的分交份额可按不低于20%—25%的比例，并由小到大，通过前12台合作，达到掌握核心技术。以上原则在标书中要有明确规定。招标工作要按国家现行招标程序规范化进行，国务院有关部委按照各自的职责给予指导和帮助。最后定标由建设委员会决策。

九、关于长江上中游的水土保护问题

（略）

十、关于在三峡工程建设中坚持精神文明建设的问题

（略）

胡锦涛视察三峡工程时的讲话

（1997年10月30日）

这次到三峡来，一是想看看三峡工程建设，特别是大江截流的情况；二是想了解一下库区移民。今天上午听了陆佑楣同志代表三峡总公司所作的情况介绍，看了截流围堰、临时船闸、永久船闸、西陵大桥，刚才又听了几位同志的发言，明天还要去看看库区。大家都知道，我也是一位水电建设者，作为一名水电建设者，面对如此宏伟的施工场面，耳闻同志们在三峡工程建设中所取得的成就，确实感到十分振奋，也很受鼓舞，下面我就想谈谈自己的感受。

一、当前三峡工程建设形势很好，要继续努力，再创佳绩

长江三峡工程是我国跨世纪建设的一个特大型水利水电工程，规模宏大，影响深远，全国关注，世界瞩目。从1994年工程正式开工以来，在党中央、国务院的正确领导下，在全国人民的大力支持和各有关方面的大力配合下，由于工程建设者开拓进取，奋力拼搏，使工程建设进展顺利，取得很大成绩。首先一点，是在工程管理体制上有创新。按社会主义市场经济的要求实行项目法人责任制、招标承包制、工程监理制、合同管理制，

同时实行“静态控制、动态管理”的投资管理模式，这就确保了三峡工程建设的顺利进行和投资的有效控制。这个，早上陆佑楣同志介绍了，刚才大家谈的又都说明了这个问题。第二点，工程进展顺利。昨天晚上我看了《截流前的验收报告》，从报告里看，最后的结论意见是：各项工程的施工都按计划进度进行，施工质量都达到了设计要求。最近大江截流将如期实现，这将为我们的二期工程建设创造一个有利的条件。第三，各项配套建设，特别是移民工作正在有条不紊地进行，大江截流洪水淹没线以下的移民搬迁工作已基本完成。当然，三峡工程建设的成绩还可列出一些，但主要的还是这三个方面。那么三峡工程建设取得的成就说明了什么呢？我觉得首先一点，说明了党中央、国务院关于三峡工程建设的一系列方针、政策、措施是正确的。第二点，是三峡工程建设也给了我们很好的启示，告诉我们把社会主义制度能够集中力量办大事的优越性和市场机制、先进的科学技术、管理方法结合起来，就可以焕发出巨大的物质力量，这也是我们有可能建设世界一流工程的基础。对国外一些工程管理的好经验、先进技术、好的管理方法都可以采取拿来主义，都可以借鉴；同时，我们又有社会主义能够集中力量办大事的优越性，能够把方方面面的力量组织起来，协调好，这是我们能够建设世界一流工程的基础。第三点，就是三峡工程目前建设状况也证明我们长期奋战在水电建设上的这支队伍确实是一支能够吃大苦、耐大劳、打硬仗、经得起各种考验的队伍，借此机会，我也向为三峡建设辛勤工作的干部、职工、工程技术人员，向所有的战友们、同志们，致以亲切的问候和崇高的敬意，希望大家再接再厉，把三峡工程建设的各项工作做得更好。

二、继续努力，确保大江截流工作的圆满成功

这个题目，是在家里出发以前想到的，来了一看，知道这个题目可以不

用多说了。实际上那天听到广播里说，明渠分流比已达87%，落差0.69，我一听，就心里有数了。总之，不管如何，这是我们事先进行了周密的研究、精心的准备。由于参建单位广大职工的艰苦奋战，可以说，大江截流工程已取得了决定性的胜利，如期实现合龙的条件已完全具备，现在距大江合龙还有9天，我想，还是希望大家精心做好合龙以前的各项准备，今天我们到围堰堤头看了一下，最后总还要冲刺几个小时，老乔（乔生祥）那个地方车辆总还要维修，道路还要准备，坝头要加固，堤堰还要拓宽，该做的准备工作还要做好。另外，还要把对那天可能遇到的问题想得更充分一些，从工程技术角度来讲，已经没有多大难度了，但毕竟有些问题还是要想得充分一些。我在车上讲了一句话，就是要努力避免发生一些不该发生的事。什么意思呢？譬如到时临时有几辆设备抛锚了，那也是很紧张的，其他如安全事故等，要想得更周到一点，一旦合龙的战斗打响以后，一鼓作气，保证施工质量，注意安全生产，使大江合龙圆满成功。

三、努力打好二期工程的攻坚战

大江截流标志着三峡一期工程的顺利完成和二期工程的开始，从截流以后到2003年第一批机组发电，这是我们整个枢纽工程建设的高峰期，主要工程集中在这段时间。我想，二期工程第一个硬仗就是明年汛前，把上、下游围堰做好，确保安全度汛。其中又是8.4万多平方米的防渗墙，现在已完成2万多平方米，还有6万平方米左右。这是个关键，一个是它本身是处在隐藏部位施工，难度较大，一个是工程比较大，工期比较紧，这个东西搞得好，给下一步的主体部位施工带来很大的便利条件。过去我们在工地上吃过这个亏，一旦漏水，给基坑开挖增加很多工程量，给下一部位的施工也带来很大麻烦。而且这里没有退路可走，是背水一战，也就是在明年汛前，所有的防渗墙要搞完，要下这个决心，因此，还是要强调精心组织，奋力拼搏，打好明年汛前的攻坚战。第二条，二期工程搞的是主体施工，在所有的工程施工中，要把质量摆在高于一切的位置。三峡工程是关系我们子孙后代的百年大计、千年大计，工程质量也是关系到巨额的国家资产和无数人民群众生命财产安全的重大问题，这里边尤其是基础工程的质量要搞好，不能留下任何隐患。我很赞赏陆佑楣同志讲的，要总结一期工程的经验，找出我们在质量方面的问题和薄弱环节，包括加强对施工人员的培训，切实把好技术关、材料关，完善质量监督和保证体系，确保高水平、高质量地建好二期工程。

四、要重视做好移民工作

明天到库区看，本来想这个话题应该到库区说，但还是想在这儿说，为什么呢？三峡工程移民人数和淹没的实物量，不要说在我们国家是史无前例，在世界上也是罕见的。能否做好移民工作，确实是三峡工程中一个大问题，关系到三峡工程的成败，关系到整个三峡地区的经济发展和长远的社会治安。这一点，在座的许多老水电比我更有发言权。安置性移民，经过实践检验，效果不是很好，还是要搞开发性移民。因为不仅要解决移民眼前生活上的问题，还要考虑到今后，为他们的经济发展和生活水平的提高开出一条路子来。另外，就是农村移民如何和开发农村资源，发展农村经济，促进农民的脱贫致富结合起来。企业的搬迁，要和怎样进行企业的技术改造、调整产业结构、实现资产重组、深化企业改革结合起来，不是说在原有水平上重新搬一个家。当然，这里也要有重点，要分层次、多渠道来进行，总之要使移民进度和工程进度相衔接。在这个问题上，我觉得地方的党委、政府要担负更多的责任，加强移民工作的领导，搞好移民规划的实施，移民资金的使用、管理。搞好库区移民的开发，需要国家的投入，全国各兄弟省市的支援，但更重要的，作为库区本身，要强调发扬艰苦奋斗的精神。三峡移民是一项非常艰巨的任务，但另一方面，它也是振兴三峡库区经济的一个难得的机遇。因此，怎样抓住这个机遇开拓进取，把移民开发和振兴经济结合起来，实现双重目标，应该是我们移民开发工作的高标准的要求。

我觉得三峡工程可以说是世界水电建设史上的一个壮举，作为一个水电建设者来讲，能够参与这么宏伟的水电工程建设，应该感到难得的幸运，几代人梦寐以求的愿望要在我们这代人身上实现；反回来讲，我们的后人，他们看到这个工程，也会感到生不逢时，没有赶上。因此，参与建设的同志们要珍惜这个机遇，抓住这个机遇，一方面，要有雄心壮志，建设世界一流的工程，另外一个方面，也应该在探索有中国特色社会主义水电建设体制上作贡献，能够在中国水电建设史上写下辉煌篇章。

江泽民在大江截流仪式上的讲话

（1997年11月8日）

今天，举世瞩目的三峡水利枢纽工程胜利实现了大江截流，这是我国现代化建设的一件大事，也是人类改造和利用自然史上的一个壮举。这必将给正在满怀信心地进行改革开放和现代化建设的全国各族人民以巨大鼓舞。

70年多前，我国民主主义革命的伟大先行者孙中山先生，就曾提出利用三峡水利和电力资源的设想。新中国成立后，毛泽东同志、邓小平同志和其他老一辈无产阶级革命家，为兴建三峡工程倾注了大量心血。我国几代科学家，为三峡工程付出了辛勤劳动和智慧。改革开放以来，我国经济快速发展，综合国力大大增强，为建设这一史无前例的世纪工程提供了充分的条件。多少代中国人开发和利用三峡资源的梦想，今日正在变为现实。这再次生动地说明，社会主义制度具有能够集中力量办大事的优越性。

自古以来，中华民族就进行了征服、开发、利用自然的壮阔历史活动。精卫填海、愚公移山的传说，大禹治水的故事，表达了远古时代中国人民改造自然、人定胜天的顽强奋斗精神。两千多年前建成的都江堰和隋代开凿的大运河等水利工程，对我国经济社会发展起到了重要作用。今天，我们在长江三峡兴建的这一世界上规模最大、综合效益最广泛的水利水电工程，将对我国国民经济的发展起到重大促进作用。它是一项造福今人、泽被子孙的千秋功业。它体现了中华民族艰苦创业、自强不息的伟大精神，展示了中国人民在改革开放中改天换地、创造未来的宏伟气魄。

大江截流成功，标志着三峡水利枢纽一期工程顺利完成，并转入二期工程施工。参加建设的各个单位，要切实加强管理，保证工程质量，继续搞好科研攻关和试验，确保2003年实现首批机组发电。在三峡工程建设中，要坚持按社会主义市场经济规律办事，同时大力发扬社会主义团结协作精神；坚持独立自主、自力更生的方针，同时积极开展国际合作与交流。既要调动外国投资企业的积极性、利用它们的资金技术优势，更要充分发挥我国企业的各种优势和潜力，使它们为三峡工程作出更多贡献，并促使它们的发展水平得到新的提高。

做好移民工作，是关系三峡工程进展和成功的关键。移民百万，是一项艰巨细致的工作。库区各级党委和政府要总结和发扬已经取得的好经验，自始至终地把这一工作做好。要坚持开发性移民的方针，抓住三峡工程兴建带来的发展机遇，正确处理搬迁和发展的关系，切实安置好移民群众的生产生活，引导他们走上致富的道路。中央各有关部门和有关省市，要继续做好对口支援工作。可以坚信，随着三峡工程的建成，这一地区将会成为经济繁荣、环境优美、人民安居乐业的新型经济区。

在三峡工程建设中，保护好流域的生态环境极为重要。库区两岸、特别是长江上游地区，一定要大力植树造林，加强综合治理，不断改善生态环境，防止水土流失，这是确保库区和整个长江流域长治久安和可持续发展的重要前提条件，是功在当代、利在千秋的大事，务必年复一年地抓紧抓好，任何时候都不能疏忽和懈怠。总之，要统筹兼顾、着眼长远、科学规划，采取切实可行的措施，努力实现经济、社会和生态环境协调发展。

长江流域是中华文明的发祥地之一，在库区留下了丰富灿烂的文化遗产。要按照重点保护、重点发掘的原则，认真做好库区文物保护工作。

参加三峡工程建设和在库区工作的各级领导干部，要发扬无私奉献、廉洁奉公的精神，带领广大群众艰苦奋斗、开拓进取，把三峡工程建成世界上一流的水利水电工程，同时培养造就一大批优秀人才。

建设好三峡工程，是我们的重大历史责任，也是我们的无上光荣。让我们在党的十五大精神指引下，高举邓小平理论伟大旗帜，团结奋斗，为推进三峡工程建设，为实现社会主义现代化和振兴中华的伟大事业，作出新的更大的贡献。

国务院三峡工程建设委员会第七次全体会议纪要

（1998年1月12日）

1998年1月12日上午，李鹏总理主持召开国务院三峡工程建设委员会第7次全体会议。会议听取了三峡工程建设委员会副主任郭树言关于三峡工程一期回顾和二期任务的汇报，陆佑楣、漆林、张洪祥、蒲海清、陆延昌、甘宇平、李居昌、李黄、解振华、陈耀邦、张宏仁、包叙定等同志作了发言。朱镕基、邹家华、吴邦国副总理作了重要讲话，李鹏总理对会议作了总结。

郭树言同志的汇报，回顾了一期工程的完成情况和积累的经验，介绍了二期任务的总体部署以及需要重点安排的几项工作。

会议认为，1997年11月8日长江三峡大江截流成功，标志着一期工程已顺利完成。枢纽工程总体质量良好；坝前90米水位线以下的一期移民绝大多数已经完成，保证了大江截流如期实现；部分输变电工程开始建设。

在三峡一期工程建设中还积累了一些经验，主要是：实行了项目法人责任制、招标投标制、项目监理制和合同管理制（简称“四制”），实践证明是适应社会主义市场经济体制的。在移民工作方面，贯彻执行了党中央、国务院制定的关于开发性移民的一系列方针政策，极大地调动了库区广大干部群众的积极性，保证了库区移民工作的顺利进行。左岸14台水轮发电机组的国际招标，满足了三峡工程建设的需要。还引进了先进的设计、制造技术，为右岸12台机组立足国内制造、带动我国民族工业发展创造了条件。国家建立了三峡工程建设基金，使三峡工程有了稳定可靠的资金来源。在资金管理上实行的“静态控制、动态管理”办法，实践证明是行之有效的。三峡工程宣传工作，从开始的多做少说，到适度宣传；对国内的不同意见，不辩论，坚持正面宣传；对外宣传坚持以我为主、以事实为主、以正面宣传为主。全国新闻界为三峡工程创造了良好的舆论环境，赢得了三峡库区干部群众和全国人民的理解和支持。

会议认为，三峡一期工程建设完成了既定任务，几点经验在今后的工程中要继承和发展。会议要求，对党中央、国务院关于三峡工程建设的一系列方针政策必须继续贯彻执行，同时要发挥广大建设者和三峡库区干部群众的聪明才智，在今后的工作中继续不断总结新的经验。

会议经过审议，议定以下事项：

一、二期工程的主要目标和任务

二期工程的主要目标是：确保2003年水库蓄水至135米，首批机组发电，永久船闸通航。其主要工程量为：土石方开挖3625万立方米，土石方填筑1594万立方米，混凝土浇筑1978万立方米，金属结构制造安装20万吨，首批机组确保3台争取4台发电。消化吸收国外70万千瓦水轮发电机组设计制造经验，为实现国产化打下基础。移民搬迁安置55万人，其中：湖北省8.3万人，重庆市46.7万人。

为配合枢纽工程，输变电工程要完成第一条送电华东的直流50万伏线路，完成50万伏交流线路3016公里，变电容量825万千伏安。

1998年是二期工程第一年，任务十分艰巨。临时船闸5月1日要正式通航，二期围堰7月份要达到抗御百年一遇洪水的设计高程，确保基坑安全度汛。要建好砂石系统、混凝土拌和系统和冷却系统及部分混凝土运输系统，做好缆机和钢栈桥等准备工作。移民搬迁计划安置8.6万人，等于前5

年搬迁安置的总和，任务很重，但必须登上这个新的台阶。

二、完成二期工程任务必须做好的几项重点工作

（一）要切实加强管理。在进一步完善一期工程采取的“四制”等现代管理方法的基础上，加强政治思想工作和两个文明建设，发扬社会主义团结协作精神，同时坚持社会主义市场经济原则，进一步明确项目法人、设计、施工和监理单位的责任，在科学管理方面做出新的成绩。

（二）要确保工程质量。质量是三峡工程的生命，必须在确保工程质量的前提下保证进度，降低造价。项目法人、设计、制造、施工和监理单位都必须牢固树立质量第一的思想，在质量与进度、质量与效益的关系上，必须毫不动摇地把质量放在首位，一切服从质量。要加强监理工作，建立完善的监理制度。对造成质量事故者，要追究责任，严肃处理。要建立索赔制度，对索赔过程中出现的矛盾，要有机构进行公证和仲裁。

（三）既要积极开展国际合作，又要充分发挥我国企业的潜力。用户和制造单位要同心协力、密切配合，积极引进先进技术，结合科研攻关，为提高我国水轮发电机组和输变电设备的设计制造能力，振兴民族工业做出贡献。

（四）要继续贯彻执行开发性移民方针，加强移民资金管理，继续做好对口支援工作。库区各级政府一定要把移民搬迁安置工作摆在经济工作的首位，继续坚持党政一把手是移民工作第一责任人的做法，切实加强对移民工作的领导，严格实行移民工作目标管理责任制。要正确处理好移民搬迁安置和发展的关系，引导农民合理使用移民补偿和自有资金，既要安排好生活，更要安排好生产。要建设好移民区的公路等基础设施，为移民搬迁安置创造更好的条件。

（五）要搞好二期工程的资金筹措。二期工程静态投资需要420亿

元，动态投资约需800亿元。已有筹资渠道在二期工程建设期间可筹集资金553亿元，另外247亿元建设资金可通过以下方案筹集：利用国内商业银行贷款107亿元，发行企业债券50亿元，利用出口信贷及配套商贷30亿元，其余60亿元资金，可利用国内商业银行贷款或增发企业债券，也可加大向华东送电量和提高葛洲坝电厂上网电价，条件成熟时可进行股份制改造，发行股票并上市，为三峡工程开辟一条在资本市场直接融资的渠道。具体采用哪个方案，由三峡工程建设委员会办公室会同有关部门协商后提出方案。

（六）要加强三峡库区的中长期气象预报工作。库区及长江上游地区的生态与环保工作与三峡工程密不可分，农、林、水和环保等部门要认真制订规划，做好生态与环境保护工作。文物保护规划的重大项目应单独立项。加强移民迁建区的地质勘察工作，避免在施工中引发新的地质问题。树立开发观念，支持发展库区的旅游事业，为移民创造新的就业门路。

三、关于抬高初期运行水位和提前建设右岸地下电站厂房问题

前不久，有关单位曾建议，抬高初期运行水位，提前建设右岸地下电站厂房，这样可以增加建设期发电量、避免永久船闸二次改装，减少施工环境的相互干扰。经广泛征求有关部门和专家的意见，认为这个建议有一定的合理性，但也有两个明显的不足，一是二期工程要增加10多万移民，将给任务已经很重的移民工作增加新的难度；二是增加投资80亿元。会议确定，从现实出发还是按初步设计集中精力搞好二期工程，不再修改建设方案。

国务院办公厅关于三峡工程库区移民工作若干问题的通知

（1999年6月6日）

各省、自治区、直辖市人民政府，国务院各部委、各直属机构：

自1993年三峡工程库区移民正式实施以来，在全国人民的大力支持下，通过库区各级政府的积极努力，一期移民任务顺利完成，确保了大江截流如期实现。从1998年开始，二期移民工作已经全面展开。但必须看到，移民工作在取得成绩和经验的同时，还存在一些不容忽视的问题。为了完成三峡工程建设这个艰巨而繁重的任务，要进一步加强领导，落实政策，并对库区移民政策和企业搬迁政策作一些调整和完善，切实做好三峡工程库区移民各项工作。为此，经国务院同意，现将有关问题通知如下：

一、采取切实措施，积极稳妥地做好农村移民安置工作

（一）鼓励和引导更多的农村移民外迁安置。实行以多种方式安置农村移民的方针，把本地安置与异地安置、集中安置与分散安置、政府安置与自找门路安置结合起来，努力实现移民搬得出、稳得住、逐步能致富和长治久安的目标。就近安置要坚持以土为本、以大农业为基础，大力发展

高效生态农业，有条件的地方应积极发展二、三产业。为保障库区的可持续发展和保护库区的生态环境，不得强求就近后靠安置，严禁开垦25度以上坡地，已开垦的要逐步退耕还林；对25度以下坡地，要采取“坡改梯”措施。外迁移民首先要尽量在本省（市）非库区安置；本省（市）安置不了的，在邻近省安置；邻近省仍安置不了的，可适当考虑在沿江各省（市）和长江下游滩涂地及其他省（区、市）安置。要大力支持农村移民以投亲靠友方式自主分散外迁到库区以外的地区，继续从事农业生产。对外迁的农村移民，国家将制定相应的鼓励政策并给予适当经济补助。

（二）湖北省、重庆市人民政府要抓紧制定农村移民外迁安置实施计划和农村移民外迁管理办法，在充分动员和移民自愿的基础上，将外迁计划落实到户。库区各级政府要认真执行农村移民外迁政策，保证外迁移民能拿到应得的补助，同时主动做好与迁入地政府的衔接和服务工作。有关省（区、市）要积极接收安置移民，为三峡工程建设多作贡献。迁入地县、乡（镇）政府要在承包土地、购买或新建住房、迁入户口等方面积极创造条件，并帮助移民解决生产、生活中的实际困难。国务院三峡工程建设委员会办公室（以下简称三峡办）和移民开发局（以下简称三峡移民局）要负责做好出省（市）外迁移民安置的组织协调工作。

（三）加强对农村移民开发土地和农村移民居民点建设的管理。1999年8月底以前，库区各级政府要组织有关方面对移民试点以来开发、改造、调整土地的情况进行一次全面清查。凡已开发、改造、调整的土地，必须同移民安置紧密挂钩，明确土地权属，全部落实到农村移民户，并签订承包经营合同；对质量不合格的土地，要采取措施，在今明两年内达到合格标准。农村移民居民点建设，要在统一规划的基础上，允许移民分户自建，不得强行规定农村移民建房标准。

二、认真实施移民安置规划，严格控制城镇迁建和专业设施复建规模

（四）城镇迁建、专业设施复建及其他移民工程项目建设必须严格按照移民迁建规划进行，不准随意调整和修改移民迁建规划，确需调整或修改的，必须按规定程序报批。要按照移民任务和移民补偿投资双包干原则，实行层层包干和项目包干，把移民补偿投资分解落实到每一个移民搬迁项目。国家只考虑物价因素，不再追加移民补偿投资。

（五）新城镇建设要量力而行，分步实施，不得擅自扩大规模，盲目抬高标准。要严格控制城镇迁建用地规模，凡超过城镇迁建规划可用地规模的，必须坚决退回。移民迁建用地要专地专用，严禁转卖或炒房地产。非移民项目不准搭车占用移民迁建用地，已经占用的要限期退回，难于退回的要按市场价收取土地出让金。移民迁建单位超规划用地也要按市场价收取土地出让金。已经收取和今后收取的土地出让金，要全部返还移民管理机构用于新城镇基础设施建设，任何部门、单位不准截留、挪用。移民迁建用地要先征后用，严格审批手续。三峡移民局要会同国土资源部尽快制定移民迁建规划区土地使用管理办法。

（六）移民工程建设项目都要严格按照基本建设程序进行审批，其规模和标准要根据移民安置规划确定。对于超规模、超标准建设所造成的资金缺口，由当地政府和有关单位负责解决，严禁用移民资金支付或转嫁给移民迁建单位，变相降低移民补偿标准。

三、加大搬迁工矿企业的结构调整力度

（七）三峡库区工矿企业搬迁要与结构调整相结合，加大企业组织结构、所有制结构和产品结构的调整力度，绝不能搞原样搬迁。要抓紧修订库区工矿企业搬迁规划，对污染严重、产品无市场和资不抵债的国有、集体搬迁企业，要坚决实行破产或关闭；对产品有市场、资产质量好、领导班子强的企业，通过对口支援与名优企业合作、合资，进行组合搬迁。对于符合上市条件的迁建企业，有关部门要积极给予支持。

（八）对口支援的国有、集体、民营企业兼并。1998年底前亏损的三峡库区国有、集体搬迁工矿企业，在落实还款计划的前提下，以搬迁企业1998年底贷款余额为限，经商债权银行同意，免除以前的全部欠息，并在今后3至5年的还款期内继续免收利息。

（九）破产或关闭搬迁企业的移民补偿资金（除被淹没的职工宿舍补偿资金外）和资产变现资金，要首先用于企业职工安置。搬迁企业在破产或关闭前为维持生产经营向职工筹措的资金，可按照企业所欠职工工资的办法处理。对造成的银行债务损失，可按照《国务院关于在若干城市试行国有企业破产有关问题的通知》（国发〔1994〕59号）和《国务院关于在若干城市试行国有企业兼并破产和职工再就业有关问题的补充通知》（国发〔1997〕10号）的有关规定予以核销。需核销的银行债务损失，经国家有关部门审核后，按年度纳入全国呆坏账核销总规模。

（十）对因企业破产、关闭而使地方财政减少的收入，由财政、税务等部门核定数额后，可按照中央和地方共同负担的原则，由中央财政采取转移支付的办法给予适当补助，时限4年。

（十一）库区各级政府要妥善安置破产、关闭企业的职工，使他们的基本生活得到保障，并积极扩大再就业门路。要采取切实措施和鼓励政策，帮助更多的破产、关闭企业职工从事农业生产。

四、进一步加强工程质量管理和移民资金管理

（十二）要严格按照《国务院办公厅关于加强基础设施工程质量管理的通知》（国办发〔1999〕16号）要求，切实加强移民工程质量的规范化、制度化、法制化管理。要建立移民工程质量责任制，规范项目审批、建设程序及监督管理制度，认真整顿建筑市场和建材市场。所有移民工程建设项目都要明确项目法人，实行项目法人责任制和合同管理制；50万元以上项目还要实行招标投标制、工程监理制。对移民工程中出现的质量事故，要依法严肃查处。

（十三）移民资金实行“静态控制、动态管理”。要加强移民资金计划管理，凡是前期工作达不到要求、配套资金不落实、未经审查批准的项目，一律不得纳入年度资金计划。要保证移民资金专款专用，不准挤占挪用。工矿企业迁建补偿资金可在经省（市）移民管理机构审核同意的商业银行专户存储，专账核算；其他移民资金必须在建设银行专户存储，专账核算。

（十四）加强乡（镇）移民资金的管理。凡有移民任务的乡（镇），要指定专人负责管理移民资金，要尽快建立健全严格有效的财务管理制度，推行村账乡管。要提高乡（镇）、村两级移民资金使用的透明度，充分发挥群众的监督作用。

（十五）要建立严格的稽核制度，加大对移民资金的监管力度。国家审计署要延伸和扩大对乡（镇）和移民迁建单位的审计，对审计出的问题，要依纪依法追究责任并限期整改。要建立健全以监察部门牵头，移民、审计、检察、财政、银行等部门和单位参加的监督网。对违纪违法的，要从严处理，大案要案要公开曝光。建设银行和有关商业银行在库区的各分支行，如发现有无计划使用或挤占、截留、挪用移民资金的情况，要立即向上一级银行报告并采取相应措施。要进一步完善和规范移民工程建设项

目的审价制度和销号制度，加强项目预算审查和结算审计工作，防止高估冒算。

（十六）建立健全各项财务管理制度。各级移民管理机构和新城镇建设指挥部要加强内部财务管理，严格按照规定的比例提取和使用行政管理经费。移民资金形成的利息要严格按照有关规定进行管理和使用。不准用移民资金从事融资活动或为任何部门、单位提供资金担保。

（十七）加强对耕地占用税返还及使用的管理；三峡库区移民安置耕地占用税由湖北省、重庆市移民局按照国家下达的计划上缴省、市财政厅（局）入库后，再由省、市财政厅（局）全额返还给省、市移民局，并纳入移民年度计划，按国家有关规定全部用于农村移民安置，对违纪违法的要严肃处理。要认真清理移民收费项目；不准向移民迁建单位和项目违规收费。

（十八）国家每年安排的三峡库区水利专项资金，库区各级政府要保证全部用于与农村移民安置配套的农田水利建设，由省（市）计委和移民局制定年度项目计划并监督实施。

五、要十分重视保护生态环境和文物

（十九）库区各级政府要严格执行《中华人民共和国环境保护法》、《全国生态环境建设规划》（国发〔1998〕36号）和《国务院关于长江上游水污染整治规划的批复》（国函〔1999〕9号），加快城镇环境保护设施的建设，做好工业废水、生活污水和固体废弃物的处理，正确处理移民安置与环境保护的关系，努力实现库区移民安置、经济建设和生态环境保护的协调发展。国家环保总局和有关部门要加强指导和监督，确保规划目标按期实现。

（二十）在新城镇建设和各项移民工程建设中，必须做好各阶段的地质勘察工作，预防各类地质灾害的发生。对于水库蓄水后可能威胁居民点安全的滑坡坍岸，要加强监测，尽早制定防治规划和分期治理方案。国土资源部要加强对移民工程建设的地质勘察、灾害防治的指导和监督。

（二十一）要结合农村移民安置规划，搞好库区山水林田路综合规划，加强小流域综合治理，大力改善农业生态环境。在移民工程建设中，要科学组织施工，避免大挖大填、随意弃渣，防止造成新的植被破坏和水土流失。

（二十二）工矿企业迁建要严格按照《建设项目环境保护管理条例》（国务院令第253号）的规定，认真执行环境影响评价制度和环境保护设施“三同时”制度。对工业废水要本着谁污染、谁治理的原则，结合企业结构调整和技术改造，加强对重点污染源的治理。

（二十三）要根据《中华人民共和国文物保护法》和有关法规，按照“重点发掘、重点保护”的原则，抓紧制定三峡工程淹没及迁建区文物古迹保护规划并下发实施。要在移民年度计划中安排好文物保护项目经费，确保专款专用。在移民搬迁建设中，要注意保护好文物。文物保护主管部门要做好指导和监督工作。

六、进一步加强对口支援工作

（二十四）各对口支援省（区、市）和有关城市人民政府要发扬社会主义大协作精神，按照“优势互补、互惠互利、长期合作、共同发展”的原则，进一步加大对三峡库区工矿企业迁建、基础设施建设、高效生态农业建设、旅游开发和社会事业发展等方面的支援力度，积极推荐名优企业到三峡库区，与迁建企业进行资产重组和产品嫁接。同时，要特别加大对农村移民安置的支援，以市场为导向，积极帮助三峡库区发展种植业、养殖业和农副产品加工业等，扩大农村移民安置容量。

（二十五）国务院各有关部门要进一步加强对三峡库区的行业指导，根据各自的行业特点，结合三峡库区移民安置目标和不同时期的移民安置任务，制定本行业的对口支援计划，实行重点扶持并在政策上给予倾斜。要努力帮助库区改善能源、交通、水利、通讯等基础设施条件，大力发展适合库区特点的高效生态农业和新兴产业，支持库区社会公益事业的发展。

（二十六）三峡库区各级政府和有关单位要不断提高对对口支援工作意义的认识。要根据本地的实际情况和移民安置规划，向支援方提供切实可行的合作项目并制定相应的优惠政策，大力改善投资环境，尤其是投资软环境。同时，要按照社会主义市场经济规律办事，讲信誉、守合同，不断转变观念、解放思想，努力为对口支援工作创造条件。

三峡工程库区移民任务十分艰巨和繁重，做好移民工作不仅直接关系到三峡工程的顺利兴建，而且还关系到库区的经济发展和社会稳定。各地区、各部门要按照本通知要求，切实加强领导，认真落实各项政策措施，扎实有效地把三峡库区移民工作做好。三峡办、三峡移民局要切实转变工作作风，加强协调和指导。湖北省、重庆市人民政府要针对存在的问题，及时采取整改措施，确保三峡工程库区移民工作任务按期完成。

国务院三峡工程建设委员会关于成立三峡枢纽工程质量检查专家组的通知

（1999 年 6 月 10 日）

国务院三峡工程建设委员会成员单位、成员：

为了进一步保证三峡工程建设的质量，国务院三峡工程建设委员会决定成立三峡枢纽工程质量检查专家组，现将有关事项通知如下：

一、三峡枢纽工程质量检查专家组的任务

1. 检查工程质量保证体系和质量要求规程是否健全；

2. 检查业主、施工、监理、设计等方面是否严格执行工程质量保证体系和质量规程的要求；

3. 对工程质量进行评议，包括土建工程以及永久性金属结构和机电设备的安装质量（不包括金属结构设备的制造质量）；

4. 对工程质量事故性质进行评议，包括事故处理是否安全可靠以及发生事故的原因；

5. 检查工程进度是否与预期目标相符。专家组要本着认真、求实、科学的精神，每年定期向国务院三峡工程建设委员会提出三峡工程质量检查报告。有特别需要时，提出专门报告。

二、三峡枢纽工程质量检查专家组的组成

组　长：钱正英

副组长：张光斗

成　员：潘家铮　陈赓仪　谭靖夷　梁应辰　梁维燕

专家组可聘用3—4位兼职人员，组成工作组，协助专家组工作。

根据工作需要，专家组可随时邀请有关领域的专家，参加检查工作。

三、三峡枢纽工程质量检查专家组的工作方式

三峡工程开发总公司应定期和不定期向专家组报告有关工程质量资料。专家组和工作组成员根据工作需要，去现场进行检查、调查、研讨和召开工作会议。请三峡工程开发总公司通知各参建单位，并要求各参建单位积极配合专家组的工作。

朱镕基在国务院三峡工程建设委员会第九次全体会议上的讲话（摘要）

（2000年6月16日）

一、三峡工程成败的关键在于工程的质量

建设三峡工程，是党中央的一个伟大战略决策，是经过全国人大会议通过的。中央作出这一战略决策，是十分不容易的。如果我们不把三峡工程建设好，就辜负了党的信任，辜负了全国人民的重托。经过这几年的实践，可以肯定地说，我们完全能够把三峡工程建设好，这是绝对没问题的！但是，从另一方面说，如果不把工程“质量第一”放在最重要的地位，那我们就不能说是对历史高度负责，对全国人民高度负责。因此，要始终重视工程质量，确保三峡工程质量经得起历史的考验！可以说我们在座的每一个人，都参与、参加了三峡工程建设，我们也可以算是三峡工程建设者了。我们有了这份光荣，当然也有了这个责任，要对三峡工程的质量负责到底，要对子孙后代负责。在前年的汛期，三峡的围堰在经历长江特大洪峰的考验时，我们也是提心吊胆的，担心它还能不能经受更大洪水的考验。三峡枢纽工程成败的关键在于质量，我们要时时刻刻想到成败在此一举。大坝混凝土如果出问题，尤其是隐蔽的质量问题又不容易检查出来，混凝土浇筑后，有时表面上看不出什么，但问题就埋在里头。而这一二年又是大坝浇筑的关键时期，浇筑强度大，工程复杂，要特别重视工程质量。

这次三峡建委派出的枢纽工程质量检查专家组，做了大量工作，发现了施工中存在的一些问题，对保证工程质量提了许多富有建设性的建议。特别是张老（光斗），已是88岁高龄，还戴着安全帽，爬到几十米高的导流底孔去亲自检查混凝土质量，使我很感动。在这里，我要向质量检查专家组的全体同志表示衷心的感谢和崇高的敬意!同时，我也要求，三峡建委、三峡总公司要充分重视稽查组、专家组提出的意见，认真整改。要对参与工程建设的干部、职工加强质量意识教育，不断提高队伍的整体素质；要始终牢记质量是工程的生命，始终把确保工程质量放在首位；要以对国家、对人民、对历史高度负责的精神，把三峡工程建设成世界一流的工程。

2000年是三峡大坝混凝土浇筑的高峰年，全年要浇筑混凝土540万立方米，又要创一个同行业的世界纪录。三峡总公司的同志表示没有问题，能够完成任务，不会影响工期。我希望如此，但一定要确保规章制度、质量标准的认真贯彻执行，要让施工人员在每一个环节，都精心施工，精心安装，不留任何隐患。要采取措施，严格保证工程质量。钱正英同志在发言中建议："如果进度与质量实在不能兼顾，宁可推迟一年发电也要保证质量。"我同意这个提法。这不是要你放松进度，也不是希望你推迟一年，只是讲在进度与质量实在不能兼顾时，宁可推迟一年发电也要绝对保证工程质量。可以这样说，国务院三峡工程建设委员会认为，鉴于三峡工程的复杂性、重要性、艰巨性，宁可推迟一年发电，也要确保工程质量。

关于工程质量问题，前些日子张老（光斗）与郭树言同志有一次谈话，郭树言同志整理了一份谈话记录，我把这份记录报给李鹏同志。李鹏同志有这样一段批示："三峡工程事关千年、万年大计，必须始终坚持质量第一，工期服从质量。要把监理工作放在重要地位，应及时对工程质量进行科学的鉴定，以判断已施工质量的好坏并采取必要的加强措施。"关于监理工作，我一开始介入三峡工程工作时，就主张请外国监理，我的态度一直很明确。我不是不相信中国监理，我完全相信这句话：外国人能够办到的，中国人也一定能够办到。我也不是不相信中国监理人员的素质。但问题在于目前的管理机制和社会风气，不愿意得罪人，不敢得罪人。我可能说得绝对了一点，但至少不少人是这样的。而外国的监理公司，他们在机制上有制约，他要时时对质量负责，要对本公司的声誉负责，他不愿意倒自己的牌子。请外国监理一点也不会影响我们的声誉，工程是我们做的，并不是监理做的。请他们来监理，就是让挑毛病。至于旁站监理，我早就主张这样了。我去三峡工地时，就特别讲到要提高监理人员的地位。请三峡建委研究，提出进一步改进监理工作的意见。

二、一定要重视移民搬迁安置问题

移民问题处理不好，会留下许多隐患。到2009年，三峡工程竣工了，从建设期变成生产期，工程就结束了，但是移民工作可能还会延续很长时间，甚至是一代、两代人的时间。新安江水电站建成几十年了，移民搬迁安置还没完全解决好。如果留在库区的移民没有生活出路，他就可能要乱砍滥伐、破坏环境，就可能造成社会不稳定。因此，要高度重视移民工作。

去年国务院对三峡库区移民工作作出“两个调整”的决定。一是引导更多的农村移民外迁，中国这么大，安排三峡库区移民没有问题。这样做很有好处，关键是要重视这个问题。要召开一次会议，对那些领导重视、积极创造条件接收移民的省市，要通报表扬；对那些不重视移民外迁工作的，也要通报批评。在外迁移民工作中，有关省市一定要有全局观念，要讲政治、讲大局，何况三峡移民还是“带资移民”。至于赴新疆劳务移民返回的问题，重庆市要吸取教训。新疆是个很美丽的地方，移民可以安排在好一点的地方，同时要做好思想工作。二是要调整库区搬迁企业的产品结构和产业结构。现在全国加工工业的产品都过剩，如果库区企业原样搬迁，一开工就没有市场。早期搬上去的企业，多数效益不好，现在要吸取教训。应尽快制定库区企业破产兼并的具体政策。对那些产品无市场、资不抵债、污染严重的企业不能搬迁，要结合产业结构调整，抓紧予以破产关闭。请邦国同志研究解决这个问题。搞西部大开发，也一定要注意这个问题，不能把沿海地区那些卸包袱、有污染的企业搬到西部去。

三、切实加强生态环境保护

国内外许多不明真相的人，怀疑三峡工程建设的必要性，主要的一个原因，就是从生态环境保护角度出发的。我们要极其重视三峡库区的生态环境保护问题，要及时制定规划，认真加以实施，强化监督机制，经常检查督促。绝不能等到水库蓄水了再强调环境保护，现在就要抓紧工作。这件事由国家计委牵头，国家经贸委、财政部、环保总局、水利部、农业部、林业局等有关部门参加，修订和完善现有的库区环境保护和生态建设规划，并尽快制定具体的实施计划，抓紧实施。湖北省、重庆市要把环保工作当作重要任务，在财政预算中留出相当的经费来做这项工作。当然，中央也一定会给予帮助，但你得拿出计划，国家才能给予支持。这件事现在已经做晚了，三峡建委要积极推动上述工作。生态环境保护问题实际上关系着库区的可持续发展问题，要调整、关闭那些污染严重的企业，这对库区经济社会的协调发展也是极大的推动。

四、关于三峡电力问题

我认为电力问题以及三峡的外输电量问题，关键在于继续推进电力体制改革。现行的电力体制如果不改革，就会阻碍生产力的发展。江总书记两次提出，电力体制必须改革，必须实行“厂网分开，竞价上网”。现在就有许多不合理现象，二滩水电站可以发170亿度电，只让它发50亿度。一年的弃水，几十亿元浪费了。二滩每度电1角8分，不让上网，相反四川省与外国合资的电厂，3角多钱1度电，还要保证它每年4000多的发电小时。广东省还在大量用柴油机发电，还要到香港去买电。西南有大量的水电，广东却很少用。这就是体制问题，必须从根本上予以解决。否则，三峡的电价就是降到1角8分1度，也会没人要的。高能耗的火电拼命发，干净的水电不让发，这种状况要改变。当然，除体制问题外，还有输变电网络建设的问题，这些都要予以解决。

我们电力工业的老毛病是“重发（电）、轻（输）送、不管用（电）”。因此，中国的电力体制必须进一步改革，必须实行“厂网分开、竞价上网”。我们完全肯定“省为实体”在发展电力工业中所起的历史作用，解决了以前电力不足的问题。现在全国电力供过于求，而且以后一个相当长时间内这一状况还会继续，如果再强调“省为实体”，就会阻碍电力结构的调整，就会阻碍电力工业的进一步发展。一方面是电力过剩，另一方面还在不断建电站；一方面是高能耗、污染环境的小火电厂满负荷发电，另一方面干净清洁的水电站却不得不弃水；一方面是地方自营的、电价昂贵的电站发电，另一方面是中央管的、电价便宜的电站不能满负荷发电。这涉及地方的利益，包括税收、财政收入分配以及职工就业等一系列问题。要研究电力体制改革，有些思路可以考虑，譬如每个地区电源公司和电网公司分开，电源公司只管电站建设及运营，进行竞价上网；电网公司负责电力传送、调度、分配，谁的上网电价低就用谁的电。地方政府不能干预电力生产，按国家规定进行税收征管，等等。这样就可以从全局出发，进行全国的电力统一调度，就可以达到最佳的选择，获得最大的经济效益，促进电力工业的技术进步。

三峡的电力电量分配和电价确定原则，归根到底还是体制的问题，要结合全国电力体制改革一并研究。否则，三峡的电价再便宜，也不一定有人要。因此，请国家计委牵头，会同国家经贸委、财政部、体改办以及国家电力公司等有关部门和单位，尽快研究提出全国电力体制进一步改革的方案，报国务院审定。

吴邦国在国务院三峡二期工程验收委员会第一次全体会议上的讲话（摘要）

（2002年10月25日）

三峡工程建设如何，事关大局，事关中国政府的形象。为对历史负责，对全国人民负责，国务院经慎重研究，决定对三峡工程进行国家级验收。为此，去年朱镕基同志在三峡建委第10次全体会议上决定成立国务院三峡工程验收委员会，以对三峡二期工程进行阶段性验收。随后成立了枢纽、移民和输变电工程3个验收组。这体现了党中央、国务院对三峡工程的高度重视和极端负责的精神。今年4月下旬即开始了对枢纽工程二期围堰进水前的验收，并完成了第一个国家级验收项目即“三峡导流明渠截流前验收”。

首先，验收是对工程质量安全进行最后把关、消除隐患的保全之策。三峡工程是特大型水利水电工程，必须确保质量、安全万无一失。依照1999年水利部颁布的《水利水电建设工程验收规程》和2000年国家经贸委颁布的《水电站基本建设工程验收规程》的规定，大型水利水电工程可以由部门或委托工程项目法人进行验收。但三峡工程是我国迄今最大的水利水电工程，其投资、工程量、技术难度以及移民人数等等，都为世人所瞩目，不能出现一丝一毫的差错。三峡工程建设，不仅具有重要的经济意义，还具有重要的政治意义。自全国人大通过兴建三峡工程决议的那一天起，就向全世界宣布了中国政府的承诺和中国共产党人的承诺，“质量责任重于泰山”。必须认真把好三峡各项工程质量关，让党和人民放心。

其次，要通过验收对工程项目的设计、施工、进度、质量、安全以及移民等进行全面的质量监督检查，确保万无一失。三峡工程是一个庞大的系统工程，涉及方方面面。从工程方面讲，有枢纽工程、输变电工程和库区、坝区移民；从人与自然的关系讲，有生态环境保护等问题。同时，还有影响当地经济、文化和社会发展的问题。处理不好，都会成为千古遗憾。因此，几年来，我们先后组织了国务院三峡枢纽工程质量检查专家组对枢纽工程进行质量检查；组织稽查组对枢纽、移民和输变电工程进行稽查。这些工作都为验收工作打下了基础。明渠截流前验收顺利通过，说明了三峡工程建设成绩是显著的，但我们工作上也还有不足，也还存在着薄弱环节。例如，在大坝混凝土浇筑上曾出现过一些质量问题；在枢纽工程和移民工程建设过程中出现过一些安全事故。这些问题虽然经过处理，不会给工程留下隐患，但还是造成了一定的影响。通过验收来对设计、施工、进度、安全、资金以及移民工作等，进行全面系统的检查和评价，以确保三峡工程建设质量的安全。

三峡二期工程验收属于阶段性验收，验收工作的范围包括枢纽工程、移民工程和输变电工程3部分。枢纽工程验收的重点是枢纽大坝、通航设施、发电设备和导流明渠截流工程；移民工程验收的重点是坝前135米以下的移民搬迁、库底清理及迁建区的地质安全；输变电工程的重点是与首批机组发电相衔接的500千伏交流输变电工程中的重点工程和三峡—常州直流输变电工程。2002年10月8日至18日期间，验收组及专家组一行88人，以高度的使命感和责任心，夜以继日地工作，一丝不苟地对工程进度、质量和安全情况进行了检查；认真负责地写出了鉴定报告，并经过严密科学的分析判断，充分民主的讨论研究，建议在“2002年11月实施明渠截流”。

这次明渠截流前验收工作结束后，国务院验收委员会还将听取两次验收组的汇报：一是2003年5月，听取蓄水前枢纽、通航、移民验收的汇报；二是2003年10月，听取首批机组启动验收和输变电工程验收的汇报。要认真做好2003年断航的准备工作，请经贸委组织好货物分流运输的组织调度工作，请三峡总公司和交通部组织好翻坝转运工作，精心组织，确保断航期安全转运。请三峡办抓紧协调制定三峡工程的综合调度方案，以保证蓄水通航发电后枢纽的正常运行。关于通航管理体制问题，请三峡建委办公室继续按照9月20日在国务院研究的意见抓紧落实。2003年6月三峡水库就形成了，请三峡建委办公室组织有关部门和专家研究水库管理办法。尽管工作量很大，任务很重。但各项验收都不得马虎，而且都要始终坚持实事求是、突出重点、确保质量、统一领导和分工负责的原则。

第三，要以高度负责的精神搞好验收。三峡工程验收前后分几个阶段，三峡总公司、国家电力公司以及湖北省、重庆市政府要首先组织相关的自验、初验和个别单项工程的委托验收，为最后由国务院进行国家级验收做好准备。期间各个项目验收往往齐头并进，环环相扣，互为交叉。因此，各部门和各单位一定要统筹兼顾，扎实工作，认真做好每个阶段、每个环节的工作，圆满完成验收工作任务。为此要求：一是有关工程项目法人单位、各参建单位和库区各级政府，要严格按照《验收大纲》的规定，认真组织好相关的自验和初验。对照有关的规定、规范和技术标准，狠抓工作质量，为国家终验打好基础。二是验收委员会的全体工作人员，要把验收工作作为党和人民托付给自己的一项光荣政治任务，要有高度的历史责任感和使命感。参加验收的同志，大部分是兼职的，工作都很忙，把大家请来，承担三峡二期工程验收工作，要看到这是党和全国人民的信任以及对三峡工程建设质量的负责。希望大家集中精力、一心一意地搞好验收工作。严格按照《验收大纲》的规定，以严谨、一丝不苟的精神和敢于坚持原则的工作作风，把好工程质量关。三峡工程涉及很多技术领域，验收委员会和3个验收组的组成人员，就是从全国几十个领域选来的专家、学者，他们全部都有正高级技术职称，大都是本专业、本领域的领军人物或有成就的杰出专家。其中科学院院士、工程院院士就有16人。所采用的验收手段也是国内先进的。这一方面说明三峡工程验收的重要，另一方面也体现了党中央、国务院对这次验收工作的高度责任。三峡工程建设是涉及诸多学科的特大型水利水电工程，建设中运用了大量的现代科学技术。因此，必须要有顶级的专家、学者来进行检查验收，用最好的检验手段，这样才能把好关。通过他们的验收，工程质量也才具有公正性和权威性。由于三峡工程建设的社会性和复杂性，仅靠水利水电一个行业的专家学者还不够，还要有其他专业的技术人员参加验收，以达到技术边缘的渗透、知识经验的互补。从而使三峡这个“一流的工程”，达到“一流的质量标准”。三是三峡总公司、国家电力公司和各参建单位以及库区各级政府，都要大力配合和支持验收工作。验收和工程建设是互为促进的两个方面，相辅相成。验收还可以促进工程单位和业主加强工程质量管理，提高质量水平。验收人员通过验收可以发现问题，为改进工作提供参考，促进相关工作的完善和改进。因此，被验收单位一定要以严肃虚心的态度对待验收，迎接验收，并为验收工作提供一切可能的支持和方便。在严格按规定做好自检、初验基础上，如实详细地提交验收所需的一切资料，为验收工作创造良好的条件，保证验收工作圆满完成。

朱镕基在国务院三峡工程建设委员会第十一次全体会议上的讲话（摘要）

（2002年10月29日）

三峡二期工程建设已进入关键阶段，要全力以赴做好各项工作，确保明年如期实现初期蓄水、永久船闸通航、首批机组并网发电的工程建设目标。要以对国家、对人民、对历史高度负责的精神，科学施工，严格把关，确保工程质量、设备运行万无一失。继续贯彻“两个调整”方针，加大农村移民外迁安置力度，做好企业迁建及结构调整工作，大力发展库区经济，使库区人民安居乐业。

移民问题始终是关系三峡工程建设成败的一个关键问题。在三峡工程建设初期，实行移民就地后靠安置是必要的，也是正确的。但由于三峡库区山高坡陡，环境容量有限，如果继续就近后靠安置移民，势必开垦陡坡，毁坏植被，造成新的水土流失，破坏生态环境。针对这种情况，1999年5月，国务院三峡工程移民工作会议适时提出了“两个调整”的方针，采取多种方式安置移民，尤其是鼓励农村移民外迁安置，加大库区企业结构调整力度。在迁出、迁入地各级党委、政府和广大移民的共同努力下，外迁移民安置总体情况良好。实践证明，“两个调整”方针符合三峡库区实际，是完全正确的，应毫不动摇地贯彻执行。

随着三峡三期工程建设的进行，今后移民工作任务仍很繁重，应继续鼓励和引导更多的农村移民外迁安置。应该看到，随着国民经济快速发展，尤其是沿海地区经济的发展，就业机会增多，具备多安置一些三峡移民的条件。这些地区要继续从大局出发，积极主动地承担起更多的三峡移民安置任务。要制定措施，鼓励和帮助已经后靠安置的移民外出务工经商，广开致富门路，增加收入。这样做，既有利于长期稳定地解决移民的生计问题，也有利于保护和改善库区的生态环境，也为发达地区经济发展提供了劳动力，要大力促进库区经济发展，加强对口支援，培育优势产业，扶持移民发展生产。

三峡工程是中华民族的千秋大业，质量是三峡工程的生命。参与工程建设的各有关单位和广大建设者，一定要牢固树立质量第一的思想，一切工作都要服从于质量，确保三峡工程质量经得起历史考验。当前，三峡工程已进入二期施工的最后关键阶段，施工安装任务都十分繁重。“行百里者半九十”，千万不能产生自满和松懈情绪，以免功亏一篑。特别是三峡导流明渠截流施工难度超过上次大江截流，一定要精心施工，确保一次成功。要加强对工程质量的监督检查，严格验收，绝不能放过一丝一毫隐患，对发现的问题必须及时整改。

目前距三峡水库蓄水仅有8个月，时间紧，任务重，要采取更加有力的措施，全面做好蓄水前的各项准备工作。要加快进行库底清理，清除各类障碍物和固体废物，做好卫生消毒工作。加大地质灾害防治力度，切实完成各项治理项目建设。加强库区生态环境建设和保护工作，大力推进退耕还林，综合治理水土流失，加快水污染治理和垃圾处理的工程进度。继续做好三峡库区文物保护工作。科学制定三峡电能的消纳预案，确保首批机组并网发电后送得出、用得上。要完善三峡水库管理体制，合理利用和保护各类资源，确保枢纽工程安全运行和长期发挥效益。

李鹏在导流明渠截流仪式上的讲话

（2002年11月6日）

今天，举世瞩目的三峡枢纽工程胜利地实现了导流明渠截流。这是三峡工程建设的一件大事，必将给全国各族人民以巨大的鼓舞，为即将召开的中国共产党第十六次代表大会献上一份厚礼！

在这里，我代表党中央，全国人大、国务院，向三峡工程的全体建设者和库区广大干部群众，表示热烈的祝贺和亲切的慰问！向支持三峡工程的全国各族人民，向关心三峡工程的香港、澳门特别行政区、台湾同胞和海外侨胞以及国际友好人士，表示衷心的感谢！

1992年4月3日，七届全国人大五次会议通过了《关于兴建长江三峡工程的决议》。经10年的努力，三峡工程建设各方面都取得了很大的成绩。目前，三峡左岸大坝已全线浇筑到坝顶185米高程，永久船闸已转入有水调试阶段，首批发电的机组正在安装。三峡二期移民工作即将全部完成，输变电工程进展顺利，可以满足2003年并网送电的需要。这些成绩的取得，凝聚着我们党三代领导集体的关怀和心血，与全体三峡工程建设者和库区各级政府、移民群众的奋勇拼搏、艰苦创业，与全国各族人民的大力支持分不开的。体现了我们中华民族拼搏奉献的伟大精神，体现了社会主义的优越性。

明年，三峡工程将实现水库蓄水至135米水位，永久船闸通航、首批机组并网发电的二期工程目标。时间紧迫，任务繁重。希望全体三峡工程建设者和库区各级政府以及广大干部群众，一定要进一步发扬“建一流工程，争创一流质量”的精神，认真负责，严格把关，确保工程质量万无一失；一定要抓紧时间，争分夺秒，完成明年并网发电前的施工、安装和设备调试任务。一定要采取更有力的措施，加快库底清理工作的进度，加大地质灾害和环境污染防治工作的力度，全面做好大坝下闸蓄水前一切准备工作。

三峡工程是世界工程建设史上的一个壮举。自古以来，“水治则国治”。确保长江安澜，造福于民，是中国世世代代人民的夙愿。实现这一夙愿的历史重任，则落在了我们的肩上。三峡工程是一项具有防洪、发电、航运、环保、引水等综合效益，符合国家可持续发展战略的跨世纪宏伟工程，“功在当代，利及千秋”。它的建设，无疑是中国历史进程中的一座里程碑，必将大力地促进我国的社会主义现代化建设。

10年前，中国共产党、中国政府和中国人民就庄严地向全世界承诺，一定能建设好三峡工程。现在，巍巍的左岸大坝屹立在长江汹涌波涛之上，十几座现代化的城市坐落在青翠群山环抱之中。事实告诉世人，我们一定能够完成历史赋予的建设好三峡工程这一光荣任务!让我们更高地举起邓小平理论光辉旗帜，在江泽民同志“三个代表”重要思想指引下，团结拼搏，为全面完成三峡二期工程的任务而努力奋斗!

汪恕诚在长江三峡二期工程蓄水（135米水位）和船闸试通航前验收会议闭幕式上的讲话（摘要）

（2003年5月21日）

三峡工程自1994年开工以来，在党中央、国务院正确领导下，经过全体建设者的共同努力，继2002年10月通过明渠截流前验收、11月6日成功实现导流明渠截流后，今天又圆满地完成了蓄水（135米水位）和船闸试通航前的验收，蓄水、通航两大目标马上就要变为现实，工程将开始发挥巨大的综合效益。

三峡工程是我们伟大民族的复兴工程，从宏伟蓝图的设想到新中国成立后的规划、设计、论证，以及开工建设，经历了一条漫长而艰辛的道路，今天终于在我们这一代人手上，将几代人的梦想变成了现实，我们为之而欢欣鼓舞。回顾三峡工程10年建设历程，创造了许多令世界瞩目的丰功伟绩，可以永载我国乃至世界水电建设史册：1999年、2000年、2001年连续3年混凝土施工均刷新了巴西伊泰普水电站创下的年浇筑304万立方米的世界纪录，尤其是2000年一举创造了年浇筑混凝土548万立方米的最高纪录；双线五级船闸规模巨大，结构复杂、施工和边坡处理难度极大，堪称世界之最；70万千瓦大型水轮发电机组台数多、工期紧，安装技术难度大，且多台机组同时安装施工，在当今水电站机组安装中实属罕见；1997年11月8日实现了大江截流后，建成深水围堰，2002年11月6日又成功地实现了导流明渠的截流，这是世界大江大河截流史上最伟大的壮举；明渠截流后在短短的123天时间内完成了三期碾压混凝土围堰的施工，碾压混凝土施工高峰月浇筑强度达47.6万立方米，连续上升达57.5米，这是又一项新的世界纪录。我深信，三峡工程在今后的建设中，还会创造出更多的崭新业绩。为做好这次二期枢纽工程验收，三峡总公司组织参建各方提供了极其翔实的验收资料。据统计，各类验收及安全鉴定文件，总共约3000万字，这是验收工作的基础资料。国务院三峡工程建设委员会三峡枢纽工程质量检查专家组对二期工程进行了9次质量检查和指导。在4月份刚刚结束的检查中，又对二期工程质量作了全面的总结，他们卓有成效的工作为保证二期工程的施工质量立下了汗马功劳。在此基础上，枢纽工程验收专家组认真查看工程现场、仔细查阅验收文件，经过反复分析研究，实事求是地提出了技术预验收意见，为验收奠定了基础。正是由于有这么多系统、丰富的验收资料，以及质量检查专家组和验收专家组作出的客观、科学的结论意见，从而保证了本次验收的顺利进行和验收工作质量，达到了预期的目的。

刚才通过了“蓄水（135米水位）验收鉴定书”和“船闸试通航前验收鉴定书”，意味着工程已具备了下闸蓄水和船闸试通航的条件，我们将尽快向国务院长江三峡二期工程验收委员会汇报，经批准后，即可在6月1日下闸蓄水，待水位达到135米水位时开始船闸试通航。那时滔滔的长江水将变成中华民族的滚滚财富。它标志着三峡工程开始为全面建设小康社会贡献力量，为实现中华民族的伟大复兴贡献力量，这将是三峡工程建设最重要的一座里程碑。

三峡工程要经得起人民、历史尤其是大自然的考验。三峡工程蓄水和试通航后，我们面临的任务仍很艰巨，在此提出如下几点意见和建议：

第一，认真落实验收组提出的各项建议和意见。这次验收，在前几次验收及国务院三峡工程质量检查专家组工作的基础上，对三峡二期工程的建设给予了充分肯定，但也提出了要加强和改进的意见，希望认真组织，逐项落实。近期，对水库蓄水和船闸试通航前的各项准备工作，切不可有丝毫的疏忽和大意，希望三峡总公司和参建各方以“只争朝夕”的精神，积极与有关部门研究，制定周密的计划和措施，科学决策，确保实现蓄水和试通航的目标万无一失。

第二，做好水文预报，确保工程防洪安全。今年是三峡工程大坝、船闸和三期围堰第一次经受较高库水位的考验，也是围堰挡水发电期枢纽泄流能力最小的一年，要做好水文预报工作，做好防大汛的各项准备工作，对可能发生的超标准洪水要有预案，措施要得力。同时，要加强对各建筑物的监测和现场巡视检查，及时对监测资料进行整理和分析，确保工程度汛安全。

第三，抓紧做好船闸充水联调和其他各项有关工作。在水库蓄水期间和蓄水至水位135米后，应抓紧完成上游浮式导航堤浮箱浮运和挂装就位工作，抓紧完成船闸充水联调和试运行的各项工作，使船闸尽快进入试通航，尽快成为长江航运的枢纽工程。

第四，抓紧左岸电站首批投运机组的调试工作。三峡电站70万千瓦大型水轮发电机组，在2002年底完成了总装任务后，目前已进入带电调试阶段，水库下闸蓄水后到首批机组启动验收的时间仅3个月左右，应抓紧进入有水调试，做好各项工作安排，确保首批机组一次启动成功。同时，要落实机组安装现场的防火等各项安全措施，确保人身和设备安全。

第五，确保工程质量是三峡工程建设的关键。今年的蓄水、通航、发电三大目标实现后，工程将真正转入三期工程建设。为了确保在三期工程中创造一流工程，希望三峡总公司组织参建各方全面总结二期工程建设的经验。对于一些技术难题，尤其是改进浇筑工艺和防止混凝土建筑物裂缝问题，要从原材料、混凝土设计、施工工艺、结构体形和尺寸、分缝等方面进行综合研究，以期较好地解决混凝土开裂问题。

我们坚信，在党的十六大精神指引下，勤劳智慧的三峡建设者，一定会以更加饱满的热情，全面完成三峡工程建设任务，夺取最后的胜利！

温家宝在国务院三峡工程建设委员会第十二次全体会议上的讲话（摘要）

（2003年5月29日）

在党中央、国务院领导下，10年来三峡工程建设进展顺利，继1997年11月完成以大江截流为标志的一期工程之后，经过5年多的努力，二期工程建设各项任务即将完成。三峡工程建设的成就，表明我国经济实力和工程技术水平跃上了新台阶。这些成就是全国人民和各个方面大力支持的结果，也是广大三峡工程建设者艰苦奋斗、库区移民群众勇于奉献的结果。

三峡二期工程完成后，即进入三期工程阶段，任务依然繁重、艰巨。我们肩负的责任重于泰山，要不负重托，尽职尽责，扎扎实实地做好工作，认真完成今后各项任务，向国家、人民和历史交出完满的答卷。

第一，高度重视三峡工程质量。千年大计，质量第一。质量是三峡工程的生命。要继续牢固树立质量第一的思想，一切服从质量，务必精心组织，精心施工，精益求精。要强化质量管理和监督责任制，切实落实各项措施，确保三峡工程达到一流的质量，经得起历史的检验。

第二，抓紧整改验收中发现的问题。要按照各个验收组和质量检查专家组提出的意见，认真、全面、彻底地整改，坚决做到不留死角、不留隐患，确保下闸蓄水、船闸通航和发电并网顺利进行。

第三，继续做好移民和库区经济发展工作。要保持政策连续性和稳定性，搞好农村移民外迁安置，搞好企业迁建及结构调整，真正使移民“搬得出、稳得住、逐步能致富”，保证库区社会稳定和长治久安。

第四，十分重视库区地质灾害和水污染治理。重点加强迁建区和专业设施复建区域的地质灾害防治，改进项目、资金管理方式，使之与移民迁建工作紧密结合。要加大重庆市和长江上游主要支流的水污染防治力度，做好长江两岸绿化工作，确保三峡水库水质的清洁。

第五，认真做好二、三期工程建设的衔接。今年是三峡工程蓄水、通航、发电之年，同时也是三峡工程二、三期任务衔接之年，要早作计划，早作安排，保证三期工程建设顺利进行。三峡水库形成后，必须加强水库的管理工作。

第六，加强工程建设各方面的团结协作。各有关部门、地方和单位要加强沟通，相互支持，密切配合。三峡工程的全体建设者要继续发扬谦虚谨慎、艰苦奋斗的优良作风，顽强拼搏，甘于奉献，把工程建设各项工作做得更好。

陆佑楣在双线五级船闸试通航仪式上的讲话

（2003年6月16日）

长江三峡工程双线五级船闸是长江三峡水利枢纽的重要组成部分，经过近十年的建设，我们迎来了开闸试通航的一天。这是在党中央国务院的正确领导下，在全国人民的支持下取得的一个重要胜利，也是整个三峡工程建设的一个重要胜利。

长江三峡工程双线五级船闸上下游总落差为113米，分五级过船，由5个各长280米、宽34米的闸室组成，每一级的落差为22—23米；每次可通过由3条3000吨级的驳船和1个机动拖船组成的万吨级船队，每次通过的时间为2小时40分钟。南北两线船闸可同时或单独运行，在改进后的船舶组合条件下，每年的单向通过能力为5000万吨，是长江航道中的重要通航建筑物。

双线五级船闸是当今世界上规模最大的内河船闸，工程规模巨大，技术复杂，建设中共完成4100万立方岩石开挖及两侧高边坡岩体锚固工程，21公里长的地下输水及排水系统隧洞工程，400余万立方米钢筋混凝土工程，38500吨闸门及钢结构的制造和安装，完成了各类启闭及控制、机电设备共134台套以及监控、消防、通讯系统的安装和调试。在船闸建设中，三峡建设者充分发挥了社会主义市场经济机制的作用，实行公开招标、公平竞争、公正决标、工程监理和信息化管理的模式。施工中采用了先进的工程技术，攻克了一系列工程难题，顺利地完成了这一伟大工程的建设。

双线五级船闸由长江水利委员会设计院总负责设计。由武警水电三峡指挥部、葛洲坝集团、三七八联营总公司、以水电十四局为主的三联总公司、江南重工集团、武昌造船厂,中船总公司709、704所、三八八厂、四七一厂,大连大起集团、水利部夹江水工机械厂等单位参与了工程的建设。由中南勘测设计研究院三峡监理中心负责工程监理。还有大量的钢材及原材料企业为船闸工程提供了优质材料。全体参建单位在三峡总公司统一组织下,团结协调,互相配合,成功地创造了这一工程奇迹。船闸工程已于2002年7月基本完成各项施工任务,随即开展了2个月的无水调试和9个月的有水调试。在施工的各个阶段,船闸接受了国务院三峡建委质量检查专家组共9次的检查,并于今年5月通过国务院三峡工程验收委员会枢纽验收组的验收。国务院三峡建委第12次全体会议正式批准,同意船闸进行试通航。

6月1日三峡水库开始蓄水,于6月10日水库水位蓄到135米。与此同时,完成了船闸上游导航浮堤的定位及各闸室自上而下和自下而上的充水调试,并完成了实船试航试验。目前,三峡总公司已委托长航三峡通航管理局负责船闸运行,签订了委托运行管理协议。

三峡双线五级船闸已完全具备了试通航的条件,请国务院副总理曾培炎同志批准并发布试通航的指令。

温家宝在国务院三峡工程建设委员会第十三次全体会议上的讲话（摘要）

（2003年9月5日）

一、认真总结10年来的三峡工程建设工作

三峡工程建设从1993年开始施工准备，1994年12月14日正式开工，1997年11月8日实现大江截流，完成了一期工程建设。到今年6月，三峡工程下闸蓄水，永久船闸试通航，8月首批机组并网发电，二期工程建设顺利完成。经过10年的艰苦努力，举世瞩目的三峡工程建设取得了阶段性重大成果。一是枢纽工程建设进展顺利，建设进度满足设计要求，投资控制在概算范围之内，工程总体质量良好；二是输变电工程按计划进行，各单项工程的建设规模和技术性能均符合设计要求，工程管理规范，投资控制有效，工程质量优良，首批机组投入运行后，已发挥出巨大的经济效益；三是二期移民安置任务全面完成，移民生活条件得到改善，库区经济发展，社会稳定；四是地质灾害治理、环保和文物保护等工作积极推进，促进了库区经济与社会、人与自然的协调发展。

三峡工程建设是前无古人的伟大事业。三峡工程建设创造了许多行之有效的做法，积累了很多宝贵的经验，要全面系统地认真进行总结，在三期工程建设中继续坚持并不断加以完善。在工程建设方面，确立了精简、高效、权责明确的管理体制，建立了稳定可靠的资金筹措机制，严格实行

“项目法人责任制、招标投标制、合同管理制和工程监理制”为主要内容的现代工程管理制度，建立一整套三峡工程质量控制标准以及相应的质量保障体系，有力地保证了工程建设的顺利进行。同时，引进并消化吸收先进技术，大力推进重大机电装备国产化，提高了中国设计、制造大型水轮发电机组和直流输电工程关键设备的能力，有力地促进了国内装备制造业的发展。在库区移民工作方面，确定了“中央统一领导、省（市）负责、以县为基础”的管理体制，坚持移民任务与资金双包干的原则，实行开发性移民方针，适时调整移民安置政策，加大农村移民外迁安置和搬迁企业结构调整力度，确保移民“搬得出、稳得住、逐步能致富”。有关省、市大力开展对口支援工作，积极承担外迁移民安置任务。在大家的共同努力下，到今年6月底，已搬迁安置移民75.7万人，确保了如期蓄水。与此同时，高度重视生态建设和环境保护，加大了库区地质灾害治理、水污染防治和文物保护工作，促进了库区经济社会的可持续发展。

二、对这次会议审议问题的意见

（一）进一步加强论证，科学决策

这次研究的几个问题，有的还需要进一步论证后才能确定。要广泛听取各方面的意见，不仅要认真听取有关部门和专家的意见，还要听取湖北省、重庆市和库区各级人民政府的意见。有的技术问题比较复杂，要慎重对待。对垂直升船机主体部分设计修改问题，目前国内还没有此类升船机建设的经验，国外也只有德国建造了两座，但不论是建设规模，还是技术要求，都与三峡升船机有较大区别。请三峡总公司再进行反复论证，对一些关键性的技术难题，要进行认真研究和试验，确保万无一失。需要统一研究的重大问题，由三峡办协调。

（二）进一步加强组织协调，统筹兼顾

水库水位汛后提高到139米运行，有利于更早、更好地发挥三峡工程的综合效益，但是必须认真解决好几个问题。一是要完成库区移民搬迁安置工作；二是139米水位线下的地质灾害治理；三是对按135米水位线设计的部分道路、码头等设施要按蓄水到139米抓紧采取新的措施；四是要确保导流底孔和围堰的安全。把这四个问题解决好了，才可以把水位提高到139米运行。每次水位的提高，都是一种新的运行状态，都是一次没有经历过的变化，都是对三峡工程的一次新的考验。因此，必须审慎地处理好工作进度与质量和安全的关系，总的原则是进度要服从质量和安全，绝不能赶进度而影响安全和质量。要按照这个要求，对2006年汛后将水库水位蓄到156米、提前两年完成移民任务，以及右岸地下电站提前施工等问题进行研究和落实。要根据枢纽工程安全运行和泄洪能力、航运条件的变化等实际情况，做好有关方面的工作，并在资金保障等方面采取相应措施。

（三）进一步完善移民政策，维护移民群众利益

移民工作要坚持把维护移民群众的合法权益放在第一位，切实提高移民安置的质量。要抓紧制定移民安置条例，把移民安置工作提到法律的高度来进行。要按新修订的《土地管理法》标准测算农村移民补偿资金，统筹安排用于农村移民生产安置，重点支持库区后靠农村移民的生产发展以及部分确有困难的农村移民的二次安置等，努力提高移民群众生产、生活水平。

三、对做好三期工程建设工作的几点要求

（一）要始终保持积极进取和极端负责的精神

三峡工程建设取得了巨大成就，积累了宝贵经验，在这种时候最容易产生松懈自满情绪。有的同志可能认为施工中最困难、最复杂的阶段已经

过去了，三峡工程剩下的工作量只不过是“小菜一碟”；有的同志觉得三期工程量少了，因而对安全生产和质量管理容易放松；有的同志把主要精力放到其他项目上去了。这些思想都是非常有害的。我在这里郑重提醒大家，“行百里者半九十”，任何质量和安全上的问题，都可能造成功亏一篑。这一点必须高度重视，要有清醒的认识。三峡二期工程虽然已经全面完成，但三期建设任务仍然十分繁重。我们要以对国家、对人民、对历史高度负责的精神，继续发扬艰苦奋斗、连续作战的作风，坚持高标准、严要求，确保如期实现三峡工程建设目标。枢纽工程和输变电工程的管理者、建设者和移民工作干部，都要牢固树立全局观念和大局意识，在成绩和赞誉面前，要保持清醒头脑，谦虚谨慎，戒骄戒躁，慎终如始，兢兢业业地做好各项工作。

（二）要始终把质量放在工程建设的首位

质量是三峡工程的生命。三峡工程一定要经得起历史的检验，绝不能留下任何质量隐患。三峡工程建设要紧紧依靠科技进步，开发引进新的技术，力争在一些重大技术问题上取得突破。要总结二期工程建设的经验教训，业主、施工、设计、制造、监理等各个方面，都要从上到下进一步强化质量意识，全面落实质量保证措施，确保工程质量万无一失。完善和严格执行工程招投标制度，对于确保工程质量至关重要。监理单位要铁面无私地做好监理工作。对三期工程大坝混凝土质量问题，三峡总公司和设计部门要认真听取专家意见，尽快研究解决。要继续坚持枢纽工程质量检查专家组的定期检查制度，加强对工程质量的监督检查。工程建设的各个方面，都要精益求精，力戒差错，确保三期工程质量达到一流水平。

（三）要继续做好库区移民和经济发展工作

三期工程建设阶段，库区移民任务还十分艰巨。要继续贯彻落实“两个调整”方针，做好农村移民外迁安置和搬迁企业结构调整工作。要保持移民政策的连续性和稳定性，坚持依法移民。要采取有效的移民后期扶持政策和措施，加强对已搬迁安置移民的后期扶持工作，大力开发库区优势资源，扶持和发展优势产业，培育新的经济增长点，千方百计提高移民生产、生活水平，确保库区社会长治久安。中央有关部门要继续在项目、资金上对库区给予必要的政策倾斜，各有关省、市要按照“优势互补、互惠互利、长期合作、共同发展”的原则，继续做好对口支援三峡库区移民工作。

（四）要进一步加强库区地质灾害防治和生态环境保护工作

在三峡工程建设中，必须尊重自然规律、保护自然，采取切实措施，将可持续发展战略贯穿于工程建设的始终，努力实现工程与自然的和谐统一。要进一步做好库区生态环境的监测和地质灾害的预警、预报，加快长江上游水污染治理和库区地质灾害治理，加大库区小流域治理和天然林保护的力度。有关部门要尽快制定三峡水库周边绿化带建设规划、三峡库区三期地质灾害防治规划和三峡库区及其上游漂浮物清理方案，尽快组织实施，进一步改善库区生态环境。

（五）要切实加强水库管理工作

三峡水库实行“中央统一领导，国务院有关部门监督指导，湖北省、重庆市具体负责”的管理体制。要严格按照水库管理的有关规定，妥善处理好三峡工程防洪、发电、航运等各个方面的关系，搞好水库的综合调度，认真做好三峡水库的可持续综合利用，妥善处理库区发展与生态环保的关系。坚持依法行政，加强对三峡水库河道、水产资源、水库消落区土地使用及旅游开发区的管理，严肃处理破坏水库水质和危及水库安全的各种违法行为，维护水库库岸稳定，保证水库水质和生态安全。

（六）要高度重视安全生产

三峡工程规模巨大，施工复杂，加强安全生产十分重要。以往在枢纽工程和移民工程建设中已发生了一些安全事故，必须引起高度重视。在三期工程建设中，各参建单位和有关方面要进一步落实安全生产管理制度，对民工的使用，要建立准入制度，加强培训，强化安全措施和安全教育，实行严格的责任制，加强监督检查，堵塞漏洞，消除隐患，努力减少各种安全事故的发生。

曾培炎在三峡水利枢纽工程左岸电站14台机组全部投产发电仪式上的讲话

（2005年9月16日）

三峡工程规模宏大，举世瞩目。从80多年前开始设想，50多年前启动论证，12年来大规模建设，已经进入了边施工、边运行的阶段，开始发挥防洪、通航、发电的综合效益。截至今年9月中旬，三峡电站已经累计发电800多亿千瓦时，有效缓解了华中、华东等地能源供应紧张的状况。三峡船闸年通过货物量已超过4000万吨，客运量近200万人次，使长江成为名副其实的黄金水道。去年9月，四川、重庆发生特大洪水，三峡枢纽蓄滞水量20多亿立方米，初步发挥了防洪作用。2004年，三峡库区退耕还林、天然林保护共造林133.3千公顷，并对2000多千公顷森林进行了有效管护。水库周边绿化带建设工程开始实施，“美化新三峡，保护母亲河”活动蓬勃开展。库区地质灾害防治、水污染治理等工程也取得了积极进展。高峡出平湖，大江展新颜，亿万人民群众开始享受到三峡工程的防洪之利、舟楫之便、用电之惠，一个经济效益显著、社会效益良好、人与自然和谐相处的新三峡即将完整地呈献在世人面前。

随着工程的深入推进，三峡电站技术装备国产化水平不断提高。在左岸电站14台机组的建设过程中，中外双方密切合作，技贸结合，联合设计生产，转让和消化先进技术，使我国大型水力发电和高压直流输变电设备的建设水平上了一个新台阶。已投产的机组运行稳定，主要参数达到了国际先进水平。14号机组、9号机组的国产化率分别达到71%和85%。通过三峡工程建设，我国已经能够自主设计、自主制造、自主安装、自主运行70万千瓦特大型水轮发电机组。下一步，三峡右岸电站12台机组中有8台将由国内企业自主完成。

三峡工程重大装备国产化是成功的。总结经验，主要有以下几点：第一，坚持集中力量办大事，全国人民倾力支持，有关地区对口支援，设计、制造、建设、运营部门分工合作，体现了社会主义制度的优越性。第二，坚持不断扩大对外开放。把开放市场和引进消化吸收先进技术以及自主创新结合起来，逐步掌握核心技术，实现国内外合作双方的互利共赢。第三，坚持重大装备自主化建设。依托国家重大项目推进国产化，充分利用现有基础，把行业龙头企业做大做强，发挥好牵头和带动作用，建设我国有竞争力的装备工业体系。第四，坚持正确履行政府职能。在充分发挥部门和地方作用的基础上，广泛听取专家学者意见，建立起有效的科学民主决策机制。搞好统筹协调，更好地为工程建设服务。这些经验，对继续推进大型水电项目建设具有现实的指导作用，也对装备制造业自主发展具有重要的借鉴意义。我们要认真总结，结合实际加以推广。

当前，三峡工程正处于三期建设的关键时期。各方面都在为明年水库大坝全线达到185米设计高程、汛后水位提高到156米而努力。自古道，“行百里者半九十”。越是在工程进展顺利的情况下，越是要保持清醒的头脑，越是要看到摆在我们面前的任务还十分艰巨。这里我提出几点要求：

一是把工作质量和安全放在首位。一切工作都要服从质量、服从安全，要严格执行质量管理责任制，确保三期工程质量达到一流水平。切实加强安全管理，坚决消灭各种隐患，确保工程建设安全、电站运行安全和水库枢纽安全。

二是加快三期工程移民搬迁安置和地质灾害防治。要完善政策，周密安排，认真做好库区移民各项工作。巩固地质灾害治理成果，抓紧启动三期治理项目，确保工程质量和进度。

三是高度重视库区经济社会发展。要加快发展特色优势产业，加强劳动者技能培训，千方百计扩大就业和再就业，加大社会事业建设力度，不断改善库区生产生活条件，解决好移民的长远生计问题。各级政府要深入细致地做好群众工作，确保库区社会稳定。

四是加强水库综合管理。要搞好防洪、发电、航运的管理调度，让三峡工程在建设期发挥更好的经济和社会效益。同时，要做好污水处理、水面漂浮物清理等工作，实施好各项生态环境保护和建设工程。

温家宝在国务院三峡工程建设委员会第十五次全体会议上的讲话(摘要)

(2006年5月12日)

一、三峡工程三期建设取得重要进展

从2003年三峡工程全面转入三期建设以来，各方面认真贯彻党中央国务院的决策和部署，做了大量卓有成效的工作。三峡枢纽工程、输变电工程进展顺利，三峡大坝全线达到185米设计高程，防洪、发电、航运等综合效益开始发挥。库区移民安置稳步推进，生态环境建设步伐加快，水库综合管理得到加强。

在充分肯定成绩的同时，必须清醒地看到，三峡工程建设中还存在不少的困难和问题。突出的是：汛后156米蓄水前期工作时间很紧，特别是三期地质灾害治理进度亟待加快；提高水库综合管理、电站安全运营、大坝通航能力还要做大量细致的工作；实现库区经济社会发展、移民安居乐业，任务相当艰巨；加强生态环境保护建设、确保水体不被污染，难度很大。这些问题必须引起高度重视，采取有效措施抓紧解决。

二、关于2006年和今后一段时期的重点工作

2006年是三峡工程建设的关键一年。我们要以邓小平理论和“三个代表”重要思想为指导，全面落实科学发展观，认真贯彻中央关于三峡工程建设、库区经济社会发展和移民安置稳定的一系列方针政策，高度重视工程建设质量和安全生产，切实加大移民后期扶持的力度，进一步加强生态环境保护和水库管理，促进库区经济、社会和环境协调发展，高标准、高质量地完成三峡工程建设的各项任务。要着力做好以下几个方面工作。

第一，确保三峡工程建设质量。三峡工程的质量事关千百万群众的生命财产安全，事关我国经济建设的大局，事关国际声誉和政治影响。三峡大坝全线完工以后，很快就要接受高位蓄水的考验，其他各项工程也都处于攻坚的关键时期。我们要始终坚持质量第一、安全第一的方针，严格遵循进度服从质量安全的原则，进一步加强质量监管和安全生产。要充分发挥工程质量检查组和稽查组的作用，认真落实各项质量保障措施，全面提高施工质量、电站机组制造和安装质量、输变电工程质量，确保三峡工程建设达到国际一流的水平。要继续抓好枢纽工程、输变电工程设备的国产化工作，支持企业提高自主创新能力。

第二，切实做好移民稳定工作。移民工作是三峡工程建设的重点和难点，也是三峡工程成败的关键。最近，我到重庆三峡库区做了调研，重点考察了后靠移民状况，我深深感到做好移民稳定工作是一项长期的艰巨的任务，如果把它估计的简单了，在短期内解决问题是不现实的。当前，绝大部分移民已经搬出，关键是要“稳得住、逐步能致富”这件事情要比搬迁难得多。因此要把维护移民稳定摆到三峡工程建设的突出位置，进一步提高移民安置的质量，重点抓好移民后期的扶持工作。在加大农村移民后期扶持力度的同时，要完善城镇移民的扶助政策，这是三峡的一个特点，我说全国2200多万移民，绝大部分是农村移民，三峡城镇移民占的比重比较

大，要帮助他们解决就业和社会保障问题。当然也要重视加强思想工作，充分发挥移民群众艰苦创业和自我发展的积极性。最近一个时期，移民上访和来访比较多，我们要注意做好移民的来信上访工作，及时化解矛盾，妥善处置突发群体性事件，确保社会稳定。

第三，大力推动库区经济社会发展。发展库区经济和社会事业，是解决移民长远生计、保持库区和谐稳定的根本途径。要进一步加大《三峡库区经济社会发展规划》的实施力度，积极调整优化库区经济结构和产业结构，加强交通、水利等基础设施建设，我感到蓄水越接近，困难就越暴露，交通问题、水利问题就显得突出，现在看不到的问题不等于今后不存在，所以要加强交通、水利等基础设施建设。要发展经济作物种植（如柑橘）、畜牧养殖、农副产品加工、旅游等特色产业，支持当地发展天然气、盐化工和机械制造等优势产业，培育支柱产业，促进资源优势转化为经济优势。要加快发展文化、教育、卫生等各项社会事业，特别要加强农村社会事业建设。国家在政策、项目和资金安排上要继续向库区倾斜，完善和充实产业发展基金。要进一步加强对口支援三峡库区工作，这个作用很大，这是我们的特色，也是社会主义制度的优越性，这样可以为库区引入更多的资金、项目、技术和管理经验，可以使一些好的企业进入库区。要加强对口培训，开展劳务合作，推动库区经济发展。

第四，进一步加强生态环境保护和水库管理工作。三峡库区地质灾害防治工作关系整个三峡建设的大局，要予以特别重视，加快推进三期地质灾害和高切坡防治工程项目。库区即将进入汛期，要注意做好监测预警工作，防范可能发生的地质灾害。要进一步加强三峡库区水污染防治工作，已经建成的污水处理厂和垃圾处理场，必须尽快全部投入运行，确保三峡水库水质优良。要继续推进水库周边绿化带的建设，最大程度地减少和降低水土流失和面源污染。要抓紧建立生态补偿机制，推进三峡库岸生态屏障工程建设。要积极做好水库综合管理与协调、水环境管理、消落区土地利用管理、水资源可持续开发利用等各项工作，完善水库综合调度，确保水库安全。

三、几点要求

为了把三峡建设的各项工作做好，我对地方和有关部门提几点要求。

一是要加强领导，协调配合。各有关地区和部门要高度重视，密切合作，继续做好推进和支持三峡工程建设的各项工作。各有关省市要加大对口支援三峡库区的工作力度。

二是要统筹兼顾，整体推进。切实处理好工程建设与运行、工程建设与生态环境保护、移民搬迁安置与安稳致富、库区发展与水库管理等方面的关系，确保移民长治久安和库区可持续发展。

三是强化管理，严格督察。认真开展工程质量、建设进度和资金使用等稽查、审计，保证工程质量，提高资金使用效益。

四是明确责任，狠抓落实。这非常重要。要进一步健全移民工作管理体制和工作机制，创新工作方法和手段，各级领导要深入实际，深入群众，深入调研，针对新情况新问题，及时制定和完善政策措施，解决三峡工程建设中存在的困难和问题。

今天会议我们决定了以下几个事项：最主要的是批准三峡水库2006年汛后蓄水到156米，以及在汛后开展船闸完建工程。其他有几个具体问题，我们原则同意，但还需要进一步协调。（一）同意原三峡移民后期扶持基金，主要用于三峡库区城镇移民的生活扶助，农村移民纳入全国统筹以后，原来三峡基金可以集中用在城镇移民上，这对于缓解城镇移民困难有利；（二）原则同意调整三峡工程建设有关规划和概算，相应增加部分投资，主要用于新增移民安置补偿，有关部门按程序核算和报批；（三）原则同意增加三峡库区产业发展基金；（四）原则同意向库区提供一部分直供电，主要用于发展生产；（五）同意湖北省适当增加省内外迁移民；（六）原则同意右岸地下电站纳入概算。请国家发展和改革委员会、财政部、三峡建委办公室以及有关部门在统一进行一下核算，专门报国务院审批。

汪恕诚在长江三峡三期工程枢纽工程蓄水（156米水位）验收闭幕式上的讲话

（2006年9月5日）

长江三峡三期工程蓄水（156米水位）验收会议顺利地完成了各项议程，就要闭幕了。3天来，按照三期枢纽工程验收工作大纲的规定，在专家组技术预验收的基础上，枢纽工程验收组各位成员、专家和代表共同努力，认真负责，实事求是，形成并通过了《长江三峡三期工程枢纽工程蓄水（156米水位）验收鉴定书》。三峡工程即将在初期运行水位上发挥其全部的设计功能，这是近40年的规划、设计、论证的结晶，是13年来全体建设者艰苦奋斗的结晶！在此，我代表国务院长江三峡三期工程枢纽工程验收组，向三峡总公司和各参建单位表示热烈的祝贺！向所有三峡工程的建设者表示崇高的敬意！向验收组全体成员、各位专家、代表表示衷心的感谢！

三峡工程自1993年开工建设以来，在党中央、国务院的高度重视下，在全国人民的大力支持下，在国务院三峡工程建设委员会的直接领导下，工程建设顺利实现了各项阶段性目标。1997年11月8日实现了大江截流，2003年6月实现了围堰发电期蓄水135米水位、船闸通航和7月左岸电站首批机组发电，今年5月20日实现大坝全线到达设计高程185米。今天蓄水（156米水位）验收通过，标志着三峡工程又将提前一年按照初期水位运行，进入一个新的历史阶段。

三峡工程进入初期运行阶段，无论对于三峡工程建设本身还是对于我国水利水电事业，都具有里程碑式的重大意义。三峡工程提前进入初期运行阶段，标志着长江中下游防洪体系已经形成，防洪能力得到大幅度提高，沿江人民群众生命财产和经济社会发展更有安全保障；标志着我国的水利水电自主创新能力全面提高，水利水电技术已经趋于世界领先地位；标志着我国大型水利水电工程建设管理实现了历史性跨越，建设管理体制改革取得巨大成功。

虽然三峡工程取得了骄人的成绩，创造了世界混凝土筑坝史上的奇迹。但是，我们要深刻认识到三峡工程的重要性、特殊性和高度的社会敏感性。要夺取三峡工程全面和最终的胜利，今后的任务还很艰巨。我们要认真贯彻落实国务院三峡工程建设委员会第15次全体会议精神，继续以对国家和人民高度负责的精神，兢兢业业，扎实工作，完成好三期工程建设，真正把三峡工程建成世界一流工程。

第一，希望全体建设者再接再厉，不骄不躁，始终牢记“行百里者半九十”的古训，认真落实验收组提出的各项建议和意见，抓紧完成剩余建设任务。要始终把工程的安全和质量放在第一位，一如既往地抓好船闸完建、剩余导流底孔封堵和右岸电站厂房土建及机电安装工程施工，确保2007年工程安全度汛。

第二，要正确处理好156米水位蓄水过程中蓄水与防洪和下游用水的关系。今年长江来水严重偏枯，水库蓄水过程中要充分考虑下游生态的基本需求，保证必需的下泄量。同时还要考虑后汛期来大汛的可能性，做好安全度汛的预案，根据气象和洪水预报，科学调度水库水位，确保枢纽和下游荆江河段的防洪安全。

第三，三峡工程蓄水至156米水位后，工程已由建设管理为主逐步过渡到以运行管理为主的新阶段。要始终坚持安全运行第一的原则，抓紧落实各项运行管理措施，加强对枢纽泄洪、电站及船闸等设备的检查和维护，尤其要加强对枢纽各建筑物的安全监测及其资料分析，及时掌握工程各建筑物和设备的运行工况，确保建筑物和设备正常运行，切实保障三峡工程有效发挥防洪、发电、航运等综合效益。

第四，三峡水利枢纽是长江中下游防洪体系中的关键控制性工程，要正确认识三峡工程在长江中下游开发治理中的地位和作用，在水库进入初期运行后，按照保障防洪安全、合理开发资源、维系良好生态稳定河势河床的长江治理总要求，深入细致地研究水库调度方式。要正确处理好水库运用与中下游河势变化和航运的关系，正确处理好上游库区周边岸坡稳定和生态安全的关系，使三峡工程在发挥巨大的经济效益同时，能够更好、更有效地发挥其公益性效益，使三峡工程更好地造福于沿江区域经济社会可持续发展。

第五，三峡工程凝聚着伟大中华民族的勤劳和智慧，三峡工程的建设者在三峡工程的建设中积累了丰富的经验。三峡工程的质量控制、工期控制和概算控制在国内外都是一流的，在工程施工技术上有许多重大创新和突破，成功地搬迁安置了100多万的移民，等等。我们要认真总结三峡工程建设的成功经验，把这些成功的经验运用到长江的滚动开发中，运用到水利水电建设事业中，为推动我国水利水电事业发展作出更大的贡献。

李克强在国务院三峡工程建设委员会第十六次全体会议上的讲话（摘录）

（2008年7月17日）

要深入贯彻落实科学发展观，以对子孙后代负责的精神，牢固树立质量和安全是三峡工程生命线的意识，进一步加强生态环境建设与保护，促进移民安稳致富，实现库区经济社会全面协调可持续发展。

三峡工程建设委员会（简称三峡建委）第15次全体会议以来，各项工作稳步推进，工程建设进展顺利，目前三峡枢纽工程和输变电工程接近完成，已进入后期建设关键时刻。同时，汛期即将来临，安全度汛任务很重。工程建设必须善始善终，坚持质量第一、安全第一，严格遵循进度服从质量和安全的原则，精心组织、科学管理，确保三峡工程建设经得起历史检验。要进一步优化水库调度，周密部署防洪度汛工作，加强科学管理，确保工程安全稳定运行，使三峡工程创造出更好的社会效益、经济效益、生态效益。

生态环境建设与保护是三峡工程和库区发展的重要保障，必须按照可持续发展的要求，加强生态文明建设，促进人与自然和谐相处。要切实采取有效措施，进一步加强水污染防治，下大力气解决影响水质突出问题；建设水库周边生态保护带，控制水土流失，减少泥沙淤积；推进三期地质灾害防治工程，完善环境监测体系，把三峡库区建成长江流域生态屏障。

水库移民安置是三峡工程建设的关键，要作为一项长期的工作抓好落实。必须采取更加有力的措施，保证移民基本生活有保障、劳动就业有着落、脱贫致富有盼头，同心同德建设和谐稳定新库区。要进一步落实移民后期扶持扶助政策，加强职业教育和技能培训，千方百计扩大就业，深入开展对口支援，完善各项社会保障制度，加快发展库区经济，着力推动社会事业，认真解决人民群众最关心、最直接、最现实的利益问题，使广大移民搬得出、稳得住、逐步能致富。

全面实现三峡工程建设各项目标，任务繁重，责任重大。各方面要进一步提高认识，再接再厉，扎实工作。切实加强领导，搞好组织协调，强化监督检查。周密制定方案，完善体制机制，保持工作的连续性和稳定性，确保工程长期安全运行，持续发挥综合效益。

陈雷在长江三峡工程正常蓄水（175 米水位）验收会议开幕式上的讲话

（2009 年 8 月 27 日）

在举国上下喜迎新中国成立60周年之际，三峡水利枢纽经过17年建设、近1年试验性蓄水，具备了正常蓄水（175米水位）验收条件，这是三峡工程建设中的重要里程碑，也是中国乃至世界水利水电建设史上一件具有标志性意义的大事。在此，我代表国务院长江三峡三期工程枢纽验收组，也代表水利部，向长期奋战在工程建设一线的三峡建设者们致以诚挚的问候！向参加这次验收会议的各位委员、专家和有关方面代表表示衷心的感谢！

这次验收是三峡三期工程验收委员会枢纽组负责的最后一次验收，也是三峡枢纽工程全面投入运行前的一次全面检验，做好此次验收工作意义重大。下面我讲几点意见。

一、三峡工程初期运行以来发挥显著效益

三峡工程是治理开发长江的关键性工程，也是世界上规模最为宏大的水利水电工程。在党中央、国务院的高度重视下，在国务院三峡工程建设委员会的直接领导下，在全国人民的大力支持下，在全体建设者的共同努

力下，三峡工程历时17年，顺利完成了各阶段建设任务，具备了175米蓄水的最终目标条件，中华民族的百年夙愿变为现实。

三峡工程于1993年开始进行施工准备，1994年正式开工，1997年成功实现大江截流，2003年实现135米水位蓄水、永久船闸通航、首批机组发电三大阶段性目标。2006年提前一年实现了汛后蓄水至156米水位的目标，由围堰挡水期进入初期运行期，开始发挥防洪、发电和通航效益。2008年提前一年完成主体工程建设任务，左右岸电站26台机组全部投入运行，枢纽所有泄洪设施投入正常运用，泄流能力达到正常运行期设计标准；2008年汛后，三峡水库试验性蓄水至172.8米，挡水建筑物和发电机组经受了高水头的检验，三峡工程具备了175米蓄水条件。三峡工程蓄水运行以来，经受了大自然的考验，发挥了巨大效益。

第一，防洪效益显著。2004年9月，在围堰发电期实施削峰调度，拦截了5亿立方米左右的洪水，首次显示了滞洪错峰的防洪作用；2007年汛期，在长江第四次洪峰过程中，蓄洪总量超过10亿立方米，减轻了长江中游的防洪压力；今年8月，长江上中游发生2004年以来最大洪水过程，最大洪峰流量为55000立方米每秒，三峡水库防洪调度拦蓄洪水42.7亿立方米，最大削减洪峰流量15000立方米每秒，大大减轻了下游的防洪压力。

第二，发电效益巨大。自2003年首批机组发电以来，截至2009年6月，三峡电站累计发电突破3200亿千瓦时，今年8月8日2时20分发电出力短时达到1823.1万千瓦，首次达到设计额定出力。三峡电站在应对2003—2004年我国电力紧缺、抵御2008年南方低温雨雪冰冻灾害、保障北京奥运会电力供应等关键时刻作出了突出贡献，为我国经济社会发展提供了能源保障。三峡电站促进了节能减排，相当于每年节约燃煤数千万吨，减少大量二氧化碳、二氧化硫等有害气体排放，被世界著名科普杂志《科学美国人》列入世界十大可再生能源工程。

第三，航运效益突出。从2003年6月三峡船闸试通航开始，通过三峡枢纽的年货运总量呈持续增长态势。2008年，通过三峡枢纽的货物总量达到了6847万吨。截至今年6月底，三峡船闸已安全稳定运行6年，通过船舶36万艘次，通过旅客838万人次，货物2.46亿吨，累计通过三峡枢纽的货物逾3亿吨，“自古川江不夜航”的历史从此结束，船舶运输成本较蓄水前降低1/3以上，长江航运业得到突飞猛进的发展。

同时，三峡水库蓄水以来，充分利用调节库容，枯水期向下游补水共110亿立方米，为下游工农业生产和生态环境的改善创造了有利条件。今年上半年，在来水总体偏枯的情况下，累计为下游补水56亿立方米。

本次验收通过后，三峡工程将实现正常蓄水（175米水位）目标，进入正常运行阶段，全面发挥防洪、发电和通航等综合效益。我们深信，承载着共和国水利辉煌梦想、凝聚了中华儿女智慧与力量的三峡工程，一定会在中国现代化进程中发挥更大的作用。

二、正常蓄水（175 米水位）验收意义重大

对于三峡工程这样一个巨大、复杂、事关国计民生的工程，在投入运行之前必须进行科学、严谨、全面、系统的验收。这次正常蓄水（175米水位）验收是三峡工程建设的重要里程碑，具有重大的标志性意义。

第一，正常蓄水（175米水位）验收是对三峡枢纽工程建设的全面总结。2003年进入三峡三期工程建设阶段以来，国务院长江三峡三期工程验收委员会枢纽工程验收组已经进行了三期工程的四个阶段验收：2006年5月23日通过了上游基坑进水前验收，2006年9月5日通过了蓄水（156米水位）验收，2007年5月15日通过了北线船闸一、二闸首完建单项工程验收，2007年11月28日通过了右岸电站首批机组启动验收。本次验收不同于前四次验收，不仅要进行正常蓄水（175米水位）验收，还要对整个三期验收进行全面总结；不仅要对历次验收的遗留问题处理情况进行全面评估，还要对三峡工程初期运用情况进行全面检查；不仅要进行枢纽验收，还要与竣工验收有机结合。本次验收涉及的工程范围涵盖了整个枢纽，是对工

程质量和安全状况的一次全面检查，是确定三峡工程能否正常发挥设计功能的一次综合评价，也是三期工程枢纽验收组的最终一次验收。

第二，正常蓄水（175米水位）验收是三峡工程全面发挥综合效益的关键环节。三峡工程采用“一级开发、一次建成、分期蓄水、连续移民”的建设方案。目前已经历了135米和156米水位蓄水，取得了初步的效益，但是三峡工程只有蓄水至175米，其主要功能才能得到充分展示，其最大效益才能得到全面发挥。通过本次正常蓄水验收，将向世人宣告三峡水库可以蓄水至175米，标志着三峡枢纽工程可以全面发挥防洪、发电和航运等巨大综合效益。长江荆江河段的防洪标准可从十年一遇提高到百年一遇，通过联合运用可以防范千年一遇特大洪水造成的毁灭性灾害，从根本上改善长江流域防洪形势；在来水量正常的情况下，每年可提供882亿度的清洁能源，直接为华中、华东、华南和重庆市广大地区提供电能；有效改善湖北宜昌至重庆段660公里的水运航道和长江中下游枯水季节的航运条件，万吨级船队可直抵重庆港，大大提高三峡干流航运能力。实现正常蓄水后，三峡水库蓄水量将达393亿立方米，可提供充沛的水源。同时通过科学调度，还可以在枯水季节补充长江中下游流量，改善中下游航运条件、生态环境和部分地区缺水状况。

第三，正常蓄水（175米水位）验收是三峡工程按照设计规模全面建成的重要标志。三峡工程是我国自主设计建设的世界上最大的水利水电工程，创造了100多项世界之最，提高了我国在土建施工、机械制造、输变电等行业的科技水平和创新能力，促进了我国水利水电建设攀登世界高峰，带动了国家机电、装备、材料等多个行业的跨越发展，培养了一大批优秀工程技术人才和管理人才。175米水位验收标志着三峡水库按照设计规模全面建成。这是中国在世界水利水电建设史上创造的奇迹，是改革开放成就的彰显，是综合国力的象征，是民族复兴的丰碑。

三、正常蓄水（175 米水位）验收条件已经具备

为做好本次验收，有关方面做了大量卓有成效的工作，组织开展了175米水位试验性蓄水，全面检查了工程建设和初期运行情况，认真完成了技术预验收工作。总的看，验收前期准备工作充分，正常蓄水验收已具备较好的条件。

第一，三峡大坝经受了175米水位试验性蓄水的考验。去年，三峡工程进行了试验性蓄水，水位由145米蓄至172.8米。试验性蓄水期间，三峡总公司认真贯彻国家关于试验性蓄水的要求，以安全、科学、稳妥、渐进为原则，加强与国家有关部门、有关地方政府以及电网调度等有关各方之间的沟通协调，保证了三峡电站发电出力和葛洲坝下游通航水位均高于调度规程规定的标准值，加强了漂浮物清理，试验性蓄水进展顺利。各项监测数据显示，各枢纽建筑物变形、基础渗流及应力应变测值均在正常范围内，枢纽建筑物工作性态正常；机组、船闸均处于正常运行状态；近坝库区地震活动正常，库岸基本稳定，没有发生大面积库岸崩塌、滑坡现象；泥沙观测正常；蓄水前后库区水质与水体环境无类别变化。试验性蓄水表明，枢纽建筑物和机电设备经受了高水头的考验，水库库岸稳定好于预期，泥沙淤积对重庆港的影响较小，库区水质无明显类别变化，蓄水后库区地震频率增加，但震级较小，对枢纽和库区没有危害性影响。175米水位试验性蓄水的成功，为实现正常蓄水（175米水位）创造了条件。

第二，历次验收的遗留问题已经得到妥善处理。在前几次验收中，验收组就有关问题提出了处理意见，包括上游基坑进水前验收中的关于蓄水156米水位过程中的安全监测问题，蓄水156米水位验收中提出的蓄水方案应充分考虑蓄水对下游用水的影响，北线船闸一、二闸完建单项工程验收中人字门涂层脱落等问题。目前，这些问题均已得到妥善处理，验收组意见得到了很好落实。特别是右岸电站首批机组启动验收中提出的18号

机组噪声和上机架盖板振动偏大、22号机组转轮叶片出现裂纹的问题，目前发电机盖板振动及噪声已基本消除，机组转轮叶片裂纹已补焊处理，机组运行平稳，具备了正常蓄水验收的条件。

第三，正常蓄水（175米水位）验收准备工作深入扎实。为了做好三峡工程正常蓄水（175米水位）验收工作，有关单位和验收专家组做了大量艰苦细致的前期工作。专家组于去年7月上旬完成了三峡工程三期工程175米水位试验性蓄水检查工作，提出了检查报告。今年6月，专家组对三峡工程试验性蓄水及枢纽运行情况又开展了现场调研，为正常蓄水（175米水位）验收技术预验收做好了必要的准备，提出了调研报告。8月23—26日，以潘家铮院士为组长、由国内近50位权威专家组成的验收专家组，在三峡坝区进行了正常蓄水（175米水位）技术预验收，提交了长江三峡工程正常蓄水（175米水位）验收技术预验收意见。同时，中国工程院也组织专家对三峡工程论证及可行性研究结论进行阶段性评估，认为三峡工程质量总体优良，已具备175米试验性蓄水条件。这些前期准备工作，为验收组进行项目验收和形成验收意见提供了重要参考和科学依据。

四、以科学严谨的态度认真做好本次验收工作

（略）

五、切实加强三峡工程运行管理和库区管理

（略）

国务院三峡工程建设委员会第十七次全体会议科学安排三峡工程后续工作

（2010 年 11 月 30 日）

国务院三峡工程建设委员会第17次全体会议2010年11月30日在北京召开。中共中央政治局常委、国务院副总理、国务院三峡工程建设委员会主任李克强主持会议。他强调，三峡工程初步设计建设任务如期完成后，要科学安排各项后续工作，确保三峡工程长期安全运行和持续发挥综合效益。

中共中央政治局委员、国务院副总理、国务院三峡工程建设委员会副主任回良玉出席会议。

会议审议了三峡工程验收结论的报告和后续工作规划。会议认为：三峡工程初步设计建设任务如期完成，试验性蓄水目标实现；工程质量总体优良，拦洪调峰作用明显，发电量累计超过了4000亿千瓦时，航运效益明显提升；百万移民搬迁安置任务完成，对口支援工作取得成效，库区经济社会快速发展；生态环境建设与保护得到加强；工程投资控制在批准的概算和预测的范围之内。在此基础上，下一步要继续加强安全监测，严防地质灾害，完善水库运行管理制度，科学安排好三峡各项后续工作。这有利于确保三峡工程长期安全运行，促进三峡工程持续发挥综合效益，对于实现移民安稳致富、加强生态环境保护、推动区域经济协调发展，都具有十分重要的意义。

李克强指出，做好三峡后续工作，要把推进库区移民安稳致富作为首要任务，加快发展现代农业，大力发展库区特色优势产业。拓宽移民增收渠道，建立覆盖城乡居民的社会保障体系，实现城乡基本公共服务均等化。要高度重视库区生态环境保护和防灾减灾体系建设，继续加强水污染防治，提高森林覆盖率。加强消落区保护和生态恢复，加大地质灾害治理力度。

李克强说，三峡工程管理是一项复杂的系统工程，要完善各项规章制度，提升科学管理水平，继续认真做好试验性蓄水工作，进一步优化三峡工程综合调度和长江水资源配置，发挥好三峡工程的综合效益。各有关地区和部门要加强统筹协调，落实工作责任，突出工作重点，注重实施成效，严格项目监管，确保资金使用安全有效，使三峡后续工作经得起历史的检验。

回良玉指出，要认真总结三峡工程建设的经验和做法，继续高标准推进三峡工程相关的在建项目建设，切实搞好三峡工程的综合调度和运行管理，努力开创三峡后续工作良好局面。

会上，国务院三峡办负责人汇报了当前三峡工程建设情况和三峡建委第16次全体会议议定事项贯彻落实情况、三峡工程如期完成初步设计建设任务的综合验收报告以及后续工作规划情况。国务院三峡工程建设委员会副主任、中国三峡集团董事长、党组书记曹广晶，国务院三峡工程建设委员会委员、中国三峡集团总经理陈飞和国务院三峡工程建设委员会各成员单位、国务院有关部门负责人以及有关专家参加了会议。

日前，回良玉还主持召开三峡三期工程验收委员会全体会议，对三峡三期工程进行了验收。

国务院常务会议讨论通过《三峡后续工作规划》

（2011 年 5 月 18 日）

2011年5月18日，国务院总理温家宝主持召开国务院常务会议，讨论通过《三峡后续工作规划》和《长江中下游流域水污染防治规划》。

会议指出，在党中央、国务院的坚强领导和全国人民的大力支持下，经过17年艰苦努力，三峡工程初步设计建设任务如期完成，防洪、发电、航运、水资源利用等综合效益开始全面发挥。三峡工程在发挥巨大综合效益的同时，在移民安稳致富、生态环境保护、地质灾害防治等方面还存在一些亟需解决的问题，对长江中下游航运、灌溉、供水等也产生了一定影响。这些问题有的在论证设计中已经预见但需要在运行后加以解决，有的在工程建设期已经认识到但受当时条件限制难以有效解决，有的是随着经济社会发展而提出的新要求。适时开展三峡后续工作，对于确保三峡工程长期安全运行和持续发挥综合效益，提升其服务国民经济和社会发展能力，更好更多地造福广大人民群众，意义重大。

会议强调，开展三峡后续工作，必须坚持以人为本、关注民生，保护环境、持续发展，统筹兼顾、突出重点，国家扶持、多元投入，区分缓急、分步实施的原则，完善扶持政策，加大资金投入，建设和谐稳定的新库区，实现经济社会与环境协调发展。《三峡后续工作规划》的主要目标是：到2020年，移民生活水平和质量达到湖北省、重庆市同期平均水平，覆盖城乡居民的社会保障体系建立，库区经济结构战略性调整取得重大进展，交通、水利及城镇等基础设施进一步完善，移民安置区社会公共服务均等化基本实现，生态环境恶化趋势得到有效遏制，地质灾害防治长效机制进一步健全，防灾减灾体系基本建立。为此，一要促进库区经济社会发展，实现移民安稳致富。大力促进就业。对进城镇安置移民和生态屏障区农村相关转移人口，补助基本养老保险和医疗保险个人缴费。二要加强库区生态环境建设与保护。将水库水域、消落区、生态屏障区和库区重要支流作为整体，综合采取控制污染、提高生态环境承载力、削减库区入库污染负荷等措施，建设生态环境保护体系。三要强化库区地质灾害防治。建立完善监测预警系统和应急机制。对受地质灾害威胁的农村人口实施避险搬迁，对迁建城镇、人口密集区和影响重大的地质灾害体实施工程治理。严格控制地质灾害易发区县城、集镇建成区规模。四要妥善处理三峡工程蓄水后对长江中下游带来的不利影响。实施工程整治，稳定河势，加固堤防，改善航道和取水设施功能。实施生态修复，改善生物栖息地环境，保护生物多样性。加强观测研究，优化水库调度。五要提高三峡工程综合管理能力。构建综合的监测体系、信息服务平台和会商决策系统，形成系统的工程运行管理长效机制。六要以洪水资源化、水库优化调度、供水效益拓展为主攻方向，拓展三峡工程防洪、发电、航运、生态和水资源配置等综合效益，提高在国家水安全和电网运行安全等方面的战略保障能力。会议要求有关地区和部门加强领导和协调配合，完善政策措施，精心组织实施。

《长江中下游流域水污染防治规划》的范围，包括尚未纳入水污染防治规划的长江干流、长江口、汉江中下游、洞庭湖和鄱阳湖等5个控制区，涉及8个省（区、市）的408个县，流域面积63.3万平方公里。长江中下游流域是我国人口密度最高、经济活动强度最大、环境压力最重的流域之一。由于经济社会发展迅速，流域水污染问题日渐突出，饮用水水源和水生态安全面临考验。“十二五”时期，必须坚持分区控制、突出重点，统筹规划、综合治理，海陆兼顾、河海统筹，以优化经济结构和产业布局为重点，综合运用工程、技术和生态的方法，加大生态环境保护和建设力度，全面提升流域及近岸海域水污染治理和环境监管水平，保障饮用水水源地水质安全，解决突出的流域水环境问题，促进流域经济社会可持续发展。会议要求加强项目管理，保证工程质量；开展考核评估，确保规划顺利实施。

国家审计署关于长江三峡工程竣工财务决算草案审计结果

（2013年6月7日）

根据全国人大财经委员会关于三峡工程竣工验收的相关要求和国务院的部署，审计署于2011年6月至2012年2月对长江三峡工程竣工财务决算草案进行了审计。具体包括：中国长江三峡集团公司（以下简称三峡集团公司）、国家电网公司编制的枢纽工程①和输变电工程竣工财务决算草案；国务院三峡工程建设委员会办公室（以下简称三峡办）编制的移民资金财务决算草案。审计过程中，就有关问题反复听取了三峡办、发展改革委、财政部、环境保护部、水利部、国家电网公司、三峡集团公司等单位以及重庆、湖北、湖南、上海等省市政府的意见。截至2012年11月底，审计发现的问题已全部整改。现将审计情况公告如下：

① 根据财政部批复的《长江三峡水利枢纽工程竣工财务决算办法》，三峡枢纽工程竣工财务决算编制范围不包括增建的三峡右岸地下电站，地下电站竣工财务决算单独编制。由于本次审计时地下电站尚未完工，竣工财务决算尚未编制，本报告中有关表述、数据均不涵盖地下电站。待地下电站竣工财务决算编制完成后，审计署将专门进行审计。

一、三峡工程的基本情况

（一）建设目标和内容

1992年1月，国务院常务会议通过了国务院三峡工程审查委员会对《长江三峡工程可行性研究报告》的审查意见。4月，七届全国人大第五次会议审议了《国务院关于提请审议兴建长江三峡工程的议案》，通过了《关于兴建长江三峡工程的决议》。1993年7月、1994年12月和1997年2月，国务院三峡工程建设委员会（以下简称三峡建委）先后批准枢纽工程初步设计报告、水库移民补偿投资概算总额及切块包干方案、输变电系统设计概算。根据以上审议批准结果，三峡工程建设目标是：将长江荆江河段防洪标准由十年一遇提高到百年一遇；配合其他措施，防止荆江河段发生毁灭性灾害；减轻洪水对武汉地区及下游的威胁；充分发挥发电、航运、灌溉、供水和发展库区经济等综合经济效益和社会效益。主要建设内容如下：

1. 枢纽工程。包括拦河大坝、水电站和通航建筑物等。拦河大坝全长1983米，坝顶高程185米；水电站装机26台，总容量1820万千瓦；通航建筑物为双线五级船闸和单线垂直升船机，年单向通过能力分别为5000万吨和350万吨。水库正常蓄水位为175米，总库容为393亿立方米，其中防洪库容为221.5亿立方米。

2. 输变电工程。直流换流容量为1800万千瓦，交流变电容量为2275万千伏安，供电范围包括江苏、广东、上海等10省市，输电线路总长9194公里，并配套建设调度自动化系统、继电保护等项目。

3. 水库移民。库区规划移民搬迁建房人口124.55万，迁建房屋4365.5万平方米，搬迁工矿企业1632家、城市（县城）12座、集镇114座，实施文物保护项目1087处。

（二）概算及资金来源

三峡建委根据确定的建设内容，以1993年5月末价格水平为基准，批复三峡工程静态投资概算合计1352.66亿元。其中：枢纽工程500.9亿元、输变电工程322.74亿元、移民资金529.02亿元；按照物价和利率等影响因素测算，动态总投资合计2485.37亿元，其中：枢纽工程1263.85亿元，输变电工程364.99亿元，移民资金856.53亿元。

根据国务院批准的筹资方案，建设资金主要来源为三峡工程建设基金、国家开发银行贷款、电网收益再投入以及发行企业债券、利用外资等。截至2011年12月底，三峡工程建设资金投入2078.73亿元。其中：三峡工程建设基金1615.87亿元，向长江电力股份有限公司出售发电机组收入350.31亿元，电网收益再投入110.69亿元，基建基金等专项拨款1.86亿元。在建设过程中，通过国家开发银行贷款和发行企业债券等筹措的资金，目前已全部偿还。此外，在移民搬迁安置中，国家还通过相关政策给予了资金支持。

（三）竣工财务决算草案情况

按照三峡集团公司等编制的竣工财务决算草案，三峡工程财务决算总金额为2078.73亿元。具体情况：

1. 枢纽工程。截至决算基准日2008年12月31日，决算草案金额873.61亿元，其中：已完工项目投资801.51亿元，升船机、坝区整理完善等尾工项目预计投资72.1亿元。截至2011年底，这两个尾工项目分别完成其总投资的38%和43%。

2. 输变电工程。截至决算基准日2008年12月31日，输变电工程全部完工，决算草案金额348.59亿元。其中：一次系统项目322.95亿元（直流工程192.24亿元、交流工程130.71亿元），二次系统项目12.32亿元，专项费用

8.59亿元，总预备费2.23亿元，电网调度大楼2.5亿元。

3. 移民资金。截至决算基准日2011年6月30日，实行任务和资金“双包干”、纳入三峡工程竣工财务决算草案的移民资金共856.53亿元，按21:4:75的比例分别计入防洪、航运和发电资产。此外，用于移民的资金还包括国家相关支持政策派生资金（移民资金存款利息、耕地占用税返还、超面积使用土地的出让金等）、三次提前蓄水一次性补助、工矿企业关闭破产补助等63.76亿元[①]。截至2011年6月30日，移民搬迁安置已支出共计757.7亿元，在建项目或未完成结算项目162.59亿元。

按照竣工财务决算草案，三峡工程形成资产2078.73亿元。其中：交付三峡集团公司1729.25亿元，包括防洪资产179.87亿元、发电资产1300.24亿元、航运资产247.55亿元（含升船机等尾工项目）、坝区接待中心等其他独立资产1.59亿元；交付国家电网公司输变电资产348.59亿元；三峡办办公楼等资产8800万元待财政部批准后转出；核销80.8万元。

二、三峡工程建设取得的主要成效

1992年以来，在党中央、国务院正确领导和全国人民大力支持下，在三峡建委的直接领导下，项目法人和有关地方政府精心组织，顺利完成了三峡工程建设任务。从三峡办及有关部门、单位和地方政府提供的资料看，三峡工程建设取得了显著成效，在规划论证、建设管理、投资控制、科技创新、管理创新等方面形成了许多有益的经验和做法，为我国重大工程建设和管理提供了可借鉴的经验。

① 派生资金、三次提前蓄水一次性补助、工矿企业关闭破产补助等用于移民搬迁安置，视同移民资金管理。本次审计中，对其管理使用情况进行了审计。但该3项资金属于政策性投入，未列入移民补偿投资概算，不计入三峡工程建设成本，因此未列入三峡工程竣工财务决算。

（一）各项建设任务如期或提前完成

在三峡工程建设中，有关方面注重协调配合，按计划有序推进各项工作，保证了建设进度和建设任务的完成。

一是枢纽工程方面。除批准缓建的升船机（按计划2015年建成）和增建的坝区整理完善项目外，初步设计的建设任务于2009年全面完成。其中截流、蓄水、发电和通航等主要控制性阶段目标均按期或提前实现：1997年大江截流；2003年实现水库135米蓄水、双线五级船闸如期试通航、电站首批机组并网发电；2006年水库蓄水至156米，提前1年进入初期运行；2008年左、右岸电站26台单机容量70万千瓦机组整体提前1年投产发电；2010年10月实现水库蓄水至175米设计水位。

二是输变电工程方面。2007年全面建成投产，提前1年完成初步设计任务。通过优化线路设计，建成±500千伏直流输电线路3条、总长度2856公里，换流站6座、总容量1800万千瓦；建成500千伏交流线路工程55项、线路总长度6338公里，变电工程33项、总容量2275万千伏安；同步建成配套的调度、通信等二次系统工程，保证了三峡电力“送得出、落得下、用得上”。

三是移民搬迁安置方面。截至2011年底，实际移民搬迁建房人口129.64万，迁建房屋5054.76万平方米，分别比计划增加5.09万人和689.26万平方米；工矿企业、城市（县城）、集镇及文物保护单位搬迁等均按计划全面完成，初步实现了“搬得出”、“稳得住”的目标，保障了水库分期蓄水顺利推进。

（二）工程质量总体优良

在三峡工程建设中，有关方面高度重视质量管理，建立健全了质量监督管理体系，出现的质量缺陷都能及时加以处理。枢纽一期工程质量良好，二期工程质量总体优良，三期工程质量优良，枢纽工程投入运行以来，建筑物工作性态正常，机组运行可靠。输变电单项工程优良率达到100%，获国家优质工程奖和设计奖15项，系统运行安全稳定，未发生电网安全事故，其中交流输电线路2009年和2010年每百公里故障停运率均为0.094次，明显优于国内同类工程（平均分别为0.106次和0.199次）；直流输电线路2009年和2010年每百公里故障停运率分别为2.3次和1.7次，约为国际平均水平的1/6左右。移民工程已完工验收的迁建用房和学校、医院、公路、桥梁等1.83万个项目，投入使用情况总体良好。

（三）综合效益逐步显现

一是防洪效益明显，实现了荆江河段防洪标准由十年一遇提高到百年一遇的设计目标。自2006年实现水库156米蓄水以来，三峡工程在长江中下游防洪体系中开始发挥骨干作用，9次拦蓄洪峰流量超过5万立方米每秒的洪水，其中两次入库洪峰流量超过7万立方米每秒（1998年最大入库洪峰流量为6.48万立方米每秒），调蓄后下泄流量削减至4万立方米每秒左右，保证沙市不超警戒水位，有效减轻了长江荆江河段及中下游的防洪压力。

二是发电效益显著，促进形成了全国电网互联格局。截至2011年底，三峡电站累计发电5310亿千瓦时，输送电量5284亿千瓦时，有效缓解了华中、华东和华南用电紧张的局面。同时，实现华中与川渝、华东及南方电网联网，提高了电网运行的安全可靠性。

三是航运效益突出，提高了长江干流及库区支流航运条件和库区港口通航能力。水库蓄水后，坝址上游660公里主航道单位运输成本下降约37%。自2003年6月船闸通航至2011年底，过闸及翻坝货运量累计5.5亿吨，其中2011年过闸1亿吨，比2003年增长6.3倍；船闸年均通航率保持在94.6%至98.9%之间，明显高于84.13%的设计要求。

四是补水效益逐步发挥，为改善下游水域条件和缓解旱情发挥了积极作用。2003年至2011年，三峡水库枯水期向下游补水力度逐步增大，累计补水564天、共788亿立方米，枯水期流量最低月份平均流量从入库时每秒3670立方米提高到出库时每秒5430立方米。

五是节能减排效益开始显现，提升了对水电清洁能源的利用水平。按全国6000千瓦及以上火电机组2003年至2011年标准煤耗测算，截至2011年底，三峡电站利用水能发电量可替代火电标准煤耗1.85亿吨，减少排放二氧化碳4.22亿吨、二氧化硫88万吨、氮氧化物142万吨、烟尘63.26万吨。

（四）移民生产生活水平不断提高

三峡工程移民工作全面贯彻落实中央各项方针政策，各有关地方积极开展对口支援工作，促进库区经济社会稳步快速发展，移民居住环境和库区基础设施明显改善，生产生活水平不断提高，居民收入稳定增长，库区安置和外迁的移民状况总体稳定。以1997年为基准，2011年三峡库区地区生产总值为4444.66亿元，增长了6.71倍，年均增长12.5%；地方财政收入共计474.39亿元，增长了19.6倍，年均增长24.1%；公路通车里程达到8.22万公里，增加了6万公里，年均增长9.3%；城镇居民年人均可支配收入18694元，增长了3.19倍，年均增长10.78%；农村居民年人均纯收入6427元，增长了2.9倍，年均增长10.33%；农村移民饮用水水质和城市饮用水源地水质基本达到要求；城镇生活污水和垃圾集中处理率分别为72%和77%；包括幼儿教育、中小学教育、高等教育、职业教育和成人教育在内的具有地方特色的国民教育体系已建立并逐步完善，小学学龄儿童入学率达到99.9%；城乡医疗网络和公共文化服务网络初步建立，医疗卫生条件和保障水平逐步提高，新增病床26447张；广播电视线路架设478.75万米、通讯线路591.66万米，电视人口覆盖率超过97%。

（五）生态环境建设与保护工作得到加强

三峡工程高度重视落实生态环境建设与保护政策措施，通过优化设计和环保施工，强化施工期噪声和“三废”污染控制，加强水土保持，及时恢复施工区植被，减少了对环境的不利影响。库区长江干流水质总体稳定，以优于三类为主。治理水土流失面积超过1.8万平方公里，入库泥沙量明显下降，年平均入库2亿吨，明显低于5.3亿吨的设计值，库区泥沙淤积好于预期。对受工程影响的珍稀特有动植物采取了有效保护措施。库区地质灾害防治工作取得初步成效，完成地质滑坡防治工程397处、高切坡防护项目2874处、库岸防治204公里，避险搬迁7万余人，并建立了库区地质灾害监测与预警体系，设置专业监测点251个、群测群防监测点3113个。

（六）对我国水电工程建设和重大装备技术进步起到了积极带动作用

三峡工程建设坚持科技创新，通过引进、消化、吸收再创新，实现大型水轮发电机组、大型铸锻件和直流输电工程国产化目标。有关国内厂商通过与国外厂商联合设计、合作生产，以及核心技术引进和消化吸收，已能够独立制造70万千瓦水力发电机组。枢纽工程获国家级科技成果奖21项、专利700余项，通过自主研发，大型水电机组的转轮水力设计、机组全空冷技术等关键核心技术达到国际领先水平。交流输电工程设备基本实现立足国内制造，直流输电工程设备国产化率达到70%左右。输变电工程获国家科技进步一等奖1项、专利135项，实现重大自主创新170项，建成了杆塔试验室、电力系统电磁兼容实验室等具有国际先进水平的重点试验室，解决了超大规模交直流互联电网的调度运行以及安全稳定控制技术难题，全面提升了我国输变电工程设计、制造、施工及运行管理水平。

三、审计评价

本次竣工财务决算草案审计，依据的标准主要是：七届全国人大第五次会议审议通过的三峡工程议案和兴建三峡工程的决议，三峡工程可行性研究报告，长江三峡工程建设移民条例，枢纽工程初步设计报告、输变电系统设计概算和水库移民补偿投资概算总额及切块包干方案等，财政部批复的长江三峡水利枢纽工程竣工财务决算办法。审计结果表明，三峡工程投资控制有效，静态投资控制在批复概算内，实际投资完成额控制在测算的动态投资范围内，工程建设和资金管理总体规范，竣工财务决算草案基本真实合规。

（一）投资控制有效

三峡工程实行“静态控制、动态管理”的投资管理方式。在国内良好的宏观经济环境和国家相关政策支持下，通过优化设计、科技创新、引入竞争机制、强化施工管理、优化融资方案，以及实行移民资金与任务“双包干”责任制等一系列措施，有效控制了工程投资。静态投资完成额1352.66亿元，其中：枢纽工程500.9亿元、输变电工程322.74亿元、移民资金529.02亿元，与批准概算一致；竣工财务决算草案金额2078.73亿元，比测算的动态投资减少了406.64亿元，其中枢纽工程减少390.24亿元、输变电工程减少16.4亿元。

（二）建设管理比较规范

三峡工程建立了政府主导、企业管理、市场化运作相结合的工程建设管理体制和“统一领导、分省（直辖市）负责、以县为基础”的移民工作管理体制，以及跟踪审计、年度稽查等监督检查机制。项目法人责任制、招标投标制、合同管理制、监理制执行总体较好，2000年招标投标法实施后，枢纽和输变电工程实际招标金额占应招标金额的92%。项目法人和相关地方政府认真执行国家政策法规，严格强化工程建设管理，管理水平不断提高。

（三）建设资金管理总体规范

三峡集团公司、国家电网公司、三峡办和有关地方政府认真遵守国家财经法纪，建设过程中及时整改审计和稽察发现的问题，建立并逐步完善了一系列适合大型水利工程建设特点的资金使用管理制度和财务管理办法，内控制度也比较健全；三峡工程建设基金到位及时，做到了专款专用。

（四）竣工财务决算草案基本真实

三峡集团公司、国家电网公司、三峡办和有关地方政府依据财政部批复的竣工财务决算编制办法及相关规定，及时编制了竣工财务决算草案，基本真实和完整地反映了资金来源、使用、工程建设和资产交付等情况。

四、审计结果和整改情况

（一）以前年度审计及整改情况

本次竣工财务决算草案审计之前，审计署根据国务院要求先后组织对枢纽工程和输变电工程进行了6次审计，对移民资金进行了13次审计。对审计发现的34.45亿元违规金额问题，三峡集团公司、国家电网公司、三峡办和相关地方政府高度重视，全面进行了整改，追回被挤占挪用等资金24.53亿元，收回多计的工程价款1.06亿元，纠正违规改变资金使用计划等问题金额8.86亿元，并制定和完善了143项管理制度和措施，强化了工程建设和资金管理。审计移送有关部门处理的76起违法违纪和经济犯罪案件均已办结，涉案的113人分别被追究刑事责任或受到党纪政纪处分。

（二）本次竣工财务决算草案审计及整改情况

本次审计中发现，三峡工程竣工财务决算草案共多计投资7.55亿元（占决算总金额的0.36%）。其中：多结算工程造价3.57亿元（枢纽工程1.91亿元，输变电工程1.66亿元），多分摊工程建设成本3.98亿元（枢纽工程1.33亿元，输变电工程2.65亿元）；少计应摊未摊的工程建设成本1.58亿元。对此，三峡集团公司和国家电网公司相应调整了决算及交付使用资产价值，增减相抵后调减5.97亿元。调整后决算总金额为2072.76亿元。其中：枢纽工程871.95亿元，输变电工程344.28亿元，移民资金856.53亿元。调整后的三峡工程竣工财务决算如下表（单位：亿元）：

项　目	决算草案金额	调减	调增	调整后金额
合　计	2078.73	7.55	1.58	2072.76
其中：枢纽工程	873.61	3.24	1.58	871.95
输变电工程	348.59	4.31	0	344.28
移民资金	856.53	0	0	856.53

注：按照任务和资金“双包干”原则，本调整不涉及移民资金。

除以上涉及竣工财务决算草案调整的事项以外，本次审计还发现，三峡工程由于施工难度大、建设周期长、移民搬迁安置任务重，以及建设初期相关法规制度不健全等，工程建设和资金管理中存在以下问题：

1. 建设管理不到位，导致增加投资8.08亿元。

（1）枢纽工程建设中，未严格执行合同约定补偿材料价差及人工费，超标准支付招标代理费、监理费和维护费等，以及部分配件及施工设备长期闲置等，增加投资6.95亿元。对此，三峡集团公司查明了责任主体，建立健全了43项加强投资控制和合同管理的制度，完善了合同执行各个环节的管理和监督，并对长期闲置资产进行了处置。

（2）输变电工程建设中，因设计标准偏低，资产长期闲置，增加投资1.13亿元。对此，国家电网公司通过对闲置资产的清理改造，已作为应急备用设备予以利用。

2. 移民资金被挤占挪用等涉及金额2.79亿元，主要用于非移民迁建项目、弥补行政管理费等支出。对此，重庆市和湖北省等地移民管理机构已全部收回相关资金，继续用于移民安置后续支出。

3. 一些中小项目的设计、施工、监理合同管理不够规范，涉及金额41.3亿元。

（1）枢纽工程建设中，有251项中小项目未按规定进行招标，涉及金额13.39亿元。对此，三峡集团公司逐项进行了自查，加强了中小项目招投标管理，通过修订《招标采购管理制度（试行）》，制定《招标监督管理办法》，明确集团公司各级监察部门的招标监督职责，完善了中小项目招标评标监督管理。

（2）输变电工程建设中，有114项应公开招标的合同采取邀请招标等形式，涉及金额14.37亿元；14个标段被11家施工单位违规转分包，涉及金额2.27亿元。对此，国家电网公司在全面梳理和深入分析的基础上，严肃处理了违规邀请招标相关责任单位，对责任人进行了通报批评；清查处理了违规转分包行为，并修订完善了《招标采购活动管理办法》。

（3）移民资金管理中，有217个工程项目和科研项目未按规定进行招标，涉及金额9.82亿元；161个工程项目被违规转分包，涉及金额1.45亿元。对此，三峡办和重庆市、湖北省移民管理机构对其中12家责任单位进行了行政处罚，制定或修订了16项招投标管理制度，并加强监督管理，严防此类问题再次发生。

4. 部分移民管理机构和迁建单位移民资金决算编制和账务处理不合规，涉及金额17.21亿元。其中，32个移民管理机构和迁建单位将5.77亿元移民资金通过以拨代支、虚列支出等方式直接编列决算；20个移民管理机构和迁建单位存在收入与支出核算科目不正确和支出大类之间调剂使用等问题，涉及金额11.44亿元。对此，三峡办和重庆市、湖北省有关移民管理机构已调整决算报表、相关账务处理及投资计划。

5. 部分移民派生资金征收不到位、管理使用不规范，涉及金额8.55亿元。其中，8个移民管理机构应收未收土地出让金等派生资金4.76亿元；13个移民管理机构和迁建单位未按规定将派生资金纳入移民投资计划管理，直接用于移民安置等支出3.79亿元。对此，重庆市和湖北省人民政府已全额补收了应收未收的派生资金，将直接用于移民安置的派生资金纳入移民投资计划管理。

本次审计还发现涉嫌违法违纪和经济犯罪案件线索35件，涉及金额1.13亿元，已依法移送有关部门调查处理。截至2012年11月底，已有11人被追究责任，其余案件线索正在查处中。

此外，在本次审计过程中，还发现因补偿分配问题移民集体上访、地质灾害防治、库区生态环境治理等问题，审计署向国务院上报或向有关部门、地方政府转送共27期审计信息，有关部门和地方政府积极进行了整改，并完善了有关政策和制度。

五、审计建议

为切实做好三峡工程整体验收工作，更好地发挥工程的综合效益，提出如下建议：

（一）高标准做好三峡工程收尾工作。三峡集团公司应加强升船机项目建设管理，精心组织施工，高质量完成设备制造和安装调试，确保2015

年按期建成并安全运行；统筹做好坝区整理完善项目管理，尽早发挥安全防卫、生态修复等作用。三峡办和湖北省、重庆市等有关地方政府应对未完工移民项目加强监督指导。同时，继续加强资金管理，努力节约投资，确保资金使用安全有效。

（二）继续做好三峡移民安稳致富工作。三峡办、有关部门和地方政府应围绕三峡库区基础设施和公共服务设施不完善、移民就业能力差等问题，按照三峡后续工作规划要求，着力优化库区经济发展结构，提高库区公共服务水平和移民社会保障水平，加强移民就业技能培训和就业引导工作，提高移民生产生活水平，确保库区移民逐步实现安稳致富。同时，对外迁移民情况进行深入调查研究，指导基层政府切实采取有效措施解决其实际困难，促进外迁移民更好地融入当地生产生活。

（三）进一步做好环境保护和地质灾害防治工作。三峡办、有关部门和地方政府应继续加强水污染防治和消落区治理等环境保护工作，处理好经济发展与水资源保护、生态环境建设之间的关系，提高国家水安全方面的战略保障能力；加大地质灾害防治力度，不断完善地质灾害防治长效机制，保障人民群众生命财产安全，促进三峡工程综合效益全面、协调和可持续发挥。

（四）进一步提高三峡工程综合调度能力。相关部门和单位要加快研究提出三峡工程正常运行后的管理体制方案，明确三峡工程管理范围、管理对象、管理体制、管理事项等；及时调整优化三峡水库调度运行方案，将保障下游防洪安全、下游河流和湖泊的基本生态流量、生产生活基本用水量作为调度运用的优先原则，研究不同运行方式下下游地区生态环境响应机制；抓紧开展适应船闸尺寸的船舶标准化、大型化建设工作，提高通航效率。

（五）认真总结三峡工程建设管理经验。发展改革委、三峡办应会同有关部门和湖北省、重庆市等地方政府，系统总结三峡工程建设和移民工作经验，不断深化建设管理体制改革，逐步完善国家重大投资项目的决策和管理机制。

专题资料

党的三代中央领导与三峡工程决策

刘荣刚

1992年4月3日，七届全国人大五次会议通过《关于兴建长江三峡工程的决议》。1994年12月14日，三峡工程正式开工建设。三峡工程的决策凝结着党的三代中央领导集体的无数心血。党的三代中央领导对三峡工程的关怀和支持，是三峡工程最终上马的重要因素。

一、毛泽东描绘三峡工程蓝图

长江是我国最大的河流。长江流域水资源丰富，是我国重要的水电能源基地。长江素有“黄金水道”的誉称，是联系我国东、中、西部的航运大动脉。长江流域也是自然灾害十分严重的流域，历史上屡遭严重的洪旱灾害，尤以中下游平原地区洪涝灾害最为严重。近代以来，许多仁人志士提出过开发治理长江的设想。最早提出开发三峡设想的是伟大的中国革命先驱孙中山。1918年，他在《建国方略》的实业计划中提出要在三峡河段“以水闸堰其水，使舟得以溯流以行，而又可资其水力”，1924又在“民生主义”演讲中提到在三峡可以装3000万匹马力的发电机①。这一设想，引发

① 参见陆佑楣：《在实践中认识三峡工程》，《中国三峡建设》2003年第1期。

了几代中国人治理、开发长江的渴望。

三峡工程最早的开发计划，是美国垦务局高坝专家萨凡奇编写的《扬子江三峡计划初步报告》。1944年9月，萨凡奇受国民政府的邀请，乘小木船考查三峡，提出兴建三峡工程，并建议坝址设在宜昌上游5—15公里的南津关至石牌的河段上[①]。随后，中美签订三峡工程设计合约，准备共同设计、建设三峡工程。然而，当时中国正处于水深火热之中，经济凋敝，民不聊生，三峡工程不可能兴建。

新中国成立后，特别是1954年长江大水使新中国领导人认识到长江洪水灾害的危害性以后，三峡工程才正式提上国家的议事日程。1953年2月，毛泽东乘军舰从汉口到达南京，同长江水利委员会主任林一山谈话，提出修建三峡水利枢纽工程、治理解决长江中下游防洪问题的设想[②]。1954年长江发生特大洪水后，毛泽东、周恩来、刘少奇于当年11月在京广线的专列上，听取林一山关于长江三峡工程技术问题和坝址情况的汇报，下决心进行规划设计工作。毛泽东还要周恩来回北京后照会苏联政府，希望苏联派专家来华帮助建设三峡工程。[③]从1955年起，长江流域规划和三峡工程勘测、科研、设计工作全面展开。1956年6月，毛泽东在武汉向有关专家了解三峡工程的设计和经费预算并畅游长江后，写下了著名的词章——《水调歌头·游泳》，“更立西江石壁，截断巫山云雨，高峡出平湖”的雄伟蓝图诞生了。[④]

在三峡工程问题上，当时国内意见并不一致。1956年，促进和反对三峡工程的两派在报刊上发表了公开的论争。1958年1月，中央在广西南宁召开工作会议，毛泽东要求会议安排讨论三峡工程问题，并将两种不同意

---

① 《长江三峡工程前期工作大事记》，《长江志通讯》1987年第3期（增刊）。

② 林一山：《毛泽东与长江》，见《缅怀毛泽东》上册，中央文献出版社1993年版，第387—392页。

③ 中共中央文献研究室编：《周恩来年谱（1949—1976）》上卷，中央文献出版社1997年版，第427—428页。

④ 参见陈晋：《中流击水浪遏飞舟——毛泽东诗词中的“长江情结”》，《新民晚报》2003年12月25日。

见的代表林一山和李锐接到南宁，进行论辩。毛泽东在肯定修建三峡工程必要性的同时，又充分吸取不同意见的合理部分，提出“积极准备，充分可靠”的三峡建设方针，并请周恩来挂帅，加强对三峡工程的领导。[①]3月，成都会议根据周恩来考察的结果和专家讨论的意见，通过了《关于三峡水利枢纽和长江流域规划的意见》，明确提出：“从国家长远的经济发展和技术条件两个方面考虑，三峡水利枢纽是需要修建而且可能修建的；但是最后下决心确定修建及何时开始修建，要待各个重要方面的准备工作基本完成之后，才能作出决定。估计三峡工程的整个勘测、设计和施工的时间约需15年到20年。现在应当采取积极准备和充分可靠的方针，进行各项有关的工作。”[②]

1958年3月30日，毛泽东乘坐江轮由重庆顺江东下，视察三峡坝址。他在驾驶室里观察地形和河势，对身旁的船员说：有些地方航道仍然不好，要在三峡修一个大水闸，又发电，又便利航运。4月5日，他在武汉会见一个外国代表团时说，“我们准备在三峡筑一个水库。准备工作需要5—7年，连筑成就要15—20年。”“这将是我们的第一个大水坝”。[③]此后，三峡工程的设计和科研工作进入到一个新阶段。

1959年，毛泽东针对日趋紧张的国际形势，在三峡建设方针“积极准备，充分可靠”之后加上“有利无弊”四个字。后来，又因为黄河三门峡水库发生严重淤积，使三峡工程的建设无法上马。1966年3月，林一山向党中央和毛泽东写了关于修建长江三峡大坝的报告。毛泽东审阅了林一山的报告，作出“需要一个反面报告”的批示。显然，此时毛泽东对三峡工程的决策是极为慎重的。[④]

1969年10月，毛泽东视察湖北，湖北省革命委员会主任曾思玉提出要

---

① 李锐：《大跃进亲历记》上卷，南方出版社1999年版，第6、20、32、140页。

② 《中共中央关于三峡水利枢纽和长江流域规划的意见》，成都会议1958年3月25日通过，《党的文献》1993年第1期。

③ 曹应旺：《老一辈革命家与长江三峡》，《党的文献》1993年第1期。

④ 参见杨胜群、田松年主编：《共和国重大决策的来龙去脉（1949—1965）》，江苏人民出版社1995年版，第530页。

修建三峡大坝，毛泽东指出在目前备战时期，不宜作此想，泼了“冷水”。事后，曾思玉等根据一些同志的意见，提出先修葛洲坝工程的建议。葛洲坝工程，是三峡工程的反调节坝，应在三峡工程建成之后或与三峡工程同时修建。[①]

1970年10月，武汉军区和湖北省革命委员会向党中央和国务院写了《关于兴建长江葛洲坝水利枢纽工程的请示报告》。12月24日，周恩来经过反复研究后，将这个报告以及《中共中央关于兴建长江葛洲坝水利枢纽工程的批复》送审稿等，呈送毛泽东。26日，毛泽东在77岁寿辰的这天，看了周恩来的信和中央批复后，写下批示：赞成兴建此坝[②]。在当时“左”的情况下，在毛泽东批准的第四天，葛洲坝工程尚未做完设计，就大规模开工了。后因发生施工质量事故，一度停工，到1981年初才实现截流，1981年中通航发电。

毛泽东侧重从防洪的角度出发，提出了修建三峡工程的宏伟蓝图，并采取积极准备、充分可靠、有利无弊的方针，对三峡工程进行了勘探、设计、科研等工作。后因为国际环境的制约，也由于一些技术的困扰，未能按规划如期建设。毛泽东批准兴建的葛洲坝工程，为以后三峡工程做了实战准备。只要条件具备、时机成熟，毛泽东“截断巫山云雨，高峡出平湖”的宏伟蓝图一定能够实现。

二、邓小平拍板修建三峡工程

20世纪70年代末，随着大规模经济建设的开展，华中缺电越来越严重，水电部又向国务院提出关于修建三峡水利枢纽的报告，由于当时正处

---

① 《长江三峡工程前期工作大事记》，《长江志通讯》1987年第3期（增刊）。

② 中共中央文献研究室编：《毛泽东年谱（1949—1976）》第6卷，中央文献出版社2013年版，第363页。

国民经济调整之际，三峡工程建设不可能提上日程。1980年，邓小平在国家计划会议预备会议上谈及国家长期规划编制时说："中央常委定了，三峡工程起码十年内不考虑。"

1980年3月，美国政府为履行1979年初邓小平访美时与蒙代尔副总统签订的美国政府五年技术援华协定，派出以田纳西流域管理局主席弗里曼为团长的水电代表团来华进行工作会谈。代表团在华期间，对中国国内有关三峡工程的争论情况，有了一些了解。回国后，在《工程新闻记录》杂志上发表报道，标题是《中国放弃了宏伟的水坝工程》①。该杂志面向全世界发行，影响颇大。邓小平了解了国内外对三峡工程意见分歧后，于1980年6月下旬到陕西、四川、湖北等地考察，并专门到三峡坝区和葛洲坝工地视察。

1980年7月11日，邓小平在湖北省委第一书记陈丕显、四川省省长鲁大东、长办副主任魏廷琤等人陪同下，从重庆顺江东下。邓小平在船上询问了有关三峡工程建设的问题，听取了相关汇报。他关切地问有人说三峡水库修建以后，通过水库下来的水变冷了，长江下游连水稻和棉花也不长了，鱼也没有了。究竟有没有这回事？当船行经瞿塘峡进口时，邓小平见两岸山势陡峻、江面很窄，问为什么坝址不选在这里，而要选在下游？邓小平还特别问到，三峡工程会不会出现黄河三门峡工程出现过的泥沙淤积问题？对这些问题，邓小平得到了满意的答案。

船到宜昌后，邓小平参观了葛洲坝工程，他看得很仔细。邓小平询问了葛洲坝一期工程的截流时间，他指示现在工地的各项设施以及机械设备将来凡是能用之于三峡的都要用上，那时不要再重复搞一套，要注意勤俭节约，不要浪费。视察葛洲坝工程后，邓小平又乘船到荆州。他对荆江两岸1500万人口、2300万亩良田处于荆江洪水严重威胁之下十分关注。他对三峡水库调节长江洪水的功效十分注意，对于两岸分洪区的安全措施也十分关注。他说，长江两岸的防洪问题要十分重视，一点儿也不能马虎。

---

① 魏廷琤：《美国参与三峡工程始末》，《百年潮》2011年第4期。

邓小平到武汉后，党中央、国务院及有关部门的负责同志专程从北京赶到武汉，研究三峡工程问题。邓小平指出：此行看了长江三峡工程，听了汇报，了解到长江水运运量不大，长江中下游两岸防洪问题很严重，洪水淹到哪里哪里要倒霉，人民要遭殃，同时，长江两岸物产丰富、经济发达，三峡大坝建成以后航运问题可以解决，三峡工程可发大量的电，可促进这些地区的经济发展，环境影响问题也可以解决。他认为：建设三峡工程效益很大，轻易否定三峡工程不好。[①]请党中央、国务院及有关部门的负责同志回北京后抓紧研究。

邓小平实地考察三峡坝址和葛洲坝工程，在三峡工程建设史上写下了重要的一页。在邓小平的关怀下，三峡工程的各项准备工作开始加速进行。1980年8月，国务院召开常务会议，研究三峡工程问题，决定："关于三峡建设问题，由科委、建委负责，继续组织水利、电力及其他方面的专家进行论证，提出意见。"1981年1月，长办根据国家科委、建委组织召开的论证会精神，提出了三峡分期开发、初期蓄水位128米、坝顶高程145米的方案。

1982年9月，党的十二大提出"在本世纪末，工农业总产值翻两番"后，为适应工农业总产值翻两番对能源的要求，结合改善长江中下游的防洪、航运条件，国务院领导同志认识到应立即着手兴建三峡工程，但考虑到当时的国情，尽量减少水库淹没，建设规模要适当，三峡工程建设方案采用低坝方案——正常蓄水位为150米。1982年11月24日，邓小平在听取国家计委关于工农业产值翻两番汇报、谈到准备兴建三峡工程时说：我赞成低坝方案，看准了，就下决心，不要动摇[②]。

1983年3月，长办提出《三峡水利枢纽150米方案可行性研究报告》。5月，国务院委托国家计委组织350多名专家对150米方案进行审查，尽管当时有一些人对这个方案有意见，但审查论证还是比较顺利地通过了。同年

① 《邓小平思想年谱（1975—1997）》，中央文献出版社2011年版，第322页。

② 参见王瑞璞主编：《中南海三代领导集体与共和国经济实录》下卷，中国经济出版社1998年版，第1247页。

12月22日，邓小平在听取国家计委负责人汇报经济情况时，询问了有关三峡建设问题[1]，指出：发展国民经济要有后劲，需要建设三峡工程[2]。

1984年2月17日，中央财经领导小组召开会议，专门研究建设三峡工程问题。会议讨论了水电部所提的《建议立即着手兴建三峡工程的报告》，决定三峡工程采用正常蓄水位150米、坝顶高程175米的方案，并立即开始施工准备，争取1986年正式开工。会议还决定成立国务院三峡工程筹备领导小组，筹组"三峡特别行政特区"（后改为"三峡省"）和"三峡开发公司"。[3]4月5日，国务院以国函字第57号文件原则批准三峡工程可行性研究报告，并批复："按正常蓄水位150米，坝顶高程175米设计，请水电部于今年年底前完成初步设计报审。"[4]随后，三峡工程开始了紧张的筹备工作。

对于三峡工程的筹备、进展情况，邓小平非常关心。1985年1月19日，他在人民大会堂出席广东核电投资公司与香港核电投资公司合营合同签字仪式后，特地把李鹏留下，询问了三峡工程情况。李鹏汇报了三峡建设的安排，以及三峡工程中争论比较大的两个问题——泥沙的淤积、坝高问题，并着重介绍了1984年10月重庆提出的"180米"方案，即中坝方案。邓小平听完汇报后指出：三峡工程是特大的工程项目，为我们子孙后代留下一些好的东西，要考虑长远利益。过去是四川人不赞成把坝搞高，现在情况变了，四川人，主要是重庆人同意"180米"方案。低坝方案不好，中坝方案是好方案，从现在即可着手筹备。中坝可以多发电，万吨船队可以开到重庆。以后可有意识地把国家重大工业项目放在三峡移民区。[5]

就在三峡工程紧锣密鼓进行开工准备的时候，全国政协副主席孙越崎率众考察三峡，向中共中央提交了《三峡工程近期不能上》的长篇调查

① 《长江三峡工程前期工作大事记》，《长江志通讯》1987年第3期（增刊）。
② 李伯宁：《我的水利梦》，中国三峡出版社1996年版，第476页。
③ 李伯宁：《我的三峡梦》，《中共党史资料》2003年第1期。
④ 薛世仪：《三峡工程蓄水位方案研究经过》，《中国地理》1987年第7期。
⑤ 李鹏：《众志绘宏图：李鹏三峡日记》，中国三峡出版社2003年版，第83页；《邓小平思想年谱（1975—1997）》，第530页。

报告；一些政协委员、专家学者纷纷发表言论，撰写文章，反对三峡工程上马；海外也对此迅速作出反应。邓小平和党中央对这些不同意见非常重视，并在三峡工程建设上采取了谨慎的态度。1986年3月31日，邓小平在会见美国《中报》董事长傅朝枢回答关于三峡工程的问题时，十分慎重地说：对兴建三峡工程这样关系千秋万代的大事，中国政府一定会周密考虑，有了一个好处最大、坏处最小的方案时，才会决定开工，是决不会草率从事的[①]。

六届全国人大四次会议、全国政协六届四次会议结束后，为慎重决策，国务院领导率有关部门的同志赴三峡地区进行实地考察。两队人马在万县会合，一起从万县坐船到宜昌。登上中堡岛，查看坝址地形，听取有关水电专家的汇报。又冒雨考察了葛洲坝水利枢纽，看望了水电职工。最后，国务院领导在宜昌开会，听取三峡省筹备组正副组长对成立三峡省的意见后，宣布不成立三峡省。在返回北京的火车上，决定对三峡工程重新论证。国务院领导回到北京后，向邓小平作了汇报，说三峡工程，在技术上还有些问题，但看来工程科技人员是能够解决的；在经济上投资是比较大的，但估计从经济上讲国力是可以承担的；问题出在政治上，政治上党外许多人坚决反对，将来提到全国人大，即使能通过，如果有三分之一的反对票，政治上就不好办。邓小平听后表示，如果技术经济可行的话，修三峡有政治问题，不修三峡也有政治问题，不修的政治问题更大。[②]

1986年6月，党中央、国务院下发15号文件，即《关于长江三峡工程论证工作有关问题的通知》，决定由水电部负责广泛组织各方面的专家进一步论证，重新提出三峡工程可行性研究报告。此后，水电部用2年8个月的时间，组织412位专家学者分14个专题全面复核了以往的研究成果，并针对三峡工程建设中重大的和各方面有疑虑的问题，在有关勘测设计、科研部门和高等院校的配合下，进行了大量的补充工作，最后形成14个专题论

① 《三峡工程大事记（1919—1997）》，《资料卡片》1998年第1期。

② 参见刘荣刚、汪文庆：《与水利结缘六十年——访钱正英同志》，未刊稿，2004年1月26日经钱正英审阅。

证报告。据此，1989年5月，长江流域规划办公室重新编制《长江三峡水利枢纽可行性研究报告》，并于当年7月上报国务院审查。报告认为三峡工程建比不建好，早建比晚建有利。报告提出的三峡工程实施方案是：坝高185米，蓄水位175米。[①]

20世纪90年代，邓小平虽然已经退休，但对三峡工程依然十分关心，对党中央、国务院关于三峡工程的决策给予大力支持。为了使全国人大能够顺利通过关于兴建三峡工程的议案，邓小平找时任全国人大常委会委员长的万里谈话。1991年8月28日，万里在七届全国人大常委会第21次会议上发表了支持建设三峡工程的讲话。[②]

邓小平主要从服务经济建设的角度出发，下决心修建三峡工程，并亲自到三峡坝区和葛洲坝工地考察，推动将三峡工程列入国家近期计划。后因为社会各界对三峡工程提出了不同意见，邓小平采取了谨慎的态度，但建设三峡工程的决心没有变。这也是党中央、国务院一直坚持建设三峡工程的动因之一。随着国力的增强，随着人们对三峡工程的认识不断深化，三峡工程上马只是早晚的问题了。

三、江泽民把三峡工程的梦想变为现实

1988年下半年国内治理经济环境、整顿经济秩序的形势，对三峡工程的决策产生了一些影响。当时曾有中央领导讲，“今后五年根本上不了，没有这种可能，现在的大目标是调整、整顿”。1989年春夏之交发生的政治

① 潘家铮：《三峡工程论证始末》，《中国三峡工程报》2002年4月25日。

② 2002年8月22日、2003年2月5日采访《农民日报》原总编辑张广友记录。张广友自20世纪70年代末随万里到安徽后，实际上充当着万里写作班子成员的角色。万里的许多讲话、文章都是由他和吴象负责起草或定稿。后来，他在编辑《万里文选》时，将万里在七届全国人大常委会第21次会议上表态的话删去，万里看后，没有说什么。

风波，更影响了三峡工程的进展，延迟了党中央、国务院对三峡工程建设的决策。

尽管如此，以江泽民为核心的第三代中央领导集体对三峡工程十分重视。1989年7月他就任中共中央总书记不到一个月，就接受国务院总理李鹏的建议，到三峡坝区、葛洲坝工地和荆江河段进行考察。考察中，他询问了三峡工程有争议的各项问题，并对工程技术人员代表发表了热情洋溢的讲话，给从事三峡设计科研工作的人员以极大的鼓励。他认为邓小平对三峡工程所作结论是有科学根据的，要大家更好地工作。[①]

1990年3月，在全国政协七届三次会议召开之际，一些政协委员联合提案，建议将长江三峡工程列入“八五”计划，及早开工兴建。这个提案经全国政协副主席王任重转给江泽民，江泽民对这一提案极为重视，批转给国务院总理李鹏。李鹏在批示中，明确提出要三峡工程审查委员会先听取一次汇报。[②]

在江泽民、李鹏等党中央、国务院领导同志的支持下，1990年7月国务院召开了三峡工程论证汇报会，全面听取三峡工程论证情况的汇报，并决定成立以国务院副总理邹家华为主任的国务院三峡工程审查委员会，对重新编制的可行性研究报告进行审查，再报请国务院正式审批。

1991年4月全国政协七届四次会议召开后，全国政协委员李伯宁在写给王任重的一封建议信中，希望加强对三峡工程的宣传。王任重立即转给中央政治局各常委。江泽民批示：看来对三峡是可以下毛毛雨，进行点正面宣传了。也应该开始作点准备。[③]同年12月，江泽民批示：“现在要下中雨了。”一时间，中央电视台，中央人民广播电台、《人民日报》及各地方电视台、广播电台和大小报刊都对三峡工程进行广泛的宣传，神州大地掀起了“三峡宣传热”。

1991年8月，国务院三峡工程审查委员会通过对《长江三峡水利枢纽

① 魏廷琤：《小平同志与三峡工程》，《中国三峡建设》1997年第4期。

② 李伯宁：《我的水利梦》，第476—479页。

③ 李伯宁：《我的水利梦》，第494页。

可行性研究报告》的审查意见，认为三峡工程建设是必要的，技术是可行的，经济是合理的。1992年1月，国务院召开常务会议，审议了三峡工程审查委员会对三峡工程可行性研究报告的审查意见，同意兴建三峡工程，提请全国人民代表大会审议。

1992年2月，江泽民主持中央政治局常委会第169次会议，讨论三峡工程问题。会议由李鹏首先汇报有关情况，姚依林、乔石、李瑞环、薄一波、杨尚昆、万里等同志先后发言。这次会议先汇报，后讨论，最后江泽民讲话。江泽民说，毛主席、周总理当年提出来要建三峡，后来小平同志极力主张建，看来还是有根据的。经过论证，应该提交全国人大。江泽民讲得很风趣，还引证了一段歌德的长诗，大意是修建这个工程以后，造福一方的人民，安居乐业。会议原则同意国务院关于三峡工程审查意见的汇报，并请国务院根据会议形成的意见，对三峡工程建设的有关问题作进一步研究后，再将兴建长江三峡工程议案提交七届全国人大五次会议审议。[①]

1992年4月3日，七届全国人大五次会议以1767票赞成、177票反对、664票弃权、25人未按表决器通过了《关于兴建长江三峡工程的决议》，决定将兴建三峡工程列入国民经济和社会发展十年规划，由国务院根据国民经济发展的实际情况和国家财力、物力的可能，选择适当时机组织实施。经过大量的前期准备工作，1994年12月14日三峡工程正式开工。

江泽民从对长江进行综合治理、开发的思路出发，继承发展了毛泽东、邓小平关于修建三峡工程的思想，按照此前制定的三峡工程的决策程序，由全国人大通过了兴建三峡工程的决议。正是由于江泽民的一步步推动，几代中国人的三峡梦终于实现了。

---

① 李鹏：《众志绘宏图：李鹏三峡日记》，第139页；魏廷琤口述、刘荣刚整理：《长江三峡工程的决策》，《百年潮》2012年第3、4期。

三峡工程论证回顾

王儒述

一、历史的回顾

早在1918年，伟大的革命先驱孙中山先生在他《建国方略之二——实业计划》中，第一次提出："改良此上游一段，当以水闸堰其水，使舟得溯流而行，而又可资其水力。"1924年8月17日，他在广州国立高等师范学校演讲中又明确指出："像扬子江上游夔峡的水力，更是很大。有人考察从宜昌到万县一带的水力，可以发生三千余万匹马力的电力（折合2240万千瓦）……"，首次提出兴建长江三峡大型水力发电站的宏伟蓝图。

1944年5月，当时的国民政府邀请美国垦务局总工程师萨凡奇博士（Dr. J. L. Savage）来华，协助三峡工程规划。几经现场勘测，于1944年9月提出《扬子江三峡计划初步报告》（即《萨凡奇方案》），规划在长江三峡修建225米高坝，装机87台，单机容量17.5万千瓦，总装机容量1522.5万千瓦；总库容617亿立方米，防洪库容270亿立方米，从根本上消除长江水患；灌溉面积427万公顷，万吨级船队直达重庆；总造价10亿美元。

解放前国民政府热衷于打内战，修建三峡大坝在技术上既不可行，在经济上也无能为力，三峡工程只是一个美好而又遥远、可望又不可及的梦。1947年5月15日国民政府正式宣布："三峡水力发电计划实施工作暂时结束。”三峡工程规划设计从此终止。

万里长江，自西向东横贯中华大地，日夜奔流两亿多年，是历史的长河。她繁荣富庶，哺育了中华各族儿女，是母亲的河流。她山奇水秀，神话连篇，是诗情画意的长河。可千百年来，她洪涝灾害频繁，又是灾难深重的河流。长江的关键在三峡，三峡的关键在拦河筑坝，防洪发电，造福人民。翻开90年的中国现代史，从孙中山到毛泽东，从萨凡奇到世界各国水电专家，都为三峡勾画出“高峡出平湖”的宏伟蓝图。开发三峡，修建大坝，是亿万人民的共同理想与美好愿望。

三峡梦，何时圆？一万年太久，只争朝夕；数风流人物，还看今朝。

1949年10月1日新中国成立，历史翻开新的一页。1949年及1954年七八月间，长江先后发生特大洪水，受灾严重。中央及各级地方政府全力组织抗洪救灾，1953年2月19—22日毛泽东主席视察长江，提出在长江三峡修建大型水利枢纽解决长江中下游防洪问题的设想。1956年6月1—4日毛泽东先后3次畅游长江，写下了《水调歌头·游泳》诗词，描绘出“更立西江石壁，截断巫山云雨，高峡出平湖”的壮丽宏图。1957年12月3日周恩来为全国电力会议题词：“为充分利用中国五亿四千万千瓦的水力资源和建设长江三峡水力枢纽的远大目标而奋斗”。1958年3月30日毛泽东乘“江峡轮”视察三峡地形，11月长江流域规划办公室（长办）提出《三峡水利枢纽初步设计要点报告》。1960年4月水利部组织中、苏两国专家百余人在三峡现场查勘，提出“中堡岛坝轴线”方案。

60年代初期我国处于经济困难时期，三峡工程科研设计速度放慢，60年代后期考虑先建葛洲坝工程，以作为三峡工程的反调节水库和航运梯级，并作实战准备。1970年12月26日毛泽东批示：“赞成兴建此坝。现在文件设想是一回事。兴建过程中将要遇到一些现在想不到的困难问题，那又是一回事。那时，要准备修改设计。”12月30日葛洲坝工程正式开工，1980年底第一期工程建成，1981年1月4日长江大江截流，同年6月27日三江2号、3号船闸通航，12月二江电厂2台17万千瓦机组发电，1988年12月全部工程及21台机组共271.5万千瓦安装完成，竣工投产。葛洲坝为三峡工程建设作了实战准备。

三峡工程凝聚了几代中央领导集体和全国人民的智慧与力量。20世纪70年代长办深入开展三峡工程勘测、规划、可行性研究，80年代先后提出不同蓄水位可行性研究报告，1992年3月16日国务院向七届全国人大五次会议提交《关于提请审议兴建长江三峡工程的议案》，1992年4月3日以1767票赞成（177票反对、644票弃权、25票未按表决器）通过了兴建长江三峡工程的决议。三峡工程经过长达近40年的规划论证，从此进入实施阶段。

1993年9月27日中国长江三峡工程开发总公司正式挂牌成立。1994年12月14日三峡工程正式开工，1997年11月8日大江截流，2003年6月1日水库蓄水，7月4日左岸电厂首批机组发电，2008年10月左、右岸电厂26台机组全部建成投产，总装机容量1820万千瓦。2008年三峡枢纽主体工程、输变电工程和移民工作基本完成。截至2008年底，三峡过闸及翻坝累计客运量达1028万人次，货运量达28106万吨；三峡库区已累计搬迁安置移民近133.2万人，占2009年移民总数135万人的98.67%。截至2009年9月30日三峡电厂累计发电3530亿千瓦时，售电收入达883亿元，折合129亿美元，向国庆60周年献礼。

2009年8月29日国务院三峡三期工程验收委员会批准，三峡工程正常蓄水175米水位通过验收，标志着三峡工程初步设计中的建设任务（除批准缓建的升船机外）全部完成。三峡水库实现175米蓄水的最终目标条件，2009年9月15日启动175米试验性蓄水。三峡工程将全面发挥巨大的综合效益。

旧社会三峡工程只是一个梦，一个美好而又遥远、可望又不可及的梦。新社会在党的领导下，依靠广大群众，依靠科学技术，依靠集体智慧，建成了三峡大坝，使梦想成为现实。三峡工程经历了90年的漫长历程，见证了新中国60年的发展足迹，从这里悟出一个真理，社会主义需要科学技术和工程建设，科学技术和工程建设更需要社会主义。只有社会主义才能救中国，也只有社会主义才能建设新中国。没有共产党，就没有新中国！

二、科学论证与民主决策

三峡工程从1918年孙中山在《建国方略之二——实业计划》中第一次提出，至今已90多年。在这90年的漫长历程里，贯穿着科学论证和民主决策，三峡工程是科学化、民主化决策的典范。

孙中山提出的《实业计划》和萨凡奇提出的《萨凡奇方案》，第一次提出在长江三峡修建高坝，拦洪发电的宏伟蓝图，可是在技术上不可行，在经济上无能为力，只是一个美好而又遥远，可望又不可及的梦。20世纪50年代，毛泽东、周恩来和中央领导提出修建三峡工程，水利、地质、勘探部门先后进入三峡勘探、规划。长办编制了《长江流域综合利用规划要点报告》和《三峡水利枢纽初步设计要点报告》，对三峡工程的坝址、坝型、蓄水位、地震、泥沙、水库淹没与移民等进行了调查与研究。1960年4月水利部组织中、苏两国专家百余人在三峡现场查勘，提出中堡岛坝轴线方案。20世纪70年代，长办与40多个大专院校和科研单位协作，开展了三峡工程对环境影响的科研和评价工作。80年代长办提出三峡工程正常蓄水位150米、200米方案及环境影响报告。

三峡工程论证是一个系统工程，其目的是充分论证三峡工程在技术上的可行性与经济、财务上的合理性；其方法是列出论证专题，成立专家组，通过现场勘测、规划，专家与群众相结合分析、论证，最终提出论证结论和可行性研究报告。三峡工程论证是科学化、民主化决策的典范，它凝聚了从孙中山到萨凡奇，从毛泽东到党的几代中央领导集体的远见卓识，凝聚了广大知识分子和劳动人民的心血与智慧。

1986年6月2日，中央决定由水利电力部广泛组织各方面的专家，进一步论证修改原来的三峡工程可行性报告。在广泛征求意见，深入研究论证的基础上，重新提出三峡工程可行性报告，成立国务院三峡工程审查委员会，负责审查水电部提出的三峡工程可行性研究报告。6月19日水电部成立三峡工程论证领导小组，先后聘请412位专家，他们来自各部委办、大专院校、科研单位，涉及42个专业。划分地质地震、枢纽建筑物、水文、防洪、泥沙、航运、电力系统、机电设备、移民、生态与环境、综合规划与水位、施工、投资估算、综合经济评价等14个专题，成立14个专家组，并组织数千名勘测、科研、设计人员参加。各专家组经现场查勘、阅读资料、听取汇报、分析论证、综合评价，提出专题论证报告，再根据各专家组的结论重新编写《长江三峡水利枢纽可行性研究报告》。论证的全过程，充分发扬民主，听取不同意见及反对意见，通过分析论证，综合评价，充分采纳专家意见，经专家审议并签字后，提出专题论证报告。个别专题结论时仍存在不同意见，专家可以保留意见，随论证报告一并上报。

三峡工程论证框图见下图。从论证框图可以看出，三峡工程论证是一个繁复的系统工程，它涉及线长、面宽、层次多、领域广。框图可以提纲挈领，总揽全局，以水文、防洪、综合规划与水位、移民和综合经济评价等5个专题为主线，结合地质地震、枢纽建筑物、泥沙、航运、电力系统、机电设备、生态与环境、施工、投资估算等9个专题综合分析论证，各专题相辅相成，又相互制约。通过现场勘测、规划，专家与群众相结合分析、论证，充分论证三峡工程在技术上的可行性与经济、财务上的合理性，最终提出论证结论和可行性报告。

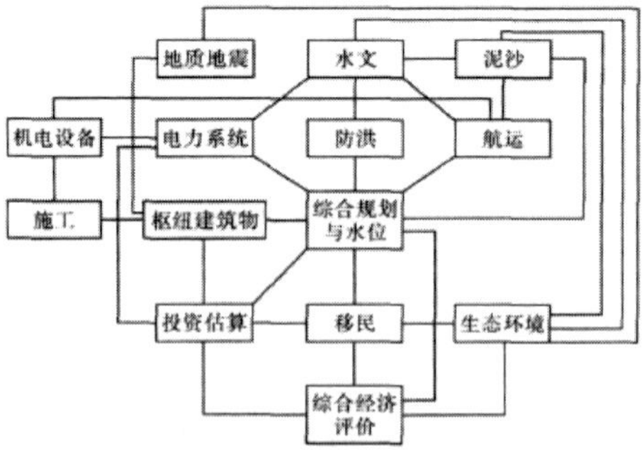

三峡工程论证框图

1990年7月6日—14日国务院召开三峡工程论证汇报会，听取论证工作汇报。1990年12月11日国务院三峡工程审查委员会召开第一次会议，决定分专题、分阶段审查各专题。1991年8月3日审查委员会召开第三次会议，审查通过《长江三峡水利枢纽可行性研究报告》，三峡工程重新论证工作圆满结束。

在此期间，党中央、国务院、全国人大、政协、各省、部委及审查委员会先后视察了三峡库区、三峡坝址、葛洲坝、荆江河段、武汉防洪工程等，听取各方面意见。召开多次中外、两岸记者招待会，采访团报告会，参观现场，介绍三峡工程，回答有关问题。此后，国外政要及专家学者如巴基斯坦总统穆沙拉夫、泰国公主诗琳通、美国前国务卿基辛格（笔者有幸两次陪同基辛格博士及夫人游览三峡，参观三峡工程及葛洲坝）、奥地利地质专家缪勒、巴西伊泰普水电站总工程师卡多索等纷至沓来，参观三峡建设。

1984年1月至1989年6月水电部邀请加拿大参加，并与世界银行合作，平行进行三峡工程可行性咨询工作。1988年8月由加拿大国际开发署（CIDA）资助、加拿大国际项目管理集团长江联营公司（CIPMCYJV）编制《中华人民共和国三峡水利枢纽可行性研究报告》。主要结论为："三峡工程技术上是可行的，经济、财务上是合理的，不存在影响工程环境可行性的问题。"推荐方案为：坝顶高程185米，正常蓄水位160米，防洪限制水位140米，电站装机容量1675万千瓦，工程施工总工期18年，第一批机组发电工期12年，工程总投资398亿元（笔者受中国三峡总公司委派，1989年4—6月赴加拿大参加了《三峡水利枢纽可行性研究报告》环境部分工作）。

三峡工程论证主要结论：

（1）工程建设方案。推荐坝顶高程185米，正常蓄水位175米，初期蓄水位156米的"一级开发、一次建成、分期蓄水、连续移民"方案。

（2）工程主要效益。

防洪：长江流域是中华民族的发祥地之一，流域内资源丰富，土地肥沃，特别是中下游地区，是中国社会和经济最发达的地区之一。但由于河道行洪能力不足，荆江河段洪水高出两岸地面数米至十几米，这一地区也是洪水灾害频发而严重的地区。据历史记载，自汉初至清末2100年间（公元前185年—1911年），长江曾发生大小洪灾214次，平均每10年一次。上世纪1931年、1935年、1954年中下游洪灾，分别淹没耕地340万公顷、150万公顷、320万公顷；死亡145500人、142000人、33000人。1998年长江遭遇了百年以来仅次于1954年的特大洪水，国家动用了670万群众和数10万军队参加抗洪抢险，全国各地调用130多亿元的抢险物资，才确保荆州、武汉安全；仍淹没耕地24万公顷，死亡1526人。长江每次洪灾都造成极其严重的生命与财产损失。三峡工程建成后，荆江河段防洪标准由10—20年一遇提高到100年一遇，遇1000年一遇或类似1870年特大洪水，配合荆江分洪和其他分蓄洪工程的运用，可保证荆江河段安全行洪，减轻洞庭湖区的洪水威胁，降低长江中下游平原地区12.6万公顷、7500万人口和600万公顷耕地及大中城镇的洪水淹没损失。

发电：根据水利部长江水利委员会（长江委）1994年11月编《长江三峡水利枢纽单项工程技术设计报告》，单机容量70万千瓦，装机26台，总装机容量1820万千瓦，年发电量846.8亿千瓦时。为充分利用三峡水库消落区（175—145米）库容，减少弃水，经国务院三峡建委2003年底批准，同意兴建三峡地下电厂，装机6台共420万千瓦，总装机容量2240万千瓦。另建电源电厂，装机2台共10万千瓦。据此，三峡工程总装机容量为2250万千瓦，年发电量1000亿千瓦时。

航运：改善库区长江航运570—650公里，万吨级船队可直达重庆九龙坡港，库区航道年单向通过能力由1000万吨增至5000万吨，降低运输成本35%—37%。

（3）工程静态总投资。根据长江委1994年11月编《长江三峡水利枢纽单项工程技术设计报告》，按1993年5月末价格水平，三峡工程静态总投资为900.9亿元，其中枢纽工程投资500.9亿元，水库淹没补偿投资400亿元。由于建设周期长，考虑建设期物价因素和贷款利息支付，三峡工程在2009

年竣工时，总投资可达1800亿元。

（4）工程可行性。技术上可行。泥沙淤积、诱发地震、库岸崩坍等问题不影响工程的安全运用；设计、施工技术可依靠国内力量解决。主要设备可国内制造。

对生态环境的影响有利有弊，尚未发现影响工程可行性的重大问题。移民安置有足够的环境容量。万一战时工程受破坏，不致造成全局性灾害。

（5）建三峡与建上游干支流水库的比较。三峡工程和上游干支流工程各有特定的作用，既不相互排斥，也不互相替代。三峡工程的综合效益，特别是解决荆江河段防洪安全和根本改善川江航道的作用，是其他工程替代不了的。

（6）早建和晚建的比较。晚建三峡工程将增大荆江河段出现毁灭性灾害的风险；等于每年损失2000—5000万吨煤炭；将影响库区经济发展，移民安置将更加困难，有可能被迫降低蓄水位，造成不可挽回的水资源损失。

重新提出的《长江三峡水利枢纽可行性研究报告》总的结论是："三峡工程对四化建设是必要的，技术上是可行的，经济上是合理的，建设比不建设好，早建比晚建有利。"

三、结 语

三峡工程论证是一个系统工程，它涉及线长、面宽、层次多、领域广。论证设14个专题，以水文、防洪、综合规划与水位、移民和综合经济评价等5个专题为主线，结合地质地震、枢纽建筑物、泥沙、航运、电力系统、机电设备、生态与环境、施工、投资估算等9个专题综合分析论证、各专题相辅相成，又相互制约。通过现场勘测、规划，专家与群众相结合分析、论证，充分论证三峡工程在技术上的可行性与经济、财务上的合理性，最终提出论证结论和可行性报告。论证全过程充分体现了科学性、民主性、逻辑性和严密性，印证了科学发展观的理论与实践，在这基础上得出的论证结论和可行性报告是可信的。三峡工程论证是科学化民主化决策的典范，它凝聚了从孙中山到萨凡奇，从毛泽东到党的几代中央领导集体的远见卓识，凝聚了广大知识分子与劳动人民的心血与智慧。

三峡工程论证由于受当时社会、经济、环境的约束和人们认识的局限，还会有一些不足之处。但是社会是发展的，人类是进步的。随着科学技术进步和工程建设实践，可以总结经验，提高认识，在深入学习实践科学发展观的基础上，把三峡工程论证、建设和今后管理、运行做得更好。真正做到兴水利、除水害、开发利用水资源，保护生态环境，造福人民。

三峡工程的兴建，长江水资源的开发与利用，必将促进长江流域经济、社会、资源与环境相互协调和可持续发展，构建和谐社会，促进中国经济的进一步腾飞。

参考文献：

[1] 长江水利委员会．长江三峡水利枢纽可行性研究报告摘要 [J]．三峡工程科技通讯，1990(2)：60—63.

[2]Canadian International Development Agency.Three Gorges Water Control Project Feasibility Study PRC Volume I Feasibility Report[M].March，1988.

[3] 王儒述．话说三峡工程 [J]．三峡工程科技通讯，1992(1)：30—34.

[4]Wang Rushu. Balancing Environment and Development[J]. International Water Power & Dam Construction March，2003(3)：34—38.

开发性移民在三峡移民中的贯彻实行及启示

兰荣蓉　曹艳辉　龙世红　李志高

一、开发性移民

1. 开发性移民的提出

在汲取过去几十年水库移民工作经验教训的基础上，我国较早提出了开发性移民概念，经过一段较长时间的认知与发展，这一概念逐渐为人们接受，并被纳入到移民安置政策体系内。

早在1965年，长江流域规划办公室（现长江水利委员会）主任林一山就提出“移民工程”的概念，指出要做移民安置规划和分配移民资金，通过开发荒山为移民创造基本的生产条件。1984年，中央财经领导小组提出改革移民方针，把安置性移民改为开发性移民。1989年，国务院办公厅批准了水利电力部《关于抓紧处理水库移民问题的报告》，明确了水库移民工作方针：水库移民工作必须从单纯安置补偿的传统做法中摆脱出来，改消极赔偿为积极创业，变救济生活为扶助生产，将移民安置与库区建设结合起来，走开发性移民的道路。1991年，国务院正式颁布《大中型水利水电工程征地补偿和移民安置条例》，其中第3条规定“国家提倡和支持开发性移民，采取前期补偿、补助与后期生产扶持的办法”，第一次将开发性移民纳入移民安置行政法规体系。2006年，国务院颁布新的《大中型水利水电工程征地补偿和移民安置条例》，明确提出在移民安置中实行开发性移民方针，并确定其目的是使移民生活达到或超过原有水平。目前，开发性移民成为中国非自愿移民安置的指导方针。

2. 开发性移民的内涵和特点

结合近20年的政策实践来看，在社会主义市场经济体制条件下开发性移民的定义应当是："在移民搬迁过程中，全面落实科学发展观，保护好生态与环境，实行产业结构与产品结构调整，解放和发展生产力，使移民的生产生活水平达到或超过搬迁前水平。这样的水工程建设移民，就叫作开发性移民。"

一般认为，开发性移民的内涵是把工程移民作为发展良机，既立足于补偿，更着眼于发展，补偿与发展有机结合，使移民直接分享开发项目的成果，保证其生活水平不降低；使工程移民区经济能够保持持续发展，使移民生活水平明显提高。

开发性移民有别于以往单纯的补偿性移民，其本质特征是：通过移民安置规划，利用移民补偿投资，综合开发库区各种经济资源，对库区经济社会结构进行重组、扩张，实现库区经济螺旋式上升，达到人与自然、经济协调发展。可见，开发性移民的核心在于发展，在移民搬迁过程中，遵照科学发展观的要求，在保护好生态与环境的前提下合理开发资源，通过促进新经济增长点的形成来实现库区经济可持续发展，从而提高移民群众生产生活水平。

二、开发性移民在三峡移民中的贯彻

开发性移民在三峡移民中的贯彻可分为两个阶段，即前三峡阶段和后三峡阶段。

1. 开发性移民在前三峡移民工作中的贯彻实施

1993年，为了促进三峡工程大规模移民搬迁工作的顺利开展，国务院制定了《长江三峡工程建设移民条例》，为三峡工程的移民安置提供法律依据。该条例明确规定："国家在三峡工程建设中实行开发性移民方针，由有关人民政府组织领导移民安置工作，统筹使用移民经费，合理开发资源，以农业为基础，农工商相结合，通过多渠道、多产业、多形式、多方法妥善安置移民，使移民的生活水平达到或超过原有水平，并为三峡库区的长远经济发展和移民生活水平的提高创造条件。"2001年3月，国务院根据新的社会经济条件对该条例进行了修订，开发性移民内容得到完善。在前三峡长达17年的移民搬迁安置工作中，始终贯彻了这一方针，并通过实践进一步丰富和发展了这一概念。

(1) 三峡移民实践全面贯彻了开发性移民方针

①移民安置规划补偿原则体现了发展理念，为库区发展留出余地。

三峡工程移民安置规划包括农村移民安置规划、城镇迁建规划、工矿企业迁建规划、专业项目复建规划、移民安置区环境保护规划、防护工程规划、移民迁建进度及补偿投资概算等内容，移民安置规划各主要内容及规划实施均体现了开发性移民方针的精髓和本质。

长江三峡工程建设移民条例规定，移民工程按原标准、原规模或恢复原功能复建所需的投资，经核定后列入移民补偿投资。补偿的目标是淹没一座旧城，复建一座新城，因而此处的原标准、原规模并非淹没实物的简单位移和复旧，而是考虑了适度发展后确定的补偿原则。如城镇迁建规划即为新城镇的经济发展留出了较大余地，人均占地标准是在考虑城镇人口增长因素后按国家建设部规定的人均占地标准确定，现状建设用地面积30—50平方米/人，规划则按70平方米/人计算，该标准超过当时全国大部分城镇平均水平；补偿人数在现状基础上充分考虑自然增长和机械增长等各种因素后确定，移民迁移线下居住人口84.75万人，到2009年底实际安置移民124.55万人。补偿原则留出适度发展余地，不仅为新城镇经济发展提供了有利条件，也为库区发展留出了空间。

②规划动态调整顺应了移民搬迁和库区发展的需要。

三峡移民搬迁安置长达17年，其间国家经济社会快速发展，经济体制从计划经济转向市场经济，思想观念和规划实施客观环境均发生较大变化。1999年，国务院三峡移民工作会议正式提出了“两个调整”的方案，即农村移民安置政策调整和工矿企业迁建政策调整。明确农村移民实行多种方式安置，大力提出和鼓励农村移民外迁安置；要求库区企业迁建工作着力点从搬迁复建专业到结构调整、改进迁建质量和提高效益上来，以促进库区经济发展和生态环境保护。根据“两个调整”方案及新土地法，2006年，三峡移民安置规划和概算进行调整，新增投资总额79.51亿元（1993年5月价格水平）。调整内容包括农村移民人数复核及移民安置规划调整、移民增建房屋、城集镇用地面积复核及基础设施概算调整、孤岛处理规划、农村库周交通调整规划、学校迁建、医院迁建及重大个案共8个专题。规划动态调整解决了移民搬迁中的实际问题，顺应了库区经济发展的需要。

③配套政策扶持体系有利于促进库区经济较快发展。

三峡移民迁移线下人口84.75万人，淹没房屋3473万平方米，淹没耕园地41.83万亩；淹没涉及2座城市、10座县城、114座集镇、1632家工矿企业和大量专业项目。为了提高移民安置实施效果，通过移民搬迁加快库区经济发展，促进移民致富，在移民安置规划实施的同时，国家制定了一系列配套扶持政策。

1992年，国务院作出开展全国对口支援三峡库区移民工作的重大决策，号召全国20个省（区、市）、10个大城市以及国家50多个部门和单位积极支援库区建设。支援方围绕库区移民安稳致富和生态良好的总体要求，坚持扶贫与开发并重，通过接收安置外迁移民、劳务合作、基础设施援建、产业合作、社会事业发展支持、人力资源开发和信息交流等，促进了库区改革开放和机制创新。

2003年，国家从三峡水电站售电收入中提取一定资金设立三峡库区移民后期扶持基金，专项用于扶持库区移民生产、生活，改善生产条件和基础设施，重点扶持农村移民发展生产，以保障库区经济发展和社会稳定。

除以上两项较大专项扶持政策以外，国家还对三峡库区实施了一系列优惠政策，如库区市、县享受沿海经济开发区和沿江开放城市优惠政策等。这一系列政策为库区经济发展提供了良好的机遇和外部条件，有效保障了移民安置效果。

(2) 三峡移民工作实践丰富和发展了开发性移民内涵

①将环境容量分析引入移民安置规划。

移民安置容量是指移民安置区在保证自然生态良性循环、并保持一定环境质量的前提下，该区域经济社会所能吸纳并持续供养、具有一定生活质量水平的移民人数。它是一个变量，会随外部条件的变化而增加或缩小。从论证及可研、初步设计到移民安置实施，三峡移民安置规划始终将环境容量放在第一位，通过规划实践及完善的过程，逐步认识到环境容量是影响库区、安置区经济社会发展的关键因素，而其中最差的因素将起到决定性制约作用。

②将可持续发展理念融入开发性移民。

水库移民可持续发展基本内涵包括生态系统的可持续性、移民与经济社会发展的整体协调性以及移民个体发展的可持续性三个方面。三峡移民安置规划始终坚持了这一理念，强调在保护生态环境的前提下，综合考虑自然、经济、移民习俗等因素，对库区资源进行合理开发。通过鼓励外迁扩大库区环境容量，提高库区环境承载力；通过实施相关水污染防治规划保护库区生态环境；通过将工程受益区纳入移民安置规划范围，扩大移民分享工程效益范围；将补偿与发展有机结合起来促进库区经济、社会、环境协调发展。

③将经济学基本理论引入移民安置规划。

三峡移民安置规划的编制与实施，改变了传统移民安置是政治任务的观念和做法，第一次把移民安置作为一种经济现象来看待，将移民安置视为经济行为和经济发展的过程，突出了移民迁建的经济性，强调移民安置是库区经济发展的重大机遇，也是库区经济结构调整和经济发展的重要内容。三峡移民安置规划引入了经济学基本理论，尊重市场机制和市场规律的作用，将工矿企业迁建与库区产业结构调整有机结合起来，通过实施扶优壮强、兼并重组、破产关闭等多种方式完成受影响1632家工矿企业的搬迁复建，促进库区产业结构调整升级，为库区经济社会发展奠定了基础。

2. 开发性移民在后三峡移民工作中的贯彻

三峡工程于2009年如期完成了初步设计确定的建设任务，2010年10月试验性蓄水成功达到了正常蓄水位175米，开始全面发挥防洪、发电、航运等综合效益。为妥善处理工程运行对库区、长江中下游经济社会发展和生态环境产生的影响、解决历史原因形成的矛盾和问题、顺应新的经济社会发展对三峡工程提出的新要求，三峡后续工作开始启动。目前，后续工作总体规划已经得到国务院三峡工程建设委员会第17次全体会议审议原则通过，意味着后三峡时代来临。

三峡后续工作以拓展和持续发展三峡工程巨大综合效益作为战略目标，全面贯彻开发性移民。规划以促进百万移民安稳致富作为工作的出发点和落脚点，加快发展现代农业，大力发展库区特色优势产业，拓宽移民增收渠道；加强库周交通、能源、通信、城镇等基础设施建设，加快人力资源开发进程，加大移民劳动力职业教育和技能培训力度，促进移民转移就业，进一步完善移民扶持政策，建立覆盖城乡居民的社会保障体系，实现城乡基本公共服务均等化，优化生态环境和文化氛围。同时，高度重视库区生态环境保护继续加强水污染防治，加强消落区保护和生态恢复，提高森林覆盖率；加强防灾减灾体系建设，加大地质灾害治理力度。总之，后续工作坚持走生态可持续支持经济社会可持续的发展模式，着力构建长效机制，提升库区环境承载、产业发展、社会保障、基础设施、劳动就业和减灾防灾保障能力，使移民和库区具备可持续发展能力。从规划重点内容和措施来看，后三峡移民工作不仅将始终贯彻开发性移民方针，而且将更进一步发展开发性移民，将可持续发展概念融入移民工作的具体规划措施及其实施中。

三、启　示

开发性移民方针是破解三峡移民这一世界难题的关键，它形成于三峡工程论证过程中，发展于三峡移民实践中，反过来又指导了三峡移民安置工作。正是在这一方针的指导下，三峡工程移民安置从环境容量分析入手，坚持可持续发展理念，在库区和工程受益区合理选择安置区，科学协调当地人口、资源环境与经济发展的关系，强调在生态环境保护前提下，重建安置区社会经济体系，通过发展产业，提供经济发展水平，促进就业来实现移民生产生活水平的提高。三峡移民工作的实践证明，只有坚持开发性移民方针，大中型水利水电工程建设移民安置工作才有可能取得成功。

通过近20年的实践，开发性移民已经日趋成熟，成为我国大中型水利水电工程建设移民安置工作的基本指导原则。然而，由于对客观规律认知的不断提高、外部环境的不断变化和移民安置工作本身的复杂性，开发性移民还需进一步完善。

（1）开发性移民的应用范围可以进一步扩展。目前，开发性移民主要适用于大中型水利水电工程建设移民安置工作，其他工程建设中较为少见。近几年来，随着中国经济快速发展，其他类型工程建设产生了越来越多的移民，其安置工作是否可以引入开发性移民，这是一个值得进一步研究的问题。

（2）开发性移民的补偿机制问题。开发性移民以发展为核心，但并不能包罗地方发展的一切问题，其补偿原则与机制以促进发展为目的但也并不能代替地方发展投入。因此，开发性移民补偿机制存在一个考虑适度发展的问题，一是如何将移民补偿与地方发展投入区分，尤其是在两者相结合的项目上如何分摊；二是移民补偿考虑多长时间的发展较为合适。

（3）市场机制与政府机制的定位问题。移民安置是一项政策性很强的工作，政府在其中发挥着不可替代的作用。在补偿性移民阶段，政府几乎是唯一主导角色；随着开发性移民的应用与发展，经济学理论逐步引入，市场机制也发挥着越来越重要的作用。可以预见，在未来较长时间里，政府与市场两种机制同时发挥作用的局面将持续。在移民安置中，如何把握两者介入的“度”，即两种机制的定位问题值得进一步研究。哪些工作应由政府主导，哪些工作可放手给市场，两种机制如何协调才能最有效发挥开发性移民的作用，达到安置效益最大化，这些都需进一步研究。

（4）安置方式问题。目前我国现行的移民安置条例要求农村移民采用以土为本、以农为主的安置方式。开发性移民的本质是通过促进发展实现安置目标，其重点在为移民提供生产条件和就业机会，并不局限于土地。然而，何种安置方式才能真正实现开发性移民安置效果？土地的功能能否为其他方式所替代？这都需要进一步研究。

（5）政策实施效果评价问题。目前政策体系上，移民安置目标是使移民生活水平达到或超过原有水平，效果评价以此为标准，主要指标为人均粮食占有量、人均年纯收入、等外公路及等级公路通达率和供电、供水、通信及广播电视保证率等。然而，从开发性移民的内涵及实践来看，政策实施效果应包含经济、生态和社会三个方面的内容，因而其效果评价体系也应涵盖上述三个方面。在未来的发展中，必须研究建立综合指标体系，定性与定量相结合地评价开发性移民实施效果。

（6）政策实施保障机制问题。有效的政策实施保障机制对于保障政策实施效果至关重要。鉴于开发性移民实施效果的综合性，应该研究从组织管理机制、实施管理机制、移民利益保障机制、配套政策等多方面建立科学合理的政策实施保障机制。

四、结　论

20世纪80年代中期，中国将开发性移民概念纳入移民政策体系。目前，开发性移民已经成为中国水利水电工程移民安置的指导方针。开发性移民采取前期补偿、补助与后期扶持相结合的办法，将移民安置视为发展机会，通过实现库区经济结构调整、促进库区经济发展，使移民生活达到或者超过原有水平。在三峡移民工作中的实践证明，开发性移民是适合我国水利水电工程建设的有效移民安置指导方针。然而，由于政策环境变迁、认知水平提高以及移民安置工作本身的复杂性，开发性移民还需要进一步完善。

参考文献：

[1] 陶景良. 试论水工程建设的开发性移民 [J]. 水力发电，2007，(9)：1—5.

[2] 张宝欣. 开发性移民刍议 [J]. 人民日报，1998—08—15 第5版.

[3] 施国庆，吴宗法，祝瑞祥，陈洁钊. 开发性移民启迪与展望 [J]. 水利水电科技进展，2001，(4)：13—16.

[4] 长江勘测规划设计研究有限责任公司、河海大学公共管理学院．三峡工程完成初步设计建设任务阶段移民安置规划总结性研究成果报告 [R]. 2010，12：238—243.

[5] 推动三峡工程科学发展的重大举措——国务院三峡办副主任卢纯解读三峡工程后续工作规划，新华网，2009年3月27日，http://news.163.

com/09/0327/18/55EAK85U000120GU.html.

[6] 李新民. 国务院三峡办领导谈三峡工程后续工作，中国三峡建设，2009，10.

[7] 李克强.持续发挥三峡综合效益 科学安排后续工作 [EB/OL].新华网，2010—11—30.

[8] 尹忠武，袁永源. 三峡工程移民规划设计 [N]. 人民长江，2003，(8).

[9] 中华人民共和国水利部 . 水利水电工程建设农村移民安置规划设计规范(SL 440—2009) [M]. 中国水利水电出版社，2009，7.

[10] 中华人民共和国水利部. 水利水电工程建设征地移民安置规划设计规范(SL 290—2009) [M]. 中国水利水电出版社，2009，7.

三峡工程的现实与争议

卢耀如　金晓霞

2011年4月以来，湖北、江西等长江中下游地区遭遇严重干旱，与近几年三峡及周边频发的泥石流、地震、水灾等一样，又有人指责：三峡工程是这次长江中下游发生严重干旱的罪魁祸首。与此同时，2011年5月18日，国务院常务会议通过了《三峡后续工作规划》，英国路透社即刻就以《中国承认三峡大坝存在弊端》为题做了报道，又一次将三峡工程推向舆论的风口浪尖。

三峡工程历经17年的施工，已胜利建成，然而这项曾被称为“共和国的动力心脏的工程”却一直处在是非论争的旋涡中。

截断巫山云雨

中国地域广阔，自然条件复杂，历来水患频繁。最早就有“大禹治水”的传说。长久流传下来的还有都江堰水利工程。

截断巫山云雨（即修建三峡工程）是中国人近一个世纪的梦想。最早是在上世纪初孙中山先生的《建国方略》中，提出了一系列有关水利、交通等建设的设想。但后来由于军阀混战，时局动荡而未能实现。

抗战胜利后，国民政府鉴于国外特别是美国在田纳西河兴修水利上的成就，兴建三峡大坝又被提及，并聘请美国著名水利专家萨凡奇来华考察。但这一次建设三峡的梦也因为中国的时局被阻隔。

真正将三峡工程摆上议事日程的是新中国成立后，1956年毛泽东发表了《水调歌头》“……更立西江石壁，截断巫山云雨，高峡出平湖，神女应无恙，当惊世界殊”。坚定了中国要修建长江三峡水利工程的决心与信心，而更重要的考虑是长江三峡中下游两岸年复一年的人水之斗。

那时，国务院长江流域规划办公室以林一山为主任，开始了长江流域的规划工作。1956年地质部组织大批地质人员进行长江水利工程的有关地质勘探工作。同年，国家又聘请了当时苏联著名地质学家波波夫等人和中方地质专家多人共同进行三峡考察，期望对三峡坝址的选址进行多方论证。

当时的国内水利人员和苏联专家组有的倾向选择南津关坝区，也有设计人员和一些地质学家偏向火成岩坝区。最终在详细论证了两坝区的地质条件等基础上倾向于火成岩三斗坪坝区。这也成为80年代后三峡工程选择坝区和坝址的重要依据。

三峡工程利弊之争

长江三峡水利工程是吸引国内外关注的大工程，从1918年孙中山先生首次提出修筑三峡大坝的构想，至1993年全国人民代表大会决策，共经历了75年的岁月，在这漫长的时期内，一直争论不断。

最早的争论是在20世纪50年代中期，主要是有关河流修坝开发问题，是从上游先着手，还是进行三峡工程建设。时任水电总局局长的李锐主张先建上游水库；而以长江流域规划办公室主任林一山为代表的，主张先修建长江三峡大坝。但其实这两派的争论，并不涉及三峡不能修建的观点。李锐的主张主要强调河流的发育与治理，期望上游开始，且当时的水电总局不管长江三峡。而林一山所代表的，最主要是负责三峡工程的开发设计。所以，这两派的分歧，实际上也涉及争取更多资金投入何处工程的问题论争，并没有涉及反对修建三峡更多有关利弊之争的问题。

真正有关三峡工程的利弊之争是在20世纪80年代中期。国家又提出三峡工程修建的问题。于是，又开展大规模的论证，论证内容涉及生态环境的影响、泥沙淤积对重庆的影响，还有其发电效益、防洪能力与国家是否有能力进行三峡工程建设等问题。有的学者就旗帜鲜明地反对修建三峡，强调对上下游的影响，有的科技人员，则认为有关问题可以克服。当时对生态水质的影响，也有争论，但更多是集中于国家有没有财力修建三峡工程。

当人们正在思考不同意见的统一时，1992年夏季，发生了淮海和太湖流域的大洪灾。特别是太湖流域，周边涉及长三角的主要工业与经济要地，包括上海、南京、镇江、无锡、苏州等城市，是我国东部的经济要地。特别是，当时已改革开放十多年后，我国正开始将经济开发的重心珠江三角洲向长江三角洲地带转移。于是，确保长江中下游的防洪问题，成为长江三峡决策上马的主要缘由，1992年全国人民代表大会通过，并决定于1994年开始动工。

不能将长江中下游干旱归罪于三峡

根据设计，2003年开始三峡工程蓄水达135米高程，2006年达156米高程；2008年和2009年，三峡先后进行了两次175米试验性蓄水。2010年三峡库水位达到了175米高程，容纳了393亿立方米的水资源的三峡水库为长江中下游防洪抗旱起着显著的作用。

但是，随着全球气候变化，近几年围绕长江上中下游灾患频发，2006

年川渝大旱、2007年重庆暴雨、2007年湖南、广西等地区发生的冰雪灾害、2008年汶川地震、2009年重庆大洪水、2011年长江中下游严重干旱……这些大灾难的发生，不少群众都认为与长江三峡水利工程的修建具有明确的关系。尤其近期的干旱，又将三峡工程推向舆论的前沿。

长江三峡以上控制流域面积有100万公顷，通过三峡地带的多年平均径流量为14300立方米每秒，年总径流量达4520亿立方米。长江流域1931年、1935年、1954年及1998年洪灾，洪峰流量只在7万多立方米每秒，也都造成极大危害。2010年，三峡水库拦蓄了7万立方米每秒洪峰，滞后下泄4万立方米每秒，从这些情况可知，三峡库区防洪作用应是很明显的。

长江三峡工程在宜昌出口地带，1954年时测得水流量为5751亿立方米每年，但长江全流域总水资源多年平均为1万亿立方米每秒，就是说，还有一半的流量在中下游地区，如湖北清江、汉江，湖南的湘、资、沅、澧四江，江西的赣江等等许多河流，因此，在1998年长江大水时，三峡工程防洪就起了很大作用。但长江中下游广大地带的防洪不能全靠长江三峡工程。中下游及相关支流和湖泊的防洪，应与长江三峡工程密切配合，形成完整的防洪体系。同理，这体系也应是抗旱体系。

洪灾和旱灾，两者又是密切相关连的灾害。在三峡及周边地带，水灾和旱灾的频率都很高，据500年来有关气象的数据表明：重庆地区（原川东地区）水灾频率10.14%，轻水灾31.02%；轻旱灾21.81%，重旱灾13.54%，重旱灾是指一季度以上无降雨，轻旱灾是指一个月以上干旱无雨，水旱灾频率达76.51%。江汉平原、洞庭湖西山地也是水旱灾频发。

洞庭湖1825年时，面积达6000多公顷，而1949年时有4000多公顷，至1998年时为2300公顷，2010年时1600多公顷，2011年5月7日只有382公顷水面，三峡放水后为577公顷。

从这些数据上看，洞庭湖面积不断缩小，加上湖底淤积，使容水量大大减少，从1949年至1998年40年，湖容积缩小了172亿立方米，平均每年缩小近3亿立方米。如果以6000多公顷面积而计，则减少了更多湖的容积，这种湖面积和湖容积的减少，主要是由于淤积和人工大量围湖造田而造成的。早期就造田800万亩，而近10多年来，湖面积和容积的缩小，使洞庭湖不能起到防洪抗旱的功能。

可以认为：三峡工程起到了拦蓄洪水的作用，有利错开下游支流洪峰，而减少中下游洪灾的威胁，并降低了其洪灾的损失。三峡工程库区和下游湖泊相结合而合理的调蓄洪水，就可最大地发挥防洪抗旱的作用。

三峡水库主干长600公里，最大库容为393亿立方米，因为是峡谷长条形的水库，所以基本上还是峡谷型水库，增加的水面积不大，所增加的蒸发量比原来的江面蒸发多几倍，而临近洞庭湖面积的缩小，和千湖之省的湖北湖泊的消失，对水汽的影响都要严重很多。气象上研究表明，这方面影响区域很小，更不是造成大片面积严重洪旱灾的后果。所以，尚没有确切的证据说明长江三峡水库对大片区域严重洪涝与干旱灾害具有密切影响。

另外，大气环流的降水效应，涉及大面积的南部湿热气流，东南部的季风，西北部的寒流气候等的对流、混合、阻隔等，大气圈对流层高度达12平方公里以上，只有120多米高于当地下游地面的三峡大坝，不可能阻挡暖湿热气流，而且这种气流活动，不是局部的运动，而是大面积的。只有高达数千米的喜马拉雅山、横断山脉才阻挡了南部印度洋来的大部潮湿气流，使青藏高原变得干旱。三峡大坝所起的作用，不能与大气流的运移相提并论。所以说，2010年西南大面积大旱，2011春天的华北大片旱灾和2011年春夏长江中下游严重干旱的成因，当无有力证据归罪于长江三峡工程。2011年，欧洲、法国、德国和英国，美国的德州以及伊朗、以色列都发生严重干旱。当然这种极端气候变化受自然演化与二氧化碳排放等与人类行为的综合影响仍是值得深入研究的科学问题。

汶川地震与三峡工程无关

水库会引起地震，这是公认的事实。最早我国发生诱发地震的是广东新丰江水库，震级达6级。后来，我国发现诱发地震的水库有21个，其中15个主要是碳酸盐岩（石灰岩、白云岩等）地区。水库诱发的地震级一般不高，多在2—3级，少数达5级。对三峡水库诱发的地震，早期也有较多研究，首先涉及仙女山活动断裂、九湾溪断裂、运安断裂等。其中运安、仙女山断裂和九湾溪断裂有一定的活动性，地震构造专家认为发生强地震的可能性很小。

水库诱发地震有三种类型：荷载断裂类型、气化暴烈类型、洞穴塌陷类型，但据初步监测研究，一般诱发震级不高，也只在1—3级。三峡水库地区相对处在较稳定地块，所以无诱发中强地震的构造条件，这是评估论证时的结论。而对2008年汶川地震是否与三峡有关，有的地震与地质工作者有了相应的结论：三峡是处在扬子地台上，汶川地震发生在龙门山断裂带上，主要有汶川——茂县后断裂，映秀——北川中断裂和安县——灌县前断裂。受板块运动、喜马拉雅山隆起的影响，两千多年来滇西常发生中强地震，约10年有一次6—7级地震，而川西约有20年发生一次，而且这两地的地震震级有互补的现象。

根据断裂、构造、岩溶的特性，以及历史上有关地震的记录，将8.0级强震的汶川大地震认为与三峡有关，也是缺乏科学的依据。至于滑坡、泥石流受水库蓄水而诱发的例子，还是肯定的。例如：2003年7月13日，湖北省秭归县发生2400万立方米千将坪滑坡，是与水库诱发有关，但预警及时，1200人迅速撤离。需要说明的是，三峡在历史上就是滑坡、泥石流多发的地段，历史上也发生过滑坡堵江的灾难。1985年6月21日，秭归县发生的新滩滑坡由于预报及时使1371人幸免于难。同年，四川省云阳县鸡扒子滑坡曾半堵江，经治理后恢复通航。这里需提及这一带有的危崖垮塌和滑坡与三峡蓄水无关，而是挖煤及乱开挖修房而诱发的。

在20世纪90年代，决定修建三峡大坝时，国家进行的一期地质灾害处理工程，例如对长江西陵峡链子崖危岩体和黄蜡石滑坡体的处理，收到了成效。这期处理对岸区的地质灾害，又进行了较多的调查和研究。

特别是2001年5月1日重庆市武隆人工高陡边坡滑塌灾害后，国家三峡建委拨款40亿元，进行三峡库区二期地质灾害处理。后来，又投资80亿进行第三期地质灾害处理工程，这两期滑坡、泥石流等灾害处理，取得了很好的效果。

当然，为发电随着今后库水由175米—145米间的波动，仍会不断诱发滑坡、泥石流等，关键是今后应当有长效机制，使监测和治理地质灾害，能够有队伍、经费等的保障。

需要强调一点：不修三峡工程，同样还会在这地区发生重大地质灾害，例如1983年大暴雨，万州地区就诱发数万个滑坡、泥石流地质灾害。但修了水库，如果注意边坡处理，相对会减少这类灾害的发生与发展。这也是我们强调的一点，我们不能阻止大灾的发生，但可以斩断灾害链，进行有效地预警、防治，达到减灾的目的。

回 忆 录

高峡出平湖，众志绘宏图

李 鹏

中国长江三峡工程是世界上最宏伟的水利水电工程之一。从开始提出三峡工程设想，到三峡工程全面建成，已历经漫长的90年。这既是一段风风雨雨、艰难周折的历史，也是一段轰轰烈烈、发扬中国人民伟大创造精神的历史。我作为三峡工程的参与者之一，有责任把自己经历过的一切以及有关三峡工程的人和事写出来，奉献给所有关心三峡工程和为三峡工程建设出过力、做过贡献的人们。

伟大的中国民主革命先行者孙中山先生，早在1918年制定的《建国方略》第二部分"实业计划"中，就提出了建设长江水力发电工程的设想："当以水闸堰其水，使舟得以逆流而行，而又可资其水力。""分级坝堰，改善航道，壅流发电。"

在抗日战争时期的1944年，美国大坝专家萨凡奇先生对我国三峡地区进行了实地考察。后来，他写出了《扬子江三峡计划初步报告》。报告提出三峡坝址可选择在南津关上游2000米处，水库正常蓄水位200米，发电装机容量1065万千瓦，万吨轮船直达重庆。不久，日本投降，蒋介石发动内战，"萨凡奇方案"当然没有继续进展下去的可能。

中华人民共和国成立以后，1953年2月，毛泽东主席乘坐"长江"号军舰，从武汉至南京，顺流而下。毛主席听取了长江水利委员会主任林一山关于治理长江的汇报。在讨论防洪问题时，毛主席说，费了那么大的力量修支流水库，还达不到控制洪水的目的，为什么不集中在三峡卡住它呢？毛主席还谈到南方水多、北方水少，能不能从南方借点水给北方的问题。孙中山先生设想的长江水利工程是把发电和航运放在重要位置，而毛主席的设想更为全面，他把防洪和南水北调的构想也提出来了。

1954年，长江中游发生了特大洪灾，虽经党和政府组织人民奋力抗洪，减轻了洪水灾害造成的损失，但是受灾人口仍达到1880万人，武汉市被淹没了1/3。这是一堂活生生的教育课，使人们更加认识到修建三峡大坝防御洪水，以保全武汉市以及长江中下游两岸安全的重要性和迫切性。1956年6月，毛主席在湖北省委书记王任重陪同下畅游长江，填写了《水调歌头·游泳》这首广为传诵的词作，其中写道："更立西江石壁，截断巫山云雨，高峡出平湖。神女应无恙，当惊世界殊。"这进一步表明，在1953年以后毛主席就一直有建设三峡工程的设想。

1958年1月，中共中央在南宁召开工作会议。在会议过程中，毛主席听取了三峡建设问题的汇报。当时有两种不同的观点：一种观点主张"先修三峡，后开发支流"，理由是三峡水利枢纽具有防洪、发电、航运等综合效益；而另一种观点主张"先支流、后干流"，也就是先在长江支流上兴建水力发电工程，后建设三峡工程，理由是三峡工程规模过于巨大，不是当时国力所能承受的。南宁会议以后，毛主席提出对三峡工程要采取"积极准备，充分可靠"的方针。"积极准备"，表示毛主席仍支持建设三峡工程；"充分可靠"，说明他也看到了三峡工程的浩大及其复杂性和艰巨性。这时，毛主席把三峡工程的事情交给周恩来总理处理，要求周总理每年至少过问四次。

我认为，当时两种不同观点之争，还是属于对工作的不同看法和不同意见的争论。如果上三峡工程，国家势必集中有限的财力投入三峡，再无力进行其他水电项目的建设。单纯从发电角度看，"先支流、后干流"的观点有一定道理。但是忽略了三峡工程对长江中下游的防洪作用，没有充分认识到这是其他支流电站所不能替代的。1998年长江中游特大洪水再次证明，兴建三峡工程对于大幅度提高长江中游尤其是武汉地区的防洪标准，有着不可替代的作用。

1958年2月，周恩来总理和李富春副总理率领100多位中外专家、学者，以及国务院有关部委和湖北省的领导同志乘“江峡”号轮船，逆流而上，就三峡工程问题进行实地考察，并在轮船上召开了现场会议。与会者各抒己见，畅所欲言。会议的结论是：“三峡必须搞，也能够搞。”同时决定先上汉江中游的丹江口水电工程，因为汉江洪水也直接威胁武汉市的安全。同年3月25日，在成都举行的中共中央工作会议上，通过了由周恩来总理主持起草的《中共中央关于三峡水利枢纽和长江流域规划的意见》，为三峡工程定下了基调。《意见》指出：从国家长远的经济发展和技术条件两个方面考虑，三峡枢纽是需要修建而且可能修建的；但是最后下决心确定修建及何时开始建设，要待各方面的准备工作基本完成之后，才能作出决定。《意见》提出，三峡大坝的正常高水位应当控制在200米，同时还应当研究190米和195米两个方案。周总理还特别指出，建三峡工程必须保护重庆，并尽可能减少四川地区的淹没损失。成都会议结束后，毛主席又于3月29日乘“江峡”号轮船由重庆顺江东下，30日经三斗坪时，毛主席在甲板上视察了大坝坝址和地形，并与陪同视察的王任重、林一山等同志讨论兴建三峡工程的规划。同年4月，成立了三峡科研领导小组。6月，在武汉召开了三峡工程第一次科研会议。从此，三峡工程进入勘测设计和方案论证的阶段。

在灾难深重的“文化大革命”时期，周恩来总理也没有忘记三峡工程。1970年12月24日，周恩来总理亲自给毛主席写报告，建议中央同意修建宜昌葛洲坝工程作为三峡工程的实验工程，以便锻炼队伍，积累经验。毛主席亲笔批示：“赞成修建此坝。”但是毛主席对修建葛洲坝工程不无担心。他写道，“兴建过程中将遇到一些现在想不到的困难问题”，“那时，要准备修改设计”。正如毛主席预料的那样，葛洲坝工程进展并不顺利，主要原因是工程施工质量不合格，因此被迫停工。为了使葛洲坝工程重新启动，周总理指定林一山等组建葛洲坝工程技术委员会，修改设计和施工方案，同时组建了葛洲坝工程局担任施工任务。1974年10月，停工22个月后的葛洲坝工程正式复工，此后工程进展基本顺利。1981年1月大江截流成功，7月第一台机组发电。到1988年12月葛洲坝工程全部建成，装机容量271.5万千瓦，强大电力送往华中和华东地区，有力地支持了这些地区用电的需要。葛洲坝水利枢纽中还设有三线单级船闸，使长江航道通行无阻。这样，在万里长江干流上，第一座大坝和电站就诞生了。它为后来的三峡工程建设培养了大批施工和管理人才，提供了极其宝贵的经验。

党的十一届三中全会以后，改革开放的春风吹遍了祖国大江南北。随着经济建设的发展，建设三峡工程又提到党和国家的重要议事日程上来了。1983年3月，水电部提出三峡工程可行性报告，正常高水位拟定在150米。同年5月，国家计委对可行性报告组织审查。1984年4月，国务院批准“150米大坝方案”，三峡工程开始启动，并进行施工的前期准备工作。

三峡大坝150米方案，发电装机容量1200万千瓦左右，有140多亿立方米防洪库容，对长江中游和武汉市有一定的防洪作用，但航运方面只能改善四川涪陵以下的航道。就在这个时候，重庆市向中央写了报告，认为150米方案对重庆港及其附近的航道没有改善，不能满足改善航运的要求，而且泥沙淤积还可能造成不利影响，提出把三峡大坝正常高水位提高到180米。

决定三峡工程命运是在1985年1月19日，这是一个永远值得纪念的日子。邓小平同志在参加建设广东大亚湾核电站有关合同签字仪式后，详细询问了三峡工程的情况。我当时担任国务院副总理、三峡工程筹备领导小组组长。小平同志听完我的汇报后指出：“三峡是特大的工程项目，要考虑长远利益，我们应该为子孙后代留下一些好的东西。”“低坝方案不好，中坝方案是好方案，从现在即可着手进行。”当谈到三峡移民要实行开发性移民方针时，小平同志说，“现在的移民方针对头了”，“100万移民也有办法安置，可以发展乡镇企业，也可以搞第三产业，还可以发展旅游”。针对我说“正在考虑成立三峡行政区，用行政力量来支持三峡建设，做好移民工作”时，小平同志讲，“可以考虑把四川分为两个省，一个以重庆为中心，一个以成都为中心”。

为了推动三峡的开发性移民工作，1985年3月，国务院成立了三峡省筹备组。1986年5月，三峡省筹备组改建为国务院三峡地区经济开发办公室，在开发性移民规划和试点方面做了大量的工作。同时国务院也明确指出，三峡库区移民工作仍由四川、湖北两省具体负责。

1986年至1988年，国务院重新组织了三峡工程论证工作。论证工作分14个专题，有400多位中国著名专家、学者参加。大多数专家认为，建设三峡工程技术上是可行的，经济上是合理的。1988年，国家对国民经济进行治理整顿，一批基本建设工程停建或缓建。在这种形势下，国家当然无力进行三峡工程建设。

1992年对三峡工程来说是具有决定性意义的一年。4月3日，七届全国人大五次会议通过了关于兴建三峡工程的决议。从此，三峡工程从筹划阶段转入正式实施阶段。为了加强对三峡工程的领导，国务院成立了三峡工程建设委员会。为了使三峡工程能够按照现代企业制度进行管理，引入竞争机制，成立了三峡工程总公司，实行业主负责制、招标投标制、工程监理制、合同管理制和资本金制。为了使三峡工程和它的输变电工程有可靠的资金渠道，国务院决定从电费中提成，建立了三峡投资基金。

经过两年多的努力，三峡工程的前期准备工作基本就绪。国务院于1994年12月14日宣布三峡工程正式开工。按照全国人大批准的“一级开发、一次建成、分期蓄水、连续移民”的建设方案，三峡工程建设分三期进行。1993年至1997年是第一期工程，从施工准备、正式开工到实现大江截流，完成移民15万人。1998年至2003年是第二期工程，三峡大坝要实行第二次截流，水库蓄水到135米高程，为此需要完成移民55万人，保证第一批4台水轮发电机组并网发电，永久船闸通航，输电线路连接华中和华东电网，保证把三峡电力输送出去。

三峡第三期工程在2004年至2009年实施。到2009年底，三峡工程已全面优质完成，大坝高程185米，正常运行水位定在175米，水库全部库容393亿立方米，防洪能力大幅度提高，长江中下游配合沿江堤坝加固，防洪能力达到防御百年一遇洪水的标准，为根治长江中下游水患起到关键作用。三峡电站26台水力发电机组，每台发电能力70万千瓦，全部电站装机容量达到1820万千瓦，年发电量近900亿千瓦时。源源不断的、清洁的和价格合理的电力，送到华中、华东和华南地区，促使全国形成统一的大电网，极大地增强供电的安全性和互补性。双线五级船闸每年通过能力达5000万吨，万吨船队直达重庆。三峡库区形成巨大的人工湖泊，自然风景更加秀美，旅游事业进一步得到发展。通过三峡工程的建设，我国的水利、水电科技水平获得很大的提高。70万千瓦水轮发电机组和输变电系统引进和制造成功，使我国的制造业能力迈上一个新的台阶。这是提高国家实力的一个鲜明标志。

百万移民是三峡工程成败的关键。随着三峡工程的顺利进行，三峡淹没区的开发性移民工作也有了新的进展。由于实行对口支援，各省市纷纷把先进技术、名牌产品引入库区，使三峡搬迁企业进行结构调整和技术改造，技术水平得到提高，竞争能力得到增强。三峡移民资金得到了充分保证。在三峡工程的总投资中，移民资金约占45%。移民方式，除了就地移民为主外，还采取了部分外迁移民的方式，扩大了安置门路。随着三峡工程的建设和开发性移民方针的贯彻落实，库区经济将得到稳步发展，人民生活水平将得到逐步提高。1997年八届全国人大五次会议通过决议，批准重庆市为直辖市。12年来的实践证明，移民占整个库区移民85%的重庆市改设为直辖市后，经济得到长足的发展，基础设施建设得到加强，城市面貌为之一新，有力地推动了三峡库区移民工作的顺利进行。

1948年9月，党中央从东北解放区选派21位青年人到苏联学习，我是其中的一个。到1949年8月，我们将进入大学，究竟选择什么学校和专业，成为我们这些留学生最为关心的问题。当时中共中央书记处书记任弼时同志正在苏联养病，我们派代表去向他请示。他说：“你们的专业由你们自己选择，但不要选择学政治，应该选择工科或经济。现在全国就要解放了，中国即将进入大规模经济建设时期，特别需要办工业和管理经济的人才。”之后，我和其他几位同学选择了水力发电专业。我之所以选择水电专业，主要受到两点启发：一点就是列宁说的，“苏维埃加电气化就是共产主义”；另一点就是我知道中国有一个大的水电工程设想，即三峡工程。日本投降后，原来在延安的自然科学院迁到张家口，改名为张家口工业专门学校。我在那里读书。当时，我从报上得知萨凡奇修建三峡水电站的计划，一时炒得很热，也给我留下深刻的印象。

我从苏联学成回国，分配到吉林省丰满发电厂工作，在那里前后工作了6年，参加了这个当时全国最大的水电工程的施工、维修、运行等各个环节的工作。后来我到东北电网、华北电网工作，也参加了若干水电工程的设计、施工与管理。1981年，我担任电力工业部部长，主持了全国电力工业规划工作。我记得，当时的规划认为，中国有三大水电“富矿”，即黄河上游、长江中上游以及红水河流域，都可以建若干梯级电站，是开发的重点。对这三个流域的若干水电站，我参与了设计、施工和生产管理工作。

1983年6月，我担任国务院副总理，分工主管大型基本建设工作，担任三峡工程筹备领导小组组长，以后对三峡工程的重大问题和重庆直辖市的建立，都参与了决策和组织工作。从1982年至去年秋天，我共到三峡工地及库区进行了19次考察。三峡工程的兴建和取得的成绩与经验，应归功于参加三峡工程设计、施工、监理和管理的全体建设者，归功于支持和关心三峡工程的全国人民以及外国朋友们。三峡工程是中国人民的杰作。我只是在三峡工程的论证、决策和实施的过程中做了自己应做的工作，尽了自己应尽的责任。

在这里，我特别怀念孙中山先生、毛泽东主席和周恩来总理，是他们提出了建设三峡的设想，并主持了初期计划的制定与实施。我国改革开放的总设计师邓小平同志对建设三峡工程作出了重大决策。江泽民同志就任中共中央总书记以后，第一次出京考察的地方就是三峡坝址。1989年以后，所有关于三峡工程的重大决策，都是由江泽民同志主持制定的，他对三峡工程的建设发挥了重要的领导作用。1998年朱镕基总理继我之后任三峡工程建设委员会主任以来，对三峡二期工程及移民工作的顺利进行发挥了重要作用。曾担任国务院副总理的邹家华、吴邦国、曾培炎，政协副主席钱正英，还有党和国家的其他领导同志，对三峡工程建设都发挥了重要作用。同时，我还要指出，李伯宁、肖秧、郭树言、陆佑楣、甘宇平、蒲海清、汪啸风、李永安等有关部门和地方的负责同志，也都对三峡工程和移民工作的具体实施做出了重要的贡献。

1994年12月14日，在三峡工程正式开工之际，我写了一首自度曲，名《大江曲》，全文如下：

巍巍昆仑，不尽长江，滚滚东流。望巴山蜀水，沃野千里，人杰地灵，满天星斗。夔门天险，巫峡奇峰，山川壮丽冠九州。出西陵，看大江南北，繁荣锦绣。

却惜无情风雨，滔滔洪水，万姓悲愁。众志绘宏图，截断波涛，高峡平湖，驯服龙虬。巨轮飞转，威力无穷，功在当代利千秋。展宏图，恰逢新时代，万丈潮头。

在这首《大江曲》里，我抒发了对三峡工程的情怀。这里有三个句子值得一提：在描写了三峡的自然风光，长江两岸的繁荣锦绣之后，我写道“却惜无情风雨，滔滔洪水，万姓悲愁”，特别强调了三峡工程的防洪作用。我还写了一句“众志绘宏图”。这就是说，三峡工程所取得的成就，靠的是人民的意志，人民的力量和智慧。经再三斟酌，我这本书就取名为《众志绘宏图》。最末一句是：“展宏图，恰逢新时代，万丈潮头。”建设三峡工程，孙中山设想过，毛主席、周总理都为此付出过极大的心血。但是，在当时的历史阶段，都不具备建设三峡这样巨大工程的客观条件，只有在邓小平同志开创的改革开放新时期，才有施展这个伟大宏图的条件。是改革开放的万丈潮头，以其雷霆万钧的气势推动了三峡工程的建设。

……

我国有极为丰富的水力发电资源，通过开发利用，将直接为本世纪前20年中国经济发展翻两番，人民过上更加富裕的小康生活，提供清洁可靠的可再生能源做出重大贡献。三峡工程建成后，国家对未来长江上游的水电项目将实行滚动式开发的方针。三峡工程所获得的利润将为长江上游新的水电项目，如向家坝、溪洛渡工程，提供开发资本金。三峡工程的经验和人才也将为开发这些项目服务。目前，向家坝、溪洛渡工程进展顺利，这标志着三峡工程滚动式开发的方针得到了很好的贯彻落实。

我衷心祝愿我国的水力发电事业不断取得辉煌的成就，为把中国特色社会主义事业不断推向前进，为全中国人民的幸福生活和美好未来做出更大的贡献。

向毛主席汇报三峡水利建设问题

林一山

1954年12月中旬的一天傍晚，我忽然接到电话通知，要我马上赶到汉口车站。根据以往的经验和电话的语气，我判断可能是向毛主席或周总理汇报，我的心情立刻激动起来。

当我被引进停在汉口车站的一辆专列时，毛主席、周总理和少奇同志都早已在会议室。我一上车，列车就开动了。我猜测，车是从武昌方面开来，途经汉口站专门等我的。见面之后，一一握手，简单问候了几句，毛主席便让我汇报长江三峡水利枢纽工程的建设问题。

这次开门见山，一见面就谈工作。总理、少奇同志的插话都很简短，直截了当，时间安排得非常紧凑。事后我才知道，毛主席这次就是利用从汉口到广水的三个小时左右的行车时间，要我把工作汇报完。不像1953年2月在“长江”舰上见毛主席时那样随便松快，时间安排得比较宽裕，题外的便谈很多。

一

记得汇报一开始，毛主席先提问。当问到三峡工程在技术上的可能性时，我表示，如果中央要在较早的时期内建成，依靠我们自己的技术力量，在苏联专家的帮助下，是可以完成的。毛主席又问，你的根据是什么？我说，目前苏联正在建设的水利工程在技术上、规模上和美国相差不多。因此，美国水利工程师萨凡奇有信心兴建三峡工程，那么应该相信苏联水利专家同样有这个水平。我又说，如果不用苏联专家的帮助，我们自己也可以建成三峡工程，但需要在丹江口水利枢纽工程建成以后。因为丹江口水利枢纽工程的规模，按坝上游正常高水位海拔170米的方案建成，也算得上是世界第一流的大工程。我们有了这种经验，就可以把技术水平提高到能够胜任三峡工程的设计。不过，设计工作的时间相对就要推迟。毛主席点头表示同意。

当我汇报到有关苏联专家的技术援助问题时，总理问，你认为布可夫的技术水平怎么样？我说，苏联政府派遣布可夫这样的水利专家来，还是正确的。他和我们合作得很好。他的工作态度比某些苏联专家要好得多。苏联电力部门派来的那个专家组长，大国主义思想很严重，态度恶劣。布可夫是苏联建国以后培养出来的专家，他原来还是个码头工人呢。至于说，布可夫认为中国专家不能做三峡工程，苏联专家也不能做，我认为这种看法是不对的。我们的技术力量是可以胜任的。再说，布可夫的水平也不能代表苏联水利专家的水平。如果苏联派最高水平的专家来指导，应该是没有问题的。记得在"长江"舰上我向毛主席汇报时，主席就提到过技术力量问题，那时就问过我，你们工程师有多少？我说有280人。主席说，噢，工程师过百呀！接着又问我技术员有多少？我说，有1000多人。主席说，噢，技术员过千呀！毛主席非常重视我们自己的技术力量。京汉线上这次汇报以后不久，水利部长傅作义对我说，毛主席向他了解了水利系统的技术力量之后，曾经告诉他说，你们要加强技术队伍的建设。

当毛主席问到三峡工程的地质情况时，我说，我们已有的地质勘探设备都用在丹江口水利工程的坝区了。在三峡坝区，我们只是做了一些坑探，所以对三峡坝区的地质情况，现在还只是一个初步的了解。根据坑探资料，我们选择的三斗坪坝区，属于花岗岩地带，岩石风化比较严重。坑探30

米以后，才发现有较好的岩层。毛主席听我汇报到这里，有些担心地问：花岗岩风化最严重的情况会是怎么样？我说，根据已掌握的世界资料，花岗岩风化层最深的可达百米。这时，主席显出有些焦虑，又问：如果三斗坪坝区也有100米，那么100米以下呢？我说，100米以下当然就是没有经过风化的新鲜岩层了。这时，我感到主席对这个回答仍有些失望。我接着说，请主席不必担心，100米深的风化层是世界上风化最严重的风化情况，而我们这里，根据岸边勘探，30米深的风化层在这个地区可能是最深的了。我看到主席还有些不放心，就又向他汇报说，在这个河段上，25公里的火成岩坝区，我们才开始从几个点线上做勘探，而这以上的一段坝区属于片麻岩，还未勘探过。听我说到这里，少奇同志插话问：什么是片麻岩？还未等我回答，毛主席就面带笑容，伸出五个手指向少奇同志说：好了！好了！片麻岩是花岗岩的变质岩，在片麻岩地区选坝址是没有风化问题的。

从毛主席听取有关地质问题的汇报来看，说明他对水利工程的地质问题极为重视。他了解许多地质情况，掌握了不少地质知识。所以，当我汇报到不同意萨凡奇过去在南津关石灰岩地区选坝址的见解时，主席没有提出疑问。他深知花岗岩强度高，不漏水，地质情况稳定。在汇报到有关三峡工程的其他问题时，毛主席又问了一些情况，其中也包括坝型问题。

毛主席对于水利工程的一些概念掌握得很准确。他知道水利工程中最重要的一个问题，就是水文资料的分析和整编。那次在“长江”舰上，就这个问题，毛主席听取我的汇报至少有6个小时，所以，这次汇报中，毛主席便没有再提起水文资料问题。我还记得1962年的夏天，毛主席正在武昌。当时长江流域规划办公室的水文资料大楼发生了一次爆炸事故，主席得悉后，立即要王任重同志打电话给我，转达他的指示，叮嘱我们把水文原始资料和整编资料复制4份，分藏各地，以防万一。

二

当汇报基本结束时，火车已进入广水火车站。这时已是深夜10点多钟了。总理对我说：“行啦！汇报完了，你可以回去了。”我说，我对广水的情况不熟悉，也不知道回武汉的火车什么时候来。主席这时说，“不要走啦，我们聊天吧！”于是，我继续留在主席身边，开始了一场气氛极为自由活泼的谈话。这使我想起在“长江”舰上同毛主席见面时的情景：握手以后，毛主席问我，“你的右手是作战受的伤吧？”我说，是的。主席说：“打打仗，有好处，可以减少主观片面。”接着他又问：“你过去见过我吗？”我回答，见过多次了。记得在西安事变之后，中央开全国党代表会议时，我是白区代表。当时主席到我们那个小组听取讨论意见，我提了许多问题，主席您还向我做了很详细的解答呢。这时主席风趣地说，“唉呀，真对不起，你认识我，我不认识你。”有时汇报完了，主席还让我留下一起吃饭，边吃边谈，非常随便。有一次，他对我说，离开北京，轻松愉快，愿意谈点什么就谈点什么。

这次在京汉线上汇报后的谈话范围更为广泛。我记得最清楚的是主席问了一些有关过去我同高岗进行斗争的事情，此外，也谈了一些关于调查研究的问题。

主席问我是怎样从东北进关的？我讲到了自己同高岗所作的斗争。毛主席有惊人的记忆力，他面向总理和少奇同志说：“噢，是呀，记得有这么回事。”主席鼓励我说，好啊！后来，主席询问的情况越来越深入细致，我考虑到有许多问题的提法还不够准确，特别是哪些问题是高岗负责，哪些问题是林彪负责，我没有把握。同高岗作斗争，我是有第一手材料的，但我当时听说高岗的主张主要是林彪的主张。这对我来说，是第二手材料。我不能在主席、总理和少奇同志面前说没有根据的话，所以，我必须回避这个问题。我只是愤怒地控诉高岗，批判他的恶劣品质。这时，毛主席慈祥地对我说了一些表示关怀的话，接着便说，好吧，另换个题目吧！

毛主席问我，长江在世界上占有什么样的地位？我把长江的概况说了一下，说明长江属于世界上著名的几条大河流之一。主席问：你说，长江在世界上能不能算是第一？我回答说，从综合条件看，也可以算是世界第一。主席又问：为什么？我说，长江的水量在世界上居于第三位，次于巴西的亚马逊河和非洲的刚果河。长江流域面积内的可耕土地，少于亚马逊河、美国的密西西比河和印度的恒河流域。虽然长江水量不算大，但从能源上说，由于落差大，可以说它在世界上居于第一位；长江流域居住的人口众多，农业开发历史悠久，在国外认为是不可耕的土地，我们的祖先也把它开垦出来了，补救了可耕地的不足，已耕土地远远超过了可耕地的面积；另外，世界上许多大的河流，除了密西西比河流域几乎全在美国境内外，其他都是跨国界的，而长江却是我国人民独享的。主席听了点点头。

当时主席还问我："你看，美国就国家总的条件和我国相比，怎么样？"我根据自己所知道的情况分析了一下，认为我国和美国的条件都不错，互有所长，而我国可能稍优于美国。主席又追问了一句："为什么？"我作了互有所长的比较后，着重说明我国所跨的适合人民居住条件的纬度比美国宽广，亚热带面积也比美国大。我国的可耕土地面积不如美国多，这是由于山多，而山多则矿藏丰富，地下资源得天独厚。我体会到，毛主席询问这些情况，说明这是他经常思考的问题之一。美国资本主义的发展远比欧洲各国要快，除了天然资源因素之外，远隔大洋，没有遭受大战的摧残也是一个重要原因。对其他的原因，主席经常在研究，他不仅向我了解，而且也向别的同志调查。毛主席所考虑的问题，也可能就包括有今天我们所说的体制问题。我曾经听说，毛主席过去了解过美国之所以发展较快，不同于西欧老牌资本主义国家，其原因之一是西欧在经济体制上有许多条条框框，限制了有识之士和某些资本家的发展；而美国的州议会都有独立的立法权，给资本主义的发展创造了更多的条件。主席重视美国资本主义发展的经验，是因为通过对比，可以得到启发。主席当时可能已在考虑体制问题，考虑怎样发挥社会主义的优越性。1956年主席在《论十大关系》中对这个问题已有明确的论述。

谈到这里，已是深夜。毛主席表示大家可以休息了。他对我说：你不要走，我请你吃早饭。我们稍事休息了一阵，天就放亮了。火车停在郑州附近的一个小货车站上。

吃早饭时，主席还是照例的两菜一汤，素食，只有一点辣味。边吃边谈，毫无拘束。我清楚地记得进入餐车之前，周总理一直让我先进，把我当成客人，我执意不肯，相让多次，最后，我只好在后面推了总理一把，把他推进了餐车。这时，总理回过头来，对我微微笑了一笑。

三

京汉线上向毛主席、周总理、少奇同志汇报以后，我回到武汉。过了几天，我到北京向李葆华同志汇报了毛主席关于三峡工程的指示。李葆华对我说，你来得正好，中央刚来了一个文件。我接过来一看，是当时的苏联部长会议主席布尔加宁给周总理的一个复照，答应立即派首批专家12人启程来华。

大概过了二三个月后，以马林诺夫斯基为首的一个苏联专家小组来到了长江。到了7月，苏联专家组长德米特里也夫斯基也来了。他们在听取了我们所做的长江流域工作的介绍后，表示满意，并认为我们的准备工作充分，可以立即正式开始长江流域的规划设计工作。因此，从1956年到1958年，对长江的全面规划和三峡水利枢纽的初步设计工作就基本完成。这样大规模的工作，仅仅用了三年时间，工作效率可算是很高的。

毛主席决心开始进行长江流域的规划和设计工作，是经过了很长时间的深思熟虑的，而不是像有人那样认为是很轻易地下决心的。

在“长江”舰上那一次，毛主席听取了我关于长江问题的汇报后就表示过，在这之前，他已考虑过长江三峡的问题。所以，那次他对长江水资源的开发，对长江的水文原始资料和整编工作询问得非常详细。对三峡工程的造价也进行了调查。尽管如此，在汇报结束临别时，毛主席还是叮嘱我：关于三峡问题，你先不要向中央分管这项工作的同志汇报，我现在只是摸摸底，还不考虑正式进行这一工作。到1954年，长江发生了百年一遇的特大洪水之后，他了解到修建三峡大坝所减少的洪水损失要远远超出投资时，毛主席便决心正式进行规划设计工作。至于他写的“更立西江石壁，截断巫山云雨，高峡出平湖”的那首词更是在苏联专家来了以后，兴建三峡工程在技术、经济等方面都已被证明有了现实可能性时才写出的，绝不是一时诗兴大发、心血来潮的产物，而是以其坚实的内容作为基础的。

在这之后，也就是到了1958年2月在南宁召开的中央政治局扩大会议上，毛主席向我更加详细地询问了有关三峡的一系列问题，并且确定了由总理具体负责抓这项工作。在同年3月的成都会议上，正式形成了关于兴建三峡工程的决议。在这个决议草稿上，毛主席亲自批了八个字：“积极准备，充分可靠。”事后，又作出了“有利无弊”的指示。这是针对当时的防空问题提出的。根据这一指示，总理便具体布置了工程的防护研究工作。

对于三峡工程的考虑，主席不仅积极、慎重，而且考虑得很具体，很细致。我听说，毛主席曾对总理说过这样的话，我们中央不仅要考虑全国内政外交大事，而且也要考虑具体的重大工程建设问题，像大三峡，铁路通拉萨等。毛主席确实是经常在考虑这类问题的。毛主席不止问了像我上面所说的那些问题，还问过我工程造价的根据是什么，如何解决水库的泥沙淤积问题等等。在问这些方面的问题时，我觉得，他甚至比我们一些具体分工负责这方面工作的干部还要了解得详细、全面。

毛主席一贯教导我们做工作要心中有数，他自己首先就是这样做的。他在听取各种汇报时，首先是以学习的态度来对待的。早在建国前夕，毛主席在《论人民民主专政》一文中就提出过：“我们熟习的东西有些快要闲起来了，我们不熟习的东西正在强迫我们去做。”而那种“以其昏昏，使人昭昭”的作风，正是毛主席所批评的。今天，我们党中央总结经验，要求当领导干部的必须是明白人，要知识化，专业化。我们应该好好学习毛主席这种精神。

在苏联专家到来之后，总理经常向毛主席汇报专家的工作情况。而当我们与专家有了分歧意见时，总理不止一次地听取这些意见。对葛洲坝工程上马的报告也是这样，总理把我的不同意见附在后面，一起报给毛主席，让主席对工程有全面的了解。

在克服官僚主义方面，我认为毛主席也是典范。这不仅表现在他对工作的积极、慎重、周到、细致上，而且表现在作出决定时坚决果断。

1958年，毛主席将三峡工程的任务交由总理负责后，总理坚决执行了毛主席的指示，做了大量工作。凡必须由中央出面进行有关长江规划的工作，总理都是亲自去抓，而且抓得很紧。作为三峡工程组成部分的葛洲坝工程，总理在病重之前，都是亲自抓，一些重要会议也都由他亲自主持。

回想毛主席、周总理等老一辈无产阶级革命家在三峡水利枢纽工程中所表现出来的雄才大略和扎扎实实的工作作风，一直在鼓舞着我。毛主席对开发水资源的远见卓识，将会随着时间的推移越来越被我们深刻地感受到。

回忆南宁会议讨论三峡问题

李 锐

1958年1月17日，突然接到中央办公厅通知，让我第二天乘专机去南宁，参加中央的会议，办公厅负责人说：电报上写的是讨论三门峡问题；还说专机在武汉停留时，接林一山同志一起去。

讨论三门峡问题？我纳闷了一下：三门峡正在施工，没发生什么问题。过武汉接林一山一起去，当即想到是电报中多出了一个“门”字，必定是讨论三峡问题。因近几年来，水利部特别是长江水利委员会及其负责人林一山，曾以各种办法催促中央：为了解决长江防洪问题，三峡工程应尽快上马。我当时在电力工业部主管水电建设工作，是反对这种意见的。

1953年毛主席视察长江，从武汉到南京航行中，听取了林一山的设想：三峡筑坝解决长江防洪，并可南水北调。长江特大洪灾之后的1954年底，京汉线旅途中，林又向毛主席和周总理汇报有关三峡工程的技术问题和坝址查勘情况。大概就在此时，燃料工业部电力代表团在苏联参观时（刘澜波任团长、我任副团长），接到国内来电：水利部要修三峡工程，征求我们的意见。我们当即回电：现在还没有力量顾及此遥远之事；同时向苏联水电设计总院请教此事，并将苏方意见电告国内。1955年，长委曾多次组织中、苏专家查勘长江和三峡坝址。这时黄河流域规划已经完成，三门峡即将开工。1955年下半年，已请来苏联专家12人，1956年，成立长江流域规划办公室于长委机构之内，正式进行长江流域规划工作，主要是三峡工程的研究设计。水电系统也派出工程技术人员参加。

三峡问题的公开争论是1956年开始的。这年《中国水利》第五六期合刊上，发表了林一山两万多字的长文《关于长江流域规划若干问题的商讨》。文中强调："长江流域规划中必须首先解决防洪问题"；"三峡是防洪性能最好的地区，三峡水库有巨大的防洪库容，在正常高水位235米（海拔高程）时，有效库容可达1150亿至1260亿立方米，可以根本解决两湖平原的水灾。"全文中心在有了三峡这个超大容量水库之后，还可以保证万吨巨轮终年通航于城陵矶与重庆之间；可以装机2300万千瓦，年发电量1500亿度；可以通过汉江丹江口水库引水至华北黄淮平原。文章称这种方案为发扬"重点主义精神"。我于是针对林的这种完全不切实际的观点，写了一篇题为《关于长江流域规划的几个问题》的两万字长文；并组织一批水电专家，就长江的水文、防洪、发电、航运、地质及有关工程技术和施工等方面的问题，分别写了专文，于1956年第9期《水力发电》刊出"长江规划专号"。美国著名的大坝专家萨凡奇在抗日战争时期，到三峡去查勘过，向国民党政府建议，修建这个工程，当时考虑电力主要用于发展耗电的化肥等工业，因此，有一批在水电系统工作的老工程师，曾于1946年到美国垦务局，在萨凡奇的指导下，参加过三峡工程的规划设计工作，他们熟悉此事。水电总局还保存了一些有关资料。我的文章主要谈三个问题：河流规划的综合利用原则；长江的防洪规划；动能经济问题（水电同国民经济关系）。按照235米方案，三峡水库要迁移人口215万，将淹没四川沿江十几个城市，重庆大部被淹，不能为了免除武汉（按，实际只是荆江地区）千年一遇洪水威胁而牺牲重庆（如此则万吨轮船通重庆已失去意义）。防洪也必须采取综合规划原则：湖泊洼地蓄洪排涝、加强堤防、支流水库和干流水库四个方面不可偏废，而堤防的作用自古相沿，尤为重要。我们只能根据国家经济技术发展条件，逐步提高防洪标准，不能"毕其功于一役"地去解决最高标准的长江防洪问题。至于要求在1967年建成三峡这样大的水电站，同国民经济包括电力的发展远远不相适应，也将遇到一系列世界上尚未经历过的技术问题。文中认为应先开发长江各大小支流的水力资源，以满足国家近期迫切的电力供应，同时也有防洪等综合效益，将来时机成熟再考虑三峡。可是对这期“专号”的文章和观点，当时没有任何反响，没有人为文反对或赞成。这个争论暂告结束。

在这之前的1956年初，为了解全国经济建设情况，刘少奇和毛主席曾分别找中央各经济部门负责人座谈（我参加过电力部向刘少奇的汇报），并命各部及直属总局负责人直接向毛主席写一份详细的报告，字数不限。这时，我任水电总局局长（还有一个电力工业部“部长助理”身份）已三年半，内外种种有关情况，可说心中已经有底。于是，自己动笔，于3月底写了长达3.2万字的《如何加速水电站建设》的报告，其中除说明我国水力资源盖世无双，可以做到好快多省发展水电以外，还提到了水电与水利之间，从黄河、淮河到长江的种种矛盾与工作的不协调。内多直率之言，并于三峡问题专门写了一大段约3000多字。由于当时电力部有个别领导对此颇多顾虑，想将矛盾捂住，这个报告没有能够送到毛主席手中。因此，毛主席当年并不了解水电方面这些不同意见。《水力发电》这种发行范围很窄的业务性刊物，也不为世人注意。1956年夏天，毛主席第三次游泳横渡长江时，在有名的《水调歌头·游泳》一词中写道：“更立西江石壁，截断巫山云雨，高峡出平湖。神女应无恙，当惊世界殊。”这就更鼓舞了三峡上马之风。早在1955年12月，水利部就传出：三峡工程可以3年勘测设计，4—5年施工建成。国务院一次谈到三峡工程的会议上，众口一词认为应尽快动工，我提出不同看法。周总理严肃地看了我一眼，大声说道：有一个人说困难，这很好。随后我将水电总局保存的当年三峡重要图纸，送请总理过目。

就在1956年的9月1日，《人民日报》头版头条刊载了《长江水利资源调查勘测工作结束》特号字标题的新闻，副题为：开始编制流域规划要点，争取年底确定第一期开发工程方案；解决三峡大坝施工期间发电、航运问题的研究工作即将完成。当时真是“山雨欲来风满楼”，似乎三峡工程很快就要上马了。我于是写了一篇《论三峡工程》的4000字文章寄《人民日报》。报社寄来了清样，但终于未能刊出。报社副总编辑王揖（我在延安《解放日报》的同事）告我，总理不赞成当时在报上公开争论此事。后来，我只好在《水力发电》1956年第11期上，又发表了一篇《克服主观主义才能做好长江规划工作》的6000多字长文，说明长江规划以大三峡方案为主导的急于上马的思想，带有很大的主观性、片面性和随意性。我这个人对自己认定了的事情，不管有何等阻力，是定要坚持到底的，尤好发表一点意见。当年对三峡问题的确是忧心忡忡的，这不仅是由于这个方案关系国计民生太大、太不成熟，而且由于它的干扰，会打乱水力资源即水电的正常开发。直到50年代中期，上上下下对我国必须优先发展水电，还没有一个统一认识。1957年3月间，报上登载过一个“大鱼网事件”：广东台山县县委一位统战部长，做了一个3万多斤重的大鱼网，想把过海的鱼群一网打尽。结果，大鱼网打不上一条鱼来。于是我借题发挥，以“大鱼网主义”为题，用笔名写了一篇小杂文（刊在1957年4月14日《人民日报》第8版），开篇说道：“这位同志的心意当然是好的，他本来认为大鱼网好处多：大，集中，方便，效率高，能解决大问题。生活中确实有人喜欢办大事情，热衷于解决大问题，急于一次彻底解决问题；还有人把这提到理论的高度，说这种‘大’癖是解决问题的重点主义精神。”

这篇颇为“尖酸刻薄”的讽刺小品，当时也依旧没有引起任何舆论反响。只是在1959年庐山会议后，我在水电部受批斗时，此文曾印发作为“罪证”之一，并使整个水电工作都蒙受不白之冤：“反三峡、反水利、反水电。”此是后话，附带在此一提。总之，所有以上这些有关三峡的意见和水电、水利之间的矛盾，毛主席都不知道，他只是听取了林一山和水利系统单方面的观点和看法，因此要“高峡出平湖”。

前面谈到的1956年3月底写成的有关水电长篇报告（不久前才找到，全文已刊《中国水力发电史料》1991年第1期），其中关于长江和三峡问题的意见，说明当年我去南宁时的“胸有成竹”。

这篇报告，第二天去南宁时，我带在身边。其中的主要内容和观点，帮助我在会议上的辩论，《报告》也就没有再交上去了。以后同毛主席的接触中，我也没有提及此事。关于我国加快水电建设的必要与可能，正好趁此机会直接向毛主席和中央领导同志作点“宣传”，于是，我还带上有关水电的资料，并请负责水电规划的老工程师，赶出一张全国各大水系近期和远景应予开发的大中型水电站示意图。

飞机在武昌机场着陆时，林一山已经在等着，他的秘书魏廷琤（后任长委主任）提着一口沉甸甸的大皮箱。相形之下，我的手提包实在太寒碜了。我们只是打了一个招呼，在飞机上也没有交谈。我跟林过去只见过面，没有交往。接管沈阳之后，听到东北局的一些负责同志对他有过某种介绍。1952年，我从湖南调北京之前，湖南省委几位负责同志一同去参观过荆江分洪工程，是他向我们作的工程说明。当时觉得他天文地理侃侃而谈，很博学，知识丰富。1956年2月，陪苏联专家考察三峡时，我们之间也很少交谈。如今这两个人要参加“御前会议”，“对证公庭”了。从上面作的一些介绍，可以说明，在三峡问题的争论上，我是“知己知彼”的，如此匆匆上阵，仍“胸有成竹”。我不时俯瞰机翼下的大地景色，心境自然而平静。

近中午时到达南宁，住在一栋新盖起来的宾馆。田家英马上来找我，对我表示严重的担心，说他和胡乔木都为我捏一把汗，急切地向我介绍了会议形势：主席大批“反冒进”，总理当面挨了批评，柯庆施攻击陈云。大家紧张得很，有的人睡不着觉。《人民日报》1956年6月20日发表的反冒进社论原件，也从北京调来了。反冒进砍掉了多快好省、农业纲要40条和促进委员会，泼了冷水，泄了气，挫伤了群众的积极性。会上主席插话很多，发表了许多意见，反对分散主义，权力要集中；批评做经济工作的人只务实不务虚，只专不红；平时不通气，一来文件就倾盆大雨，四时八节逼着签字，这实际上是一种封锁。还讲了许多工作方法问题，开动大家脑筋，等等。田还谈到乔木的看法：主席当时的精神状态，那种“乘风破浪”的兴奋情绪，有点类似抗战初期。根据林一山和水利部门意见，主席主张修三峡。薄一波于是反映，此事有反对派；还讲了水电同水利之间有许多矛盾，难以协调。于是主席当即决定，水利、电力两部合并，将林一山与李锐找来，当面各抒所见。他们为我的担心当然有道理。过去虽然常同田家英接触，但隔行如隔山，关于三峡问题，从未谈起过。随后见到周小舟，他也同样担心。他告诉我，毛主席在插话中，又狠狠地批了张奚若那四句话：“好大喜功，急功近利，轻视过去，迷信将来。”因此，我在三峡问题上的反冒进，当反对派，是很不合时宜的。由于晚上就要开会，我也来不及向他们多谈多问。不过我心中有底，飞机上的平静心情并没有受到干扰，就如同运动员参加决赛、演员上台之前一样，必须情绪如常。

在饭厅吃晚饭时，人们见了，笑我与林一山是“两个冤家碰了头”。当天晚上，“两个冤家”参加了接近尾声的南宁会议。我们的住处离主席住的“明园”不远，会议即在不太大的会客室中开的。中间一张长条桌，大家围桌而坐。我们两人坐在毛主席正对面，对面左右是刘少奇、周恩来、朱德、彭真，还有李富春、李先念、薄一波及各大区和中南各省（两湖、两广、河南、江西）的一把手：柯庆施、李井泉、欧阳钦、张德生、刘仁（代林铁）、史向生（代吴芝圃）、陶铸、王任重、杨尚奎、周小舟、刘建勋等，中央工业各部有王鹤寿、赵尔陆、黄敬等，还有陈伯达、胡乔木、吴冷西、田家英。

在延安时期，如此面对面同毛主席坐在一起开会，我只有过一次，即1942年《解放日报》的改版座谈会，参加的人要多些。林一山是毛主席熟悉的，他们之间有过多次长谈短谈。这条横穿中国东西的伟大长江，其开发利用，关系国计民生，工业农业、航运电力、防洪灌溉、近期远景，等等，是如何重要，三峡又是如何不可替代的伟大工程，毛确实被林的悬河之口打动了的。据说他曾向林说过这样的话：我很羡慕你呀，我很想当长江水利委员会的主任呢！而这个李锐，则不认识（我在《解放日报》写的好多篇社论和长篇文章，当年曾得到过他的赞赏，有过批语。但社论不署名，长文用的是笔名）；李锐这个名字，可能还不陌生，因为从《毛泽东的早期革命活动》这本书，知道有我这样一个湖南人。周世钊告诉过我，50年代初，他同毛主席见面时，就谈起过我在写这本书。此书于1953年在《中国青年》和《党史资料》上连载过。这时单行本也已出版。我心中想到，在客观形势上，我确有极为不利的一面，人们为我担心是很有道理的。

大家都坐定了，毛主席即要我们两人开腔。问林一山，你要讲多少时间？林答，要两个小时；又问我，我说只要半小时。我自然请主管长江的林一山先讲。

林一山从汉朝贾让治水谈起，两千多年间，长江洪水如何为害，平均10年一次。辛亥以来的40年中，平均5年一次，可见长江洪灾越来越严重。1931年水灾，死14.5万人；1935年大水，死14.2万人；1949年大水，死5700人；1954年特大洪水，采取紧急分洪等措施，保卫了武汉和荆江大堤安全，仍死了4900人。他还谈到长江如同黄河，河床也在逐渐抬高。特别强调荆江河段之险，保卫荆江大堤的重要，这关系到300万人的生命安全。汛期有溃决的危险，万一决口，将造成难以想象的惨剧，且将淹没武汉，切断京广铁路，断绝沪渝航运，造成堤防难以修复等一系列严重恶果。于此，还谈到如遇1870年、1860年等年份洪水，则后果更不堪设想。这些年份，宜昌以上洪水来量都比1954年大。1954年，汉口以上分洪决口水量约600亿立方米，汉口以下约30亿立方米。因此，如能控制住1000亿立方米洪量，就可以解除近百年来已经发生过的最大洪水灾害。之后，就谈到长江流域也有旱灾，全流域丘陵区占22%，其灌溉必须由大型工程远距离引水才能满足。长江的伟大，还表现在有充足的水量，有超流域的全国意义。华北黄淮平原缺水，需要由汉江和长江引水400亿立方米，以灌溉约1亿亩耕地。如果按远景计划，这个地区大量改种水稻，黄河水源留灌蒙古沙漠，则黄淮平原所需引水量在1200亿立方米以上。此外，从长江引水，还可以洗碱，更是永久性效益。林一山还大讲水力发电是我国工业动力的主要来源。为了15年内赶上英国，以钢铁与电力增长比例计算，钢达到1000万吨时，电力需要400亿—500亿千瓦时；当1972年钢达到4000万吨时，电力相应需要2000亿—2400亿千瓦时；第五个五年计划钢可能达到6000万吨，电力相应要4000亿—4500亿千瓦时。他也谈到耗电工业，化学肥料每亩50公斤，则全国播种30亿亩，每年需1.5亿吨化肥，单是化肥一项即需耗电量2000亿千瓦时。然后又比较了国内外航运情况，我国水运如何落后，仅及铁路运量的16%。三峡以上干流河道渠化后，可以使长江变成我国独有的“地中海”；以目前铁路运力计算，长江就至少可以代替200条铁路的作用。到1972年，长江干流货运量，仅钢铁一项即达9100万吨。所有以上这些除害兴利的雄伟计划，彻底征服长江，根本改变长江流域以及黄淮平原的自然面貌，只有以三峡水利枢纽为主体的流域规划，才能使之实现。长江洪水最高峰来自宜昌三峡以上，至少占汛期干流水量50%以上。因此，三峡枢纽对长江防洪有决定性意义。只有三峡才能控制川江洪水，解除荆江大堤的严重威胁和洞庭湖区的洪灾。宜昌以下的支流，找不到控制性的有效水库，如汉江、沅水的洪水典型年度变化很大，能控制的水量较小，而且还不一定是干流防洪中所必须削减的洪峰的组成部分。关于三峡水库的正常高水位，经过苏联专家的帮助和研究，林一山这时不再强调必须235米了，而提出210—200米的方案，以210米为最好。这样，水电站至少可装机1340万千瓦，年电量1000亿千瓦时以上。耗电工业可以集中在其周围，也有利于国防。输电距离可以北越陇海路，南接五岭，东至上海，西通重庆。将三峡全部投资摊给水电，单位千瓦造价不过526元，比火电也贵不了多少。由于1956年《水力发电》的“长江规划专号”中，我的长文及其他有关文章，谈过三峡这样超巨型水电站如过早上马，同中国电力工业及相应经济发展不成比例。林说，到1977年，三峡输电范围内，所需电量至少将是1600亿—1800亿千瓦时，从国家急需化肥和化纤等工业情况看，三峡电站不但经济而且合理。林一山最后谈到三峡工程技术上的可能，地质勘查结果，已选好了几个比较坝段，共3个方案。施工难度和强度同国外类似工程相比，也没有什么不可克服的困难，又谈“围堰发电”的设想（随后写的文章就不提了）。关于投资，估计总数约为72亿元，按照基建投资一五计划时期共480亿元、二五900亿元、三五1620亿元、四五2750亿元、五五4680亿元推算，1963—1977年累计约9050亿元。以电力投资占基建10%计算，不能说国家没有钱修建三峡枢纽。关于100多万人的移民问题，他没有谈，随后的文章中也未见述及。

以上这些大要，是我根据回忆和林随即写出的文章作的概括。他讲的时间超过了两小时。当林谈到投资时，周恩来插话道：“少装机，装500万千瓦，50亿够不够？”“够了。”“就按你说的50亿。”毛泽东说，“你会不会中央决定上马后，你又说不够了？”“不会。”林一山口气肯定。“为什么呢？”毛泽东又问。“我们不搞‘上马预算’，我们都算清了；没算清的，从多不从少。”苏联专家对三峡投资的估算是200亿人民币。林一山认为这种算法，是不够了解长江的具体情况的结果。

我讲得比较简单，没有超过半小时。我首先讲长江不同于黄河，自古以来是条好河，轮船从上海可以通到宜宾，是世界大河中数得出的黄金水道，最好的通航河流；泥沙远不如黄河之严重，水量为黄河的20倍，洪水量为50倍；最大与最小流量之差，黄河为200多倍，长江只25倍。三国时期就有诸葛亮夏口（汉口）吊丧，可见2000年来，武汉三镇并未因洪水有何变化。黄河下游大改道7次，开封城被淹没过，城墙低于河床十几米，故称为悬河。黄河为世界上最严重的害河，对国家威胁太大，治标治本，必须及早解决。三门峡控制流域面积90%，水库削减洪峰可起防洪决定作用。估计水库有50年寿命，可以为上游水土保持赢得根治时间。可是三峡只能控制长江流域面积50%，即只能管住西水（川水），而对南水（湖南四水及赣江等）和北水（汉江）则无能为力。宜昌以下中下游平原地区，发生的洪涝灾害特别是涝灾，三峡只能望洋兴叹，无能为力。长江汛期由雨季决定，一般南水最早，次为川水，最后为汉水，有时也有错乱。因此，历史上各种洪灾形态不同。1954年，南水推迟，川水、汉江都提前，受灾面积中，渍水内涝及先涝后洪约占80%。水利部门历来重防洪轻除涝。因此，武汉被围困40天。堤防是我国自古以来，也是世界各国行之有效的最好的防洪措施，决非“落后”不可靠之物，决不可贬低而放松其作用。不论有无三峡，必须搞好堤防。1870年所谓长江千年一遇的大洪水，主要是川江洪水，四川灾情极重；洪水过三峡后，向南冲开松滋口（南岸四口中最上位），并未冲破荆江大堤。因此说什么荆江决口要死上百万人，是一种危言耸听的不实之词。我们的能耐难道还不如蒋介石时期？长江堤防已加高加固，1954年的洪水再来，武汉可保无恙。长委总工程师已讲清楚了这个问题。孟浩然说：“气蒸云梦泽，波撼岳阳城。”宋朝以前荆江河段9穴13口南北分洪，演变到明朝，最后剩下的北岸郝穴，被宰相湖北人张居正堵塞，于是洪水向南

(历史上北堤固于南堤)先后冲开藕池、松滋、调弦、太平四口,洪水经洞庭湖入江,于是,云梦泽从历史上消失了,从而淤肥了洞庭湖田(湖北人因此埋怨张居正“保北舍南”的政策)。辩证法说明洪水也有有利的一面。几千年封建社会小农经济,历史上总是盲目围垦湖田。防洪标准只能依据国力逐渐提高,想一下解决百年、千年一遇洪水是不现实的。历史与现实说明长江防洪最重要的措施在加固堤防和分蓄洪水,如已修的荆江分洪区很起作用。这也是至今世界各国采用的方针。我特别强调了移民问题,如按坝高200米方案修建三峡水库,估计移民就至少要105万人,这是一个极其重要、极为困难的问题。

我着重谈到,三峡如修建,其作用主要是一个一千几百万千瓦的大水电站(水库只有发电才能收回成本并赚钱)。三峡水库防洪能保护荆江大堤,对武汉并不起作用。胡乔木于此时插话(显然是帮我的忙),讲水电很重要,引起毛主席与大家的兴趣。乔木曾同我谈过,主席爱听好事、鼓舞人心之事。于是我说,1957年,我国电量为190亿千瓦时(装机约460万千瓦),钢524万吨,煤1.2亿吨。15年赶上英国,钢要求达到3500万—4000万吨,煤5亿吨,电2000亿度(电相当于苏联1957年水平)。电的增长倍数最大为10倍。现在190亿千瓦时电量中,水电只占47亿度(23%),其他均煤电。火电发展受煤的制约。如东北煤炭虽多,但不久以后也将从关内运煤去。中国水力资源世界第一,开发条件极其优越,造价比火电贵不了多少,因此,电力工业长远方针应该是“水主火辅”,缺水力资源的地方才以火电为主。应尽力开发物美价廉的水电,西方和苏联都是优先发展水电;欧洲好多国家水电已开发殆尽;日本水力资源很少,都是小河流,1957年水电仍占电力的2/3,当年一占领东北就开发松花江和鸭绿江。水电站形成的水库,又有防洪、灌溉、航运等综合效益,一举数得。新安江一期预计为4年半发电,造价4.1亿元,每千瓦700元(后来实际为3年半发电,造价未超过)。这时我将带去的全国水电开发示意图铺在桌上,引起了毛主席和与会者极大兴趣。之后,我又谈到左右三峡修建时间的是国家财力,是经济发展的需要,是电力而不是防洪;三峡工程投资巨大,而用电企业投资一般又为电站本身投资的5—10倍。按水库高程200米，一个装机近2000万千瓦，能发电1000亿千瓦时以上的大电站，何年需要投入呢？根据苏联的经验，最大电站的极限可达全国电力的1/5—1/4。我又谈到电网是许多电站组成的，要什么样条件才能形成全国统一电网。因此，最乐观的估计，三峡这样大的电站，中国要几十年后才可能有此需要。随后谈到三峡工程技术问题很复杂，如弄清地质情况要多年时间，搞水电的有些经验；其他多级船闸、电站机组容量（至少60万千瓦一台等）以及施工等等问题，都是超世界水平的。国防也是问题，同世界形势有关系。毛主席这时插话：三峡这样的工程当然会吸引敌人的注意，决不能遭受破坏。有人插话，那是下游几千万人生命安全问题。最后我又谈到"围堰发电"那种"临时电站"的极不合理。

我讲的时候，听者为之动容。讲完之后，我看到那些为我担心的人，或者担心三峡上马的人，似乎有一种宽松了一点的表情。这时我心中感到：如同下围棋，林一山执黑先行，可是现在棋局的主动权已操在执白手中了。两个人都讲完之后，毛主席发言：讲了还不算数，你们两人各写一篇文章，不怕长，三天交卷。第三天晚上，我们再来开三峡的会。

"两个冤家"，1956年都为三峡问题写过大块文章。就林一山而言，他是长江水利委员会和长江规划办公室的主要负责人，多年来朝思暮想三峡工程如何才能上马。1955年下半年，苏联专家来到后，长办即集中了长委成千技术人员，还有众多水电、交通、农业和科学院等有关部门的技术人员，以及十几位苏联专家，为长江流域规划和三峡枢纽勘察设计而日夜工作，积累了大量的资料。这次到南宁来，他让秘书带了一大箱子材料，写起文章自是得心应手。关于三峡属国家长远问题，我虽然"胸有成竹"，但究竟不是我的日常业务；且1956年后，此事早已放下。现在仓促准备，所以成文速度远不如林一山。记得到第三天早晨，乔木急急跑来问我，文章交出没有？他说，林一山的已经印发了，怎么不见你的？我说，已经写好，就要交出。他看了一下我的开篇就说，主席在这次会上提出写文章要有三性：准确、鲜明、生动，你这个开头还不够鲜明。于是我稍加修饰，匆匆交出付印。这两篇文章已经收进历史档案，属于《1958年1月中央南宁会议文件》。林一山的文章约两万字，题为《关于长江流域规划的初步意见》，内分四节：（一）长江概况。（二）综合开发长江水利资源的迫切性和对我国经济建设的重大作用。（三）以长江三峡水利枢纽为主体的流域规划。（四）有关兴建三峡枢纽若干重要问题的研究。我的文章约8000字，题为《大力发展水电以保证电力工业15年赶上英国和修建三峡水电站的问题》。赶英国部分为四个问题：（一）电力工业在15年内赶上英国的关键。（二）水电能不能赶得上去呢？（三）水电如何赶上去？（四）需要解决的两个问题（投资与技术力量）。文中谈到电力长远发展方针应当"水主火辅"。关于三峡有六点看法：第一，控制三峡修建时间的主要因素是什么？第二，投资问题。第三，105万人的搬迁是一个极其严重的问题。第四，三峡与国防的关系。第五，三峡的技术问题。第六，关于"围堰发电"问题（现在看来，这篇文章仓促写出，有些问题在当时也是离谱的）。乔木点明三性之后，文章开篇加了这样一句话："主席：遵照您的指示，将如何更多更快发展水电，使我国电力工业在15年内赶上英国，以及三峡工程何时修建问题，汇报如下。"

第三天晚上，大概是1月22日，仍在原处开会。大家都已将两篇文章看过。记得彭真坐在我的斜对面，看见他在我的文章上画了许多红杠杠；主席表态后，他拿起打了红杠的地方，支持我的看法。会议情况大概有点像围棋什么名人战、天元战的结局一样，胜负已决，只待主持者宣布结果。会议不到半个小时就散了。仍是毛主席先讲，说我的文章写得好，大加表扬：意思清楚，内容具体，论点可以服人。特别赞赏我的文章中关于电站容量跟电网及全国电力的比重关系，以及坝址地质条件的说明。关于三峡问题，他是这样说的：中央并没有要修建的决定。对三峡我还是有兴趣的。如果今后15年能建成，那是赶上美国的问题。还有原子弹问题，太集中了也不好，还得有别的电站。关于水电，毛主席说：水力用之不竭，应当多搞水电，加快发展水电，"水主火辅"嘛。没有水力的地方，当然要搞火电。这时李富春、薄一波也插话，都赞成只要有条件，应当尽量多发展水电；现在赶不上，第三个五年计划总可以做到水主火辅。毛主席最后还指着我说：“我们要有这样的秀才”，“大家都要注意培养秀才”［南宁会议产生的《工作方法六十条（草案）》中，第47条为“要培养秀才”］。

关于坝址的地质工作，我在文章中着重谈到几年来在工作中的体会，是任何人都看得懂的：“三峡水电站所有重大的技术问题，可说无一不超过当前世界的水平很远。当然这一点吓不倒我们。但问题是需要时间”。“在实际工作中，有一些技术问题允许冒一定程度的风险，但有一些技术问题绝不可丝毫冒险。任何一个水电站的工程中，在开工之前需要解决的主要问题是地质问题。因为我们的工作是在峡谷中间斩断一条河流，将顽皮的水驯服下来。而被拦河坝抬高起来的比平时增加了几百、几千倍力量的水流，它总是不服输，总是尽力地、无孔不入地、日日夜夜地来破坏我们的工程。河流的峡谷在地质上属于最软弱的地带，否则河水就不会从这儿冲出来。因此，凡是修水电站的地方，地质问题总是极其复杂的，总是不容易在短时间内弄清楚，总是同我们的主观愿望作对。这个问题决不能有任何疏忽，决不能有任何侥幸的心理，5年多来，这是所有从事水电工作的人员感触最深的一个问题。三门峡、新安江、刘家峡这三个水电站，1952年前后（三门峡更早一些）就开始做地质勘探工作，都做了整整5年，工作量极为浩大。例如钻了几万米的钻眼，新安江和三门峡还在河床底下打了一条平硐。这三个电站都经过苏联几批权威的地质专家反复鉴定，才最后定案。但是刘家峡于去年定案之后，最近来了一位地质构造专家，又几乎要做翻案文章。现在刘家峡的坝址还需要补做一些地质工作，才能正式开工。地质勘探是一种很笨的工作，很难采取快速的办法解决问题。一座水电站坝址的选定，正如许多球队夺取冠军锦标一样，是采取分级淘汰制，由大范围到小范围，由众多坝段到选定一个坝段，最后由一个坝段的多数坝址中选定一个坝址，坝址选定之后还得有后备坝址，以防万一。”

我没有料到的是，在散会之前，主席指着我说，你当我的秘书，需要这样的秀才。我连忙说，当不了，水电业务忙得很。这时，旁边的人也讲赞成的话；主席于是说，是兼职的嘛。会后，毛主席将三峡问题交给周总理负责处理。

这样一场三峡之争的结局，我是有精神准备的；可是“当秘书”这个意外结果，我真是毫无精神准备，这在党内恐怕也是“史无前例”之事。三峡问题是南宁会议最后一个议题，大家都为此事的如此结束而高兴，田家英、胡乔木等不用说，北京来的知道三峡轻重的人，将心上的一块石头放下了。周小舟向我打了这样一个比方：李锐，你中了状元了。在当时那样紧张的批判反冒进的形势之下，三峡这样具体问题争论的结局同这种形势是完全不协调的。由此可见，只要言之成理，毛主席那时还是很听得进反面意见的，尤其是小人物的反面意见。

过去在延安时就同田家英较熟识。多年来，我们之间可以随便谈心，没有什么顾虑。我早就知道一些他在中南海工作的难处，他也谈过主席的一些性格特点，特别是有时意见多变，不易适应。散会后第二天，家英跟我详谈了此次会议的情况后，我对“兼职”之事忧心忡忡，说自己心中藏不住东西，心直口快，恐怕容易惹祸；还说虽已活到40岁了，并不善于处理复杂的环境，尤其没有应付高层人事关系的本事。但他赞成我这种“兼职”（后来曾想活动我任“专职”，被我坚决拒绝了），原因在他们都不熟悉工业，认为主席（我们谈话时他称为“主公”）现在直接抓经济建设，我来了，可以作他们的帮手，等等。我开玩笑说，我这是“自投罗网”。回北京见到刘澜波时，我也谈过此种心情，而且肯定说，我一定会碰到麻烦的。不料这些话真成了谶语。

同周小舟也是能随便交谈的。他是一个平易近人、讲究实际、遇事有自己见解的人。南下时，他是湖南省委宣传部部长，我任过他的副职。1951年初他到湘西区党委任书记，即由我接替他的职务。小舟抗战初期担任过毛主席的秘书，因此对我这回的“胜利”特别高兴，他还特意让我签名送他一本《毛泽东同志的初期革命活动》，当时南宁书店正摆满了这本书。关于会议的情况，他也谈了些自己的看法和感想，说很想读点书，更多熟悉经济工作。

“水主火辅”方针的认可，这于我可说是此行最大的收获，觉得从此水电建设可以展开一个新的局面，要钱要人可能比以前会顺利一些。但这个方针在电力部内部是会有争议的，尤其计划部门和火电系统会持怀疑态度。多年来，我常常谈到水电是在“夹缝中奋斗”（“夹缝”即指火电与水利之间），觉得今后有可能从夹缝中脱出了。从事水电建设的人，无不希望水电这一廉价、再生、干净能源能多搞快上。这时尽管有心情愉快的一面，但我仍背了两个包袱回到北京：一个即“兼职秘书”，前途未卜；另一个是水利、电力两部合并，我很不安，担心受到责难，因两部领导对此毫无精神准备，以为是我挑起了这种矛盾，导致合并。我知道电力部的同志是不同意采取这种办法解决矛盾的。于是我向李富春反映了这种顾虑，请他向两部领导讲清这个“时差”——并非是我谈了三峡的看法和两部矛盾之后才做的合并决定。在我的记忆中，水电水利工作之间的矛盾，到1956年、1957年时，除长江三峡问题外，官厅问题早已解决，黄河、淮河、辽河等有关问题和有关工程，大体都已解决或接近解决，尤其是黄河规划，两部合作得较好。其实当时两部不合并，也是可以正常工作下去的。

我的秦城诗作《龙胆紫集》中，有“三峡”诗三首，其中第一首即记南宁开会之事：

一电忽传飞邕宁，事关三峡误三门。
故人为我担忧虑，成竹藏胸敢直陈。
骋辩当廷虚实显，上书隔日是非分。
偶逢破格常言事，祸伏之心归语人。

第三首则对“秀才”之名颇有看法：在三峡之争中，我是从自己的工作水电建设同国家经济发展规律的关系，作了经济和技术等较全面的了解，才得出比较切合实际的看法，从而坚持了自己的观点，毫不动摇。如果要说在这场争论中对优胜者值得赞扬的，首先应当是义理和经济，并非词章；而且这是在脱离了坐而论道的宣传岗位之后，才能做到的。这种心情和祸伏结局，反映在第三首五言十二句中：

案前摆战场，亦似叙家常。
诸会心落石，朝日雾飞光。
但说文章好，未言经济长。
已非涂抹手，斩水劈山忙。
或云夺鼎甲，谁解非瑞祥。
及今思谶语，鬓雪须也霜。

回顾丹江口工程的设计工作

文伏波

我从20世纪50年代中期开始参加丹江口工程的初步设计工作，1958年9月工程开工又被任命为设计组长，长驻工地，直到1969年返回武汉，经历了工程开工、停工、复工到基本完建的全过程，在丹江口工地，我度过了宝贵的12年时光。

光阴荏苒，时间流逝，一转眼，丹江口工程已经开工50年了，回首往事，我深为建设者当年艰苦创业的精神，献身工程建设的坚忍不拔的意志所折服，也为当年受“左”倾影响，不尊重科学、不按客观规律办事而造成的一些损失记忆犹新，我深深感到，设计是水利工程的灵魂，质量是水利工程的生命。

一

位于鄂西北的丹江口工程，是汉江治理开发的关键、南水北调中线自流引水的水源，也是治江历史上由平原建闸向高坝大库建设的第一次伟大实践。工程在特殊的年代兴建，它的每一步进展都凝聚了党中央第一代领导集体的关注，及时总结出完全由我国自己的力量建设大型复杂的现代化基本建设工程的规律。

丹江口工程的初步设计，始于1956年7月，分初设要点和施工详图两个阶段，前一阶段确定枢纽规模和总体布置，第二阶段提供设计图纸。1958年2月底，周恩来总理在视察三峡的途中听取魏廷琤的汇报和3月初中央政治局成都会议正式批准立项，大大加快了初步设计的进度。1958年5月，长江委按期拿出了初步设计要点报告，确定工程主体任务是防洪、发电、灌溉和航运，远景引汉济黄、济淮。为控制工程的投资和移民数量，设计洪水采用历史上最大的实测洪水——1935年同大洪水（约百年一遇），推荐正常蓄水位为170米，淘汰了诸如180、190米这样的高水位方案。这一设计方案在当年5月初设计审查的洪山会议上得到确认。审查会议后，长江委立即赶制施工详图纲要报告，提供施工图纸，为工程在当年9月1日提前开工创造了条件。工程正式开工后，长江委又提出将装机容量由75万千瓦提高到90万千瓦的方案。

二

1958年9月1日，丹江口工程正式开工。当年8月，我奉命率领15名设计人员组成现场设计组，进驻工地，与工程指挥部施工技术处共同工作，我兼任技术处处长，负责提供各种图纸和技术要求。后来，考虑到设计与施工有相互制约作用，按照水电部的要求，两者分开，在指挥部党组领导下，以设计代表组的形式单独工作，直接对长江委负责。

工程上马于“大跃进”年代，不可避免地带有一些激进的时代特征。如在施工方案上，长江委做出的设计是机械化施工，但实际进行时，湖北省制定了“政治挂帅，加强领导，依靠群众，自力更生，土洋结合，以土为主，先土后洋”的指导方针，没有施工准备阶段，在极短的时间内便组织了鄂豫两省的十万民工，带着极为简陋的工具和少量机械投入施工。在工期上，设计中提出的是在“二五”计划中开工，四年零三个月内完成。但由于受“大跃进”影响，工期一再压缩，致使计划中的施工程序和施工布置也不得不随之改变，数万民工在汉江两岸组成左翼和右翼兵团，同时作战，工程进度虽快，但质量难以保证。可以说工程的指挥和施工从一开始便打乱了设计中的施工部署和施工进度，土法上马，万箭齐发，手忙脚乱。

林一山主任早已预料到这些情况。为保证工程的质量，同时避免设计方与施工方矛盾过于尖锐，在我们出发前夕，他专门交代了三条原则：第一，凡关系到大坝主体安危的，要坚持标准不能让步；第二，凡改变设计后出现问题，但可以采取补救措施的，如施工方面坚持，说服无效，可以修改；第三，属于施工方法，可以提出意见，不能统一的，不要坚持，按施工意见办。

为适应当时的施工现实，我带领设代组的人员在力所能及的范围内，对原设计进行了修改，如同意将原本缓建的通航建筑物提前到与大坝同时兴建，将正常蓄水位由170米提高到175米等，其中最重要的修改是将坝型由拟定的混凝土双墩大头坝修改为结构较简单的宽缝重力坝。

工程开工不久，因准备不足，我们遇到了两个拦路虎，一是右岸小围堰的防渗处理，当时发现这里存在一些碎小石块组成的覆盖层，渗透系数不明，可能一时难以抽干。由于工地没有钢板桩，木板桩也很难打进卵石层，让人十分头疼。一位叫杨铭堂的工程师提出了“以土赶水”的办法，即边挖基坑边填入土石，将水逼入汉江，待基坑开挖完成后再将土挖出。这一方案虽然对材料要求不高，可就地取材，但方法较笨，工程量太大，难以保证防渗效果，因此在实施10多天后也被放弃了。为解工程燃眉之急，我们设计组的同志决心另辟蹊径，将钻机调到现场认真采样，发现覆盖层并没有想象中那样厚，渗透系数也远小于原估计，于是放弃了规模较大的垂直防渗想法，采取以土石砂石组合围堰防渗的办法，取得了较好的成果。

另一个拦路虎是在1959年5月1日之前必须完成混凝土纵向围堰和上下游土围堰（俗称“关大门”）保证工程按期截流的难题，由于此项任务必须完成，因此只能采取高强度的混凝土浇筑方法，而当时工地没有完善的降温措施，很难保证浇筑的质量。为此，林主任指示我们采取“边缘政策”，允许施工方一次建成，但在时刻提醒施工人员注意散热的同时，提前做好应对将来必然会产生裂缝的问题，待工程截流后再进行认真处理。事实证明，林一山的判断完全正确，1959年汛后围堰关上了大门，年底汉江实现截流，但坝段浇筑的混凝土出现了大问题，除了遍布的蜂窝狗洞，还出现了三个贯穿性的大裂缝，我们不得不对此返工，付出了很大的代价。

在建设初期，我们还大胆进行了一次设计创新，即采用钢筋混凝土楔形梁进行处理破碎断裂带。当时在9—11坝段有两条比较大的断层破碎带，如不处理将难以保证施工安全，为此曾经想过全部挖除的办法，但因工程量太大而放弃。在苏联专家的建议下，我们确定只挖除最表面10米的破碎带，在其上浇筑大型楔形梁，将坝体压力传输到两边较为完好的基岩上，一举克服了面积达1700平方米的断层破碎交汇带对大坝的安全威胁，既安全可靠，又方便施工，当时这在国内尚属首创。

为保证工程的安全，我们在地质方面，尤其是基础开挖方面始终坚持原则，寸步不让。那些天我和曹乐安每天都带领同事们亲临现场，日夜值班，检查验收，当得知右岸河床开挖，有人提出用机钻钻深孔爆破方法并准备实施时，我将情况电告林主任，林主任及时向总理汇报，随即水电部便作出了“禁止放大炮”的决定。在施工过程中，有人提出全部取消右岸导流底孔下游的护坦，我也坚决反对，最后经协商后，决定将护坦长度由80米缩短到40米。在长江委的坚持下，丹江口的基础工程成立了验收委员会，验收小组由设计、施工和地质三方面人员组成，日夜坚持在基坑内，直到全部验收合格后才签字，准许在上面浇筑混凝土。

完善的质检制度保证了基础工程的质量，因此，尽管以后在混凝土浇筑上出现了大问题，但大坝基础尚好，把住了安全最关键的一环，也使将来的补强工作成为可能。丹江口工程长期停工而没有下马，基础工程立下了汗马功劳。

在那段时间，承担工程设计的长江委与工程指挥部和施工方常因指导思想的分歧而产生争议，我们设代组既要服从总指挥部的命令，又必须服从长江委的命令，时常处于协调矛盾的漩涡中，我坚持原则、尊重科学的态度在工地上被扣上了“保守”的帽子。

当时工地上的最高指挥者是湖北省省长、工地总指挥长张体学，他是军人出身，在国内革命战争、抗日战争、解放战争中立下了赫赫功劳。他襟怀坦荡，热爱事业，干劲冲天，直接促成了丹江口工程的提前上马。工程兴建时，他亲自驻扎在工地一线，与广大人民同吃同住同劳动，赢得了人们的尊重。但有时不免出现急躁的情绪。他几次对我说：“你能吃苦，也非常勤奋，就是什么事都听林一山的。”我当时就对他说：长江委是设计的代表，设计与施工在工程建设中是相互制约的，我虽是工程局党委的委员，但必须听从设计意见，林一山对工程的意见，我会原原本本地讲给省长听；省长对工程的看法，我也会原原本本地传达给林主任。这种做法得到了张省长的认可。1959年反右倾斗争中，批评我保守的大字报在工地铺天盖地，张省长主动向大家解释设计的重要性，压下了这股气势。我生平共有七次见到敬爱的周总理，前几次都是张省长引荐的。我们有个叫丁琦的女工程师为保证大坝基础的安全，每天总是拿着个地质锤敲打浇筑面，遇到不合格的地方就要求返工，否则决不验收，因此得到了“小钉锤”的外号。张体学常开玩笑说，他一看到丁琦拿着地质锤到处敲打就心惊胆战，因为说不准什么时候就要返工，耽误几天的工期。但他从不阻止。

三

由于开工于“大跃进”的年代，丹江口工程不可避免地带有那个时代的烙印。1959年底的汉江截流，使工程进入到二期阶段，坝体升高，施工强度和难度均有所增大。工程上马过快，关大门已非常匆忙，而且留下了隐患，截流后本应对此前的工程进行及时补强，并作好机械化施工准备。但遍及全国的“反右倾”高潮冲昏了许多人的头脑，工地指挥部将当年的混凝土浇筑指标确定为过于艰巨的160万立方米。为完成这一任务，取消了对浇筑质量的控制，致使大坝上下出现了较多的架空、蜂窝、狗洞，最严重的是大坝最关键部位出现了贯穿性裂缝，好比将整个坝体竖着砍了三刀，直接威胁整个工程的安全，如不进行处理，后果不堪设想。

经过一番先浇筑还是先处理的争议，1962年2月8日，周总理在京召开会议，明确指示工程停工。要求长办负责设计，施工服从设计，设计监督施工的原则，首次明确了设计在工程建设中的主导地位。1962年3月，丹江口主体工程暂停施工，直到1964年底，才开始重新施工。

在这两年多，我们的工作重点是大坝的补强轮廓设计，为此，长江委与工程局共同组成大坝事故处理科研组，时任长江科学院副院长的杨贤溢任组长，水电部也派出得力人员协助，对已浇筑的89万方混凝土进行了全面的裂缝检查，基本弄清了重要裂缝的深度和贯穿裂缝的分布，在充分进行科学试验的基础上，长江委提出了大坝补强轮廓方案，工程局也据此对大坝进行了认真补强。

与此同时，长江委还遵照中央指示，加强对机械化施工的附属企业、辅助工程进行改造、扩建或兴建，做好机械化施工准备；工程局抓紧时间精简队伍，使民工数量由最多时的近10万人，逐步减少到3.5万人，最后又减到1万人，这些民工都经过了精挑细选，又进行了专门的培训，较为熟练地掌握了各种技能，成为丹管局的重要力量，部分同志先后转战于葛洲坝等水利工程，为治江事业立下了汗马功劳。

由于国务院规定的补强设计、机械化施工准备和精简队伍的三大任务均已完成，1964年底，丹江口工地逐步恢复了大坝混凝土的浇筑，热火朝天的工作场面再次在工地出现。但此时的局面已与4年前有了根本区别。最为突出的是尊重科学、质量第一的观念深入人心。工地制定了较为完备的机械化施工方案，较为合理地确定了每一部分、每一阶段工程的施工进度表，违背科学、打乱仗的情况基本没有出现。丹江口工程复工不久，

“文化大革命”便开始了，此后直到完工，仍在“文革”时期。许多领导和工程技术人员都被打倒，我也受到冲击，被降格为绘图员。此后又被“贬”到厨房烧火，在1969年更是被造反派押解回汉，接受处理，离开了丹江口工地。

也许是工程初期冒进思想带来的质量事故，以及此后被迫暂停的经历过于刻骨铭心。因此，尽管工地上出现了怀疑一切、打倒一切的风气，但1964年制定的规章制度，以及质量第一的观念在工地却没有任何人敢于破除和否定，大坝浇筑的质量和秩序没有受到“文革”的干扰，始终平衡地进行。工程建成后，经过数十年的运行考验，也没有出现什么隐患。

事实证明，从惨痛挫折中总结出来的经验教训，是经得起历史考验的。

四

丹江口工程暂停施工，还给工程命运带来了预想不到的重大变化，原先的一次建成的方案不得不让位于分期开发。长江委的政策水平和设计能力再次面临重大的挑战。

“大跃进”和随后的三年自然灾害极大地破坏了我们的国民经济，迫使国家采取了“调整、巩固、充实、提高”的措施，一大批在“大跃进”中匆匆上马的工程纷纷下马。丹江口工程也由于投资大，收效慢，且出现困难，受到了较大的冲击。

1963年7月，长江委在编制修正任务书时，主动放弃了4年前湖北省提出正常蓄水位加高到175米的要求，建议最终规模仍为最初设定的170米，推荐初期工程的正常蓄水位为155米。

但这一分期方案没有获得国家计委通过。丹江口工程要想复工，还必须作出更大的让步。为此，长江委与水电部和湖北省经过一个多月的深入而痛苦的讨论，接受了缩小规模的现实，在原分期开发的基础上，提出了三个比较方案，即暂停施工方案、单纯防洪方案和防洪结合发电方案。由于前两个方案效益很低，几乎可以说是主体工程下马，所以常被简称为“武下”和“文下”方案。丹江口工程到此已经走入到十分艰难的地步。

也正是在当年10月，汉江发生了约10年一遇的洪水，中下游防洪形势一度紧张，除杜家台分洪外，各地民垸主动扒口，淹没耕地50万亩才保住汉江遥堤。长江委与湖北省、水电部主动出击，向中央建言，提出丹江口工程具有一定的防洪库容和比较优越的发电条件，而且已经建设到一定规模，工程布置和施工机械均已就绪，完全停建损失太大，极力推荐防洪结合发电方案。

1965年8月，在周总理的关怀下，国务院最终批准了防洪结合发电的方案，丹江口工程扭转了极为不利的局面，正式复工。

在1965年，针对部分专家要求死守国家批准的正常蓄水位140米方案的观点，长江委拿出详实的资料，表明蓄水位抬高至145米，增加投资十分有限，而防洪、发电和灌溉效益却增加明显，有利于国家和人民利益。终于平息了争论。在进一步研究的过程中，长江委再次从大局出发，认为145米的蓄水位方案仍然偏小。为给今后工程的运行留有余地，长江委与湖北省委、水电部联合报请国家计委、建委和周恩来总理，请求将坝顶高程由原定的152米提高到162米，发电蓄水位提高到155米，只是开始运用时仍按145米运行。这一请示在1966年得到中央批复。

随着国民经济的发展，工农业用水用电量不断增加，长江委报请提高10米的大坝发挥了重要的作用，工程的正常蓄水位很快提高到155米，到1975年，根据国家批准，按照157米蓄水。这一水位已经超出了当年国务院批准的大坝高程，可以想象，如果设计没有自己的观点，或是有了观点而不能坚持，丹江口不可能蓄水到这个高程，工程的效益将大大降低。长江委的设计水平和政治水平得到了历史的肯定。

丹江口工程复工后一直进展顺利，于1967年下闸蓄水，1968年10月实现首台机组发电，1973年全面建成。我本人也于1969年离开丹江口工地，不久投入到葛洲坝工程的设计中，在葛洲坝工地，我又度过了12年。此后，我退居二线，为三峡工程重新论证和长江流域规划的编制尽了自己的绵薄之力。我很欣慰，我不仅赶上了治江事业大发展的好时机，而且把全部的精力投入其间，治江事业也使我的一生丰富多彩。

对长江三峡工程前期工作的回忆

李镇南

1953年，西南军政委员会改组成行政委员会，其所属的西南水利部改组成水利局，我奉调至长江水利委员会（以下简称长委会）上游局任主任工程师。自此，我才开始接触三峡工作。其后不久，长委会主任林一山到上游局视察，布置了项任务，其主要内容是：研究在金沙江、岷江、嘉陵江、乌江四大支流兴建水利工程控制四江代替三峡工程，能否解决长江中下游防洪问题。我们随即组织力量对这四条重要支流进行控制性水库的勘选工作和长江中下游洪水来源与组成的初步研究工作。由于四江控制性水库至宜昌间有10余万平方公里的区间面积，是暴雨频发地区，曾试将1935年发生在离此不远的清江五峰暴雨移置至这一地区，发现宜昌可能发生很高的洪峰，将对荆江地区的防洪安全造成很大的威胁，因此认为：仅仅在四江修建控制性水库，而不对这一广大区间采取措施，仍不能解决长江中下游防洪问题，也是不能代替三峡工程的。

1953年10月，长江上游局党组书记饶兴向西南局财委报告了有关长江上游治理工作的设想，提出将来三峡水库的蓄水高程可能在190米左右，请西南局向沿江城市及有关单位打招呼，不要在190米以下设置工厂或其他较重要的工程。西南局财委批准了这个意见。

1954年4月，上游局组织10余人查勘三峡坝区，技术上由我负责，由饶兴带队。我们包了一只大木船，从宜昌启程，溯江而上，先后查勘了葛洲坝、南津关、平善坝、南沱、黄陵庙、三斗坪、茅坪、太平溪及兵书宝剑峡等坝址。当时大家都受萨凡奇方案影响，认为黄陵庙、三斗坪、茅坪等火成岩坝区更为有利，值得认真研究。但查勘中，通过对全段的地形、地质、枢纽布置、施工等条件，进行了全面综合研究比较，至于坝址以下的航运问题，则可研究修建葛洲坝航运梯级。查勘后，将查勘情况上报长委会。

同年11月，在黄委工作的苏联专家组来查勘三峡，中央有关部门及长委会负责同志及有关人员参加。我向他们作了汇报。苏联专家提出：花岗岩区可能有较厚的风化壳，要注意研究。

为了集中力量进行长江流域规划（以下简称长流规）工作，长委会根据国务院批示，决定撤销上、中、下游工程局，1955年，三个局大部分人员陆续调至武汉。我到武汉后，林主任要我参加长流规的准备工作。当年6月起，苏联专家分批陆续抵达长委会，在专家组到齐后由我向他们汇报了“长流规”准备工作情况。苏联专家听完汇报后，感到很满意，认为“长流规”的准备工作做得比较充分，可即着手开展流域规则工作。

1955年10月—12月，我们组织了对长江上游地区干流及主要支流的查勘。查勘团由143人组成。李葆华、林一山及在长委会工作的全体苏联专家参加了查勘。国家计委、水利部、地质部、燃料工业部、交通部及有关单位也派员参加。通过查勘，苏联专家组与长委会发生了重大意见分歧。苏联专家由于对长江防洪认识不足，从能源开发考虑较多，认为重庆上游40公里的猫儿峡枢纽应作为治江的重点工程，配以嘉陵江的温塘峡和岷江的偏窗子（高坝）等枢纽的方案为上策，认为三峡枢纽规模太大，投资过多，不大现实。猫儿峡枢纽装机几百万千瓦，工程投资少，工程较简易，长委会则考虑到长江中下游的防洪紧迫需要和上述三个枢纽淹没太大，倾向于以三峡枢纽作为治江战略重点。当这一争论反映给周总理后，他在同年12月，在京专门听取了林主任和苏联专家组长德米特利也夫斯基的汇报，随后周总理明确指出：长江中下游防洪的重要性与紧迫性。三峡水利枢纽有巨大调蓄库容，对防洪有显著的作用，且地位适中，综合效益大，应是长流规的主体。专家组长在听了总理指示后，也表示赞同。

从1956年起，长委会改称长江流域规划办公室（以下简称长办）。由我担任总工程师。我们对三峡水利枢纽进行了系统的勘测、设计和科学研究工作。在三峡河段的火成岩及石灰岩两坝区初选了一些可能坝址。通过初步研究，从中选择了进一步研究的重点坝址。为了研究地质问题，长办聘请了苏联高级地质专家波波夫、谢苗诺夫等到长办进行工作，中国地质专家侯德封等也来长办与苏联专家共同工作，并成立了中苏地质专家鉴定委员会。鉴定委员会主要任务是对三峡坝址区及猫儿峡、北碚坝区的工程地质条件，做出初步评价。在工作程序上，首先对几个坝区进行实地查勘，听取了勘测和有关单位的汇报，尤其是喀斯特研究、钻探工作及库坝区渗透调查结果等报告。最后提出几个工程的工程地质条件一般性鉴定总结。当时，长办的勘测力量还比较薄弱，除长办在专家组协助下积极培养骨干力量，并动员一些多次参加查勘工作的学水工专业的同志改行搞地质外，先委托地质部、燃料工业部积极投入力量，把勘探任务承担起来。在科研方面也开展了工作，并为大规模协作做积极准备。苏联政府对长江专家组的工作，极为重视，1956年末，派高级专家瓦西连柯等二人前来我国了解与检查专家组工作。

关于三峡水利枢纽正常水位论证，苏联水文水利专家从水能利用出发曾提出正常蓄水位260米方案，回水直至四川宜宾地区，经专家组研究认为：此水位不必研究太高，认为应保证重庆主要部分不受淹，水位最大限度不应超过235米。经过一年多的研究比较，1957年夏，中苏专家在庐山讨论了三峡枢纽的水位问题，取得了共识。专家们认为：从综合利用长江水资源和国民经济现状及经济发展需要与减少淹没出发，三峡枢纽正常蓄水位以不超过200米为好。

1958年1月，党中央南宁会议期间，讨论了三峡问题。毛泽东主席指示周总理亲自抓三峡工作，并要求一年抓四次。

同年2月下旬，周总理访朝归来，立即来至武汉，登上“江峡”轮查勘三峡。参加查勘的有副总理李富春、李先念，国务院有关部委、有关省区的领导和中苏专家、工程技术人员一百多人。长办林主任及有关人员也参加了。2月26日，查勘团从武汉乘船溯江而上，在武汉至沙市的航程中，由魏廷琤汇报丹江口工作，讨论以后，总理与两位副总理表态：丹江口有条件，可以搞。2月28日，船抵沙市，林主任陪同周总理冒雪登岸，查看了荆江大堤及防洪形势。船抵宜昌后，湖北省委第一书记王任重和林主任商量，让魏廷琤同志先下船，返回武汉，准备丹江口的事情。3月1日，查勘三峡坝址、先后在重点比较的坝址南津关与三斗坪登岸查勘。在推荐坝址三斗坪中堡岛，我在地面铺开工程布置图，向总理及查勘团汇报了枢纽布置设想。返船前，地质部的同志介绍了岩芯，总理看了很高兴，就说：如果能让毛主席看看该多好。就问：能否带一块岩芯给主席看。大家都欣然赞成。于是，总理取了一块岩芯并在岩芯板上签了字。返船后，我把三峡整个情况作了正式汇报，并着重讲了一下，就现在世界上已有大水利工程的各种建筑物与施工和三峡对比，三峡工程的各个方面不过是世界上已建高坝各方面水平的集中，在技术上是可能的。接着苏联专家组长也讲了三峡工程在技术上是可行的。然后，展开了讨论，大家都踊跃发言。途中林主任向周总理汇报了"长流规"与三峡工程问题，途经长寿换车，视察了狮子滩工程。汇报与讨论一直进行到抵达重庆之前。3月5日，轮船抵达重庆。3月6日，在重庆召开总结会。会上周总理传达了毛主席对三峡工程的"积极准备，充分可靠"的八字方针。指出这次会议是根据南宁会议精神召开的，会议的主要议题是如何积极准备兴建三峡水利枢纽，并说讨论中大家一致肯定修建三峡工程的必要性，一定要搞，而且也能搞，取得这样一致意见是很大的成功。两年来的争论是必要的，也是有意义的，现在问题已经解决，还有一些余留问题，还可在小范围内争论。还指出：三峡正常水位应在190—200米之间选择，不能超过200米，对于坝址选择仍要进行些工作，要使包括萨凡奇在内的所有人都满意。

对"长流规"问题，提出了若干规则与方针，对具体工作也做了安排。会后，周总理就转去成都参加中央的成都会议，并在会上作了三峡工程和"长流规"的报告，会议通过了相应的决议。

查勘中，周总理指示中国科学院副院长、党组书记张劲夫把三峡科研工作抓起来。不久，张劲夫同志就召开会议，并组织成立了三峡科研领导小组（简称科委三峡组）。由张劲夫任组长，科委副主任张有萱、水电部副部长冯仲云任副组长。各部委有关主管科技的负责同志为组员，组织了有关单位结合三峡各方面的课题，开展了大协作，取得了许多成果，并推动了三峡工程的勘测、设计等工作。

1958年8月初，林主任向中央写了一份报告，建议兴建三峡试验坝——陆水蒲圻水利枢纽，要我一起到北京向总理汇报。当时，总理正准备到北戴河去开会，就要我们随他一起到北戴河去谈。8月31日，中央北戴河会议结束后，周总理亲自主持召开了长江工作会议。副总理李富春、李先念，有关部、委的负责同志，长江流域三大区的第一书记等参加。长办主任林一山及有关人员也参加了会议。会议研究了三峡工程有关问题。在讨论中，张劲夫提到两个坝址的比较问题，认为现在大家都认识了南津关石灰岩区地质上千疮百孔，不及三斗坪可靠，是否可以肯定三斗坪，不再继续比较。最后，周总理作了总结发言：三峡要多做准备工作，就能多快好省。长办有成绩，想了很多新办法。设计方面“年底要提出要点报告”，随即进行初步设计，可以以三斗坪为主进行设计，以陆水为三峡试验坝。工作要抓紧，要准备到万事俱备只欠东风，不要东风来了，而没准备好。为1961年开工，作好充分准备。会议还讨论了成立长江规划委员会的问题。会后，长办及有关方面都积极进行各项准备工作。

1960年春，三峡工程初步设计的各项内容基本就绪。水电部组织了中苏专家数十人，在坝址现场进行讨论，首先讨论的就是坝线选择问题。长办建议选用三斗坪上坝线。在长办工作的苏联专家组及多数外单位专家同意长办意见。少数苏联专家主张选用中坝线（在上坝线下游约1公里处），并建议在上、中坝线各打一过河平硐，以便进一步查明两条坝线河床部分的地质条件，然后再选定坝线。讨论未取得一致意见，双方相持不下。主持这次讨论的水电部副部长冯仲云将讨论情况报告水电部。水电部研究后，还是接受了打平硐的意见。于是，开始开挖平硐两端的竖井。后来，苏联专家组撤走，竖井未打完就停工了。

关于三峡工程的防护问题。1956年，毛主席提出了“有利无弊”的指示后，成立了人防小组，张爱萍负责，钱正英、林一山等参加。开展工作后，在1960年底，提出三斗坪坝址的防护意见。由于所需的防护工程量很大，因此就转而研究最窄河段的石牌，把除大坝外的其他建筑物统统放在地下，以减轻防护工作的方案，以便比较，鉴于当时的国际形势，而三斗坪的初步设计就没提出来。1961年初即开始进行石牌坝址的勘测、设计工作作，同时研究定向爆破筑坝的问题。

“有利无弊”涉及的另一问题是水库淤积问题。如果水库经过一定时段的淤积，库容全部淤死，调节作用就没有了，水库任务将如何实现呢？将到哪里去另找库容呢？这是些无法设想的问题。毛主席的指示使我们不得突破以往的水库寿命的观念，下决心去探索防止水库淤死和使其能长期利用的途径。这是一项重大的创新问题。林主任对此极为重视，亲自率人多处调查水库淤积情况，组织防止水库淤死实现长期使用途径的研讨，并于1965年提出成果报告，上报毛主席。在黄河三门峡试用了这一成果，取得很好效果。在三峡工程设计中也使用了这项成果。

1960年苏联专家撤走后，三峡工作主要研究的内容，是窄河段坝址的研究和能否分期开发的问题。研究认为：分期开发可能是促进三峡工程早上的一项主要途径。林主任积极向周总理及李先念副总理报告，争取汇报。

1961年2月，在北京香山，科委三峡组召开了扩大会。会上作出了决定应结合生产种试验田，然后再用于实际。当年参加三峡科研工作的有300多个单位1万多人，在各个领域都取得了许多卓越成果，虽然三峡工程还没有实施，但在设计方面已起巨大作用，同时在其他地方的实践中，亦取得巨大效益。

1962年2月8日，在周总理亲自主持召开的丹江口工程质量检查及处理会议上，由文伏波报告了三峡工程分期开发问题。

经过两年多研究，石牌方案虽可研究定向爆破筑坝，但这样的坝却不能溢流，如分期开发，必须增加泄洪隧洞设施，工程造价将增大，殊非所宜，且石牌方案技术较复杂、工期长、坝址地质条件差。于是，放弃了石牌方案，转而研究火成岩坝区的太平溪坝址。

以上为"文化大革命"前我所接触的三峡工作情况。

参加葛洲坝和三峡工程通航建筑物建设的回顾

魏京昌

从1971年起，我有幸先后参加了长江葛洲坝通航建筑物和三峡工程通航建筑物的建设。可以自豪地说，我的大半辈子都身系长江，“京昌”这个名字也恰巧印证了我“生于北京，干在宜昌”的工作历程。

一、奉调参加葛洲坝通航建筑物的现场设计

1970年12月30日，在湖北宜昌葛洲坝水利枢纽工地举行了隆重的开工典礼。消息传来，我们这些正在“五七”干校经受“文化大革命”洗礼的工程技术人员真是欣喜若狂，殷切期望能把自己的专业知识应用到这“长江第一坝”的工程建设之中。我如愿地第一批被抽调至宜昌工地进行现场设计。

这里，首先需要扼要地说明一下，葛洲坝工程的来历。在历史上，最早提出在长江筑坝设想的是1918年孙中山先生的《建国方略之二——实业计划》：“当以水闸堰其水，使舟得溯流以行，而又可资其水力。”国民党政府时期亦曾研究过开发长江计划，1944年5月美国著名高坝专家萨凡奇博士

来华，查勘了三峡，提出了《扬子江三峡计划初步报告》。

新中国成立后，1950年2月成立了“长江水利委员会”，全面开展长江流域的综合治理规划和三峡工程的勘测、科研、设计工作。1956年6月毛泽东主席在水调歌头《游泳》中写下“更立西江石壁，截断巫山云雨，高峡出平湖”的气魄雄伟的诗句。

1970年12月，周总理将中共中央关于兴建葛洲坝水利枢纽工程给武汉军区、湖北省革委会的批复稿送毛主席审批。周总理在送审报告中说，去年10月，主席在武汉曾对修建三峡大坝的提议说到，目前备战时期不宜作此想。后来他们转而设想修建下游宜昌附近的葛洲坝低坝。武汉军区和湖北省革委会今年10月就此提出报告，请求列入“四五”计划。中央政治局11月会讨论原则批准。周总理送审的中央批复稿说，中央同意你们关于兴建宜昌长江葛洲坝水利枢纽工程的报告，责成武汉军区和湖北省革委会主持，由水电部、交通部、一机部和长江流域规划办公室等有关方面参加，组成坚强的施工指挥部，进行现场设计，在今年年内提出设计方案报国家建委审定。为争取时间，你们可即组织力量进行施工准备。1970年12月26日凌晨，毛主席在这个批复稿上写下了一段批语：“赞成兴建此坝。现在文件设想是一回事。兴建过程中将要遇到一些现在想不到的困难问题，那又是一回事。那时，要准备修改设计。”

根据中央上述指示精神，交通部迅速组成以水运规划设计院为主的葛洲坝枢纽通航建筑物特设计队伍，于1971年2月奔赴工地现场开展设计工作。现场的工作、生活条件十分艰苦，住的是一排排芦席棚，木板搭成的通铺，下面生长繁殖的水草一直窜至铺板，铺板上面则是一顺十几个甚至二十多人的潮湿发霉的铺盖。传统的“呱呱叫”（即一日三餐一成不变的煮冬瓜、熬南瓜加上容易下饭的红辣椒，称之为“瓜瓜椒”）。生活虽然艰苦，大家的情绪却十分高涨。

由于当时正值“文革”期间，工程建设编制是由军代表领导的部队编制，交通部现场设计人员编属于“设计团”的“航建连”，设计团团长为梁应辰同志，航建连连长为肖先琼同志。“设计连”下设“总体布置”、“水工结构”、“机械电气”等专业组。总体布置组由朱良骥同志和我负责，主要任务是研究确定通航建筑物的规模，设计确定满足通航水流条件的河道整治、防排泥沙工程的水工构筑物和必要设施，以及协调确定航闸在枢组中有利航行的具体位置和上、下游航行条件的设计，同时还担负着将水工结构、机械电气等专业组的设计情况与泄水建筑、发电建筑和道路交通等有关方面的设计进行协调的总体设计工作，也就是“航建连”的对外联络协调工作。工作的唯一目的就是建坝后能使船舶（船队）安全通畅地经过枢纽坝区，确保和促进航运进一步得到发展。

交通部先后组织近200名工程技术人员和不计其数的驾引、经济科研人员参加设计工作。长江航运管理局也在宜昌组织了经验丰富的驾引、航道和运输管理人员参加的大型工作组，在通航条件、规模、标准以及实船试验等方面直接融合通航建筑物的规划设计工作。

二、荣获国家科学技术进步特等奖的葛洲坝通航建筑物（二、三江工程）设计

葛洲坝枢纽总体设计方案的指导原则是由周总理亲自审查确定的。1971年国家审定葛洲坝总体方案时，周总理充分肯定了应该优先考虑通航的原则，在汇报过程中曾多次插话：“长江水运断了还了得！航运出了乱子还行？”“（葛洲坝工程）不灌溉、不防洪，只是一个发电、一个航运，不过200万千瓦的电好搞。如果航运断了，那就是大罪呀！”“航运中断了不得了，重点首先要保证航运，修了坝要能通航，水运不能受影响，将来大坝（指三峡水利枢纽）可以从中吸取经验教训。”“要是船走不了，要出大乱子的。”“交通部要注意，船闸将来能过多少吨级，找老船工到现场去试验。”1972年周总理主持成立葛洲坝三峡工程技术委员会时又说：“我第一担心的是通航，第二是泄洪，长江上如果出问题，砍头也不行，这是国际

影响问题。建国20几年了，在长江上修一个坝，不成功，垮了，要载入党史。我对这问题是战战兢兢，如临深渊，如履薄冰。”“如果船闸不通或减少航运，葛洲坝要停下来。”“交通部要全力以赴。长江不通航，是交通部的责任。船闸，交通部不点头，我们就不拍板。关于船闸可以出国考察。把你们搞过船闸的都组织起来。”

周总理的上述指示，既是葛洲坝总体方案的指导原则，也是我们设计葛洲坝通航建筑物的指导原则。经过十多年努力，交通部参加设计工作的工程技术人员完成了葛洲坝枢纽的航运规划，通航建筑物的初步设计，修改初步设计，总图设计和施工图设计。1985年，“葛洲坝二、三江工程及其水电机组”设计获得国家科学技术进步特等奖。

这里需要解释一下葛洲坝工程的地位、作用。葛洲坝工程是三峡工程的航运梯级，担负着渠化三峡大坝至宜昌间河道、对三峡电站日调节非恒定流进行反调节和利用河段发电的任务。从航运角度看，三峡水利枢纽和葛洲坝枢纽实际上是一个枢纽的两个组成。葛洲坝枢纽位于长江三峡的西陵峡出口南津下游2.3公里，在三峡水利枢纽下游约40公里处。工程沿坝线全长2606.5米，设航道两线、船闸三座、电站两座、泄水闸一座、冲沙闸两座及混凝土和土石挡水建筑物。总工程量为土石方开挖5799万立方米，土石方填筑3088万立方米，混凝土及钢筋混凝土1042万立方米，金属结构在装7.38万吨。泄水闸27孔加冲水闸15孔，总过流能力可满足设计流量8.6万秒立方米和校核流量11万秒立方米。船闸航道可通过万吨级船队，单向通过能力5000万吨。电站机组21台，总装机271.5万千瓦，年发电量157亿度。

葛洲坝枢纽坝线通过江中的葛洲坝和西坝两个江心岛，将长江在此分为大、二、三江的三条河道，在此修建大、二、三江工程。1981年，葛洲坝一期工程（二、三江）竣工、通航、发电，并经受了大洪水的考验。又经过10年，到1991年，葛洲坝水利枢纽等二期工程（大江）由国家验收委员会同意竣工验收工作报告，批准了竣工验收鉴定书。至此，一座由我国自行设计、自行施工，完全靠自力更生建设起来的葛洲坝水利枢纽巍然屹立在长江之上，开创了我国高水头水利枢纽通航建筑物建设的一个里程碑。

三、积极投身三峡工程通航建筑物的建设

我在“而立”之年（1971年我30岁）参加葛洲坝通航建筑物的设计工作，中经“四十而不惑”，到葛洲坝工程竣工已是“五十而知天命”了。可能就是“天命”吧，我被又一个激动人心的决定投入到三峡工程的建设。

20世纪80年代，三峡工程建设的时机日趋成熟，国家成立了“国务院三峡工程建设委员会”。交通部成立了“三峡工程航运领导小组”，下设办公室主持开展日常工作。1992年4月七届全国人大五次会议通过关于兴建三峡工程决议前夕，调梁应辰同志任“交通部三峡工程航运领导小组办公室”主任，同时安排我为副主任，协助梁应辰工作。

1992年4月3日，七届全国人大五次会议以1767票赞成、177票反对、664票弃权、另有25位代表未按表决器的结果，通过了关于兴建三峡工程的决议，从而完成了三峡工程立法程序并进入实施阶段。这是我国至今唯一通过全国人民代表大会投票确定的工程。

这个工程是当今世界上最大的水利枢纽工程，是多目标开发的综合利用工程，其防洪、发电、航运三大主要效益均居世界同类水利工程前列。

三峡水库总库容393亿立方米，并不是世界上库容最大的水库，但三峡水库采用“蓄清排浑”方式，运行时预留的防洪库容为221.5亿立方米，水库调洪可削减的洪峰量达27000—33000立方米每秒，属世界水利工程之最。三峡工程极大改善了长江中、下游防洪条件，可使荆江河段防洪标准由建坝前不足十年一遇提高到百年一遇。这是世界上防洪效益最大的水利枢纽。

三峡水电站是枢纽的主要组成部分之一。水电站将安装26台单机容量70万千瓦的水轮机组，总装机容量1820万千瓦，年平均发电量为847亿度，

将是世界上最大的水电站。

三峡水库回水至西南重镇重庆市将改善航道里程660公里，使重庆至宜昌航道通行的船队由3000吨级提高到万吨级。年单向通过能力由1000万吨提高到5000万吨。三峡通航建筑物集中了多项世界之最。双线连续五级船闸的级数世界上最多，总水头113米为世界之最，船闸最大工作水头49.5米更是超世界水平，船闸最大充泄水量26万立方米，边坡开挖最大高度170米等均属世界最高水平。垂直升船机承船厢尺度、过船吨位、总重量、最大提升高度、水位变幅等各项指标均为超世界水平。

三峡大坝为混凝土重力坝，挡水前沿总长2345米，最大坝高181米，坝体混凝土浇筑、金属结构安装均是世界已建和在建水利枢纽工程中最大的。三峡水库淹没陆地面积632平方公里，规划最终搬迁安置的移民达113万人，其规模和难度无疑属世界之最。

我们交通部在三峡工程建设中的主要任务，是提出三峡枢纽通航标准，研究通航建筑物型式、规模和总体布置，组织科研单位开展坝区河势、泥沙淤积及防治、通航水流条件的研究，确定通航建筑物在枢纽中的布置，以及航道尺度布置和施工期通航方案的设计工作等，目的是在三峡工程建坝成库后能给航运带来更大的效益。专家认为，航运中的重大技术问题在三峡工程中难度是最大的，数量也是最多的。

三峡水利枢纽位于长江三峡的西陵峡中段，坝址在湖北省宜昌三斗坪。三峡工程通航建筑物布置在三峡大坝左岸，基本上是在花岗岩的山体中开挖出的人工航道。在船闸布置方面曾研究过连续四级、五级和分散二级、三级方案，最后定为双线连续五级方案。升船机在船闸右侧，对升船机曾先后研究过平衡重式、浮筒式、水力式、半水力式、液压式和纵向、横向以及自行式斜面升船机等多种型式，最后采用单线一级垂直式升船机。由于上游水位变幅大和下游水变化速率快等特点，三峡升船机是目前世界上建设规模、技术难度最大的升船机。

由于长江泥沙问题是航运、发电效益发挥的最重要的关键技术问题，因而成立了“国务院三峡工程建设委员会办公室泥沙课题专家工作组”，集全国所有研究泥沙的专家权威于组中，梁应辰院士为专家之一，我是工作组成员。主要任务是负责安排组织科研单位并直接参加为解决航运要求而提出的有关重要课题的研究工作。三峡工程的泥沙模型试验研究绝大多数是有关解决航运问题的课题，为设计工作提供了丰硕的成果资料。

我参与编辑了由国务院三峡工程泥沙专家组编辑，知识产权出版社出版发行，约774万字的八卷《长江三峡工程泥沙问题研究》。同时，由梁应辰院士和我主持，由交通部三峡办编辑，人民交通出版社出版，约有512万字的四卷《长江三峡工程泥沙和航运问题研究成果汇编》。

为阐明交通部在葛洲坝工程和三峡工程中的观点，总结在枢纽通航建筑物总体布置中所进行的科学研究和具体设计，2003年由梁应辰任主编，涂启照和我为副主编，人民交通出版社出版了约60万字的《长江葛洲坝水利枢纽通航建筑物总体布置研究》一书。全面介绍了长江三峡水利枢纽通航标准、通航建筑物总体布置、坝区河势和泥沙淤积与防治及冲沙设施、通航水泥条件与措施，高水头船闸、升船机方案、引航道尺度及布置，通航设施、施工通航等的研究；葛洲坝水利枢纽通航建筑物总体设计，1号、2号、3号船闸设计及运用，泥沙和通航水泥条件，南津关航道整治，两坝通航建筑物联合运转等关于总体设计的具体内容。

至此，我们完成了葛洲坝工程和三峡工程的有关任务，并为能够亲身参加伟大的水利工程建设而感到幸运。

美国参与三峡工程始末

魏廷琤

在三峡工程长达大半个世纪的勘测、设计、论证和建设过程当中，尽管有各种各样反对的声音，但我们还是得到了许多帮助。其中，既有国内的，也有国外的。美国是国外最早接触三峡工程的，早在20世纪40年代就和国民政府合作进行三峡工程的查勘规划工作，提出过萨凡奇计划。70年代中美关系解冻后，美国逐渐成为三峡工程主要的对外交流对象。我长期从事三峡工程的各项工作，和美国有关部门、专家打过不少交道，现仅就我所了解的美国参与三峡工程的有关情况作一简要回顾。

早期接触

对于三峡工程，有人认为是孙中山最先提出决策，这是不准确的。孙中山在其《建国方略》中，对三峡开发曾作这样的论述："改良此上游一段，当以水闸堰其水，使舟得溯流以行，而又可资其水力。"这段话与其建东方大港、南方大港、北方大港以及修10万公里铁路一样，只是天才的设想。孙中山一生没有到过三峡，没有为三峡工程做实际工作。

1932年10月，国民政府建设委员会派出一支长江上游水力发电勘测队，这是我国专为开发三峡水力资源进行的第一次勘测和设计工作。扬子江水道整理委员会派美籍测量总工程师史笃培参加，这是第一位参加三峡水电勘测的美国人。他们在三峡地区进行了为期约两个月的勘查和测量，编写了一份《扬子江上游水力发电测勘报告》，拟定了在葛洲坝、黄陵庙修建两座总装机容量分别为32万千瓦、50万千瓦的低坝电站，并设船闸通航，总预算1.665亿美元。这是中美两国工程师合作首次提出开发三峡水电的计划。但这一计划仅仅是纸上谈兵，很快就被束之高阁。

1944年4月，在国民政府战时生产局任专家的美国人潘绥，提出了一个利用美国贷款修建三峡工程的计划，并向罗斯福总统写信。国民政府资源委员会得知潘绥的报告后，专门请正受邀在华进行水电咨询工作的美国垦务局设计总工程师萨凡奇赴三峡考察。美国垦务局大坝设计世界闻名，当时世界四座最高大坝均为该局设计兴建。当时宜昌尚在日军控制之下，萨凡奇不顾生命危险，冒着日军飞机可能轰炸和扫射的危险，对三峡两岸的山川地势进行了为期10天的详细勘查，提出了《扬子江三峡计划初步报告》，即著名的"萨凡奇计划"。这是第一个三峡高坝建设方案。1946年4月，他又到三峡实地勘查了一次。

有人说萨凡奇对三峡工程作出了设计，也不准确。但是应该说萨凡奇的勘查，大大推动了三峡工程的设计。萨凡奇对坝高和水位的选择还是有经验的。他选择的水位是204米，和我们后来长期研究论证的结果比较吻合，也是考虑到不要淹没重庆。但萨凡奇把坝址选在南津关，这是不好的。南津关属于石灰岩地区，地质条件不好，我们打过很深的钻，在200米以下还有泥沙，还打出螃蟹，风险太大，而且枢纽布置起来比较困难，船闸就非常不好放。

1945年春，美国垦务局开始研究三峡工程有关资料。1946年4月，资源委员会与垦务局正式签订合约，由该局进行三峡大坝的设计，中国派技术人员赴美参加设计。据此，国民政府先后派60余位技术人员赴美。同时，资源委员会与美国M. K公司签订合约，由该公司承担坝址地质钻探任务。不久，该公司派人在南津关打过两个半钻孔，进行了石牌到南津关地质勘查工作，确定了南津关坝址，搞了布置图。此外，资源委员会还与美国洛杉矶费其艾航测公司订约，由该公司承包航空摄影。整个航测工作，从石牌到南津关下游，于1946年7月完成。总的来说，美国这一时期的工作，包括比较全面的柯登报告，也就是规划性设计，不能算是我们所说的初步设计的正式文件。他们在地质方面所做的工作也很粗浅，对石灰岩地区的地质问题想得比较简单，认为溶洞只要堵一堵就不至于造成大的灾害。真正对三峡工程进行规划、设计工作，并把三峡工程作为长江流域规划主体，是在新中国成立后，尤其是1953年毛主席视察长江，提出建设三峡工程的设想以后。

当时，参加萨凡奇计划及中美合作三峡工程设计的中方团组，主要来自国民政府资源委员会，主持此事的先是钱昌照，后来是孙越崎。具体负责的是资源委员会全国水力发电总处，黄育贤时任处长，徐怀云科长任中方设计组组长。扬子江水利委员会也派了杨贤溢、杨绩昭和刘鼒臣等参加。徐怀云后来在美国国际工程公司当副总裁。他曾写《圆梦记》，详细记载了这段历史。20世纪七八十年代，我四次赴美考察，每次到旧金山，都与当地华人，尤其是当年搞过三峡设计的老人见面。黄育贤当时已经很老了，有点轻微的痴呆，但好多事他还清楚，对国内要搞三峡工程非常兴奋。

不久，随着内战日渐扩大，国民政府财力匮乏，无力进行三峡研究。1947年5月，资源委员会正式通知垦务局，中止三峡工程设计。这一时期的中美合作宣告结束。

再次产生交集

新中国成立后，中美长期处于敌对关系，在三峡工程上几乎没有联系。到20世纪70年代初，随着基辛格和尼克松相继访华，中美关系开始解冻。此时正值葛洲坝工程修改设计高峰阶段。而葛洲坝工程主要是考虑为三峡工程做实战准备上马的。为解决葛洲坝工程建设当中的船闸设计问题，中国组织代表团赴美考察，由此中美两国在三峡工程上再次产生了交集。

1970年12月30日，葛洲坝工程在先上马的修改设计尚未作出的情况下（五六十年代的设计思路是先上三峡工程，再上葛洲坝工程），采取“边施工、边勘探、边设计”的方针，就大规模开工。因为情况变了，却还套用原来的设计，导致出现一系列问题，再加上工程质量不好，于是就有人向中央反映葛洲坝工程建设的问题。周总理果断地作出决定：葛洲坝工程立即停工，重新修改设计，在修改初步批准后才能复工。他把修改设计的任务交给长江流域规划办公室负责。因为当时林一山眼睛生了黑色素瘤，先是在北京同仁医院，后来到上海华东医院手术治疗。这样，修改设计方案的工作就由我具体负责。

通航问题是葛洲坝工程修改设计当中的一个焦点、难点问题。交通部门给我们提出了很多意见、要求。一些长期在江上航行的船长认为，以前长江航道很宽，可以大摇大摆地航行，建了葛洲坝工程后，只能从窄胡同里走。他们怕船闸碍航，影响长江通航能力。我国当时在一些河流主要是大运河上做了一些船闸，但他们认为这些船闸规模太小，不能反映问题。我们又在江汉平原进长江的新滩口建了船闸，他们仍认为小，不能成为船闸不碍通航的依据。他们提出，葛洲坝船闸最大水位差达到27米水头，唯一具有参考价值的是美国田纳西河上的新威尔森船闸（它具有30米水头），由此提出到美国考察的要求。

为此，1973年4月，周总理在与基辛格见面时专门提出，中国希望派一个考察团，对内是考察船闸，对外称水利工程考察团，赴美作全面考察。在获得同意后，中国组织了一个代表团，到美国考察水利工程，这是新中国成立后向美国派出的第一个水利考察团。这个考察团由水电部、交通部、机械部、外交部、长办5个部门和单位一共10人组成。团长是中国航运专家、时任华东水利学院革委会副主任的严恺，负责对外台面上的事；我是副团长，负责业务；外交部美大司澳美新处处长屠国维是秘书，负责外事。我们代表团还成立了一个党小组。

这次赴美考察，因为国家高层布置，美国人对我们非常开放，接待非常周到，几乎是有求必应。

美国的水利机构分工很奇怪，如联邦机构就有三家，田纳西流域管理局是总统直管，陆军工程师团属军队管，负责防洪、航运以及水电的开发，垦务局属内政部，负责西部17个州的水利开发（主要是灌溉）。

我们先到纽约，与陆军工程师团在该地区的首脑斯坦德纳斯准将谈美国关于河流的多目标开发的情况，然后到田纳西流域管理局看干流上的工程，着重看新威尔森船闸。该船闸闸门有30多米高，与我们的葛洲坝类似，运行自如，状态良好。

我们也看到了美国人失败的例子，如赫尔斯坝因地质条件较差，不得不在其下游重修了尼卡夹克坝。我们希望得到最新的资料和图纸，陆军工程师团说不能给。后来通过基辛格做工作，美方给了我们一套工程改建的船闸完整的设计图纸，约700多张。我们一路十分小心，随身带着，这对我们搞船闸设计有很大的好处。

考察完田纳西河流域后，我们来到密西西比河，看了许多防洪和水土保持的工程，还看了实验室做整套的泥沙试验。我们了解到美国人对船闸的设计要求，远没有我们交通部门提出的要求那么复杂。在美国人看来，拦洪坝、船闸都不会成为航运的障碍，而是改善天然河道通船最佳措施。

从亚拉巴马州到密西西比州途中，由于当时中美尚未建交，台湾当局与美国有外交关系，我们受到了严格的保护。我们一行10人，美国给我们配的是9个保镖1个陪同，也是10个人，每到一州，警察局长亲自出面，集中保护。

考察完密西西比河流域以后，我们又到美国西部考察，主要看了西南部及加州的灌溉工程，并沿西海岸到哥伦比亚河，看了邦涅维尔船闸、蛇河的冰港工程、著名的大古力水电站，以及高达770英尺的德沃夏克坝。

丹佛是我们在美国西部考察的最后一站，也是垦务局的总部所在地。垦务局在解放前与中国合作过三峡工程勘察设计，非常欢迎我们到来。我们有什么问题，要什么资料，他们都热情地解决。

随后，我们又到美国东北部考察。我们先到俄亥俄河考察，主要看船闸。当年美国开发西部时，许多物资要从东部经俄亥俄河向西运输。因此，俄亥俄河开发将航运作为重点，建了47个梯级的水闸，每级水位差很小，后来进行合并，做了十几年，将47个小梯级合成17个相对较高的梯级。

从俄亥俄到美国首都华盛顿，下榻五月花旅馆，当时黄镇到美国组建中国驻美联络处，也住在五月花旅馆。黄大使邀请我们一起吃了一顿早餐。美中交流学会和美国科学院为我们在华盛顿举行盛大招待会。许多著名的华人如任之恭、杨国华、雷汉成等出席，还有后来担任过美驻华大使的洛德。在华盛顿我们还到过一家中餐馆——燕京楼吃烤鸭，老板是云南王龙云的四儿子。中国驻美联络处初建时，就由他们提供伙食。

我们还与华盛顿的有关单位进行了座谈，联络处提醒我们要注意防止台湾当局捣乱，但当时中美关系正在升温之中，台湾当局没有什么干预手段。

尽管感觉美国有反华势力，但人民是友好的，我们没有遇到任何反华的情况。有个老师还专门请我们去看他们的小学，问长问短。沿途有许多企业家，尤其是洛克菲勒家族找到我们，问如何与中国人做生意。我们只好说不是搞这一行的，有问题找中国驻美联络处。

最后，我们从华盛顿经纽约到迈西那港考察圣劳伦斯水道，主要看了艾森豪威尔船闸。这个船闸尽管出去不远就有急弯，但大海轮通行时很平稳，让我们开了眼界。

圣劳伦斯河看完后，我们又回到纽约，然后从纽约回国。

我们此行在美国一共待了8个星期，到过13个州、考察了26座水坝、13座有名的大坝工程以及研究机构、高校、工厂，历时长，收获也很大。总的印象，美国是个高度发达的国家，联邦的三大水利机构对工作都很负责，有很多值得我们借鉴的东西，同时也认为我们自己有很多非常宝贵的经验。美国的大多数河流的水力资源已经开发得差不多了，从水电建设来说，他们的时代已经过去了。我们却是方兴未艾，因此，有许多东西可能会后来居上。

这次考察对我们修改葛洲坝工程设计方案起了积极作用。我们了解到，从俄亥俄河整治开始，美国修建船闸已经有近百年的历史，是其改善内河航运最主要的办法，而且非常安全，不会出事故，不会造成客货运量降低，不可能造成河流断航。

完成此次考察后，我们向中央汇报，报告是我起草的，大致意思是说，葛洲坝工程建设中有关方面提出的问题，参考美方经验都可解决，修建葛洲坝船闸在工程技术上应该是没问题的。水电部领导看了后觉得写得不错，但是把美国描写得太好了，怕犯右倾错误，于是在政治上把了把关。

经过此次考察，交通部也对葛洲坝的航运问题比较清楚了，但部领导没出国，把报告修改了一些，然后上报中央。

后来听说李先念同志不放心，要找我，但我已离开北京，他就找到严恺谈了一下，说明中央对此事的关注（此时，周总理已经委托李先念过问葛洲坝工程）。

葛洲坝工程建成后，改善了200公里的航道，淹了不少原来阻碍航行的险滩，大大改善了通航条件，许多原来不信任我们的船长都信服了。

一个由美国人引发的重大决策

1979年，当葛洲坝一期工程基本建成后，水电部又向国务院提出关于修建三峡工程的报告，建议尽早决策。这时正值中美建交、邓小平访美。这一年，中美两国相继签订科技合作协定、水电开发和有关的水资源利用议定书。中美两国准备再次在三峡工程建设上进行合作。

但好事多磨，中美合作还没有正式开始，就险些夭折，甚至出现影响到三峡工程是否上马这样的大问题。

当时国内对三峡工程争论很大，反对的意见传到美国，影响到了美国政府。1980年3月，美国政府为慎重起见，专门派了一个代表团，以田纳西河流域管理局局长弗里曼为首，包括陆军工程师团一把手莫尔斯中将和垦务局局长希金森，到三峡考察。中国方面也组成了陪同团，李锐为团长，长办方面有我和陈济生。美国人是兵分两路。我和李锐一起陪同莫尔斯中将看了水电部长沙勘测设计院正在进行现场勘测、规划中的龙滩，然后到了三峡。弗里曼他们则是先看上游，然后顺江而下到宜昌看三峡。

美国代表团回国后，在莫尔斯中将的坚持下，弗里曼在《工程新闻记录》发表了一篇文章，认为条件不成熟，不赞成上三峡工程，并说中国人听了他们的意见，把三峡工程扼杀掉了。但事实上，我陪同美国考察团走了一路，看得很清楚，他们两个星期跑了那么多地方，走马观花，是不可能提出这么重大的意见的。弗里曼的文章主要是受了我们自己反对派观点的影响。

但是，美国考察团的报告影响很大，中央很关注，从而引出了一个大问题，三峡工程到底建不建？

1980年3月，邓小平同志在听取国家计委五年计划的汇报时，提出三峡工程要不要列入的问题。计委的很多人受不久前美国考察团影响，对此很有顾虑。小平同志刚访问了美国，对美国技术的先进是清楚的。美国考察团的意见，加上国家计委部分同志的顾虑，使他当时认为，按中国的财力，三峡工程可能十年都上不去。

当时，我是长江流域规划办公室副总工程师，负责三峡工程和葛洲坝工程设计，同年任长办副主任，正在葛洲坝工地，听到湖北省委副书记王群传达国家计划会议预备会议精神。在这次会上邓力群传达了小平同志的话，根据当前经济形势，三峡工程十年之内可能上不去。我听后很着急。恰巧这时新华社湖北分社记者李永长采访我，我向他讲了三峡工程的基本情况，包括规划设计、施工、设备供应、资金需求等方面的情况以及葛洲坝工程和三峡工程的关系等。他据此写了一篇动态清样。

同时，我针对弗里曼和莫尔斯中将的意见写了一篇《三峡工程辩证》，针对他们提出的问题逐条作了辩驳。后来，美国的《工程新闻记录》登载了这篇文章，署名是我、杨贤溢和美籍华人赵耆琛。

美国国内对三峡工程意见也不一致。特别是垦务局，自萨凡奇开始，一直对三峡工程很热心。垦务局局长希金森在看过葛洲坝工程之后说，中国建成了葛洲坝，就可以做成任何一项他们想做的水利工程。希金森也在《工程新闻记录》上发表文章，表达了与弗里曼和莫尔斯不同的观点。

这样，美国水利界三巨头形成不同意见，而且都在权威杂志上发表，再加上新华社出了动态清样，小平同志感到各方意见分歧实在太大，于是带着家人，在1980年6月下旬到了成都，说是为了度假，实际上是要亲自到三峡地区和葛洲坝工地实地考察。

7月11日，小平同志在四川省省长鲁大东、湖北省委第一书记陈丕显、我以及宜昌地委书记马杰、荆州地委书记胡恒山等人的陪同下，从重庆顺江东下，视察三峡坝区和葛洲坝工地。在船上，小平同志详细询问了环境保护、泥沙淤积、坝址以及大坝、电厂、船闸的设计，并和国内外已达到的水平进行比较，对防洪和航运问题也很关注。我一一回答，并向小平同志汇报了三峡工程研究的经过、工程规划设计、施工方案、设备制造、资金筹集等问题。

船到宜昌后，小平同志参观了葛洲坝工程，他看得很仔细。小平同志询问了葛洲坝一期工程的截流时间，他指示现在工地的各项设施以及机械设备将来凡是能用之于三峡的都要用上，那时不要再重复搞一套，要注意勤俭节约，不要浪费。小平同志到武汉后，党中央、国务院及有关部门的负责同志也专程从北京赶到武汉，向他汇报工作。在会上研究三峡工程问题时，邓小平指出：此行看了长江三峡工程，听了汇报，了解到长江水运运量不大，长江中下游两岸防洪问题很严重，洪水淹到哪里，哪里要倒霉，人民要遭殃，同时，长江两岸物产丰富、经济发达，三峡大坝建成以后航运问题可以解决，三峡工程可发大量的电，可促进这些地区的经济发展，环境影响问题也可以解决。他认为：建设三峡工程效益很大，轻易否定三峡工程是不对的。请党中央、国务院及有关部门的负责同志回北京后抓紧研究。

小平同志此次考察三峡地区和葛洲坝工地，意义重大，是三峡工程建设的一个新起点。可以说，没有此次视察，就没有今天的三峡工程。

80 年代三次访美

随着建设三峡工程逐渐成为中国大多数领导同志的共识，1982年，中美双方在华盛顿签署了《水力发电及有关的水资源利用合作议定书附件二》，其中第四项即三峡工程技术合作。至此，中美两国再次在三峡工程上进行合作正式确定下来。

为落实该协议，推进中美两国在三峡工程上的合作，20世纪80年代我作为长办领导，三次赴美访问、考察。

（一）1983年访美

虽然协议规定了中美双方在三峡工程上进行合作，但是美国作为一个资本主义市场经济国家，必须要签订正规的合约，才能真正落实。

美国垦务局对三峡工程一直很热心，是积极履行协议的。1981年4月至6月，垦务局牵头组团到中国考察。1983年，希金森想进一步详细了解三峡工程在40年代以后，从20世纪50年代开始的规划、勘测、设计和科研情况，以便下决心和中国方面签订合约，正式进行合作。为此，中国方面组织了一个代表团，由我任团长，赴美访问。

我们首先到丹佛美国垦务局工程研究中心和他们交流。我们先讲三峡工程全面情况，然后一个专业一个专业地介绍，在丹佛待了十天。每讲一个专题，垦务局都组织相关人员听讲。

接着，我们在美国考察，这离1973年第一次到美国隔了十年，故地重游，别有一番滋味。这次我们先看了波特兰电力公司，然后沿着哥伦比亚河，看了沿途的大坝、船闸、电厂。其中有些我在1973年看过，有些没有看过，特别是正在加高的大约瑟夫工程。随后我们又坐小飞机看了垦务局在西部17个州做的灌溉工程。最后我们在旧金山作了初步总结，然后回国。

这次访问一共在美国待了39天，纯粹是一次工作访问，最大的收获是让垦务局了解到我们已进行的工作成果是非常丰富的。

1984年，中国技术进出口总公司、水电部外事司分别与垦务局签署合约，具体规定了垦务局对三峡工程有关经济技术问题提供顾问性技术咨询服务，中方支付咨询服务费用，合同有效期五年。

从1984年到1989年，我们前后花了一两百万美元，请美国专家到中国来，一共有64人次。在技术咨询中，美国专家一致肯定三峡工程的优越条件，认为技术上是可行的，经济上是合理的。这些专家分别来自垦务局、陆军工程师团两个联邦政府机构以及一些著名的大公司，有搞水工、施工规划的，有搞设计的，有搞泥沙和航运的，也有搞生态环境的专家。给我留下印象最深的是泥沙方面的专家西蒙斯，他曾与著名科学家爱因斯坦一起工作过。他对模型试验方法作了改进，认为三峡泥沙问题并不构成威胁。总的来说，美国派来的专家，不论是联邦机构派来的，还是大的公司派来的，都很负责，花的钱是值得的。

（二）1985年访美

1985年，美国垦务局邀请我赴美参加国际水电会议以及胡佛坝建成50周年大会。参加国际水电会议的人很多，世界各大水电公司都派人去了。大会给我们开了专场，然后大队人马坐飞机去胡佛坝。

在胡佛坝，垦务局向我们介绍，该坝1935年开建时，以发电为主，解决加州、亚利桑那州和内华达州等地的用电问题，装机有200多万千瓦；后来发现南加州的供水问题突出，于是转变功能，减少发电，以供水为主。实践证明，这一转变很成功，80年代胡佛坝灌溉和供水效益都很显著，极大促进了南加州农业的发展。南加州每年农业产值超过100亿美元，农产品不仅解决了内需，还对外出口。

胡佛坝建设的经历，让我们深有体会和感慨，即任何事情都是发展和变化的，不要把问题看死。水库的功能也是有变化的，各部门要协调利益。

（三）1988年访美

1988年，垦务局又以美国土木工程师学会的名义邀请我参加国际大坝会议，陈济生与我同行。此次会议的焦点是环保人士反对建水坝。开会前，我与陈济生花了整整一个晚上准备发言稿。

开会时，我上台发言，时长限制在6分钟，我超时了，但主席并未按铃，结果我讲了7分多钟。这7分多钟的发言专讲我们在三峡工程建设上对环保问题的研究，全场鼓掌。我下来的时候，中国国际大坝会议的秘书长沈崇刚（1949年，我陪林一山到华东接管相关水利机构时，他是华东水利部的秘书，给了我们很大的帮助），说我讲得真棒。

我们在开会时，环保组织在河对岸的伯克利集会，并给各国元首和政府首脑写信。参加国际大坝会议的有2000多人，他们有200多人。我当时还作了调查，发现该组织在旧金山只有一间房，有时有人，有时没有人。

这实际上是三峡环保问题在国际上的一场较量，核心是三峡工程对于环境究竟是利大于弊还是弊大于利。

1989年，我们与垦务局的合约到期。至此，中美在三峡工程上的合作告一段落。

三峡省筹建前后

李伯宁

每个人的一生都可能有这样、那样难以忘情的事，直至离开这个世界前，也牵肠挂肚，放心不下。我对长江三峡和百万移民的心情就是这样。

三峡工程从20世纪30年代设想，50年代论证，80年代筹建，90年代开工，其间经历过无数的风风雨雨，坎坎坷坷。

1949年我随同李葆华同志与傅作义先生组建新中国水利部不久，就知道了有争论中的三峡工程。1954年长江发生大洪水，中央防总派我到武汉参加防汛斗争，在经过了两个多月惊心动魄的保卫武汉的抗洪拼搏，在国家和人民付出沉重代价后，才保住了武汉市和荆江大堤。从此我知道了三峡工程的重要性，开始主张早上三峡工程，并坚定地站在“长江王”林一山一边，与三峡反对派展开了说理斗争。

从1984年起，我作为“三峡省”筹备组长、国务院三峡地区经济开发办公室主任，直到1994年76岁时从三峡建委副主任的岗位上退居二线。按说我“无官一身轻”，可以安心地颐养天年了，但我50多年从事水利的“职业病”，魂牵梦绕地怎么也摆脱不开水利，特别是摆脱不开三峡工程和百万移民。很多好心的朋友都劝我少管“闲事”，可我总认为水利没“闲事”，特别是三峡工程没小事，百多万移民更不是小事。共产党员没有离休的问题。作为一个当事人，只有把我亲历的三峡工程上马与三峡省筹建等情况写下来，让后人了解它，才算尽了我应尽的责任。

一

1984年，66岁的我被任命为水利部顾问不久，就又奉命去牵头筹建三峡省。2月17日，中央财经领导小组在中南海召开会议，专门研究三峡工程。这次会议由国务院总理赵紫阳主持，出席会议的有万里、姚依林、田纪云、胡启立、方毅、张劲夫、王任重、谷牧等中央、国务院领导和部委负责人。会议主题是讨论由水电部提出的《关于立即着手兴建三峡水利枢纽工程的报告》，研究三峡工程建设与移民管理机构的设置。会议决定成立国务院三峡工程筹备领导小组，筹备成立“三峡特别行政区”和“三峡开发公司”。

在中央财经小组会议结束后27天，李鹏副总理于3月15日为国务院和中央财经领导小组起草了一份题为《关于开展筹备三峡工程若干问题的报告》。这份报告共阐述了7个问题，涉及三峡水电站建设领导机构、三峡库区移民、三峡资金筹措、三峡工程建设程序等等。报告指出：“妥善解决三峡库区移民问题是三峡工程成败的关键，必须花大力气，下大工夫妥善处理，可考虑建立三峡特区的建制，成立特区人民政府，直属国务院领导，享受省、市（区）一级政府待遇。”

显然，即将成立的“三峡行政特区”，是一个身份特殊的地区。那么由谁挂帅呢？谁牵头进行筹备？谁当这个党委书记？中央曾经为此几次酝酿人选，反复研究，最后定在我的身上。理由是我从1949年就到了水利部，多年来一直从事水利工作，对水库移民情况和经验教训比较熟悉，从担任司长、副部长后，一直主管这方面。当钱正英部长向我传达中央、国务院这一决定时，我当时并没有接受这个任命，只是摇头说：“我干不了这事，我年岁已经过杠了，无力承担三峡移民这样的重担，希望请中央另外考虑合适人选。”

我之所以婉言拒绝这个任命，是因为我知道按低坝方案移民几十万人，按中坝方案要移民100多万人。一个工程移民数量这么大，是古今中外绝无仅有的。而且我清楚水库移民的艰巨性，移民能否顺利进行和完成，是三峡工程成败的关键。在这里个人荣辱事小，影响到国家的安定团结，就是重大的政治问题。何况在三峡特区的行政区划上，我听说湖北省还想留住当阳、枝江、宜都、长阳等四个比较好的县市。这样三峡特区剩下的26个县、市，几乎都是吃财政补贴的贫困县。这样一个穷棒子特区，工作难度太大了。

我心中的顾虑没有明说，只以年岁过杠，力不从心婉拒了这个任命。钱正英只好如实报告了国务院领导。但国务院领导并没有改变主意，还是坚持原来的决定，要钱正英继续说服我，并传达李鹏副总理的话说："伯宁同志是个老党员，老水利，还是服从中央的决定吧！有困难我们会帮他解决。"作为一个46年党龄的老党员，我没理由再拒绝，最终服从了中央的安排。但还是提出三个要求："一、未来的三峡特区区划，湖北的当阳、枝江、宜都、长阳四县都要划归三峡特区；二、未来的三峡特区行政首长由我来选，再报中央批准。并选拔些能干的干部到三峡特区工作，要放宽对年龄的限制；三、待三峡特区组建完成后，我仍回水电部当顾问。"

就在这样一种背景下，我远离京城，奔赴湖北宜昌市安营扎寨，当上了"三峡省筹备组"组长、党组书记。回想当时我接受这个任务，真是既惶恐，又高兴。高兴的是我做了这么多年的三峡梦，终于看到了三峡工程筹建的曙光。高峡平湖有望了，我还有什么说的？只好拼着这一腔热血，把有生之年交付给三峡了……

7月，我参加了由总书记和总理主持召开的北戴河会议，这次会议再次讨论决定了为顺利完成三峡移民这一艰巨任务，成立省级"三峡行政特区"和由我牵头进行筹备工作。并明确区划包括湖北的宜昌市和地区的全部县市，以及四川万县、涪陵、重庆有关县市。会后征求了川、鄂两省的意见。

四川省委完全拥护中央的决定。湖北省委对人选没有意见，对区划却强烈要求保留宜都、枝江、当阳、长阳四个县，这样才使省和恩施地区有个通道，不至于使恩施成为一块飞地。总理觉得很不妥，于是报告了总书记和李先念同志，经他们商量后，要我带着李先念同志写给湖北省委的一封劝说信去武汉。要他们顾全大局，同意国务院的决定。总书记还要我带口信，“希望他们听从先念同志的意见，为了大局开明些，不要再坚持省里的意见。”结果我还是白跑了一趟。最后还是总理亲自出马，批评了湖北，才解决了这个问题。

10月26日国务院召开常务会议，谈到三峡特区的问题时，顾明副秘书长提到一个问题，他说：“我查了宪法，宪法上没有‘特区’这个称呼，只有省、市、自治区，叫特区恐怕不合适。”这时总理说：“那就改叫三峡行政区。”人们未加否可。接着总理又问李鹏副总理：“谁牵头组建，算定了吧？”

李鹏看着钱正英说：“叫钱部长说一说。”这时，钱正英说：“我们酝酿了很久，先是考虑吉林的××……”万里同志听了摇头说：“这人我了解，他不合适。”钱正英接着又说了山西的×××。总理立即说：“他也不行，他没有移民这方面的经验。”也给否定了。接着钱正英提到我，她说：“我们和李伯宁同志谈过几次，但他不愿意去。”

这时万里同志马上说：“伯宁同志行，三峡移民任务这样重，水电部应该出个能力强、有经验的副部长去。伯宁同志不愿去，可以做做工作嘛！”这时总理也说：“还是伯宁同志合适，就这样定了吧！”

会后，顾明还是查了宪法，认为叫“三峡行政区”也不合适。最后研究决定，干脆叫“三峡省”，仍由我任三峡省筹备组组长兼党组书记，进行建省筹备。1985年2月，李鹏副总理在北京主持召开三峡省筹备组成立大会，并在讲话中对三峡移民工作提出了热切期望，代表党中央、国务院表示祝贺。在热情洋溢的讲话中，他着重阐述了成立“三峡省”的主要目的。他说：“中共中央、国务院为什么要组建三峡省？主要是为了三峡工程顺利建成，妥善安置库区移民，加快三峡地区的经济开发……”

4月15日，“三峡省筹备组”在湖北宜昌市桃花岭饭店正式挂牌亮相。这一天，对于宜昌市民而言，是一个永远难忘的日子。在宜昌几千年的历史上，在这几万平方公里的土地上，筹建省一级政府，无疑是开天辟地第一次。于是城里张灯结彩，喜气洋洋。事实上，宜昌市的黎民百姓看重的还不是建省，他们最渴望的是那个规模空前的三峡工程，在从葛洲坝工程的建设中，他们实实在在地尝到了甜头。由于葛洲坝工程的兴建，宜昌市实现了由小城市向中等城市的历史性跨越，而要想实现中等城市向大城市的飞跃，没有三峡工程建设的拉动，在短时期是非常困难的。正是由于这种缘故，宜昌地市为三峡省的筹建腾出了最好的房子，抽调了最强的干部，创造了最好的环境……

未来的三峡省，是一张真正意义上的白纸。筹备工作千头万绪，一切都得从零做起。在三峡省筹备组挂牌的当天，我在桃花岭饭店召开了第一次党组会议，传达了党中央、国务院有关"三峡省筹备组"组成人员的通知精神。在三峡省正式建立之前，先成立三峡省筹备组，并建立党组。办公地点设在宜昌市。三峡省筹备组由我和陆佑楣、王汉章（湖北省副省长）、辛文（四川省计委主任）、马杰（湖北宜昌地委书记）、欧阳荣（四川万县地委书记）、张忠民（湖北宜昌市委书记）、黄森荣（四川涪陵地委书记）8名同志组成。我任组长兼党组书记，汉章、佑楣和辛文同志任筹备组副组长、副书记，其他同志为党组成员。

6月29日，在三峡省筹备组第二次党组会议上，我宣布任命了第一批办事机构的负责人：马杰、周振先、郝逢武、陈光国、陈官权分别任筹备组正副秘书长；胡开梓任办公室主任；李国普任研究室主任；盖青蒲任组织人事办公室主任；杨秀伟任宣传办公室主任；林仙任移民办公室主任；孙大鹏任财贸办公室主任；陈虹任农林办公室主任；张正常任政法办公室主任。

事隔8天，即7月6日，三峡省筹备组以三峡筹字〔1985〕37号文件形式，正式向国务院报送了《关于三峡省省级机构设置和人员编制方案的报告》。在这份报告中，三峡省筹备组按照建立一个"机构精干、高效能、职责分明、指挥灵活"和"简政放权"、"政企分开"的原则，拟定了三峡省省机构设置方案。按照这个方案设置的机构比本省三地一市平均单位数减少了12%，比全国省、市、自治区的平均数减少27%。在向国务院上报这份报告时，三峡省筹备组已陆续调入了150名工作人员。到1986年2月，从中央机关和四川、湖北等各地调进干部数已增加到459名，加上勤杂人员共500人左右。调入的干部中，厅局干部108名，平均年龄49.65岁，具有大专学历的占65%。

在此前后，国家地质矿产部、邮电部、中国人民保险公司、人民日报社、新华社等国家机关，纷纷在三峡省筹备组设立了分支机构，并任命了百余名干部。

中组部和人事部经过反复研究，反馈的意见是："三峡省按照精简机构的原则，整个省的编制是不是界定在2500人左右？"对中央的这个意见，我的态度是："从目前各省情况来讲，没有这么小的编制，但我们也同意，机构尽量少设，尽量合署办公，人员尽量精简。"几乎是组建机构的同时，三峡省筹备组按照中央规定的"五项任务"，抓紧制定三峡省"七五"计划和移民安置规划；迅速与有关部委磋商正式建省所具备的交通、通讯、用电、广播、电视等设施的解决途径；并与一批外商华侨洽谈合作开发三峡经济事宜……

二

三峡省筹备组在高速运转，宜昌骤然成为中外关注的焦点。从1984年初到1986年5月，先后到三峡考察的中央领导多达20余次，按照考察的时间顺序，他们依次是：胡耀邦、王任重、宋任穷、荣毅仁、李鹏、廖汉生、杨尚昆、阿沛·阿旺晋美、邓力群、邓颖超、刘澜涛、王首道、方毅、程子华等。外国政要和知名专家也纷纷漂洋过海，前来宜昌参观葛洲坝或考察三峡大坝。

海内外关注的"三峡省"究竟是什么样子？它位于大巴山、七曜山和武陵山之间，地处四川省东部（现为重庆市），南与湘、黔毗邻，北与陕西接壤，地形基本属云贵高原和大巴山的延伸部分。长江横贯其间，流经15个县市，流程769公里。未来的三峡省省会在宜昌市，位于长江中下游分界处的西陵峡口，城区东西长19公里，南北宽22公里，总面积196平方公里。这里“上控巴蜀，下引荆襄”，“蜀道三千，峡路一线”，素有“三峡门户”、“川鄂咽喉”之称，宏伟的万里长江第一坝——葛洲坝水利枢纽工程坐落于此。该市已是具有一定规模的工业城市和新兴旅游城市。“三峡省”的幅员总面积为84213平方公里，全省大体为“八山半水一分半田”。“三峡省”的总人口为1759.65万人。“三峡省”1984年的工农业总产值为89.82亿元。根据1984年国家有关权威统计资料分析，在除台湾省之外的30个省市自治区中（包括三峡省在内）面积占第26位，排在宁夏、北京、天津、上海之前。人口占第24位，排在新疆、上海、北京、青海、天津、西藏之前。这一系列数字表明，未来的三峡省既是一个小省，又是一个穷省。

三峡地区穷到何种地步？1985年我上任不久，便带人翻山越岭实地考察，了解人民生活、自然条件和经济状况。我从事水利工作30多年，跑过全国很多穷困地区和边远山区，但是像三峡库区这么贫困的山区还不多。这里的农民不但吃不饱饭，喝不上水，住得是四面透风的破房子，有的甚至盖着玉米秸，并患有多种地方病。一个十八九岁的大姑娘，身高还不到一米，连走路都很困难。有一户家庭的全部财产，也只值5元人民币。这真是穷得触目惊心，穷到了可怕的地步。这贫穷的原因有多种，但其中主要的一条就是三峡工程几十年来不上不下，久拖不决造成的恶果。当时三峡地区大约有30%至40%农民（约500万—600万人口）没解决温饱问题。这里还严重缺水，人们常是爬山越岭找一点水，然后再爬山越岭背回来。除了人喝做饭用一点外，其余的水要先洗菜，再洗衣服，最后才能给家畜喝。一水多用，如果不是亲眼所见，是难以令人相信的。

三峡地区到底“穷”在哪里？如何改变这个“穷”字？这可以说是我当时思考得最多，也是压力最大的一个问题。从50年代开始，三峡地区几十年来一直处于尴尬境地。国家对三峡地区几乎没有什么大的投入，除了

"三线"工程外，中央没有一个项目。而地方又无力可投。由于三峡工程长期不上不下，淹没区定不下来，就是有钱，谁也不敢在这未定的库区上项目。这就导致三峡地区开发迟，与其他地区特别是沿海地区的差距越来越大，这是三峡地区贫穷落后的主要因素。同时，由于三峡地区以山地丘陵为主，水土流失严重，经常发生崩山滑坡、风灾冰雹等。自然灾害频繁也严重影响了三峡地区的生产与建设。

从主观上分析，我认为三峡地区"穷就穷在未开发上"，三峡地区有丰富的水利资源，有种类多、储量大的矿产资源，有全球闻名的旅游资源，有种类繁多的生物资源。可惜资源优势没能转化为经济优势。当然造成这种"富饶的贫困"状况，说到底还是与祖祖辈辈生息在三峡地区的老百姓思想封闭、保守和陈旧不无关系。

鉴于我国多年来移民搬迁安置中的经验教训，凡是就地后靠，在本县安置的都比较稳定，但出县、出省外迁安置的问题就比较多，甚至在若干年后还返迁闹事。对三峡这100多万移民的艰巨任务，水电部经过反复研究，根据山东烟台地区王屋等水库就地后靠，把库区荒坡地改造为水平梯田的稳产高产田，使移民的粮食生产更有可靠保证。三峡库区经航测有近2000万亩荒坡地，其中有些地质条件较好的，还是可以开发利用。因此，水电部对三峡移民向中央提出了改变一次性赔偿为开发性移民方针。我和三峡省筹备组再三筹划于1985年6月初作出决定，充分利用库区丰富的土地资源，改变农业生产结构，并大力发展采矿业和旅游等二三产业。从8个方面着手对三峡省的经济进行规划和开发。

在进行移民调查研究中，三峡库区群众贫病交加的情况，令我触目惊心。为了使中央和更多领导了解三峡地区的真实情况，也为了赢得上上下下对三峡地区脱贫致富的理解与支持，我组织刘海清等几个人在宜昌至重庆的长江两岸日夜兼程，跋山涉水，拍摄了一部真实反映三峡地区人民贫病交加的电视片《穷山在呼吁》。这部几乎没有任何修饰的电视片，播放时间约50分钟。我们把片子复制了80份，分送给中央、国务院、全国人大、政协各主要领导和有关部委。我附信要求各位领导能在茶余饭后看看这部片子，了解了解三峡库区的实际情况，帮助呼吁并给予三峡省必要的支持。随后，我带着这部片子走访了民政部、卫生部、农业部、林业部等部委，把片子放给部领导和司局长们看。反响犹如“一石激起千层浪”，使观者无不愕然感叹。

当时的国务院秘书长陈俊生看后对我说：“你反映的情况很重要，真是不看不知道，一看吓一跳啊！”卫生部崔月犁部长看后对司局长们说：“我们卫生部对三峡库区这样严重的地方病，就从来没有反映过，要不是伯宁同志这部片子，我这个部长都一点不知道呢，这是我们的失职。”

在1985年中央召开的农村会议上，我作为三峡省的代表，又在会议上放起炮来。当时“包”字进家庭，确实给农村带来了巨大而深刻的变化。与会者无不为农村的急剧变化所鼓舞，大会发言都是“一包就灵”，形势一片大好。而对于还没解决温饱的贫困山区，却无人提及。我听着大家的发言，可以说跟我所看到的三峡库区实际情况，完全“风马牛不相及”。我认真学习了会议文件，原来听说全国没有解决温饱的有8000万人，文件又说6000万人。但我了解的情况却是全国没有解决吃水问题的就1亿多人。我认为连水都喝不上，这怎么算解决了温饱呢？带着这个疑问，我去问当时的农委主任杜润生。我说：“杜老，全国没有解决温饱的原来说8000万，现在又说6000万，我知道全国山区还有1亿多人没有解决人畜的饮水问题，没有水吃能算解决温饱吗？”

杜老和我是无话不谈的好朋友，他听后苦笑说：“伯宁，要讲实话，全国没有解决温饱的大概还有1.1亿人。”我笑着摇摇头。会议继续召开，小组发言依然是异口同声，一片大好。我终于按捺不住了，发言说：“大家都讲大好形势，我讲点严重问题，我去筹建三峡省的时间并不久，但三峡省所在的四川、湖北30个县市，现在有26个在吃国家的财政补贴。”接着我讲了我所看到的实际情况，我说：“大家如果不相信，我这儿还有一部电视片，这还是在公路两旁拍摄来的。至于那些不通公路，就是当了一二十年县委书记都没去过的贫困山区，肯定比这部片子反映的情况还严重。我希望在会议上能放给大家看看。”

说到这儿，我犹豫了一下，反问大家说：“全国没有解决温饱的人数到底有多少？原来说8000万，现在又说6000万，我问了杜老，他说讲实话，大概有1.1亿人。我们为什么不反映实际情况呢？”我冲口而出地“出卖”了杜老，心里也感到很矛盾和不安。但我的发言立刻引起了震动，四川代表首先证实了我讲的是实情，其他人也讲起本省贫困地区的状况来。

这个小组的发言情况，特别是我的发言，反映到主持会议的田纪云副总理那里，引起了他的极大重视。第二天便来到这个小组听会，我知道是自己惹出的麻烦，于是又把我的发言原汁原味地重复了一遍。最后我提出两个建议：一是希望把《穷山在呼吁》这部电视片在会议上放一下，叫各省了解一下未来三峡省的实际情况，并希望大家伸出援助之手，支援三峡省。二是建议中央把解决这1亿多人的温饱问题，提到战略地位来加速解决，中央并应建立一个专门机构来抓这项工作。

田纪云副总理当即表态说：“伯宁同志的发言，我一定向万里同志汇报，并研究你的建议。《穷山在呼吁》可以在会上放，让各省的省委书记们也看看，了解三峡省的实际情况，大家都来支援三峡工程。”就在这天晚上，会议组织了省委书记们观看《穷山在呼吁》，我亲自解说，他们看后感慨万千，纷纷表示：“伯宁同志，你们需要什么请讲话，我们一定尽力而为。”

新华社的《内部参考》也摘发了我的讲话，后来我接到全国的不少来信，询问三峡省需要什么支援？有的还问捐款捐物寄到什么地方？随后，国务院陈俊生秘书长召开了民政部、卫生部、财政部、水电部等有关部委和三峡省筹备组领导会议，研究决定集资800万元，由卫生部组织医疗队到三峡库区进行地方病的研究和治疗工作。就是从这年开始，国家每年为三峡库区投入2000万—3000万元，进行开发性移民试点。同时由财政部和国家计委每年投入1000万元，进行库区扶贫工作。

三

1985年6月9日，我从北京回到宜昌，地委书记马杰向我汇报，说秭归县新滩镇面临山体大滑坡的危险。新滩镇1500多人已大部分撤出，但夜间仍有三四百人回去看守财物，怎么劝说也拦不住。如果夜间发生山体滑坡，这些人一个也逃不出来，问我怎么办？新滩镇，是历史上山体滑坡的多发区，早在汉代有历史记载的滑坡就有多次；宋朝天圣七年山崩，堵江21年；明朝嘉靖二十一年，一次更大规模的山崩堵江82年，至1621年才凿通。在长江拦腰截断后，因航道阻断上下来往的船只，在新滩卸货装货，形成为货物转运码头，很快就繁荣起来，逐渐发展成了1500人的新滩镇。但这个地方仍然是滑坡体，对面又是有名的滑坡体链子岩，一直是长江水利委员会的重点监测点。1985年5月初，据长委观测站报告，新滩镇所处的山体开始有滑动现象，尤其是新滩镇头上的后山体有上千万方出现裂缝。已经下滑有半米到1米不等。

面对如此险情，6月1日，湖北省政府给宜昌地区和秭归县下达命令，要新滩镇1500名居民全部撤离。地县委也采取了紧急撤离措施，大部分居民转移到了安全地带。只是每天夜里还有三四百人跑回家去看守财物。对这些人怎么说都不听，毫无办法。我听后随即找来监测人员了解情况，当监测人员报告新滩镇上面山体下滑裂缝每天扩大1米宽，险情随时有可能发生时，我在10日早晨召开了地委县委紧急会议，我批评说："新滩滑坡的历史你们比我清楚，这次滑坡省政府从6月1日就下达了全部撤离的命令，你们虽然做了大量工作，但目前山体裂缝一天比一天扩大，你们明知每天夜里有三四百人回家也不采取果断措施。如果一旦发生危险，你们就没有责任吗？"接着我严肃地说："现在我下个死命令，地委县委立即组织军警干部到新滩镇，挨家挨户进行清查，动员群众撤离。对于不撤离的人，要强迫撤离！不走就背他走，抬他走。限今晚10时前全部撤光，一个不留。并把附近船只全部撤到安全地带，如果滑坡时发现有一个人死亡，就拿地委和县委书记、县长是问。”

我说完立即散会，地委、县委不敢怠慢，立即组织军警和干部敲锣打鼓要群众撤离，并挨门挨户进行了搜查。到晚上8点钟，我接到报告，说群众已经全部撤离，船只也撤到了几公里之外的安全地带。我还是不放心，再次命令去最后查一遍，果然在一间倒锁了门的房子里，还有个老太太没走。原来儿子叫她走，她怕走了有人偷东西，死也不肯离开家，让儿子在外面倒锁了门。

新滩镇清空了，可怕的事情也发生了。11日凌晨监测人员猛听到惊天动地的一声轰鸣，随着一股烟尘冲天而起，整个新滩镇瞬间滑入了长江。这次滑坡体积达500万方，有200多万方泥石推进长江，使长江江面缩窄了1/3。在巨大滑坡体的冲击下，江面激起的巨浪，把对岸40米高处的一座水泥仓库给打得无影无踪。偌大的一个新滩镇，只留下几间空屋架和几株树。清晨，我带领三峡省筹备组、宜昌地委、秭归县委赶去慰问灾民，我找到留在最后的那个老太太，责备她儿子为什么只顾自己逃命，却把老娘扔在家里？她儿子面红耳赤，什么都说不出来。那老太太抓着我的手说：“是共产党救了我的命！”一语出口，灾民们便激动地喊起“共产党万岁”来了。我打电话将滑坡情况报给国务院时，李鹏副总理在电话中说：“伯宁同志，你办了一件大好事，立了大功，救了三四百条人命……”

新滩滑坡一人未死，让我放了心，但最难的事情还是三峡100多万移民。我过去考察过山东烟台和湖南一些地区好的移民典型。大多是在库区就地后靠，或在本县安置的。土地少了，就把旱田改成水田，或种苹果、梨等经济林木，这样生产发展了，移民就能稳定下来。生产生活比过去也有所改善。而那些水库移民返迁闹事的，基本都是远迁外迁的移民。在“文化大革命”中，跑到水利部造反揪斗殴打，架我“飞机”的也是这些移民。现在水电部向中央提出改变过去一次性赔偿为开发性移民方针，并被中央采纳后，三峡移民这个沉重担子落在了我头上。我知道个别好的典型经验，再推广到大规模移民上这还是两回事，100多万移民相当于搬迁一个

“阿尔巴尼亚”国家，这又谈何容易？

多年来的移民经验告诉我，移民和工程不同，对三峡工程来说，我们已有几十年的修建大型水库的成功经验，在科学技术上是没什么问题的，在实践过程中即便发生一些困难，利用中外技术力量也是能够解决的。而移民则不同，人的思想是活的，今天他这样想，明天又那样想，本来说好了同意搬家，第二天又变卦了。何况三峡库区人口是动态的，每天都在增长，100万人早搬一年与晚搬一年，每年相差就有两万人，因而投资也会随之增长。何况三峡移民既是个动态的、多学科的经济问题，也是个复杂的社会问题。搞不好移民返迁闹事，就影响社会的安定团结。特别是三峡移民能不能搞好，在社会上和国内外都是有争论的，有的人对三峡移民本来就没有信心，说是个无底洞。有些国家一听说三峡移民有100多万人就摇头。

在三峡库区怎么搞开发性移民呢？我心里也没底数。国务院的指示是“三峡库区地少人多，看来农民起码一半以上要农转非，在二三产业去安置。”

我按照这个思路，先用移民试点费支持和开办了28家工厂，吸收一些移民中有知识的青年农民进了工厂。工厂效益也是不错的，移民也是高兴的。但我很快发现进厂的只能是年轻的知识青年，而那些老弱病残，甚至30岁以上的农民都没法进厂安排工作。这样青壮劳力进了工厂，农民家里没有了壮劳力，农活谁去干？搬迁后用什么劳力重建家园？我还发现，青年男女进了工厂，很快就恋爱结婚，学徒工本来挣钱就少，哪里还有钱照顾家庭？这样一户反而变成了两户，老弱病残再搬家都没子女可依靠了。由此我坚定了以大农业为主的安置思想。

按照这个思路，我仔细研究了长江水利委员会提供的低坝和中坝两个方案的淹没指标，和卫星与航测的三峡库区容量资料。由于低坝防洪库容很小，解决不了长江对荆江大提的威胁，我是赞成中坝方案的。这可使长江再遇到百年洪水时，不使用荆江分洪，遇到千年洪水，使用荆江分洪配合其他防洪措施，也可保荆江大堤的安全。而中坝方案要淹没耕地36万亩，到工程完成时总淹没人口要达到120万人。其中难点是失去耕地的几十万农民怎么安置？现在库区每人平均耕地1.1亩，而淹没耕地为36万亩，其中水田仅有11万亩，其他都是坡耕地。有些不了解情况的人说，修三峡把库区的好地都淹了，其实好地还不到1/3。而实测的库区丘陵荒坡地有近2000万亩，最少的县也人均荒坡地三四亩以上，多的有二三十亩或更多。在这2000万亩荒坡地中，可以选择地质条件好的地方，开发出几十万亩良田，用它去补偿移民淹没的土地，应该说容量还是可以的。

带着这个问题，我深入到各县市进行调查研究，我首先在巴东县发现楠木园村利用荒坡开发了100多亩柑橘园，用于安置移民。每亩梯田的开发费用还不到400元，柑橘三年开花结果，五六年搞得好可以收获上千斤，七八年后进入盛果期，就能收获二三千斤以上，这比种粮食要高出好几倍收益。而且在柑橘未结果前，树下可以种瓜种菜，或者种矮秆庄稼，也有不少收入。巴东县领导尝到这个甜头，又在雷家坪开发了几百亩柑橘园，而且梯田标准更高，效益更好。这不但使移民提高了收入，而且也有利于水土保持。这件事大开了移民眼界，他们都要求参加移民试点。还有22户移民看到这美好前景，手里有了钱，不等要房屋补偿费，便主动搬到柑橘园附近盖起了二层小楼。我曾访问过他们，问："为什么不等国家给房屋补偿费就自己搬上来盖新房？"移民们回答："开了柑园，又间种瓜菜，我们有了钱，反正是早晚也得搬家，早搬上来就能占个好地方。"

通过实践考察，我心里有了底。跑到秭归县宣传巴东的经验，因为秭归移民多、地理条件也较差，是库区移民的重点县。谁知县长和移民局长听了我的介绍，一点都不感兴趣。我便耐心地说服他们，问他们在秭归开一亩柑园要多少钱？县长张口回答是开发一亩柑园不是几百元，而是二三千元。

我没置可否，只是笑着说："你们先到巴东楠木园去看看，回来再说需要多少钱。"

后来，县长带着移民局长等人去巴东参观，由此大开眼界，也解放了思想。回来就搞水田坝柑橘园，接着又开发李家坡柑橘园，他们搞的这两个柑橘园，在航测图上并不是荒坡地，而是乱石岗。他们是炸开石头，用石头砌石坎，收集石间的土壤造出水平梯田，两旁还修有排水渠道。这是高标准的水土保持工程，比巴东楠木园水平还高。当时这样一亩的造价才800元。从此，库区又增加了秭归这两个移民试点典型。

我到各县宣传推广巴东、秭归的先进经验，以后接连出现了宜昌县乐天溪板栗基地、太平溪茶场和长寿县的甜柚园等移民试点典型，更增加了我对开发利用库区土地资源安置库区移民的信心，丰富了开发性移民的思想。于是，我总结提出库区农村移民不再搞陡坡种粮，而是每人开发一亩高标准的经济园林，因地制宜地种植柑橘、柚子、板栗、各种干鲜果品和茶、桑、木质药材、花卉等经济作物。这样既比种粮收入高出若干倍，又是高标准的水土保持工程。这跟现在中央提出的为保持水土，返田还林精神是不谋而合，完全一致的。同时，为解决粮食问题，要求把淹没线以上的坡耕地低产田，每人改造半亩高产稳产水平梯田，这样也能解决农村移民的吃饭问题。我这样提出的根据是：当时库区每人平均耕地1.1亩，由于陡坡粗放种植，人均占有粮食才700斤。但重庆市人均耕地0.8亩，由于精耕细作，人均占有粮食却高达1500斤。我以这个思路向全库区发出号召，并一个县一个县去考察，同县领导们商量充分利用库区土地资源，接受过去水库移民的教训，实施就地后靠安置，尽可能不远迁、外迁他省，以便为移民搬得出、移得住、能致富创造条件。

最后，库区各县市都赞成我所提出的思路和办法，并各自研究了本县移民的环境容量。由于三峡库区是山区，耕地由下而上分布，因此，在百万移民中没有一个全淹的乡，甚至全淹的村也很少。各乡和村都有荒地可以利用。结果在有移民任务的20个县市326个乡中，有219个乡可以在本乡安置。其他35个乡，在邻近乡调剂点土地就行了。全库区移民完全可以在本县市地区消化，做到在库区就地后靠，不必远迁外省。这是开发性移民试点的成果，并被所有到库区考察的中央领导和全国人大、政协考察团所肯定，对1992年4月全国人大通过兴建三峡工程决议案，起了重要作用。

四

1984年年底在三峡工程刚要临产的时刻，重庆市一份报告打到国务院，“建议把三峡工程的正常蓄水位提高到180米”，提出：“三峡大坝150米方案回水末端在重庆以下的洛碛与忠县之间，使重庆以下较长一段天然航道得不到改善。”建议将三峡工程正常蓄水位提高到180米，以便万吨级船队可以由武汉直达重庆，使川江真正成为连接西南和华中、华东的黄金水道。

重庆市建议的“180方案”与国务院原则批准的“150方案”差距明显，水位一变使投资增加55亿，移民人数陡增72.19万人，这可不是一件小事。党中央、国务院对重庆市的建议相当重视，特意委托国家计委、科委对三峡工程的水位再作进一步论证。国家计委、科委再次调集14个部门的108位专家，成立了8个专家小组重新论证。与之配合论证进行科研实验的有将近200个部门，约计3000名专家。专家在进行过周密的论证后，作出了肯定的结论。

与此同时，反对上三峡工程的人，也在召开各式各样的座谈会，或发表文章，或出版专集，认为“150方案”是“好大喜功”。海外也对此迅速作出了反映。香港某些媒体争先恐后地对三峡大坝所带来的隐患作了报道。美国《工程新闻记录》发表文章，对三峡工程的“150方案”品评指责。还有个美国人布拉光韦尔断言说：“中国建设如此巨大的大坝将严重影响生态环境，毁坏文物古迹，造成巨大债务。”三峡，又一次成为全球关注的热点。

1986年2月，正当海内外为三峡工程争得沸沸扬扬时，全国人大常委会副委员长王任重奉命再一次到三峡考察，来到宜昌。王任重曾任湖北省委书记，从50年代起先后陪同毛泽东、刘少奇、周恩来等党和国家领导人多次考察三峡，对三峡工程的论证过程了如指掌。2月26日，王任重听取了我的汇报，谈到三峡工程上不上马时，他说：“最近，国务院已经开会讨论三峡工程问题，讨论的结果打算提前。江苏的核电站原来是要从外国引进，跟外国人联营。这个我已看到决定了，总理决定核电站由核工业部自己搞，什么时候搞没说。核电站可以自己搞，不必进口，可以节省大批外汇好几十亿美元。这样三峡工程就可以提前。”

曾经亲自领导过1954年湖北抗洪救灾的王任重，最担心的是怕延误三峡工程建设，给长江两岸人民的生命财产带来无法估量的损失。讲到这一点，他说：“仅仅为了防洪，也应该修三峡工程。不然的话，一场大水的损失，就大大超过三峡大坝的建设费用，而且也说不清楚会死多少人。谁敢打包票不会淹死人？反正我不敢打包票。要淹死人就不是几百几千的问题，也不是几万人的问题，是几十万上百万人的问题。”

“我曾给总理讲：如果发生一次洪水，淹死几十万上百万人，我们如何向人民交代？不然的话，人民会质问我们：‘你们说了几十年要建三峡工程，为什么到现在还没建？淹死了这么多人？’如果出现这种情况，世界舆论会是什么样子？对共产党是什么看法？说你犹豫不决，不然不能向全国人民谢罪。何况小平同志提议，中央常委通过，直到现在我没听说中央常委有什么不同意见，说不搞三峡工程。这个事交给国务院了，小平同志还催过。既然决定了，能早干就早干，不要这样拖拖延延。到底哪一天搞，我们的意见是尽可能提前，而不是往后拖，这个事情不能再拖了……”

当然，王任重也毫不隐讳地承认：“现在顾虑的是反对三峡工程的人不少，不管是党内党外人都很多……”对于筹建三峡省，王任重的态度是非常积极的。他在讲话中说：“三峡省的建立，原来考虑仅仅是为了修三峡工程，因为接受历史教训，如果不成立三峡省，仍旧归两个省管，光移民搬迁这个事就不好办，特别是开发性移民。原来想搞个移民局，一个移民局又不是一级党委、政府，跟两省打交道，跟各县市打交道就很困难。现在看来，三峡省除了为三峡工程服务这个任务外，对地区发展也是有利的。因为两省交界的边远山区、贫困山区、落后山区，把省建起来单独治理，对这个地区的发展，总比在两省下边要快一些……”

王任重同志在三峡筹备组内部的这番讲话，对于三峡省的筹备者们而言，是吃了一颗定心丸。然而，外界人士对三峡工程疑虑未减，议论纷纷。

4月3日李鹏副总理在全国人大六届四次会议举行的新闻发布会上回答中外记者提问时说：对这项至关重大的工程，中国政府采取既积极又慎重的态度。现在还没有对这项工程作出是否开工的决定。对这项巨大工程，我们虽然作了30年的准备，进行了大量的调查和科研工作，收集了大量资料，但有许多问题还需要进一步研究。我们不仅要听取国内各方面专家的意见，还要向一些建设水电有经验的国家的专家们进行咨询，听取意见。

到底如何决策？总理考虑再三，决定再到三峡库区进行一次考察，参加这次考察的还有国务院副总理李鹏，全国人大常委会副委员长王任重和十几位部长。总理一行与李鹏副总理分两路在万县会合后，一起乘船到宜昌。中午11时登上中堡岛，察看坝址地形，听取有关水电专家的汇报。下午，又冒雨考察被誉为三峡工程试验坝的葛洲坝，看望了水电职工。随后，当总理向我透露国务院准备对三峡工程要重新论证，不马上开工，问我的意见时，我已经看出一些苗头，也早有精神准备，马上表明自己的态度："坚决不同意。"

接着我与总理在船上进行了长达两个多小时的谈话。总理说："对三峡工程国内外争论很大，在这次考察中我们研究决定：三峡暂不开工，再进行一次重新论证。根据论证的结论，再确定开工时间。这样三峡省也暂不成立，国务院可以成立一个三峡地区经济开发办公室，继续进行开发性移民试点和库区扶贫工作，这把三峡省筹备组改建成'三经办'就行了。你看有什么意见？"

我摇头回答说："要征求我的意见，迟上三峡工程和取消三峡省，我都不同意。三峡已经争论了好多年，现在的争论也无非还是那些问题，再重新论证多少年，我看也不能完全取得一致，中央已经决定马上开工，有人一反对，就马上改变决定，这有损中央威望。三峡省筹备组已调来大批干部，对开发性移民试点和库区扶贫进行了大量工作。最近国家计委已批准计划单列，现在有人一反对也撤销？有人一反对，说变就变，以后谁还听中央的？”

总理还是打他的牌，不慌不忙地对我说：“事情已经这样定了，就只好先这样做，你说说叫谁牵头搞‘三经办’吧！”

我看总理话里有话，也开门见山地说：“这是国务院考虑的事，反正我不能干！”

“你为什么不能干？”总理反问我：“三峡省筹备组不是取消，而是改建成‘三经办’，你们把人员精简些，留个小摊子，继续搞开发性移民试点和库区扶贫工作，为将来三峡工程的兴建创造经验，打好基础，这也是很重要的事情。你们一年多做了很多工作，很有成绩，你们搞开发性移民试点的思路和扶贫工作，大家都很肯定和赞扬。你们把坡地改成水平梯田，种植柑橘等经济作物，这既增加了移民的农业收入，也有利于水土保持。长江两岸如果都这样搞起来，从上游宜宾到入海口就形成柑橘带咧，这是很有意义的一件事啊，你为什么不再接再厉地完成它？”

总理说的有道理，但我还是摇头说：“过去我们是这样想的，现在我没法胜任这一工作，还是另找别人干吧！”

“你为什么不干？”总理问我。

“这一年多，筹备组都是传达执行中央、国务院的指示，我们怎么说，两省怎么做？现在中央说变就变，今后谁还听我们的呢？”

总理不死心，还是想法劝我说：“你的顾虑也有道理，但这可以想法解决，可以继续列入国家计划，拨给你们一些钱，只要你们手里有钱，两省还会支持你们的。”

不管总理怎么劝说，我还是没有信心。总理只好说：“这样吧，你再考虑考虑。”江轮的谈话到此结束。

随后，李鹏副总理也来动员我，要我牵头组建“三经办”，他用的还是要我搞“三峡省”筹备组那样的话。他说：“伯宁同志，还是继续干吧！你是老同志，也一直关心三峡，还是服从组织安排吧！三峡又不是不搞了，再重新论证一次，也没有坏处。你继续搞‘三经办’对参加论证更有利。关于经费，我已经招呼计委，今后会大力支持，只要有开发和扶贫资金，两省也会配合你们工作的……”

作为一个老党员、老水利，对国务院作出的决定，我还能说什么呢？

5月8日，中共中央、国务院即以中发12号文件，下达了《关于将三峡省筹备组改建为三峡地区经济开发办公室的通知》。《通知》指出：由于三峡工程论证和准备还需要一定时间，而三峡省筹备组要发展成一个实体又不具备条件，以致目前这个地区形成湖北、四川两省不管，三峡省筹备组无力管的现象，极不利于这一地区的开发和建设，也不利于为三峡工程作好准备。为此，中央和国务院决定将三峡省筹备组改建为国务院三峡地区经济开发办公室，负责指导和帮助这一地区的经济开发和试点工作。

《通知》还特别强调：对三峡地区有必要采取一些优惠政策和措施予以扶持。国务院各部门和湖北、四川两省要尽可能在安排建设项目、投资开发上给予适当照顾。

当我接到这个《通知》，逐字逐句向三峡筹备组全体同志传达后，许多干部都议论纷纷，并带着复杂的心情，先后离开了宜昌。

国务院三峡地区经济开发办公室选留了50多人，办公地点移师北京，宜昌只留个办事处。为了库区的脱贫致富，为了三峡移民搬迁安置，我再次服从了中央安排，挑起“三经办”主任和党组书记的担子。在我面前摆着两大难题，一个是三峡工程要重新论证，这必须用科学来回答反对者的疑问。再一个就是移民，必须搞好移民试点，用事实说服那些利用移民问题反对上三峡工程的人。

“三经办”50个人在玉渊潭的一个小院里，在极其简陋、极其艰苦的环境中，开始了日常工作。生活的困难大家能够克服，但对于开展工作必需的资金，却又出了问题。在宜昌总理答应给的经费，也由于财政困难每年减少到2000万。另有扶贫款1000万，由国家计委和财政部分摊，而且财政部的500万元，以后还要回收。虽然条件没兑现，但工作还要照样做。

到1992年时，“三经办”与川鄂两省及所辖的地方党委政府紧密配合，在移民试点工作中投入27720万元，并取得了可喜的进展。这里我必须说明两点：第一，中央制定的改变一次赔偿为开发性移民的方针，主要是充分利用库区资源优势，进行多方位的充分开发，给库区移民安置个妥善的生产生活出路，并为脱贫致富创造条件。这样三峡的开发性移民试点，只能在库区的有关省市进行，而不可能到外地、外省去搞试点。第二，移民试点和移民的正式搬迁，这是不同性质的两回事。试点主要是探索利用本地资源，进行安置库区移民的经验。这可以成功，也允许失败。而正式移民是政府行为，只能成功，不能失败。我们8年移民试点所取得的成功经验是：

第一，为探索农村移民安置的出路，投资1亿多元开发了14多万亩水平梯田，大多种植了柑橘、板栗、柚子、茶叶、葡萄等经济作物。按原定的每个农村移民，给一亩经济园林的安排，有些就分配给了试点农民。他们高高兴兴地搬了上去，还盖起了新房，安居乐业。有些还由生产队暂时管理，等待正式搬迁时再进行分配。

第二，投资5000多万元，举办了28个工业试点工程，主要是探索工厂迁建和从工业上安置移民。兴建的这些项目，可安置移民2275人。同时，我们在万县日化厂和巫山烟厂等探索了真正改变一次性赔偿，把移民资金先投入一部分扶植生产，安置一定数量的移民。在工厂扩大效益后定期收回，再多安置一些移民，继续投入资金。这样移民安置资金反复周转增值，比一次赔偿大为节约。当时大家都认为这是改变一次赔偿的创举，并得到了邹家华副总理的多次表扬。但后来全国人大通过三峡工程正式移民时，这个经验未能推广，又回到一次性赔偿的老路上去了。从这个问题说明了习惯势力是最可怕的势力。

第三，进行城镇搬迁基础设施建设，投资2.3亿多元用于搬迁城镇的“三通一平”建设，其中修建道路37条，157.79公里；建设桥梁6座，总长802米；建水厂1座，日供水量1万多方；兴建供电工程4处；还进行了部分邮电、通讯等工程的建设。

第四，参与三峡工程勘测与规划论证和人才培训，先后投资1700万元参与三峡工程有关项目的勘测与论证，并对2万人次的移民进行了种植柑橘等经济林木的实用培训。让我感到欣慰的是通过8年移民试点工作，不仅推动了三峡移民试点的进程，而且丰富和完善了开发性移民方针的内容。

关于三峡工程论争的历史回忆

洪庆余

关于三峡工程的争论，历时几十年，大致可分为三个时期。

一、50年代的论争

1956年，当时我们刚刚开始编制长江流域规划，并着手考虑三峡工程的设计工作。长江流域规划办公室主任林一山同志总结了当时的工作成果，在《中国水利》杂志第5、6期上，连载发表了一篇题为《关于长江流域规划若干问题的商讨》的文章，着重讲了两个问题：一是三峡工程在长江流域治理开发中的作用和地位。二是在进行长江流域规划的同时，要对三峡工程的设计展开深入研究，其中也谈到了三峡工程的正常蓄水位（最高为235米）以及防洪、发电、航运等综合效益的问题。9月，当时任燃料工业部水电总局局长的李锐同志，在《水力发电》杂志上组织了一批文章（其中也有他写的一篇），对林文提出了不同意见，论争由此而起。

当时李锐同志的观点主要有三个。第一，认为用三峡工程防洪是不必要、不经济的；林文中论及荆江地区防洪形势非常严峻，如遇大洪水，会遭致淹死几十万人的毁灭性灾难的说法，是夸大其词、耸人听闻的；新中国已经成立，在共产党和人民政府的领导下，怎么会出现大量淹死人的事情？因此，认为防洪根本不需要建三峡工程。第二，在当时全国用电量比较小的情况下，三峡所发的电根本用不了，会造成资源和投资的浪费。第三，关于长江航运问题，只需要增加些船舶和马力、改善管理就可以了，完全不必建造三峡水库来改善川江航运条件。在技术上，他认为三峡工程所涉及的工程技术问题，不但当时国内解决不了，就连世界上也解决不了，因此，这个时候考虑三峡工程，根本没有必要，也没有可能。对此，长办认为：第一，说淹死几十万人并不是空穴来风、吓唬人的。长江历史上发生过多次的大洪水超过荆江安全泄量几万秒立方米，再发生这一类洪水，无法保证荆江大堤不溃口。一旦荆江大堤溃口，几万流量十多米水头向荆北平原倾泻，必然要大量淹死人。当时长江上游工程局所作的专项研究表明，即使把长江上游几个大支流的水库都做起来，仍然不能解决长江中下游防洪问题，因为中间还有30万平方公里的降水区没法控制，还有可能造成荆江危险的局面。因此，研究来研究去，结论是只有修建三峡工程，才能较好地解决长江中下游的防洪问题。说在中国共产党领导下不会淹死人，是唯心主义的说法，是否淹死人，关键在于是否采取了防范措施，仅凭主观意志，是改变不了防洪的严峻现实的。因此，林一山同志对几届中共湖北省委的领导同志都讲了这个问题。正因为荆江防洪形势的严峻，所以在1952年，中央决定兴建了荆江分洪工程。中央之所以在新中国成立初期、财力物力都十分紧张的情况下，下决心修建这样大的防洪工程，就是因为荆江地区确实存在严重的洪水威胁。荆江分洪工程1952年建成，在1954年防汛斗争中就发挥了重大作用。但荆江分洪工程还不能解决像1860年、1870年、1954年那样的特大洪水问题。好在新中国成立后40多年，长江一直没有发生像1860年和1870年那样大的洪水，否则后果真不堪设想。第二，关于发电的争论。李锐同志的意见是根据苏联的经验，在一个电力系统里面，电网的用电量要达到某一电站发电量10—20倍的时候，才能考虑投资建这个电站，否则会造成资金的浪费。消耗一座电站电力的工业投资，相当于电站投资的5—10倍，仅三峡工程的投资就十分巨大，还要追加5—10倍的投资去兴建用电企业，超过了当时国民经济的承受力，是根本不可行的。对此，长办也专门研究了这个问题，认为三峡工程对于长江防洪有迫切需要，其发电的经济指标也很好，在经济上有很大的优越性。诚然，凭当时全国的用电水平不可能用掉三峡工程所发的电，但我们不能消极地等待到全国用电量发展到迫切需要的时候再来考虑兴建三峡工程，而应该更积极更主动地考虑如何把三峡工程所发的电合理用掉。因此，当时长办成立了综合经济研究室，请中国科学院经济研究专家冯化德等，来研究长江流域的工业布局问题，即配合三峡工程建设，结合全国经济发展，在长江中下游地区布置一些大耗电工业，利用三峡发电的优势，来发展国民经济。第三，关于工程技术问题的争论。长办认为，三峡工程所涉及的工程技术问题确实是很复杂的，超过了当时的世界水平，如截流问题、深水围堰问题就是十分复杂的技术问题，当时世界上也没有什么现成的经验。但是，全世界只有一个三峡，自然和历史赋予了中国这个得天独厚的水利工程建设课题，不应该坐等人家把所有工程技术问题都解决了再来建三峡，而应该充分发挥我们中国工程技术人员的聪明才智，积极主动地去解决三峡工程的技术难题，为世界水利工程建设作出我们的贡献。这一阶段，除李锐等人在《水力发电》杂志上公开发表一些文章外，长办没有正面与他们争论，因为当时三峡工程还属于国家保密项目。

1958年2月，中共中央在南宁召开工作会议，毛主席想了解三峡工程的情况。于是通知林一山同志和李锐同志，分别写出汇报材料参加会议。会议期间毛主席听取了两人关于三峡工程的汇报，但没有做结论，而是明确提出关于三峡工程的“八字方针”，即“积极准备，充分可靠”。同时，明确请周恩来总理亲自抓三峡工程的筹备和长江流域的规划工作，一年至少要抓四次。3月，中共中央又准备在成都召开工作会议。2月底，周恩来总理亲自带领中央各有关部委及各有关省的领导同志，顶风冒雪，察看荆江大堤和三峡坝区，李锐同志也参加了这次考察。在乘船去重庆的途中，周总理主持会议，请大家发表意见。后来我们查阅会议记录，李锐同志在这次会上并没有坚持反对建三峡，并讲三峡有很大的防洪、发电、航运的综合效益，这些都是不用怀疑的。而把分歧说成仅仅是，三峡工程的蓄水位定得高了，建设的时间上也有些不同看法。后来船到重庆，周总理在总结会议上一开始就讲，这次会议是按照中央精神，积极筹备兴建三峡工程的一次会。经过两年多的争论，现在大家的意见基本取得了一致，由此看来，争论还是有好处的，不争论哪里有这么多材料来说明问题？1958年3月，中共中央召开成都会议，周恩来总理根据察看中对长江流域规划和三峡工程讨论的情况，向政治局作了报告。会议作了《中共中央关于三峡水利枢纽和长江流域规划的意见》的决定，明确提出三峡工程是需要建的，也是可以建的，并准备用15—20年的时间来建成三峡工程。因此，实际上成都会议也把前段时间的争论作了个结论。同时，《意见》要求长办在1959年提出三峡工程的规划设计，1961年提出初步设计。成都会议以后，周总理马上找中国科学院副院长、党组副书记张劲夫同志、国家科委副主任张有萱同志和水利电力部副部长冯仲云同志，要他们负责组成三峡工程科研小组，组织全国的科研单位大协作，以解决三峡工程中的技术问题，并指定张劲夫同志当组长。1958年6月，召开了第一次三峡工程科研协作会，有几十个科研单位的200多名专家学者参加了会议，我记得钱学森、周培源这些国际著名的科学家也参加了协作会。1958年8月，由周恩来总理主持中共中央在北戴河召开长江工作会议，决定1959年要完成三峡工程的规划设计，1960年完成初步设计，1961年和1962年两年作施工准备。这个决定比成都会议的《意见》在时间上要求更紧迫了一些。

1959年以后，对三峡工程基本上没有再争论，主要是反右倾期间，李锐同志因为与彭（德怀）、黄（克诚）、张（闻天）、周（小舟）中的周小舟关系密切，被划为右倾机会主义分子，不再担任水电总局的领导职务，下放劳动了。同时，也因为国内经济困难，中央决定放缓了三峡工程建设进程。1960年8月，周总理在北戴河再次主持召开了长江工作会议，传达中央根据当时的国际形势尤其是国内暂时遇到的经济困难，决定放缓三峡工程建设的步伐，但同时也提出了三句话，即“雄心不变，加强科研，加强人防”。因此，会议以后，长办仍按照中央的精神继续抓紧进行三峡的科研工作。

二、70年代的论争

曾经一度紧锣密鼓的三峡工程，因为三年国家暂时经济困难和“文化大革命”放缓下来。1969年，毛主席亲临湖北视察，时任湖北省省长的张体学同志，在陪同时又向毛主席提出，现在“文化大革命”差不多结束了，能否考虑建设三峡工程的问题？毛主席就对他讲，“你头上顶一盆水怕不怕？”意思是说，现在是备战时期，不宜上三峡工程。考虑到毛主席的这一态度，当时长办有同志向张体学同志建议，三峡的高坝工程不搞，能否在其下游的葛洲坝搞个低坝工程，先发电（原来的规划是先建三峡，后建葛洲坝，或两者同时建成）？张体学同志同意这个意见，并由省革委会和水电部军管会共同向中央写了报告。中央同意了这个方案，毛主席在中央的批复上还批示了一段话，即“赞成兴建此坝。现在文件设想是一回事。兴建过程中将要遇到一些现在想不到的困难问题，那又是一回事。那时，要准备修改设计”。中央在批复中指出修建葛洲坝是为三峡作实战准备。后来周总理在几次会上也讲了这个意思。于是从1970年开始，兴建葛洲坝工程。这样又产生了一个新的问题，即先做葛洲坝，三峡坝址的水位就要抬高约20米，给以后建三峡带来一些困难，如纵向围堰工程原可以在干地做的，以后就只有改在水下了。故长办又提议，能否在葛洲坝蓄水之前，把三峡的纵向围堰也先做一部分起来，以避免将来在深水里做。因此，希望中央能早点把三峡坝址确定下来。因为60年代初，三峡坝址已选在三斗坪，后来我们根据“加强人防”的指示，研究认为三斗坪江面较宽，于人防不利，于是研究改在石牌。以后考虑石牌这个地方也不行，反过来又研究改在三斗坪坝区的太平溪。这样，一直到葛洲坝工程上马的时候，三峡坝址到底是在三斗坪，还是太平溪？仍然未定。这件事，一直到1974年葛洲坝工程复工以后，因为工程进度加快，而成为一个迫切的问题。1975年，长办再次向中央提出选定坝址的问题，未得到批示。1979年，长办又专门作了关于选择坝址的补充报告，因为大家意见不一致（坝址到底选三斗坪还是太平溪），中央就要长办来组织讨论坝址问题。1979年5月，长办在武汉召开了三峡选坝讨论会。会后，全体代表到宜昌，参观了葛洲坝工地，考察了三峡坝区，当时任国务院副总理的王任重同志还接见了全体与会代表，并向代表们讲了建三峡工程的重要性，以及中央准备近期上三峡的决定。因为中央考虑到要加速整个国民经济的发展，还是要兴建一些大的骨干项目。这时，李锐同志恢复了水电部的领导职务，他一上任就反对建三峡工程，他给中央、主要是陈云同志写了好几封信，说他还是20年前的观点，三峡工程不应该上。反对的理由除了50年代讲的那些以外，这时再讲发电用不了就不好讲了，于是提出三峡工程工期长，积压投资多，不如先在长江的支流上做些中小型水电工程更为有利，现在先上三峡工程，反而会把支流水电开发的时机耽误了。水电部及水电总局参加选坝讨论会的部分代表同意李锐同志的意见，在会议上也提出：三峡工程到底该不该建？三峡工程的作用到底有多大？长江中下游地区的防洪到底需不需要建三峡？现在考虑上三峡条件是否成熟？建议中央推迟考虑上三峡工程。参加会议的新华社记者陈宝廉等3人，把会议不同意见的情况，写了个内参报给中央。因此，在1979年，围绕着建三峡工程，又掀起了一个争论的高潮。

1979年9月，国务院考虑还是要将三峡坝址选定，以便提前做三峡围堰的预建工程，于是由水利部组织开了一次三峡工程选坝工作汇报会，由原来参加选坝会议各小组的组长和专家们汇报工作。水利部的领导听完汇报，经过研究决定将三峡工程坝址确定在三斗坪。会后，水利部将决定的内容向中央作了汇报。

在70年代论争期间，李锐同志把他写给中央及陈云同志的几封信，以及公开发表的几篇文章收集在一起，在湖南出了一本题为《论三峡工程》的小册子（50年代论争时，他也出了一本题为《论长江流域规划》的小册子）。

三、80年代的论争

1980年，邓小平同志提出要考虑上三峡工程，并要国务院专门研究一下有关三峡工程的问题，于是由胡耀邦、赵紫阳等中央领导主持，在武汉开了一次小会，后来国务院也开了一次常务会议。鉴于当时各方面还存在不同意见，国务院常务会议决定由国家建委和国家科委组织论证，由长办负责准备论证资料。后来，我们的资料都准备好了，但论证会并没有开。1982年11月，水利部部长钱正英找黄友若、魏廷琤和我到北京去，传达邓小平同志讲话的精神，说现在中央决定在2000年前我国的国民经济发展要翻两番，要实现这个宏伟目标，仅靠一些中小型项目是难以完成的，因此必须上一些包括三峡工程在内的大型骨干工程。但是建三峡工程，蓄水位不能定得太高，也不能留“尾巴”（即初期先搞个低的，后期再加高），就是确定为低水位方案。水利部考虑就在长办原来研究的基础上（长办原来研究过初期蓄水位151米，后期加高到190米，或200米的方案），定个150米蓄水位的方案，行不行？听了钱部长的话，我们思想也不通，因为三峡工程蓄水位一直定的是190、200米，一下子降低到150米，不能充分发挥三峡工程的作用，总觉得可惜了。钱部长看出了我们的心思，当时就讲，你们可不要节外生枝啊！150米就是150米，这是中央定死了的，并说服我们按照中央的这个精神回去做可行性的报告，并要求于1983年3月之前提交可行性报告。从北京返回武汉后，经过讨论，我们的思想也通了，与其因为三峡工程蓄水位高了不能做，还不如做个低的，总比不做强。根据过去长期研究的结果表明，150米蓄水位对防洪还是有相当大的作用的。这样，1983年3月，我们就上报了可行性报告。5月，国家计委组织审查，还是邀请了李锐同志，他因为出差不能参加，写了个书面意见，意思是赞成现在定的低水位方案，但不赞成近期上三峡。这次会上，他的这封信并没有引起大家的讨论，而是集中精力研究讨论150米蓄水位能否再高一些？但姚依林同志再次强调了中央精神，水位高了不行。所以大家经过讨论，也基本同意了这个意见。陶述曾同志在会上有个长篇发言，其中讲了这样一句话，“与其坐而谈，不如起而行”，与其再作无谓的争论，还不如干脆干，干是主要的。陶老的话对影响与会代表是起了很大作用的。最后国家计委也同意按照“150方案”马上开始施工准备，争取1986年开工，并建议国务院原则上批准可行性报告。国务院经过研究，也基本同意了，又根据水利部的意见，决定三峡工程正常蓄水位为150米，坝顶高为175米（我们可行性报告中坝顶高为165米，后来水利部研究时将其提高到175米）。1984年2月，中央财经领导小组开会，决定上三峡工程。赵紫阳主持会议，并作了重要讲话，总的意思是，从现在起做三年准备，1986年争取三峡工程正式开工。与会的水利部部长钱正英当场表态，“没有问题，我们就按1986年开工做准备”。会议还决定成立三峡特别行政区，以方便解决移民等问题，决定成立三峡工程筹备领导小组，由李鹏当组长。会议以后，葛洲坝工程局便马上组织队伍进场，积极进行各项开工前的准备工作。

1984年5月，李锐同志又给中央写信，说现在中央决策采用低水位方案是好的，但决定三峡工程现在就上马，他还是有不同意见。他又重申了反对的理由，还是防洪不需要啦，先支流后干流啦，泥沙、航运、移民诸多问题不落实啦等等。1984年全国政协六届二次会议期间，有少数委员在讨论中对中央关于三峡工程的决定，提出了不同意见，但从会议印发的简报来看，意见提得不是很尖锐，而且都不是什么大问题，无非是些怀疑和个人担忧。从提意见的角度来看，也都是不大了解情况提的意见。1985年全国政协召开六届三次会议，事前李锐同志将他原来就三峡问题写给陈云同志的一封信，交给新华社，要求以内参的形式转发，新华社作了些删节就发了。于是他把内参分送给了一部分全国政协委员（此事我是听参加会议的全国政协委员曹乐安同志讲的）。因此，在这次会议期间，委员们对三峡工程反对意见提得“有根有据”，也尖锐激烈得多，但很明显，很多都是从李锐同志提供的材料中来的。会议以后，孙越琦同志组织全国政协经济组的委员，到三峡地区考察了70多天。其间，孙老在武汉召开了座谈会，在会上，当陶老讲起他赞成三峡工程上马的看法时，孙老就连声说“不要讲，不要讲”，打断了他的讲话。由此看来，孙老可能是来专门搜集反对意见的。回京以后，孙越琦以考察组的名义向中央写了一份报告，提出三峡工程对防洪不需要，对航运不利，发电不如先搞支流开发，移民问题难以解决，防空问题是个灾难性的隐患，泥沙问题将来要把三峡变成驼背的长江，等等，总之是弊大于利，不能建，至少“四五”期间不能建，彻底否定了三峡工程。因此，可以说自中央批准三峡工程的“150方案”后，到1985年全国政协六届三次会议，和孙越琦提出三峡考察报告，80年代关于三峡工程的争论，达到了高潮。1986年，全国政协召开六届四次会议，会前李鹏总理专门打招呼，说本次会议主要是研究计划问题，三峡问题中央在考虑，这次就不要再议论了。实际上，会议期间也确实没有议论，只是在最后大会发言时，千家驹不指名地讲了三峡一通，说是什么“钓鱼工程”啦等等。鉴于连续几年有这么多高层人士对三峡工程持不同意见，1986年5月，中央决定对三峡工程进行重新论证，邀请各方面专家和代表人士参加论证，还专门印发了不同意见的材料。1988年，周培源先生率全国政协考察团到三峡地区考察，这次我参加了陪同接待工作。周培源先生这时是不赞成三峡工程的，考察期间我同他作过一次当面争论。周说，根据国内外水利工程的经验，水利工程的实际投资都要比预算投资高出四倍，因此，中央批准的三峡工程预算投资根本不可靠。我说，不对。以我亲身经历的丹江口工程为例，原预算为八个多亿，最后实际也只投了八九个亿。他又说葛洲坝，我说葛洲坝是在没有设计的情况下造的一个预算，而且也不是长办造的。以后长办修改设计造的预算，是三十几个亿，一期工程还略有结余，二期工程后期因为扩大规模和物价上涨等因素，才比预算有所增加，但也远远没有超出四倍。国内外水利投资从来就没有这个规律。当时在座的有个水利部的全国政协委员也说，没有这个规律。以后，周培源先生又在一次会议上讲，1958年我是赞成建三峡工程的，因为原来美国人想搞三峡，结果没搞成，我们把美国人的设计方案否定了，仅此一点，就非常了不起，我就赞成。现在我看三峡工程问题还很多，不行，不能搞。在考察过程中，我与不少参加考察的全国政协委员接触，了解到不少委员并不反对三峡，主要是情况不了解，听到一些不同意见，有些担心。有的还是明确赞成建三峡的。

三峡工程论证始末

潘家铮

举世瞩目的三峡水利枢纽工程重新论证工作已基本完成。三峡工程究竟起什么作用？存在什么分歧意见？为什么要重新论证？论证的结论怎样？这是许多同志关心而又不太了解的。作者愿在本文中做个扼要的介绍。

一、简短的回顾

有些人把三峡工程比做是中国工程师或中国人民的一个伟大的梦。最早做这个梦的是我国民主革命先行者孙中山先生。20世纪20年代前，他的建设计划中就有开发长江三峡水力资源的设想。40年代，国民党政府和美国垦务局合作，对三峡工程做过一些勘测、设计和研究工作。当然，那时研究的程度很浅，提出的建设方案权衡于当时的政治、经济、技术条件也接近于梦想。

新中国成立后，这个梦逐渐向现实接近，但仍然经历了漫长曲折的路。新中国成立伊始，国家为了治理长江水害、开发长江水利，成立了长江水利委员会（后改称长江流域规划办公室，即“长办”），从事长江流域的规划工作。1954年长江流域发生特大洪水，损失惨重，于是国家加速了包括三峡工程在内的治理开发研究步伐。在地质、电力、交通等部门的协作下，开展了三峡工程的勘测设计和科研工作。当时三峡工程的首要目标是防洪，曾设想过修建210多米高的坝，迁移重庆，一举解决长江中下游的洪灾，同时装机3000万千瓦以上，还推荐尽快开工修建。这一构思是不符合当时的国情和现实条件的，理所当然地引起许多人士的怀疑和反对。1958年3月，党中央成都会议决定，对三峡工程需采取既积极又慎重的方针，重庆不能受淹，水库蓄水位不能超过200米，而且要研究更低的方案。在此以后，研究的方案都倾向于蓄水位200米，装机2500万千瓦。由于20世纪60年代初期的天灾人祸以及随之而来的十年浩劫，这样的方案也无法实现。只是在20世纪70年代中修起了三峡工程的组成部分，即其下游的反调节水库葛洲坝枢纽，并作为“三峡工程的实战准备”。葛洲坝工程也曾引起大量批评和非议，但它毕竟已屹立在长江干流上并发挥着巨大效益，至少证明了中国工程师有能力斩断万里长江，修坝发电通航！

随着“四人帮”的溃灭，葛洲坝的建成以及全国经济的发展，建设三峡枢纽的问题自然又提到议事日程上来——这已是20世纪80年代了！水电部考虑到蓄水位200米方案的移民量过大，困难太多，指示“长办”研究提出各种较低的方案供国家决策。“长办”于1983年提出可行性研究报告，推荐正常蓄水位150米的方案。此方案可装机1300万千瓦，有一定的防洪能力，也能改善数百公里川江航道。这个方案经计委组织350多位专家和领导审查，1984年4月国务院原则批准可行性报告，只将坝顶高程提高了10米，以便遇到特大洪水时超额拦蓄洪水，以减轻中下游洪灾，并着手筹建。三峡工程不再是一个梦，而似乎是即将实现的现实了。

1984年10月，重庆市人民政府报告国务院，要求将三峡工程正常蓄水位提高到180米，以便万吨级船队可直达重庆港。交通部也持同样看法。因此，国家计委、科委受国务院委托，组织专家进一步论证三峡工程的水位问题。在此期间，出现了许多反对修建三峡工程的意见；在主张修建三峡的人中，对水位和开发方式也有很大的意见分歧。1986年4月，中央领导和有关方面视察三峡后，中央和国务院下达了15号文件，责成水电部负责，重新组织对三峡工程的全面论证工作，并重编可行性报告供中央决策。

二、重新论证工作的组织和进行

水电部领导认为：要完成中央交下的任务，做好重新论证工作，一是要靠各界的监督指导，二是要依靠专家的研究分析。

为了接受各方面的指导监督，论证领导小组商请了全国人大财经委员会、全国政协经济建设组、国务院经济技术社会发展研究中心、中国科学院、中国社会科学院、中国科协、财政部、交通部、机械电子部、四川省、湖北省、国务院三峡地区经济开发办公室等单位推荐人选，聘为特邀顾问，共计21位。他们都是德高望重、经历丰富、负责着或负责过重要部门或全国性科技组织的领导，并带有广泛的代表性。

具体的论证工作由专家组承担。为此，首先确定了论证专题，共计地质地震、枢纽建筑物、水文、泥沙、生态环境、施工、机电、投资估算、移民、防洪、发电、航运、综合规划与水位以及综合经济评价等14个，相应成立了14个专家组。我们在1984年国家计委、科委所组织的全体专家的基础上，聘请了各专家组的顾问、组长和专家。聘请专家时既考虑专业需要，又打破部门界限，尽量多聘请外部门专家。中国科协也推荐了25位专家。具体专家组成员主要由顾问和组长们推荐、协商确定。例如，地质地震组的两位顾问聘自中国科学院和地矿部，5位组长来自地矿部、中科院、国家地震局和水电部，并由他们协商聘请来自各部门、各高等院校的地质专家组成专家组及工作组。参与三峡重新论证的14个专家组全体专家共412位，来自40个专业，其中学部委员15人，教授、副教授、研究员、副研究员和高级工程师251人，外部门专家213人，占51.7%。

各专家组独立开展工作，从拟定工作纲要，组织调查研究试验计算，举行各种形式会议讨论，直到起草、通过、修改和确定论证报告，全由专家组独立进行并对报告负责。领导小组扩大会议仅起确定专题、组织专家组传达学习中央文件精神、提出论证要求、审定工作大纲、协调各组工作和审议论证报告的作用。

论证工作分两步进行。由于各方面对三峡工程的要求各异，对蓄水位及开发方式看法不同，因此首先通过综合分析和讨论，初选出一个可以满足经济部门及地区最低要求而又在移民、泥沙和生态环境等制约因素容许范围内的方案，也就是各方面都可以接受的水位方案。作为三峡工程的代表性方案，以便深入论证比较。1987年4月，领导小组第4次扩大会议审议通过了最终正常蓄水位175米，一级开发、一次建成、分期蓄水、连续移民的初选方案。第二步是围绕这个方案开展各专题的深入论证，并拟定各种替代（比较）方案，比较不建、早建或晚建三峡工程的利弊得失，在14个专家组完成论证报告后，再根据专家组的结论重新编制可行性研究报告。

有的同志认为，中央不应将论证工作交由水电部负责，担心“水电部领导的错误思想”会影响专家提出客观的结论。我希望通过上述介绍可以消除一些误解。重要的一点是：专家组是独立进行工作并对他们的结论负责的。这400多位专家都是国内或国际上享有盛名的科学家，具有强烈的责任心和荣誉感。他们只尊重事实和真理，不受人左右。结论是通过科学论证集体研究后得出的，怎么能设想一个部领导的“错误思想”能影响到他们呢？

三、三峡工程的作用和效益

为什么许多中国水利工程师如此迷恋三峡工程？难道是为个人或部门树碑立传、好大喜功而不顾国家利益，弄虚作假去贻害子孙吗？这当然绝非事实。

这是由于三峡工程确实具有巨大的作用和效益，中国的经济发展和现代化建设迫切地需要它。

三峡工程首先是为解决长江中下游地区防洪问题提出的。数百年来长江流域洪灾不断。1860、1870年的特大洪水使人们至今谈虎色变。20世纪中，1931、1935年以及解放后的1954年洪水，都损失惨重，余悸犹存。在没有找出较妥善的防御方案和完成必要的建设以前，中国的水利工程师是无法安枕，也无法向国家向人民交代的。三峡工程就是长江防洪体系中重要的一环。现在有些同志对三峡的防洪作用不断责难，甚至提到害大于利的程度。专家组的研究指出：像长江这样大的流域，上、中、下，干、支流的洪灾成因十分复杂，洪灾影响十分严重，不可能单靠某一类措施或某一项工程来解决所有问题，必须采用泄、蓄、分洪等多项措施综合解决。三峡工程是这些综合措施中的重要环节。由于它的位置和库容，可以有效地控制川江来水，直接保障荆江河堤安全，使遭遇百年（及以下）的洪水时不需动用荆江分洪区，遇千年大水可防止荆江两岸溃决，免遭毁灭性灾害。这个作用是其他措施替代不了的。同样，三峡水库也替代不了加固加高和建设支流水库的作用。对长江的洪灾问题不能存在侥幸心理。且不说发生一次巨大洪灾将给人民带来空前灾难，打乱国家经济发展的战略规划与布局，就是动用一次分洪区，其后果也难以想象。要知道，这里已成为商品粮基地，居住了百万人民！如果有条件，为什么要反对修建三峡这个水库呢？

三峡枢纽又是世界上最大的一座水电站。装机1820万千瓦，年均发电846.8亿千瓦时。除供电川东外，主要电能将就近东送华中、华东。这些地区是我国经济最发达而能源最短缺的地区，几十年来饱尝缺电、缺煤之苦。开发三峡相当于建设一个年产4000万吨原煤或年产2100万吨原油的巨大煤矿、油田，而且是廉价、清洁、永远不必担心枯竭的能源。华中、华东地区目前的电力供应、煤炭运输和污染问题已经达到严峻程度，展望以后，令人焦虑。有什么理由不考虑开发三峡来有力地缓解一些困难呢？反对修建三峡的同志也始终提不出一个更好的“替代方案”。

三峡工程还有一个明显改善川江航道的巨大作用。三峡枢纽建成后，万吨级船队可以直达重庆，可满足年货运量5000万吨的要求，可以大大降低运输成本，使长江这条贯穿中国东西的交通大动脉真正起到黄金水道的作用。当然，交通部门和重庆市对这个问题是十分慎重的，所以选派了最有经验的专家和领导参与并主持了航运专题的论证工作。我们没有理由不相信他们的意见和结论。

四、建设三峡工程存在哪些技术问题

开展论证以来，社会各界乃至国外人士提出过许多技术上的疑问或不安，最重要的，如：坝址区地壳是否稳定，有无未发现的隐伏大断裂，水库蓄水后是否会引起强烈地震，水库两岸是否会发生大崩坍堵塞江流，危及大坝？水文和泥沙资料是否可靠？水库的寿命有多长？泥沙淤积对航道、港口有什么影响等等。还有些同志担心水工建筑物是否过于巨大复杂，施工是否十分困难，工期很长，以及机电设备是否要大量进口等等。有关的专家组除充分分析引用已有的资料外，并补充了大量的勘探、调查、数学分析、模型试验和综合研究工作，对这些问题全面地、科学地、明确地作了答复。

要详细介绍专家组的研究过程和论证，超出了本文的范围。但我们可以扼要提一下：在地质条件下，专家组确认三峡坝址工程地质条件良好，区域地质构造相对稳定，基本地震烈度为6度，水库诱发地震引起的烈度最高也不超过5.5至6度，库岸主要由坚硬半坚硬的岩石组成，整体稳定条件是好的。某些河段存在崩坍体，但可能发生大规模失稳的是少数，且远离坝址。按最不利假定进行计算和试验，涌浪不会影响工程安全，而且因水库蓄水后河面加宽，水深加大，因滑坡入江而碍航的风险将大大减轻。

专家组鉴定了所有重要的水文成果，认为观测系列长、质量高，成果可信，可以作为可行性研究的依据。由于人类活动影响，确实加剧了上游的水土流失，但进入长江干流的历年沙量没有明显的增长趋势。这是由于上游侵蚀下来的物质较粗，多就地沉积，带进支流甚至干流的很少。

泥沙淤积问题是大家关心的焦点。几乎集中了全国所有最优秀的泥沙权威的专家组所下的最终结论是：由于三峡水库是河谷型水库而且采用蓄清排浑的运行方式，水库绝大部分有效库容可以长期保留。蓄水后，常年回水区的航道条件显著改善，变动回水区的滩险也不同程度地改善，基本上可以满足万吨级船队通航的要求。在特殊情况下，某些河段的航道和港区会出现航深不足或影响港区作业情况，但可从优化水库调度、综合港口改造，研究整治和疏浚措施加以解决。专家组还研究了具体的整治措施。

根据有关专家组的研究，三峡工程水工建筑物的规模虽然巨大，施工任务艰巨，主要的机电设备具有世界水平，但技术上并没有不能解决的困难。中国人民完全有能力承担设计、施工和设备制作任务。包括三年准备期在内，第一批机组可在12年后发电，18年完建，20年搞完移民任务。当然，其中通航建筑物的规模是空前的，需要特别认真细致的工作，少量机电设备和施工机械是需进口，但所需外资极为有限，绝大部分设备都可立足国内生产。

五、三峡工程的移民和生态环境影响

移民和生态环境问题比技术问题更多地引起人们的疑虑与不安。

三峡工程的淹没损失和移民数量确实很大。600公里长的水库，淹没两岸耕地和果园42万亩。目前住在淹没线以下的人口共72.5万人（175米水位），考虑人口的自然和机械增长以及随迁因素，按动迁113万人规划，淹没补偿及移民投资达110.6亿元。

能不能妥善解决好移民问题取决于三个因素:

首先要问的是,实物指标是否可靠?这些数据是有关单位会同各级地方政府逐户调查、反复核实确认的,因此是完全可信的。

第二,库区有无足够的环境容量可以安置?移民专家组经反复调查分析,认为可以解决。

第三,取决于组织和政策。三峡水库移民根据中央精神采取开发性移民方针,把移民安置与库区建设和生态环境保护结合起来解决。这是几十位移民专家和400多位有关部门参加工作的同志得出的结论,这也是为什么广大库区人民、干部积极拥护开发三峡的原因。

关于三峡建库对生态环境的影响。专家组指出:有利影响主要在中游,包括减轻洪灾对生态环境的破坏,减少燃煤对环境的污染,减缓洞庭湖的淤积等。不利影响主要在库区,除淹没耕地、改变景观和大量移民外,尚对珍稀物种,库尾洪涝灾害、滑坡、地震、陆生动植物等等有影响,并认为尤以移民环境容量是个制约因素。专家组还对如何维护改善生态环境、减轻不利影响提出了具体建议。如果兴建三峡工程,这些建议无疑要认真地执行。

还有同志担心战争对大坝的破坏将造成难以想象的后果。我们姑且不讨论当前国际形势的变化以及和平因素的增长远远超过战争因素等问题,就三峡水库本身来讲,其库容与长江在一个大洪水过程中的总水量相比,只占很小比例。而长江具有极其巨大的行洪能力,三峡枢纽又拥有极大的泄水容量,水库可在极短时间内放低水位。在极端不利的设想下,大坝瞬时全溃也只造成地区性灾害,不会使荆江大堤溃决,更不会出现“半个中国被淹”、“三江两湖人民尽为鱼鳖”的情况。

六、建比不建好，早建比晚建有利

建三峡究竟需要多少投资？建好还是不建好？早建有利还是晚建有利？

根据专家组的估算，按1986年年底价格水平，三峡工程静态总投资为361.1亿元，其中枢纽本身187.67亿元，移民工程110.61亿元，高压输电62.82亿元。在这个基础上，考虑价格调整因素和计算施工期利息，可以估算从不同开工时期到完工为止各年度所需筹措的资金。361.1亿元这个基数是可靠的。因为三峡工程的前期工作已做到惊人的深入细微，不可能再有大的遗漏，毋宁说，估算中留的余地是较大的。

怎么样进行建或不建三峡工程的比较呢？我们知道，国家为了满足一定期限内长江防洪、通航和华中华东地区用电的需求，必须投入资金进行一定规模的基本建设，三峡工程只是这个系统中的一环。为了满足相同的国民经济需求，不建或晚建三峡工程，就要改用其他组合方案。有关专家组在综合研究大量的可能组合方案并作了试算后，拟定了几个比较合理、现实的比较方案，其中有排除三峡工程的、早建三峡工程的，以及推迟建设三峡工程的，然后详细计算每种组合下，逐年需投入的资金和以后的产出，并将每年的费用都折算到“现值”。计算时期算到工程的综合折旧期止。这样就可比较哪个方案的“费用总现值”最小，也就是最佳选择。当然，这样浩繁的计算只能在大型计算机上实现。专家组采用的软件是研究部门开发并通过鉴定、得到世界银行采用的GESP数学模型。大量计算给出的成果是：早建三峡工程的“费用总现值”最小，不建三峡工程为最大。专家组据此下了“建比不建好、早建比晚建有利、建议早作决策”的结论。

为什么会得出这样的结论呢？我们知道，选用任何比较方案，总有其利弊得失。早建三峡工程的弊，就是投资集中、移民多、产出期长，在开工后12年内只有投入没有产出，对2000年前的国民经济不能见效。利呢？就是在投产后将对国民经济各部门提供强大后劲，产出巨大效益，年年上缴巨额利税，将对国家做出很大的贡献。在比较方案中，如采用火电替代，初期投资分散，见效快，但愈到后期费用愈高，困难愈大（这里还不去考虑煤的生产、运输和环境污染中难以解决的问题）；采用其他水电替代，则真正能起替代作用的是金沙江上的巨型电站。它的投入期更远，输电线投资更大。所以，从国家稍长一些时期的经济战略目标和最大综合利益来衡量，早建三峡工程就必然成为一个最优选择。

上述仅是经济评价中的部分工作内容，专家组还进行了其他论证，包括具体的财务可行性研究。从财务分析看，三峡工程需国内投入的资金集中在前十多年，其中在第一批机组投产前所需的静态总投资为169.19亿元（1986年年底不变价格）。第一批机组投产后产出就急剧增长。以稍较合理的上网电价9.3分/千瓦时计算，工程建成后的第二年就可收回全部投资，还清全部本息，我国还没有一个水利工程具有如此强大的还贷能力。

根据专家组计算，三峡工程投资只占同期国民收入的1‰，所需三材只占同期总产量的2‰—3‰。一个三峡工程就会造成如此深远的影响吗？从电力需求讲，除非华中华东地区国民经济不再发展，否则电力建设总是要进行的。不建三峡工程必然需要建火电、煤矿、铁路，或建金沙江上的水电站。难道这些工程就不需投资，不要三材吗？这是不辩自明的。总之，我们相信三峡工程是要兴建的。在兴建前，为了控制移民人数增长和减轻困难，我们将提出一些可行的建议供中央考虑。

三峡工程，绝非是一个梦想，而是可以实现的现实。三峡工程，这个中国的国宝，世界水利建设史上的奇迹和明珠，终将会由中国人民摘取到手的。让我们满怀信心地为完成这一伟大事业而奋斗吧！

兴建三峡工程决议通过前后

成绶台

1992年4月3日，七届全国人大五次会议通过《关于兴建长江三峡工程的决议》。在兴建三峡工程决策的最后阶段，我奉长江流域规划办公室（简称长办，即现在的长江水利委员会）党委之命，从1991年6月暂调北京，担任水利部三峡工程宣传工作领导小组常务副组长兼办公室副主任，历时两年有余，见证了三峡工程决策的场景。那些日日夜夜，我一直沉浸在兴奋、激动、热烈而又紧张的氛围之中，留下了终生难忘的记忆。

从下毛毛雨到中雨、大雨

1991年2月的一天凌晨，时任全国政协副主席的王任重突然接到一个电话，电话那头传来急促的声音，劈头就问："任重同志，那个《三峡在呼唤》的录像片你看过了吗？"王任重听出电话是国家副主席王震打来的。王震说："看了那个片子我睡不着觉呀！我想找几位科学家谈谈三峡工程，给中央写个报告。全国人代会马上要召开，时间很紧，不能再拖了！可是我跟深圳的同志早就约好了要去考察，时间不好改了。我看你春节也别在北京过了，咱们一起去广州，你提个专家名单。"王任重对三峡工程一直很关心，也收到了《三峡在呼唤》录像片，他答应王震，马上安排这个座谈会。

《三峡在呼唤》这个专题片，是由李伯宁创意、策划并亲自主持制作的。李伯宁曾任水利电力部副部长、三峡省筹备组负责人，时任国务院三峡地区经济开发办公室主任。他在三峡工程重新论证工作快要结束时，考虑到要按照论证意见，摄制一部《三峡在呼唤》专题片，供中央领导参阅。这个想法得到长办主任魏廷琤和总工程师洪庆余的支持。1989年6月初，洪总找我谈话说，李伯宁部长点名要你去写这个片子的脚本。洪总还和我商量了片子的内容和结构。

不久，我赴京，住在玉渊潭招待所，苦战三昼夜，写出了片子脚本的初稿，但在写作过程中，有一个问题始终困扰着我，这个片子的基调是科学说理，但怎样在如实介绍工程论证、工程效益这些理性阐述中，注入一些生动活泼、饱含感情、能打动观众的内容呢？这使我一度彻夜难眠。

就这样，在李伯宁主持下，最终拍出了《三峡在呼唤》专题片。片子拍成后，他亲自安排，一一送到党和国家领导人手里，请他们抽空看看。后来，李伯宁告诉我，王震副主席的秘书告诉他，他随王老多年，深深了解王老是一个性格开朗、从善如流、疾恶如仇的人，有时会开怀大笑，有时会暴跳如雷，活脱脱是个“不怕死，不贪功，不爱财”的真将军，想不到他看了这个片子，却忍不住流泪了。第二天一早，就给王任重挂了电话。

没过几天，张光斗、严恺、张瑞瑾、魏廷琤、杨贤溢、殷之书、刘兆伦等十几位专家，从全国各地赶赴羊城。

1991年2月17日，也即大年初三，王震、王任重两位副主席一起，与专家们在广州座谈，共商三峡工程建设大计。会议开了两天。专家们从防洪、发电、航运、泥沙和人防等方面提出了积极建议。会后，王震副主席奋笔疾书，给党中央写了一封信：“我看了《三峡在呼唤》录像片后，心情很不平静，找任重同志商量后，邀请了几位著名水利专家教授在广州进行座谈讨论，主要是听一听关于加快三峡工程建设的意见。听了专家教授的发言，我深感有必要大声疾呼促进工程上马，即使三峡工程近期上马，也为时很晚了，不能再作推迟。”信中还对三峡工程的宣传工作提出建议与意见，认为，应该让专家们发表正面文章，向社会各界人士宣传，统一认识，以利建设。还说，三峡工程论证过程中一直不让正面宣传，淡化宣传，有意回避，好像输了理，使反面意见不断扩散，左右舆论，起了很不好的作用，现在应予以纠正。这次座谈会对三峡工程决策起了推动作用。

1991年3月全国“两会”期间，时任全国政协常委的李伯宁就当年政府工作报告中对“水利是国民经济的基础产业”和对“三峡工程”未作应有的表述，向全国政协副主席王任重写信，提出意见和具体建议，并且指出，过去我们在宣传三峡决策上有失误，即对于三峡工程不允许正面宣传，使三峡工程的歪曲宣传，在国内外舆论上占了上风。而对三峡工程的真实情况和重要意义缺少正面宣传，因而在社会上产生很大误解，这个重大失误，应该总结教训，加以改正。

王任重随即将李伯宁的意见和建议报请江泽民、李鹏各位常委和邹家华同志阅。3月30日，江总书记批示：“看来对三峡可以下毛毛雨，进行点正面宣传了，也应该开始做点准备，请李鹏、家华同志酌”。邹家华副总理作为国务院三峡工程审查委员会主任，4月3日批示：“关于正面如何进行宣传，请杨振怀同志考虑。”三峡工程宣传工作的各项准备，紧锣密鼓地开展起来。

5月8日，邹家华在水利部报送的《关于三峡工程宣传的意见》上批示：“对三峡工程的必要性和重要性宣传中，要讲清防洪的作用和保护千百万人民的生命财产的重大意义”。这为新闻传媒提高对三峡工程的认识起了推动作用，并指明了报道宣传的主要方向。

5月22日，中宣部常务副部长徐惟诚主持召开“首都新闻单位三峡工程宣传工作通气会”，传达贯彻中央领导关于三峡工程宣传工作的重要批示。会议听取了水利电力部总工程师、三峡工程论证领导小组副组长兼技术总负责人潘家铮关于三峡工程情况的介绍和水利电力部副部长张春园关于三峡工程可行性报告审查情况的介绍。会议决定近期组织首都新闻单位负责人到三峡地区实地考察。

6月13日，三峡工程审查委员会办公室和水利部联合组织首都23家新闻单位负责人，由水利部组织专家陪同，乘“天鹅”号轮船，从重庆出发，顺江而下，对三峡库区、三峡坝址、荆江大堤、洞庭湖区实地考察。长办派出由文伏波副主任、洛叙六副总工程师、赵时华高工和我组成的工作组全程陪同，随时解答大家提出的问题。长办宣传处应工作需要，赶印了两个小册子，一是黄色封面的长江流域综合利用规划简要报告（1990年修订）；一是绿色封面的长江三峡水利枢纽论证情况。这两个小册子深受首都新闻界同仁的欢迎，直到一年之后的“两会”前，参与报道三峡工程的记者和编辑，几乎人手一册，亲切地称之为“黄皮书”和“绿皮书”。

10月15日，水利部正式成立三峡工程宣传领导小组，并下设办公室。我担任常务副组长兼办公室副主任。办公室成立后，一直在水利部南院东楼三楼大平台的活动板房里办公，由于座机号码和微波最后四位是4836，于是人们就把三峡宣传办简称为“4836”。三峡宣传办成立后，中宣部向首都各大新闻媒体发布通知，凡有关三峡工程的稿件，包括社论、评论、通讯、专访、新闻等，都要经三峡宣传办审阅签字，并通报了电话号码和我的姓名。一时间，“4836”成为新闻媒体了解情况、送审稿件、索取资料等常来常往的地方。许多传媒还约我前往，介绍三峡工程的概况、论证的重点问题和当前发展的态势，商谈宣传三峡工程的计划。

随着形势的发展和各大传媒宣传报道的不断深入，三峡宣传办适时提出建议，由中央宣传部常务副部长徐惟诚先后主持召开了三次三峡工程宣传工作发布会和通气会，使三峡工程宣传工作在健康的轨道上，逐步引向纵深发展。

在此前后，首都和地方各大媒体都根据各自读者群的需要和关注的重点，开辟了各有特色的专栏，如《人民日报》的“三峡工程论坛”，发表了湖北、湖南两省省长和各方面权威专家的署名文章，有时还配上精美图表。中央电视台连续8天，在每晚新闻联播后的黄金时间播出系列专题节目“关于三峡工程的报道”。《中国水利报》的“专家名人采访录——三峡工程前期工作巡视”，《工人日报》的“话说三峡工程”，《法制日报》的“三峡走马”，《光明日报》的“长江三峡工程问答”，《科技日报》的“三峡工程大家谈”，《经济日报》的“三峡工程设计忙”，《经济参考报》的“纵谈三峡工程”，《长江开发报》的“三峡工程从历史中走来”，《湖北日报》的“三峡工程纵横”，《长江日报》的“话说三峡工程”，都各有特色，众彩纷呈。这种有针对性的专栏报道，对深入宣传三峡工程发挥了很大作用。

对于三峡工程决策前后的宣传工作，全国政协副主席、三峡工程论证领导小组组长钱正英在1992年1月7日就这个问题接受新闻媒体采访时说：“对于前一阶段有关三峡工程的宣传，我都亲自看了，我通过各种渠道，了解三峡工程的宣传是按中央的部署进行的，是令人满意的。三峡工程宣传的目的，主要是让更多的人了解三峡工程，认识到它的防洪为主的巨大综合效益和它对我国社会主义建设的重大意义。这次宣传难为了你们，首都新闻界的同志，做了可贵的努力，过去多少年不让宣传；这次要在短短的两三个月里，让广大人民了解几年、几十年所做的工作，实际上是一次补课。”

交付全国人大表决

为了慎重决策，党中央决定将兴建长江三峡工程交国家最高权力机构——全国人民代表大会作最后决策。一项工程即使是极其重要的工程，提交国家最高权力机构决策，不仅在中国绝无仅有，在世界工程史上也是罕见的。

兴建长江三峡工程议案是由国务院提交给全国人民代表大会的。为了这项议案，国务院十分谨慎。

1991年12月6日，李鹏主持总理办公会议，听取水利部关于全国人大常委会、政协全国委员会组团考察三峡工程的情况汇报。三峡地区经济开发办公室主任李伯宁在会上汇报了移民试点情况。全国人大常委会副委员长陈慕华发表了主张三峡工程上马的意见。全国政协副主席王光英也发表了要求兴建三峡工程、尽早决策的意见。会议认为，几十年来为三峡工程做了充分的前期工作，1986年以来又进行了重新论证，时间之长，工作程度之深，都是少有的。

1992年1月17日，国务院召开常务会议，专门讨论三峡工程，准备作为议案，提交七届全国人大五次会议审议。

2月19日、20日两个上午，江泽民总书记主持召开中共中央政治局常委扩大会议，经过讨论，作出结论：同意国务院所提议案，同意邹家华所作报告，报送全国人大常委会提请七届全国人大五次会议审议。江泽民还特别提出，按照人大组织法，现在报送还来得及吗？全国人大常委会副秘书长曹志回答，现在报送，符合人大条例。中央政治局同意马上报送。

3月16日，李鹏总理以国函〔1992〕24号文向全国人民代表大会提交了《国务院关于提请审议兴建长江三峡工程的议案》。

3月21日，国务院副总理邹家华在人民大会堂向全国人大代表、政协委员作了题为《关于提请审议兴建长江三峡工程议案的说明》的报告，同时向每位代表、委员发送了一份《国务院关于提请审议兴建长江三峡工程议案说明的附件》，然后分别由人大各个代表团、政协49个组分别进行讨论、审议。

为了使“两会”代表、委员充分了解有关三峡工程的论证情况，并随时解答代表、委员提出的各种问题，经会议秘书处批准，由国务院三峡工程审查委员会办公室组织各有关方面专家80余人，列席人大、政协讨论会。这些同志集中住在燕京饭店，在代表、委员分组讨论时，分赴各组，听取代表、委员对三峡工程的意见，接受他们的提问，并解答能够解答的问题。

我当时分工负责联络驻在京西宾馆的军队人大代表团和驻在友谊宾馆的政协委员5个小组。我几乎每天都在这两处奔波，军队代表们特别关心人防问题，他们不了解早在1959年周恩来总理就亲自部署由副总参谋长张爱萍、中国科学院副院长张劲夫、国防科委钱学森、水利电力部副部长钱正英、长办主任林一山组成领导小组，开始关于三峡工程防空炸的研究，并在1964年西北某地上空试爆第一颗原子弹时，在现场作了三峡大坝的模拟试验。我对他们提出的问题，深入浅出、通俗易懂地一一解答，使他们解除了疑虑。但在政协一个小组会上碰到了麻烦，有些委员对有关三峡工程的静态投资和动态投资问题，越问越深，越问越细，我一时难以满足他们的要求，便提出另请经济专家回答。第二天请了中国社会科学院数量经济和技术经济研究所所长、三峡工程论证经济专家李京文来解答，委员们才满意。

当时人大代表、政协委员对这种解答反应不一样，许多小组热情地提问，认真地听取专家的解惑释疑，但也有小组个别人听不进去，如某小组的一位代表不顾其他代表的要求，对答问专家说，你不要多讲了，别耽误我们的时间。并大讲反对三峡工程的理由，提出三峡工程议案属重大问题，必须2/3票数才能通过。他还写出书面材料，到处分发，要求附议，虽应者寥寥，但其带有浓浓火药味的发言，还是引起了人们注意。

其间，为了人们更形象直观地了解三峡工程的规模和作用，水利部、能源部、国家科委、三峡工程审查委员会办公室、移民领导小组办公室、长江水利委员会、三峡工程开发总公司（筹）等11个单位还在军事博物馆联合举办了《长江三峡工程展览》。一座按1:1500比例缩小的三峡大坝模型显赫地摆在展览厅中央，250幅图片、150幅工程技术图表陈列在大厅四周。展览厅内还安上了微机检索和复式幻灯，所有资料给观众一种三峡工程全方位的直观感觉。国务院三峡工程审查委员会办公室派出60多位专家和工程技术人员在各个展位上为观众讲解，并回答他们提出的各种问题。这个展览在七届全国人大五次会议审议三峡工程议案期间开展，后来对外开放，自3月20日至4月30日，历时40天，共接待全国人大代表、政协委员及社会各界人士10万人，有力地配合了三峡工程的宣传工作，产生很大影响。

此前，根据江泽民总书记“看看，有感性认识，对统一思想有利”的批示，国务院三峡工程审查委员会办公室、全国人大办公厅、全国政协办公厅和水利部等有关部门密切配合，先后组织了全国政协视察团、全国人大常委会考察组、全国省长考察团、全国新闻单位记者考察组、全国科教文卫体系统考察组和国家教委考察组到三峡进行实地考察。这六批现场考察活动，从1991年10月21起至1992年2月底止，约400人参加了现场考察活动。他们之中，有人对三峡工程持怀疑态度，甚至持反对态度，但经过实地考察，了解了实情，改变了态度。这也为“两会”审议和讨论三峡工程发挥了重要作用。

1992年3月30日，七届全国人大五次会议第二次主席团会议审议有关三峡工程议案的审查报告。会上，陈慕华作了财经委员会关于兴建三峡工程议案的审查报告。报告结束后，主持会议的万里委员长问：“有什么意见没有？”会场出现短暂沉默。随后一位主席团成员发言，表示对报告有不同意见，说三峡工程可以上，但不要匆忙上，因为还有些问题考虑不周到，我们等了30多年，再等一年又何妨？另一位成员发言，赞成兴建，但希望进一步研究三峡工程对上游地区经济环境所产生的影响，妥善加以解决。还有成员对这个报告提出了具体修改意见。也有成员发言，坚决支持三峡工程上马，说：“我们是宁愿让七八十万人搬迁呢？还是让一千多万人长期处于洪水威胁之下呢？我们也不能把长江三峡那么大的水力资源白白浪费。要相信几百位专家学者和几千名科技人员研究的结论。”万里委员长在充分听取主席团成员意见后作了简短而重要的讲话，他语重心长地说：“1991年发生在太湖地区的特大洪涝灾害再次提醒了我们，要有水患意识，如果不上三峡工程，一旦出了问题，我们将无法向历史交代。”随后，经万里委员长提议，主席团分别对《七届人大财经委员会关于兴建三峡工程议的审查报告》和准备提交七届全国人大五次会议表决的《关于兴建长江三峡工程的决议（草案）》进行表决，结果都获通过。

七届全国人大五次会议最后一次全体会议于4月3日下午15时召开。会议要表决通过的决议有9个。关于兴建长江三峡工程的决议排在表决顺序的第四位。大会由执行主席、主席团常务主席万里主持。在完成前三项议程表决后，15时20分，荧屏上打出“长江三峡工程决议”的字样，万里宣布：“现在付表决，请代表按表决器”。

突然，会议大厅西侧一个代表团席位上，一位白发老者霍地站起来，晃动着手中的纸条，纸条上写着：“三峡工程应作为重大议案处理，必须有2/3的多数票才能通过，怎么能轻率地作为一般议案处理呢？我多次请求发言，为什么不让我讲话呢？”瞬时，大厅里一片惊愕。一些外国记者、港澳记者涌向那位代表。按照规定，下午要表决的议案都在分组讨论中进行了说明与辩论，需要解释的都已作了解释。针对这种情况，万里高声宣布：“今天的议程不包括大会发言”。

一波未平，一波又起，坐在第一排的另一位代表又站了起来，她说：“你们这是违法通过，我已经投了反对票……”说完，她离开了座位。起初那位要求发言的代表也在记者簇拥下退出了会场。虽然发生了这一小插曲，但会场很快静下来，代表开始投票了。

这项议程，共有2633名代表投票。不一会儿，巨大的荧屏上显示出一组数字：赞成：1767票，反对：177票，弃权：664票。还有25人未按表决器。万里宣布了这个结果，关于兴建长江三峡工程的决议获得通过。随后，热烈的掌声响了起来。70年的梦想，40年的论证，30年的争执，终于有了法定的结果。

早在几天之前，我已作了周密的部署，要求三峡宣传办的同志在4月3日下午控制住水利部那部“4836”和汉口长江水利委员会新闻中心直通的微波电话，尽一切努力把表决信息尽早通知汉口。我还请在人民大会堂内进行报道的中央电视台《大三峡》电视系列片摄制组，希望他们一有结果马上告诉我。同时，我还请离人民大会堂最近的设在前门大街上首都宾馆内的香港大公报北京办事处主任巩双印，托他尽早把表决消息告诉我。

那天下午，三峡宣传办内鸦雀无声，静得出奇，大家虽然坐立不安，但都用无言的眼神，频频交流着内心的激动。15时49分，电话铃响了，我激动地拿起话筒，是水利部办公厅李昌凡主任打来的，他说，全国人大代表严克强副部长从会场打来电话，只说了一句，三峡议案通过了，其他什么话都来不及说。又过了几分钟，巩双印给我打来电话，因他急于向香港发稿，话也不多，但告诉了我表决的具体票数。

16时5分，我怀着激动的心情，用颤抖的手，拨通了早已静候在电话机旁的长江水利委员会宣传中心主任朱汝兰，当她听到“通过了”三个字时，还没等我讲完表决情况，就慌张地放下电话，去狂呼，去奔走相告，去通知新落成的24层防汛大楼上的值守同志，刹那间，飘下一条长长的标语：三峡工程功在当代，荫及子孙，造福人类！接着一串串爆竹震天响，宣泄人们早已压在心头的振奋心情！

我继续拨着长江水利委员会办公室的电话，一部部都无人接听，最后拨通了办公室值班室的电话，向长江水利委员会副书记、副主任潘天达报告表决结果。潘书记拿着话筒，对我说，你听到这里震耳欲聋的爆竹声和人们欢呼的声音了吗？

我听到了！在三斗坪、在三峡坝区、在荆江两岸、在大江上下，长江水利委员会的几代职工奔走相告，鞭炮震天响，欢笑满长江！他们用长江做琴弦，共同弹奏了一曲三峡鸣奏曲，共同庆祝几十年的血汗，几十年的辛酸、几十年的拼搏，终于向党、向人民、向全世界一切关心三峡工程的人们，奉献上一个非常满意但很沉重的答案！

异乎寻常的记者招待会

1992年4月4日上午，国务院三峡工程审查委员会办公室在人民大会堂云南厅举行了关于三峡工程的记者招待会，中外记者兴高采烈，他们许多人还沉浸在昨日七届全国人大五次会议通过的三峡工程议案的喜悦气氛之中。

这是一个异乎寻常的记者招待会，说它异乎寻常，还得从1992年2月17日上午的一次会谈开始。这天上午，水利部副部长、三峡工程宣传工作领导小组组长张春园接待了前来造访的全国人大新闻局赵晓谦处长，我也在座。赵处长此行的任务是介绍“两会”新闻中心的情况。他说，这次“两会”的总精神，将认真贯彻“民主、求实、团结、奋进”这八个字。关于三峡工程将是这次会议的重要议题，他希望要坚持正面宣传为主，也要适当报道不同意见。对于主张要上的意见要报道，对于不支持上的理由也要有所表现，体现审议的广度和深度，体现中央对重大决策的科学化和民主化。他还介绍说，据人大主席团的安排，“两会”将专门就三峡工程问题举行一场记者招待会，会议可能安排在3月24日上午，即邹家华副总理作关于三峡工程报告的第3天。

随即，张春园副部长把上述情况向水利部部长杨振怀和其他部领导作了汇报，杨振怀当即表示，关于三峡工程的记者招待会在什么时候举行，这是一个十分重大的问题，要认真研究。从当时的态势看，这确实是个重大问题。因为“两会”代表、委员对三峡工程讨论时间之长，态度之认真，争论之激烈，是前所未有的。票握在人大代表手里，能否顺利通过，不好预见。当时新闻界对此也很关注。3月31日，首都两家主要新闻单位在认真分析与会人大代表争论的情况和代表总人数后，作了预测，一个是将有30%的代表不同意或者弃权；一个是1/4的代表不同意或弃权。虽然估计数字略有差异，但问题还是很明显的。正如前面介绍的，在人大小组讨论中，反对态度甚为激烈的代表提出了“三峡工程属于重大议案，必须有2/3的赞成票通过，才算有效”的意见，并写出书面材料到处散发，积极串联代表签名。

到底该不该以2/3的绝对多数票通过三峡工程议案呢?《中华人民共和国宪法》第64条明文规定：“宪法的修改，由全国人民代表大会常务委员会或者五分之一以上的全国人民代表大会代表提议，并由全国人民代表大会以全体代表的三分之二之上的多数通过。”“法律和其它议案由全国人民代表大会，以全体代表的半数通过。”很显然，以2/3的多数通过三峡工程议案的提议，是与宪法不合的。

我记得当时一位热心的新闻界资深高级编辑，为此查考了世界许多国家的表决方法，据他告诉我：有的国家只计赞成票，不计弃权票，议案只要超过投票人数的半数，就为有效；有的将弃权票计入赞成票；有的只记反对票，反对票超过半数才算否决；有的按报到人员为基数来计算，形式各异。我国则以出席会议代表人数为基数。他还走访了全国人大法制委员会有关负责人，据告：三峡工程不属于重大议案，不需要2/3以上赞成票通过。

正是因为这些原因，杨振怀认为，“两会”代表和委员对三峡工程十分关注，应该充分发扬民主，让他们认真审议和讨论，关于记者招待会还是在大会表决之后有了结论之时召开为宜。部领导同意了这个建议，并指派我向“两会”新闻中心陈述这个意见。“两会”新闻中心一位领导对我说，“两会”的所有新闻发布会、记者招待会，必须在“两会”闭幕之前开完，这是“两会”的惯例。外国记者都已预订了闭幕后的回程机票。另外，大会一闭幕，新闻中心就停止办公，记者招待会由谁来主持？我耐心说明，三峡工程提交全国人大审议表决，是历届人大会议绝无仅有的。关于三峡工程的记者招待会在全国人大表决之前召开，确实困难很多，因此，水利部建议，提请大会领导审慎考虑，作为一个特例，在大会表决之后召开为宜。

后据了解，这个意见一直反映到李鹏总理、邹家华副总理那里。他们研究后，感到水利部的意见有道理，但是，有关会议的安排，是由全国人大和全国政协组织的，国务院无权随意变更。于是，再次将这个意见反映到“两会”秘书处，请他们作为一次例外，将三峡工程的记者招待会推迟到三峡工程议案表决之后举行。秘书处接受了这个建议。当“两会”新闻中心宣布这一日程变更之后，国内外许多记者要求办理退票、换票手续，以留下参加关于三峡工程的记者招待会。

就这样，4月4日上午，国务院三峡工程审查委员会办公室在人民大会堂云南厅举行了中外记者招待会，杨振怀、李伯宁、潘家铮、游吉寿、徐乾清、王家柱等回答了记者们提出的问题。

4月6日，《人民日报》发表了题为《贺三峡工程列入十年规划》的社论，同时报道了三峡工程记者招待会的消息。社论指出：七届人大五次会议通过了一项历史性决议：三峡工程列入国民经济和社会发展十年规划，由国务院根据国民经济发展的实际情况和国家财力、物力的可能，选择适当时机组织实施。从此，长达近40年的三峡工程规划论证工作结出丰硕成果，中国历史上最大的水利工程进入具体实施阶段。

三峡梦圆和终生遗憾

潘家铮

涂上政治色彩的工程

一项较大工程的规划和实施，往往会引起不同的见解与争论，尤其对于牵涉面广、影响深远的大型水利工程更是如此，这本是可以理解的事。但像中国的三峡工程那样引起国内外各界的普遍关注，争论得如此长久和激烈，实属少见，也可以说是中国的一项“世界第一”了。

关于三峡工程，在《我与三峡》中曾简单地说了一下，但意犹未尽，有些看法后来也有点改变。尤其是我曾经反复琢磨过一个问题：什么原因使得人们在兴建三峡工程问题上形成如此尖锐的对立局面呢？看起来，这固然是大家对技术、经济、环境等问题有不同看法，又掺杂有复杂的历史恩怨、个人意气、部门成见等因素，但更重要的是与“政治”挂上了钩。当然，这只是我的一家之见，真实情况有待后世的太史公们来评定。但是评定这桩公案也非易事，因为谁都不会承认他在议论三峡工程时带有历史恩怨或政治因素的，这就不能光看表面文章，而要追溯一下历史过程。我希望下面的叙述尽量能反映一点实情。

新中国成立后，百废待兴。水利和水电是经济建设中的两项迫切任务。当时体制，前者属于水利部管辖，后者列入能源开发范畴，由燃料部

（以后辗转变化成电力部）负责。问题是：水电既是重要的能源，又与水利有不可分开的关系。将水利和水电划分给两个部门管辖，在以人治为本、实施计划经济的社会里，就不免产生出许多矛盾与隔阂。做个事后诸葛亮，如果一开始就将它们置于一个部门管辖（如后来一度实施的水利电力部），也许情况会有些不同。

有关三峡工程的第一次大争论，发生在20世纪50年代。新中国成立不久，就遇到1954年长江大洪水的威胁，使中央加快了长江治理研究的步伐。具体任务落在一位南下干部林一山的身上——他被任命为水利部长江水利委员会的主任。林一山和他的部下认定三峡工程是解决长江洪灾的唯一出路。他们很快作出了规划——一个极其伟大的设想：在三峡修建一座235米高的大坝，不惜淹掉重庆，其库容足以吞下川江洪水，从而“毕其功于一役”。“林派”的人写了很多文章、报告，企图说动毛主席，及早开工。

这个意见一面世，立刻引起水电方面的注意和反对。挂帅的是李锐，他也是位延安干部，1952年调到燃料部（后为电力部），其时任部长助理兼水电总局局长。李锐和他的部下迅速写出文章，驳斥“大三峡”方案。李派反对上三峡工程，不仅由于其不科学与不现实，而且万一毛主席真的决策集中国力建此巨业，国内其他水电、火电、水利建设恐怕都要让路，后果严重。这对一心要在全国开发水电的李锐来说，是不可接受的。

双方各有主帅和班子，各有刊物，壁垒分明，针锋相对。情况很快反映到对三峡工程情有独钟的毛主席那里，乃在南宁会议上将林、李两个冤家请到一块去当面交锋。

在1958年元月召开的南宁会议，形势是不利于李派的，因为这时正在批判周恩来的“反冒进”，是“大跃进”的酝酿期，毛主席在不久前还兴致勃勃地写下“更立西江石壁，截断巫山云雨，高峡出平湖”的名句。但由于“大三峡”的设想与当时国情实在相差太远，所以尽管毛主席在内心中欣赏它，还是听进了李锐的意见。当然他也没有否定三峡建坝的美好设想，定了个“积极准备，充分可靠”的方针。对于南宁会议，两派都称取得胜利，李派认为会议给鼓吹立刻上三峡的人泼上一盆冰水，把三峡工程判了无期徒刑。林派认为会议肯定了要建三峡工程，确定了重要原则，使三峡建设更加落实。反正各取所需。南宁会议还有两个派生后果，一是决定将水利、电力两部合并（以免争吵不休，大妙计也）；二是毛主席看中李锐这位秀才，要他当兼职秘书。

在南宁会议上虽然意见分歧，但还是君子式的争论。如果争论一直以这样的方式进行，也许可以取得双赢的结果：先开发其他水利水电工程，做好三峡枢纽的规划设计，到条件具备时兴建。不幸很快出现"大跃进"的灾难，接着是1959年庐山会议。李锐被定为彭德怀集团的人，坠入深渊，"反三峡、反水利、反火电"成为他的罪状之一。更糟的是大搞揭发批判李锐反党集团，株连九族，一大批他的部下都遭牵连，受累受罪十年、二十年。人是有思想有感情的动物，能受这样的折磨而不留下终生的伤痕吗？

李锐虽然垮台，由于众所周知的原因，从"大跃进"到十年浩劫，失去了反对面的三峡工程仍无从上马。直到拨乱反正后的20世纪80年代初期，三峡工程才再次提上议程。1983年水利部小心翼翼地提出一个小方案，得到多数专家和国务院的认可。时间流逝了20多年，情况有了很大变化：中国的国力增强了，对三峡工程的勘测设计深化了，葛洲坝工程已基本建成，人们的头脑也较清醒，设计蓄水位降到150米高程，比最初的235米足足下降了85米。各方如能平心静气开诚布公商讨，不难取得共识（李锐当时也认为可以接受）。但1984年国务院原则通过这个方案并着手筹建后，先招来重庆市和交通部的反对（他们要求将蓄水位抬高到180米），接着各种反对意见纷纷出笼。中央乃于1986年停止筹建，责成水电部重新组织论证。这一证，就从1986年证到1989年。

更出意外的是这次论证的气氛似乎比20世纪50年代更充满火药味。首先依然是营垒分明，针锋相对，遣词用语极为尖刻。你说三峡工程对防洪有不可替代作用，他说只会加剧洪灾。你说三峡工程能极大提高通航能力，他说将导致长江断航。你说三峡工程对生态环境利大于弊，他说对生态环境是一场灾难。你说所需资金国家可以负担，他说将引起物价飞涨经济崩溃。你说备战不影响工程建设，他说垮坝将使下游三江五湖人民尽成鱼鳖……其次，意见定型，听不进也不屑听解释与答辩。一些人在上午发表一通高论，下午对方作答辩时却缺席逛街去了。这种不正常现象马上被旁听的记者们发现了，记者们称之为“聋子对话”，有的还形象地描摹成“题诗一首、扬长而去”。还有个别人则在发言和写文章中抱怨论证工作不民主，暗箱作业，持不同见解者受排挤，甚至认为三峡工程是一些领导好大喜功、树碑立传、违反民心、一意孤行要搞的，等等。作为论证工作的负责人之一，我在这里必须澄清一句：这是无中生有的事，但这种误导极易产生共鸣，一个工程的论证发展到如此对立程度，是我始料不及的。我当初认为不难通过客观务实的讨论来统一认识的愿望是完全落空了。

在进行论证的同时，国家科委组织了全国300多个单位、3200名科技人员进行有关的专题攻关，取得400多项研究成果。为一项水利工程进行如此全面的研究工作，不是绝后，至少是空前的了。

到1988年底，14个专家组陆续提交了论证报告。其中9个报告是一致通过的，另5个报告在通过时，有9位专家拒绝签字并提出不同意见。结论性的意见是：三峡工程对我国四化建设是必要的，技术上是可行的，经济上是合理的，建比不建好，早建比晚建有利，并推荐175米高程水位方案。世界银行与中国政府共同聘请加拿大CYJV公司所进行的独立论证结论也相似，只是推荐160米蓄水位方案。

三峡工程成为一块奇妙的试金石

进入1989年，设计单位根据专家组论证结果，重新编制了三峡工程的可行性研究报告。水利和能源两部正打算联合上报国务院，请求进行汇报和接受审查时，社会上正在酝酿着一场政治大风波，不幸的三峡工程又被卷了进去。

无可否认，在20世纪80年代末，社会上有一股要求彻底否定过去、全盘西化的势力。他们敏锐地察觉到三峡工程是一张有用的牌，就立刻插进手来，使问题发生了质的变化。例如，有一位记者就为此费尽心力，搜罗了所有重要的反对建三峡工程的文章，在1989年春天出版了一本《长江　长江——三峡工程论争》的书，还在北京街头上演了一幕"义卖"的活剧。出版一本书当然不足为怪，这些文章也不知在海内外报刊转载过多少次了。但这位对科学技术和水利工程一窍不通的记者之如此卖力，根本不在讨论工程得失，醉翁之意不在酒，真正的用意是挑起民愤、掀起风浪、推翻现体制。这一点，只要翻开此书，读一读开宗明义的第一篇文章《三峡叫号》就可完全明白。

《叫号》确实是一篇挑战书。它自称这是一次重大的历史行动。它用了连西方政治家也说不出口的语言，赤裸裸地攻击中国的体制。《叫号》宣称：中国现体制是政治领导人一言九鼎"以致荡平一切良知与科学的准则"，这个"全圣全神的政治权力在三峡问题几十年来的风风雨雨中始终是一个有形无形的决定力量，完全扭曲直至扼杀一切科学探讨与争论"。不过，人们不禁要怀疑，既然中国存在这样全圣全神的政治权力，又何必不厌其烦一次又一次地进行科技攻关和专家论证呢？那位记者选择三峡工程作为发难的突破口其实是个败笔，因为恰恰是三峡工程的论证最能说明技术民主已发挥到完善的程度。

《叫号》进而宣称"对于中国人来说，几十年乃至几千年的悲剧恰恰就在于政治支配了科学，吞噬了科学，乃至吞噬和支配了人的大脑和良心"。至于中国的知识分子呢，据说都被"专断的政治权力塑造成任捏任揉的泥娃娃"。笔锋所扫，已不仅是参加三峡工程论证的四百几十位专家、顾问而是全体知识界了。但既然知识分子都变成没有大脑和良心的泥娃娃，那么中国又怎么取得举世公认的成就呢，据说，这些"偶尔可以找到符合理性本身的东西"是由于"它一时还没有触犯专权者的圣怒罢了"，中国人民引以自傲的巨大成就竟被糟蹋到这样的地步！

既然中国处在这样绝境之中，出路又何在呢？只能依靠“精英们”了。反对建三峡工程的人就是这些“以其独立的人格敢于思考的科学家们”。《叫号》要与他们对话，并说这是“向传统政治体制及其权威扔下一只白手套”。就这样，三峡工程变成了一块奇妙的鉴定一个人有没有大脑和良心的试金石，真是“不胜荣幸之至”了。

这样的诅咒和煽动，能说是对一个工程是非得失的讨论吗？将这篇檄文冠于全书之首，又征得过哪几位文章作者的同意？在“民主”和“反极权”的大旗下，当然不需要任何科学。可以随心所欲地把几十年来多少位科学家、工程师对三峡工程进行的千、百、万次勘测、试验、计算、分析、调查、研究成果一概斥为“虚伪可疑”，远远比不上那些“语无伦次的呼吁”。理由呢，据说因为前者尽管“清晰而又冷静”，但都是“政治的仆从”，而后者虽然“语无伦次”，都出自“良知与常识”。根据这个逻辑，便可全面否定几十年来的科研和论证成果，而且对从事这一艰巨工作的人们加以没有大脑和良心的罪名。究竟是谁在践踏民主和科学呢？

应该承认，《叫号》这篇文章写得既恶毒又巧妙，巧妙之处在于它抓住新中国成立后党的失误，加以充分发挥无限上纲。巧妙在它极力挑起人们特别是知识分子的不满和委屈，把自己打扮成揭竿而起为民请命的英雄。巧妙还在把所有不赞成建三峡工程的人都戴上民族脊梁骨的桂冠，不管本人情愿与否都绑上他的战车。其实，不赞成修三峡工程的人，不论是否带有成见，或有历史恩怨，也不论用词多么尖刻，毕竟主要是从关心国家大事出发，更从未想到以此向共产党和社会制度叫板。那位记者所为，是彻头彻尾的强奸民意。

根本问题是怎样评定共产党的功过和怎样评价中国的知识分子。我无意为中共歌功颂德或为她执政后所犯的“左”倾失误辩解，这里有复杂的历史、国际和个人因素，毛主席无疑负有最大责任。他确实干了许多错事，伤害了许多好人，我自己身上也留有层层创伤。问题是没有共产党，中国不知还要在苦海中沉沦多久，根本不可能屹立于世界上，取得举世震惊的成就。问题还在共产党确实是个有伟大理想的政党，一心一意想把国家搞好、民族振兴、人民幸福，犯错误是经验不足、认识偏激。急于求成和个人专断，与历代封建王朝、军阀统治完全不同。周恩来、刘少奇、朱德、陈毅……这些同志的形象和功绩是永远抹杀不了的。还有重要的一点是：共产党光明磊落，敢于承认错误、批评自己、“与民更始”。这是其他政党做不到的。根据中国国情、要避免国家瓦解、民族沉沦，缺少不了这根脊梁骨。这就是中国人民为什么在历尽劫难后仍然凝聚在中共周围的原因。中共什么时候丧失了这些特性，人民自然会离开她，用不到“精英”们和外国人卖力。

讲到200年来的中国知识分子，其所受苦难屈辱之深，那是任何国家知识层从未经历的。正因如此，他们具有无比强烈的爱国心和振兴祖国的愿望。这也是他们即使受尽委屈仍然对祖国、对共产党苦恋不休的原因。只要共产党能纠正失误，他们就不会离开这个核心和希望——个人苦难，一笑泯之。他们可能会被迫说些违心话，但任何情况下不会变成泥娃娃。以水电和筑坝为例，法国发生过玛尔帕塞垮坝事故、意大利发生过瓦依昂悲剧、美国的提堂大坝更在顷刻之间灰飞烟灭。而在中国，只要是正儿八经由水电部门修建的高坝大库迄今都能安全运行。能设想一群没有大脑和良心的工程师会取得这样的成就吗？

写到这里，话扯远了，还是回到“论证”上来。正当论证工作顺利完成、水利能源两部联合上报国务院请示审查时，外面的风浪正在升级。报刊上的鸣放、马路上的游行不断变质恶化，终于演变成一场政治大风波。但是和一些人的估计和期望相反，风波很快平息了，中国没有乱，没有西化，没有解体，无非在国外多了几个“民运精英”分子和招来西方世界的一片咒骂与制裁——当然完全撤销了对三峡工程的支持。在他们眼中，没有西方技术和资金的恩赐，中国是绝对兴建不了三峡工程的。在国内，则和庐山会议后的做法完全相反，党没有追究任何人和单位，让人们自己去认识和反思。

为了加强团结、消除顾虑，还由一位国务院领导表态说：三峡工程近期不会上马，没有必要开展争论。完全不同的处理方式，说明了党的第二、第三代领导人的成熟与水平。

但是，对于为三峡工程奋斗了一辈子的人来讲，又似一盆冷水淋凉了心。三峡工程似乎又一次被判处无期徒刑。不论怎么说，大家还是擦干眼泪、咬紧牙根，把未完的工作认真做完，成果于1989年9月上报。即使工程永不上马，也要留一份完整的档案给后代。当然，心里不免有一丝怅惘。我就曾经长叹一声曰：三峡梦，可真长呀。

然而，形势的发展比人们预料的好。中国的社会迅速恢复了稳定，经济有了腾飞式的发展，综合国力空前增强，三峡的决策问题也就急转直下。风波平息后不到一年，国务院就通知我们准备听取有关三峡工程论证的全面汇报。这个喜讯激动了每个人的心情，我们迅速做好准备。1990年7月6日至14日，国务院整整花了9天时间，召开"三峡工程论证汇报会"（国务院开一星期多的长会来听取和讨论一个工程的汇报，大概也是史无前例的）。国务院、中央政治局、中央顾问委员会、全国人大、全国政协的领导、各民主党派负责人、26个有关部委的部长主任、105位各方面的专家和代表以及湖北、四川、重庆三省市的省市长共同听取了我所作的三峡工程论证经过和结论的汇报，75位同志作了大会发言或书面发言，各种见解得到充分反映。最后，姚依林副总理根据多数同志意见作了总结：肯定了论证工作的科学性、民主性和可靠性，认为比以往任何其他工程的论证工作更深入细致，确认所提交的《可行性研究报告》可以组织审查。会议结束时，国务院成立了"三峡工程审查委员会"，由4位国务院领导负责，22个局、委、院的负责同志任审查委员，对《报告》进行严格审查。

1990年10月至1991年8月，审查委员会聘请了165位专家（多数未参与论证工作），用了10个月时间，分10个专题对《报告》进行预审和集体审查，形成审查意见，其结论是：审委会一致同意《报告》提出的基本结论："兴建三峡工程效益是巨大的，特别对防御长江荆江河段的洪水灾害是十分必要的、迫切的；技术上是可行的，经济上是合理的；我国国力是能够承担的，资金是可以筹措的；无论从发挥三峡工程巨大的综合效益，还是从投资费用和移民工作的需要来看，早建比晚建都要有利。"全体审查委员都签上了字。

审查前后，国务院还多次组织了各种代表团赴三峡工地及库区考察了解。1992年3月16日，李鹏总理向七届人大第五次会议提交了《国务院关于提请审议兴建长江三峡工程的议案》。全体代表进行分组深入审议。我们除准备有关资料供代表查阅外，还分别接受质询。我就被派往“港澳组”向港澳代表进行介绍和回答质询。反复深入的介绍和质询，使代表们不仅了解工程情况，也获悉前因后果。如越剧界代表著名演员袁雪芬，在详细了解情况后，激动地说：过去对三峡工程不了解，有很多误会，现在知道这是为全国人民和子孙后代办的好事，党和政府组织专家们做了如此长期详尽的工作，我要行使人民代表的权利，投下庄严的一票。

1992年4月3日下午，在庄严的人民大会堂里，2600多位人大代表对“关于兴建三峡工程的议案”按下了表决器。当万里委员长宣布，议案得到压倒性多数的1767票赞成而通过时（有177票反对，664票弃权），全场响起了暴风雨般经久不息的掌声。这掌声宣告举世瞩目的三峡工程在经历了长达半个世纪的研究和争论后，终于要变成现实。当年连毛泽东都不敢决策的事，在他身后16年由人民作了决定。三峡的规划论证工作终于画上句号，进入实施阶段。

长缨在手缚苍龙

中国人民梦想了几十年的三峡工程，终于从梦境走向现实。

在人大表决后，国务院迅速组织实施。1993年1月，国务院成立“三峡工程建设委员会”，作为指导工程建设的最高机构。为保证百万人口的动迁，又下设三峡工程移民开发局，制订移民方针，规划和监督计划的实施。成立了中国长江三峡工程开发总公司，作为建设和经营三峡工程的业主单位，承担从投资、建设到运行还贷的全部责任。总公司很快进驻工地，开展全面的装备工程：征购土地，修通到坝址的一级公路，在长江上架起悬索大桥，建立起风、水、电、通信、砂石料和各项施工设施，建造大量房屋，由设计单位继续进行初步设计、技术设计和招标设计，将工程划分为单元在全国范围内招标。国内各水利水电施工企业都奔向现场，开展竞争。我也没有置身事外，被聘为总公司技术委员会主任，1998年又被国务院任为三峡工程质量检查组成员。

1994年12月14日，李鹏总理亲赴工地向全国全世界宣布三峡工程正式开工，现场浇下了主体工程的第一方混凝土。这一年，离孙中山提出开发三峡资源设想已有76年，离萨凡奇考察三峡50年，离毛主席挥毫写下“高峡出平湖”的词句也有38年！

不亲身参与，就难以体会这座世界上最大的水利枢纽工程的宏伟与复杂。这座工程的土石方是以亿立方米计的，混凝土是以千万立方米计的，金属结构和机组制作安装量也远超过已建、在建的任何水利水电工程。它在长江上施工，施工期不允许停航。三峡工程总工期达17年，从1992年筹备算起，2009年竣工，是一座地道的跨世纪工程。整个工程分为三期进行，第一期可称为准备工程，除全面进行各项施工准备外，主要是在长江右侧中堡岛上修建纵向围堰，并将岛右的“后河”扩挖成为一条人工长江——导流明渠，同时在左岸修建一座临时船闸和开挖永久船闸。预计工期5年，在1997年底转入二期工程。在一期工程进行中，长江如有知，并不感到自己受到什么威胁，只是奇怪人们在她两岸忙点什么？但在导流明渠和临时船闸完成后，人们就将向长江发动进攻：大江截流，把长江逼入明渠中下泄，在长江主流上修建上下两道二期围堰，形成大江基坑，排干江水后修建泄洪坝和左岸厂房坝段，并建成永久船闸，历时6年。计划于2003年拆除二期围堰，在明渠中再次截流，长江洪水又回到主槽通过坝身的底孔及厂房下泄，实现首批机组投产，永久船闸通航，工程转入第三期。三期工程主要继续修建右岸厂房坝段和安装机组，预定2009年全部工程竣工。

不难看出，实施三峡工程有几场关键性的决战，例如导流明渠的完成、大江截流、二期围堰和二期工程中破世界纪录的混凝土施工等。中国人民能否破重重难关，夺取胜利，国际工程界对此都有怀疑。

也许受到“好梦成真”的鼓舞，或是受到“振兴中华造福子孙”的激励，工程一旦启动，便以排山倒海的势头前进，一个个貌似强大的拦路虎都被扫开。1997年，荒芜的坝址已变成文明美丽的基地，右岸的导流明渠提前建成并于五一节通水试航。在中堡岛右侧出现了一条浩荡的新长江。一期工程基本告竣。在酷暑中我参加了国家验收组，经过严格检查，断定可以汛后截流。

所谓截流，就是以中堡岛上的纵向围堰和左岸为基地，从上下游两端向大江里抛投石块和风化沙，不断向江心逼拢，最后斩断长江，迫使她改道从明渠宣泄。大江截流和紧接其后的二期围堰工程的成败，决定三峡工程的命运。打赢这一仗，在某种意义上说，三峡工程建设已立于不败之地。

但这一仗的难度是史无前例的。三峡坝址位在葛洲坝水库内，水深达60米。设计截流量高达14000立方米每秒，如遇丰水，还要准备在近2万流量下强行截流。河床上有20多米厚的覆盖层，表层10米是新淤的细沙，截流中势必被冲刷。另外，截流过程中也不许断航。安排结果，截流中每日抛填强度惊人，最后130米长的龙口段必须在5天内合龙。这种集多种难度于一身的情况确属少见，是个超国际水平的考验。截流与二期围堰也成为重点技术设计项目之一。不知组织过多少设计、科研、院校、施工单位进行攻关，也说不清做过多少次研究、计算、试验并在现场进行实战演习。到1997年10月决战前夕，技术文件汗牛充栋，现场上机械成队、骨料如山，作为实战主力军的葛洲坝集团更是人人摩拳擦掌，大有“诺曼底登陆”前的气势。这种情况任何人看了都会心情激动不能自已。

根据周密计划，最后的合龙期定在11月8日，由于确有把握，请国家领导及数万群众来参观这一壮举，中央电视台整天现场直播。早在一个月前我就在盘算何时起程前往，坐在什么角落亲睹决战。虽然连日胸头隐隐作痛，根本未予理会。没想到10月30日深夜忽然剧痛难堪，送进医院不久就昏迷。等醒来时已全身插满管子躺在病床上了。大夫告诉我是急性坏死性胆囊炎，只能冒险在高烧下开刀。取出的胆囊已全部溃烂，再延误就有生命之虞。大夫还指着插在我身上的引流胆汁的管打趣说："这也是'导流'。"

我失去了去现场的可能，痛惜万分。医院领导为照顾我的心情，破例允许在病房中架了一台电视机。8日这天，从清晨到黄昏，我躺在床上，挂着吊针，不饮不食、如痴如醉，看着这幕壮剧上演。8点50分李鹏总理宣布大江截流开始，三颗信号弹腾空而起，顿时万马齐发，上下游围堰两端所有工作面同时启动，南北夹击，同时向江心推进。巨型卡车一字排开向滚滚长江抛下巨石和泥沙。经过激烈较量，下午3点半上游围堰首先告捷，工地指挥用对讲机向李鹏报告截流完成，我的眼泪不禁夺眶而下。这一胜利是几代人的血泪汗水浇灌出来的呀。下午6点半，下游围堰也胜利合龙，准确得像用计算机控制一样，成为世界奇迹。

大江截流后的又一场恶战是二期围堰，截流仅是乘长江枯水期用土石临时将水截断，必须迅速巩固扩大战果，加高培厚堰体达82.5米高，总体积达1200万立方米，更重要的是在堰体中做成一道不透水的混凝土防渗墙，穿过堰身、河床覆盖层直达江底基岩，固积近10万平方米，必须在明年汛前完工。否则，长江在今年枯水期冷不防被人驯服，到明年汛期就可大肆反攻，冲垮堰体，扫荡一切。不仅前功尽弃，而且留下难以处理的后患。二期围堰工期之紧难度之大也使多少同志把心提在手中。事实是，二期围堰又如期完成，大江基坑被抽干，露出峥嵘奇特的面貌。人们还来不及喘气，1998年8次长江特大洪水就迎面扑来，这座水上长城不仅固若金汤，而且几乎滴水不漏。长江这次是真的服输了。

任凭堰外白浪滔滔，基坑中开挖和混凝土浇筑紧张进行。1999年迎来第一个混凝土浇筑高峰年。谁都难以相信在高温和狂洪的威胁下中国人能在一年中浇448万立方米的混凝土和基本完成永久船闸的开挖，把美国大古力坝和巴西伊泰普工程曾经创造过的世界纪录远远抛在后面。中国真是创造奇迹的国家！2000年的浇筑量更将达550万立方米的新纪录。这一个又一个的胜利，是改革开放的成就，是全国大协作的硕果，是集体智慧和力量的结晶，是高科技和现代管理的体现。它向全世界宣示了中国人民的能力、智慧和决心，值得载入史册。

三峡工程今后的任务依然艰巨，但事实非常明显，只要我们保持荣誉，发扬传统，以如临深渊如履薄冰的心情，狠抓质量，坚持科学和文明施工，中国人民一定能胜利建成三峡枢纽，完成功在当代利及千秋的大业。这一点，恐怕连反对我们的人也不得不承认了。

只悲西电未输东

好梦虽将圆，浮生惜已老!

我想起中国水利界的老前辈汪胡桢先生。他在1958年随周总理查勘三峡，但见滔滔江水不舍昼夜，巨大能源无法利用，感慨万分，写了一首诗：

三峡滔滔年又年　资源耗尽少人怜
猿声早逐轻舟去　客梦徒为急濑牵
会置轮机舒水力　更横高坝镇深渊
他时紫电传千里　神女应惊人胜天

周总理看了笑着说：“长江三峡的巨大能源是要开发利用的”。

转瞬30年，汪胡桢已达耄耋之年，达时正值三峡论证，为“先支流后干流”激烈交锋之际，老人已不克亲自参与，只能喟然而叹，复题一诗：

改革从来议论多　长江三峡竟如何
莫因干支争朝夕　更勿拖延等烂柯
建设方成新世界　更新才唱太平歌
敢希海内诸贤达　慧眼同开看远图

当年，我去他所住小室探望时，见他已91岁高龄，俯伏在桌上，用一只仅有0.1视力的眼睛，依靠放大镜和颤抖的手写着诗和对三峡工程的建议时，总想放声大哭一场。汪胡桢老人最后没等到三峡工程的开工，饮恨逝去。

我觉得我正步向汪胡桢老人后尘。

中国的西部，尤其是大西南富集了得天独厚的水能资源。三峡水电站装机1820万千瓦，世界之冠，可是和整个水电蕴藏量相比，仅是个零头。在云、贵、川（渝），加上西藏，还可划进广西，奔流着金沙江、雅砻江、大渡河、乌江、怒江等八大江河，不计它们的源头部分，经查勘规划的可开发水能资源达2.45亿千瓦以上，年电量达1万亿千瓦时以上，相当于年产5亿吨原煤或2.5亿吨原油而且永不枯竭（除非太阳熄灭）的大煤矿、大油田。

中国是能源紧张国家，石油天然气尤其短缺。为什么不尽早开发这取之不尽用之不竭的清洁能源？为什么不利用丰水期十分低廉甚至被丢弃的水电来制造氢能、制造人造石油？数十年来水电界人士奔走呼号岂仅为一座三峡工程，他们的理想是尽量开发水电宝藏输向东方，让祖国有坚实的能源基础。开发三峡，仅是一场序幕。

当然，我们已开发了雅砻江上的二滩，大渡河上的龚嘴、铜街子，乌江上的乌江渡、东风，澜沧江上的漫湾、大朝山和红水河上的天生桥、岩滩与大化，现在更在向向家坝、溪洛渡、小湾、龙滩等骨干工程进军。中央关于西部大开发的战略决策，更为实施全国联网西电东送创造最好的机遇。可是这样宏大的开发规模，要在几代人手中才能实现，对于年逾古稀的我，怕难以见到溪洛渡、小湾、龙滩、锦屏一类巨型骨干工程的实施，至于规划中的虎跳峡、白鹤滩甚至雅鲁藏布江大河湾处的世界头号大水电站墨脱电站的兴建，更只能在冥冥中知悉了。如果真有轮回之说，我倒要求阎王允许我在枉死城中多留几载，等听到佳音后再打发上路吧——总之，未能目睹宝藏开发和西电东送，是我的终生之憾。

处于这种心情，我在一次三峡总公司的年会上，激动地要求"三峡人"不仅要打好三峡一仗，而且应抓开发金沙江的伟大计划了。在万分激动下，我仿陆放翁临逝时所作的示儿诗，在会上朗诵道：

死去原知万事空　但悲西电未输东
金沙宝藏开工日　公祭毋忘告逝翁

三峡工程尚未建成，现在就想进军更远的江河，是否急了一点？要知道，开发任何一座大水电，都需几代人前赴后继的努力。我的诗毫无消极意义，这只是表达一位普通水电建设者的心愿罢了。深信，进入21世纪后，从金沙江到雅鲁藏布江上的水电基地都会陆续建成，形成世界上最巨大的能源中心，中国将成为世界上头号水电强国，到那时候，希望后辈们能举行一次盛大的纪念会，把喜讯告知所有的"逝翁"吧。

我所亲历的三峡工程建设推进过程

甘宇平

开发性移民方针的提出和成功践行

新中国成立以来，我国的水利建设无论在数量、速度、技术和效益上都居于世界前列。到20世纪80年代中期，全国已修建大中小型水库8.6万多座，库容达4000亿立方米。这些水库淹没耕地3000多万亩，移民逾1000万人。过去由于对水库移民的复杂性认识不足，工作中偏重于生活安置，忽略生产安置，加之补偿标准偏低，缺乏优惠政策，尤其是“大跃进”和“文化大革命”时期，工作比较简单粗糙，挪用经费严重，强迫命令盛行，大量移民远迁外迁，造成许多遗留问题。

十一届三中全会以后，党中央、国务院对水库移民问题非常关心，多次研究水库移民工作，部署解决水库移民遗留问题。

1984年，水利电力部专门召开水库移民政策研讨会，针对过去水库移民安置中的问题，总结了一些地方的经验，以改革的精神，第一次提出了实行开发性移民的办法，改过去的消极赔偿为充分利用本地资源发展生产，变单纯救济生活为多门路扶持生产，把移民安置与库区经济发展结合起来，提高移民的自我发展能力。其基本特点是：改变过去单纯将水库移民工作简单地看作赔偿对象的处理方式，做到对水库移民迁建后的生产和生活安置作出全面的安排，统一规划，负责到底，由政府来领导组织移民进行经济开发，使移民得到妥善安置，达到长治久安的目的。“开发性移民”一提出，即得到中央领导同志的充分肯定。

1985年1月19日，邓小平同志在听取了时任国务院副总理李鹏关于三峡工程及筹备情况的汇报后指出，过去建水电站，动员移民搬家，但移民总是越来越穷。现在搞开发性移民，“移民方针对头了”，“100万移民也有办法安置，可以发展乡镇企业，也可以搞第三产业，还可以发展旅游”。

1985年，中央决定先在三峡库区进行开发性移民试点，以丰富开发性移民方针的内容，探索大规模移民的路子。试点工作从1985年3月开始，到1992年底结束，共持续了8年。1985年3月到1986年4月，由三峡省筹备组负责组织进行，以后由国务院三峡地区经济开发办公室直接负责，会同川、鄂两省有关地、县（市）进行了广泛的移民工作试点。三峡库区8年移民试点，始终按照开发性移民方针进行。重点是农村移民安置、城镇搬迁基础设施建设和智力开发、人才培训三个方面。

1986—1987年，水利电力部组织对三峡工程的重新论证，专设移民专家组，对移民问题进行专题论证。考虑的原则是：贯彻开发性移民方针，移民安置规划要与库区建设、资源开发、水土保持、环境保护、地区经济发展结合起来，坚持因地制宜、统筹规划、合理利用资源，促进库区经济社会的发展和生态与环境的良性循环。

1992年3月21日，国务院副总理邹家华向第七届全国人大五次会议作《关于提请审议兴建长江三峡工程的议案的说明》中讲：“为探索解决三峡水库移民安置的途径，1985年，国务院决定在三峡库区进行开发性移民试点工作，改变过去一次性赔偿的办法，实行开发性移民方针。6年多来，川、鄂两省有关县、市进行了开发性移民试点工作，对农村移民安置、城镇及工厂搬迁和人才培训等方面作了探索，受到了库区领导干部与群众的欢迎和支持。试点经验表明，开发性移民大大优越于过去的赔偿性移民，利用移民工作计划的投资，作为发展当地经济的资金，合理地开发利用当地的资源，积极发展第一、第二、第三产业，努力拓展移民环境容量，同时安置好移民，使移民的生产和生活得到较好的安排。试点的成功，大大增强了各级领导做好移民工作的信心。”

1992年3月30日，全国人大常委会副委员长陈慕华在《第七届全国人民代表大会财政经济委员会关于兴建长江三峡工程议案的审查报告》中讲：“坚持贯彻开发性移民方针，把移民工作和库区经济发展有机结合起来，切实把移民安置好。要把库区工业企业的迁建与企业产品结构的调整和技术改造结合进行，促进企业技术进步和经济效益的提高。”

1992年4月4日，江泽民总书记对田纪云副总理《关于三峡工程库区移民情况的考察报告》批示：“纪云同志所提十条措施意见都很好。总之，这次在方针上一定要坚持开发性移民，而且已经在试点，榜样的力量是无穷的。”

1993年8月19日，由李鹏总理签发第126号命令施行的《长江三峡工程建设移民条例》中第三条规定，“国家在三峡工程建设中实行开发性移民方针，由有关人民政府组织领导移民安置工作，统筹使用移民经费，合理开发资源，以农业为基础、农工商相结合，通过多渠道、多产业、多形式、多方法妥善安置移民，使移民的生活水平达到或者超过原有水平，并为三峡库区长远的经济发展和移民生活的提高创造条件。”

1997年11月7日，李鹏总理在国务院三峡工程移民暨对口支援工作会议上讲，“三峡工程成败的关键在于移民。移民的方针措施归纳起来有八条：一是开发性移民方针，统筹安排移民资金，合理利用当地资源，大力发展优势产业，把移民搬迁与库区经济发展相结合，达到移民‘搬得出、稳得住、逐步能致富’的目标”。

1997年11月8日，江泽民总书记在三峡工程大江截流仪式上讲，“要坚持开发性移民的方针，抓住三峡工程兴建带来的发展机遇，正确处理搬迁和发展的关系，切实安置好移民群众的生产、生活，引导他们走上致富的道路”。

2001年2月21日，朱镕基总理签发的第299号令施行的《长江三峡工程建设移民条例》第三条规定，“三峡工程建设，实行开发性移民方针，统筹使用移民资金，合理开发资源，保护生态环境，妥善安置移民，使移民的生产、生活达到或者超过原有水平，为三峡库区经济和社会发展创造条件”。

2007年3月8日，胡锦涛主席在参加十届全国人大五次会议重庆代表团审议时的讲话中说：“要坚持开发性移民的方针，完善扶持政策，加大资金投入，加快库区产业发展，着力解决移民就业，努力使库区群众基本生活有保障、劳动就业有着落、脱贫致富有盼头，同心同德建设和谐稳定的新库区。”

如今，三峡移民搬迁安置如期完成，库区经济社会快速发展，证明坚持开发性移民的方针是完全正确的，成功走出了中国特色社会主义水库移民之路。

三峡移民“两个调整”和“两项治理”的提出和决策

关于“两个调整”

《长江三峡工程建设移民条例》于1993年8月公布施行，当时并没有“两个调整”等政策。

1998年开始，二期移民工作已经全面展开。在全国抗洪抢险斗争取得了全面胜利后，时任中共中央政治局常委、国务院总理兼三峡建委主任的朱镕基于12月28日至29日到渝视察。他专门听取了重庆市及万州区移民工作汇报。

我汇报说：三峡库区山高坡陡，环境容量十分有限，生态环境很脆弱，随着水库蓄水位升高，大量耕园地还将被淹没，按国家规定25度以上坡地必须停止开垦，库区原已存在的人多地少的矛盾将进一步加剧，这是农村移民就地后靠的最大难题。当我汇报完，朱镕基同志讲，你们为什么不调整思路，考虑外迁呢？我说，现行的政策是“原则上移民实行就地搬迁方针”，这是《长江三峡工程建设移民条例》第十条作了规定的。朱镕基同志讲，只是后靠怎么能靠得住呢？环境容量这么小，这是“螺蛳壳里做道场”。开垦坡地，破坏生态，水土流失，要马上停止。一定要调整思路，考虑外迁，要提倡和鼓励农村移民外迁安置，三峡库区一定要搞退耕还林，保护生态环境。

当我汇报到库区淹没工矿企业时，说这些企业的特点是：所有制结构单一，企业规模小，产品档次低，历史包袱沉重，但却是库区区县财政的主要税源。这时，朱镕基同志讲，你们要下决心淘汰那些产品落后、设备陈旧、污染环境、破坏资源、资不抵债的企业，不能搞原样搬迁，不然，又会形成新的亏损源、污染源。

在朱镕基同志考察重庆华诚第一棉纺织厂下岗职工再就业返回的车上，蒲海清市长同我向他反映，库区这些企业关破后，库区区县财政怎么办？朱镕基同志讲，实事求是，你们因此事发生的财政差额，中央财政给你补。

12月30日，朱镕基总理在视察三峡工程和库区后作了重要讲话：

要完成40.5万农村移民任务，究竟采取什么方式安置，如何开拓他们的生路？我们既创造了很多成功的经验，也有很多的教训和不足之处。三峡库区人多地少的矛盾较为突出。库区移民要避免造成新的水土流失，还长江两岸的青山绿水。要采取有效措施，使农村移民在搬迁后不降低生产、生活水平，并能有逐步致富的门路。一句话，就是要使农村移民搬得出、稳得住、能致富。因此，今后，我们要坚持多种方式安置农村移民的方针，因地制宜，把本地安置与异地安置、集中安置与分散安置、政府安置与自找门路结合起来。特别是要制定鼓励外迁的政策。外迁首先是在本省、本市解决最好，鼓励农民自己去投亲靠友，当然政府要靠宏观调控来管理。对到外地投亲靠友的移民，当地政府应当予以积极接纳；对集体搬迁到区外、省外的移民，有关地区政府应当热情欢迎，协助定居、开发，而不应层层收费，借机自肥。集体外迁要有组织、有计划地进行，不能形成自发的盲流，那将会引起社会治安问题。接收地政府要支持这件事，这叫“带资移民”，带着资金来的，任何一个地方都应当欢迎。我讲要鼓励外迁，不是不重视就近移民，农村移民中恐怕大多数还是要就近安置，熟人熟土，容易接收。但是，有一个大前提，就是不能再破坏环境，破坏山林，破坏水土保持。国家对库区投入了一笔钱，用于修公路，植树造林，搞基础设施建设，护坡护岸。搞这些工程，可以保护环境，也可以大量吸引农村劳动力，就近安置一部分移民。库区各级政府要从这些方面多想办法，多开辟些门路，既把移民安置好，又不破坏生态环境。

三峡工程建设为库区工业结构调整提供了难得的机遇。要抓住这个千载难逢的机会，着力调整经济结构，寻找新的经济增长点，提高整体经济效益。库区有好的企业，但不多，绝大部分产品老化，技术落后，管理薄弱，亏损严重，是国家的包袱，应当关停并转。如果不抓住这个机遇进行调整，就会继续污染环境，破坏资源，对国家没有什么好处！库区各级政府一定要把工矿企业搬迁与经济结构、企业组织结构调整结合起来。趁库区搬迁这个机会，关掉一批“五小”企业。这样，才能避免重复建设，使库区经济结构更加合理，才能不再往长江排放工业废水，有效保护库区生态环境，促进库区经济持续健康发展。国家在三峡库区有大量的资金投入，如果不把工作重点放在调整结构上，还搞原样搬迁，马上就要背上新的亏损包袱，那是对国家、对人民、对子孙后代不负责的态度，是不允许的。这个问题要引起各级政府的高度重视。

为贯彻朱镕基总理讲话精神，市里对农村移民外迁作了两种试点，对搬迁工矿企业的结构调整选择奉节县进行了试点。

1999年1月至9月，江津市根据重庆市人民政府的安排，在油溪镇开展了接受县外移民安置试点工作，试点期间，油溪镇共接受云阳县农村移民163户608人，共调出生产安置土地730亩（其中田354亩，土376亩），移民人均土地1.21亩，移民共购建房27391平方米（其中新建房113户421人，面积22346平方米，购旧房50户287人，面积5045平方米），宅基地人均高于45平方米，做到了移民生产有土地、生活有住房、基础设施大改善、安稳有条件、致富有基础，实现了移民、迁入、迁出三方面满意。

1999年8月，组织了800名农村移民赴新疆生产建设兵团进行劳务合作、过渡外迁的试点。

1999年1月开始，奉节县进行淹没工矿企业结构调整工作试点。在试点工作中所实施的淹没企业破产关闭工作方案，较为妥善地解决了企业职工安置、债权债务处置等核心问题。试点工作中反映出的5个需要明确的政策性问题，得到了国家的高度重视。

这些试点为“两个调整”政策的正式出台提供了一些具体措施和办法。

1999年6月6日，国务院办公厅关于三峡工程库区移民工作若干问题的通知（即国办发〔1999〕53号）指出，“对库区移民政策和企业搬迁政策作一些调整和完善”。主要有：

1.鼓励和引导更多的农村移民外迁安置。实行以多种方式安置农村移民的方针，把本地安置与异地安置、集中安置与分散安置、政府安置与自找门路安置结合起来，努力实现移民搬得出、稳得住、逐步能致富和长治久安的目标。

2.加大搬迁工矿企业的结构调整力度。要抓紧修订库区工矿企业搬迁规划，对污染严重、产品无市场和资不抵债的国有、集体搬迁企业，要坚决实行破产或关闭，对产品有市场、资产质量好、领导班子强的企业，通过对口支援与名优企业合作、合资，进行组合搬迁。

2001年3月1日施行修改后的《长江三峡工程建设移民条例》，“两个调整”分别列入第十四条和第二十一条中。

关于“两项治理”

三峡库区地质灾害防治和生态环境建设是三峡工程重要组成部分，移民工作初期，认识还是肤浅的，二期移民攻坚后，认识得以升华，并受到国务院领导高度重视。

2000年5月1日，重庆发生了武隆县城江北西段山体滑坡地质灾害事故，78人遇难，震惊全国。重庆是全国地质灾害最为严重的4个地区之一，从1980年至2000年底，全市累计报有地质灾害点33300余处，总体积超过50亿立方米。5月2日，市委、市政府发出了《关于开展安全检查的紧急通知》，2日至23日，对全市7079个项目进行了检查，存在质量安全隐患的项目有1462个，其中因地质灾害原因造成质量安全隐患的项目有162个，面积17.8万平方米。从5月1日至20日，市政府接到各地报来的地质灾害险情、灾情16起，几乎每天一起。5月30日，市委、市政府召开了全市地质灾害防治工作会议。

6月25日，时任国务院研究室副主任的李德水用红机打来电话，说7月中旬要召开国务院三峡工程移民工作会议暨对口支援工作会议，现正在给朱总理起草讲话稿，你们有什么重要情况要反映吗？希望总理解决什么大事？

我喜出望外，前后讲了40分钟，主要向德水同志报告了两个问题：

（一）三峡库区地质灾害防治问题

经调查核实，重庆三峡库区地质灾害点有3068处，分布于长寿、涪陵、武隆、丰都、忠县、万州、云阳、奉节、巫山、巫溪等区县。其中具有一定规模且危害程度较大的，比如影响库岸稳定和移民城镇安全的地质灾害共1503处，总体积34.7亿立方米。库区地质构造复杂，水系发育、河溪深切、坡陡谷深，软弱层及软弱结构面发育，本就是地质灾害的"温床"，加之区内降水丰沛，且多大雨、暴雨等集中降雨，又为地质灾害的频繁发生"推波助澜"。武隆城北滑坡就是在先干旱，而后连续3天大雨的情况下发生的，教训深刻。

（二）水环境治理问题

1996—2000年，三江（长江、嘉陵江、乌江）水质出现超标的项目数较多（曾多达11个），主要为粪、大肠菌群，其次是石油类、总磷、非离子氨、化学需氧量。水质满足Ⅱ、Ⅲ类断面的比例起伏较大，1999年满足Ⅱ类仅13%，满足Ⅲ类才39.1%。次级河流污染更重，水质更差。三峡工程成库后，水流速度减缓，库区水体的自净能力下降，因此，三峡库区的水污染防治工作十分紧迫。

2001年7月17日下午，朱镕基总理在宜昌召开了座谈会，重庆市又反映了这两个大问题。镕基同志在会上问，三峡建设基金一年能有多少钱？有人答，约70亿—80亿。朱总理说，那就两年拿40亿来防治地质灾害，拿40亿来治理环境，这都是三峡工程的重要组成部分。接着，他在国务院三峡工程移民工作会议暨对口支援工作会议上作了重要讲话：

实践证明，“两个调整”的方针是正确的，可行的，有利于三峡工程建设。要继续加大外迁工作的力度，有接收安置三峡外迁移民任务的省市要顾全大局，树立全国一盘棋思想，更多地接收安置三峡移民。同时，移民工作要与库区经济发展相结合，对口支援要与发展库区的特色经济相结合，扩大规模，优化结构，提高效益。要采取多种方式对搬迁企业进行嫁接改造，库区政府要为对口支援企业创造良好的发展环境。

还要强调，必须高度重视三峡库区地质灾害防治和生态环境建设。对库区地质灾害的隐患绝不可掉以轻心。加强对崩滑体等地质灾害的监测和治理，是关系到库区人民群众生命财产安全和子孙后代的大事，要在水库蓄水前集中力量抓紧治理。特别是对那些在蓄水后可能产生滑坡的崩滑体要抢先治理。否则，蓄水后就会造成严重后果。现在，长江上游水土流失和环境污染相当严重，必须切实加快长江上游生态环境建设，搞好天然林资源保护，加大退耕还林还草的力度，发展高效、生态、特色农业，加快污水和垃圾处理设施的建设，严格治理各种污染源。为此，对有关治理工程项目，要快调查、快规划、快立项、快审批、快实施，做到科学论证，简化程序，加快进行。

当天晚上，重庆市委、市政府在宜昌召开移民工作专题会，贺国强书记、包叙定市长作了重要讲话，要求各地认真领会这次会议的精髓，进一步搞好“两个调整和完善”，切实抓好农村移民安置和淹没工矿企业结构调整工作。各地要认真做好地质灾害的防治、生态环境建设与保护工作，要把这两项工作列入重要工作议事日程。

由于有了“两个调整”，三峡库区共外迁安置农村移民19.6万人，他们在安置地都有一份不低于当地村民人均水平的耕地，住房面积达到人均20平方米至25平方米，移民安置点的水、电、路、交通、通信、就学、就医等条件也比搬迁前有了较大改善。外迁安置的三峡移民思想稳定，安居乐业。三峡移民成功外迁安置，是三峡移民史上的一座丰碑。企业搬迁结合技改以及综合应用兼并、破产、关闭等手段进行结构调整，全面完成工矿企业迁建任务1632家，其中关闭、破产1102家，建成厂房及职工住房面积707万平方米，安置职工34.27万人。淹没企业的组织结构、产品结构和所有制结构都得到了较大程度的调整、优化和提升，为库区工业生产力体系的重构和库区经济可持续发展奠定了良好的基础。

由于有了“两项治理”，库区地质灾害治理项目总体进展顺利，地质环境未见异常。三峡库区长江干流水质总体稳定，以优于Ⅲ类水质为主。水土流失得到有效控制；库区泥沙来量明显下降。水生和陆生珍稀动、植物得到有效保护。

三峡工程的误解与正读

索丽生

编者按：三峡工程作为一项跨世纪的水利枢纽工程，对它的解读自然少不了水利专家。从水利部副部长到民盟中央副主席，索丽生始终以严谨的治学态度关注着三峡工程的建设和运营。

三峡绝不会成为第二个三门峡

记　者：请您对三峡工程作一个总体评价。

索丽生：如何评价三峡工程，素来仁者见仁、智者见智。到底是功在当代、利在千秋、为后代造福的工程，还是引起灾难的工程，争议很大。我的观点很明确：三峡工程利远大于弊，它的防洪效益、发电效益、航运效益以及它本身的生态效益远远大于它所带来的负面影响。因此，我总体上持肯定态度，但并不回避建这么大的工程会给自然界带来扰动，导致生态上的调整和一些新的不平衡，甚至一些不好的方面。如果现在重新投票决定这项工程是否“上马”，我肯定还是支持。

对三峡工程本身的技术进行评价，我认为，它是一项高质量和具有世界技术水准的宏伟工程。作为一名水利工作者，能够参与这样一项伟大的工程，我觉得很自豪、很欣慰。当然，对三峡工程也有种种说法，我愿意称之为误解。

记　者：您觉得产生这些误解的原因是什么？

索丽生：主要有三个原因。第一，有很多人，包括一部分专家，更多的是一些社会人士，误把三峡工程当成第二个三门峡工程。三门峡工程曾是黄河上最大的工程，三峡工程是长江上最大的工程，人们很难不把这两者联系起来。三门峡工程、至少最初建的三门峡工程是一个失败的例子，现在人们“谈虎色变”，很多人担心重蹈覆辙。三门峡工程本身虽不成功，但通过多次改造，目前还能发挥一定效益，对生态的不利影响在逐渐减轻，给水利界留下了很多经验教训，也是有价值的事情。

从客观条件来讲，长江和黄河、三峡和三门峡的自然条件迥异。三门峡工程最主要的问题出在泥沙上。黄河每年的泥沙总量就比长江大，而长江的水量约为黄河的20倍，长江三峡处的泥沙含量仅为黄河三门峡的1/30。加之水土保持工程的效益和上游水库群的拦截作用，目前三峡的泥沙条件远没有三门峡那样恶劣。

从技术因素而言，两个工程的设计运行水平也不可同日而语。三门峡工程犯的一个最大错误就是没有留冲沙底孔。当时，中国专家曾建议保留底孔冲沙用，但苏联专家没同意，还把它堵死了，第一步就迈错了：没有给泥沙一个“出路”，引起水库淤积，黄河、渭河河床升高。三峡工程则预留了大批底孔排沙。三峡水库和三门峡水库也不同，前者是个“细长条”，有600多公里长，平均宽度只有1.1公里，我们把它叫作河道型水库；后者是个“大肚子”，是个湖。三峡水库按“蓄清排浑”方式运行，汛期多泥沙，水库降低水位运行，长江流量本来就大，河道型水库中流速也较快，容易把泥沙带走。而“大肚子”水库水进去后就平静下来，泥沙沉落，所以三门峡工程按照当时的自然条件和设计必然导致淤积。

第二个原因是宣传上的误导。我认为很多人把三峡工程的有些数据说过头了，津津乐道地列举了许多“世界之最”。出发点固然是好的，希望通过宣传把这个工程搞好，但过头的宣传往往会误导人们：既然三峡工程是世界上“独一无二”的大工程，就必定会带来大的影响，必定对生态环境带来很大破坏。

有人说三峡水库是世界上最大的水库，其实不是，有资料称它在世界上仅排第16位。长江为世界大河之一，其水量位居世界第三。在这么大的江上建坝，世界上还很少，但别人在比我们小得多的河上建的水库都比三峡水库大。如尼罗河的水量不足长江的1/10，河上有个阿斯旺水坝，它的水库库容却是三峡的4倍多。三峡工程的防洪库容220亿立方米，只及坝址处年来水量的1/20，说明它对河流的“控制能力”或者说影响是有限的。但借助这一库容，可以把洪峰流量存一部分在水库里，即所谓削减洪峰，同时还要泄洪，再加上堤防等工程，下游就不至于溃堤，荆江防洪标准从十年一遇提高到百年一遇。认为三峡工程神通广大、呼风唤雨是不科学的。正因为防洪是三峡工程的第一任务，汛期必须腾库蓄洪，保持低水位运行，尽管其装机容量为“世界之最”，而发电量仍不及南美的伊泰普水电站。

第三个原因在于环境保护观念上的差异。受环境保护的理想主义情绪左右，有人把生态环境保护的目标锁定在保持原生态上。但我认为不应以原生态为目标，因为我们已经没有原生态可言。从解放初期到现在，我国人口已是原来的三四倍，经济总量不断翻番，生活质量大幅提高。人口增加、经济发展、生活改善，必然要向自然界索取，想要维持原生态只是一种理想主义。说句玩笑话，按照这种概念，要想恢复原生态，除非人类回到丛林里当猴子。

我一直坚持一个观念，生态环境保护应该往前看。我们要追求的目标是一个经济发达、社会进步、资源节约、生态良好的人与自然和谐相处的某种新的、可持续的平衡状态，我们不可能也没必要回到历史记录中的某个“自然生态”。

三峡工程顺利完工　库区建设任重道远

记　者：2009年底三峡工程顺利完工，结束了其建设时期的任务。记者得知，有关部门制定的《三峡工程后续工作规划》正在等候国务院批准。为此，有人称“后三峡时代”即将到来。对此，您怎么看？

索丽生：我个人认为，《三峡工程后续工作规划》的叫法不妥，给人的概念是三峡工程还有遗留问题没做完。实际上，除升船机工程批准推迟建设外，按照初步设计的要求，三峡工程已经顺利完工。当然，库区的经济社会发展、地质灾害防治、污染治理等还任重道远，但未必是三峡工程带来的问题，如这个地区本来经济就滞后，需要发展；即便不建三峡工程，地质灾害防治、污染治理也是该地区发展的需要，把这些叫作“三峡工程后续工作”并不确切。我认为，从概念上说，不应把今后要做的工作当成对三峡工程的弥补，而应该考虑建了三峡之后怎样管好它、用好它、发挥它的效益，从而带动这些地区的经济社会发展。

“后三峡时代”的叫法似乎也不太合适，它只有时间上的意义，没有其他意义。我认为，三峡工程没有那么大的影响，以至于可以划分为一个时代，把它抬得太高，太引人注意，反而忽视了一些实际需要做好的工作。

记　者：近年来，三峡工程带来的百万移民备受社会各界关注，请您为我们分析一下三峡工程带来的一些问题。

索丽生：有的人对这些问题过于乐观。我认为，最大的难题有三个：移民、泥沙和环境。就这些问题，当然也做了很多工作，不是没有考虑到，也不是无动于衷、没有采取措施。比如移民问题，这是最难的难题。这些移民原来居住的地方被淹，他们被安置到了其他省或库区的其他地方，挤占了别人原有的空间和资源，总体容量不足是影响最深远也是最难解决的问题。早期移民生活贫困，移民安置区出现产业空虚、零就业家庭等现象，是在预料之中的，好在现在正在逐步解决，特别是提高移民补偿和扶持力度、三峡库区对口帮扶等政策的落实，使这些问题都在解决之中。

其次是泥沙问题。三峡工程的泥沙问题主要不在上游，而在下游。工程改变了泥沙在一年中的分布情况，有相当一部分泥沙沉积在上游，下游大多数时候是清水，宜昌、武汉、南京，甚至到出海口，人们都惊叹长江水变清了。老百姓看是好事，但是搞水利的人看未必是好事。水在流动就会冲刷，就会夹带泥沙，到一定的泥沙含量就达到动态平衡。原来长江下游的河道基本达到平衡了，现在不一样，可以观测到清水下泄对下游河道的冲刷明显加剧，河势发生变化。有些媒体报道荆江河段的崩岸现象增加，就是这个原因。三峡工程最大的效益是保护下游的荆江大堤，保护江汉平原不受洪灾，但如果这个现象控制不好，可能掏到荆江大堤的基础，如果出现那种情况，原来的目标没有实现，反而出了坏事。现在很多专家对这个问题很关注，一直在观测。另外，清水下泄冲刷能力增加还会把河底冲深，导致水位下降，对航运也不利。专家们预测，要50年到80年才能达到新的平衡，而开始的5年、10年则是特别关键的时期。

第三个问题是环境。三峡原来是水流最急的河段，现在成了河道型水库，流速变慢，水的自净能力变差，污染物容易积聚。根据计算分析，三峡水库要达到既定的水质标准，库区的污染物排放总量必须大幅度下降。如果这项工作跟不上，水质就会变差。虽然现在污染治理工作在抓紧，但还是跟不上三峡工程建设的速度。好在干流水质基本上没受大的影响，但在支流的汊湾处，已出现水华现象，这与三峡水库蓄水相关。

当然，三峡工程对生物多样性，对鱼类回游，比如中华鲟和“四大家鱼”也有影响，但这些影响相对较小。

特别要关注库区发展、河势变化和污染治理

记　者：作为三峡工程验收专家组副组长，您的任务是什么，您觉得未来

还需要做些什么？

索丽生：三峡工程验收专家组的任务就是对三峡工程每完成的阶段工程进行检查，提出技术预验收报告，为阶段工程验收提供技术依据。

我觉得，今后主要该做这么几桩事。一是关注库区的经济社会发展。这是最重要的一桩事。它不完全由三峡工程引起，但是和三峡工程有关。库区本就是经济不发达地区，人多地少，交通不便，生态脆弱，为了建三峡工程，长期以来严格控制投入，基础设施薄弱；再加上安置移民，土地、资源等容量进一步压缩减少，致使库区的经济社会发展成为很大的问题，是今后需要重点扶持的区域。我看到有报道说到库区将有几百万“二次移民”，并与三峡水库移民相提并论，这是不科学的。水库移民更确切地讲叫“非自愿性移民”，是指蓄水淹没逼着搬迁的。报道中的“二次移民”是在经济社会发展和城镇化过程中发生的，是自愿的，是为了追求更好的生活和生态。这是两个不同的概念。三峡库区人均耕地不足七分，而且多以坡地为主，自然条件很差，经济发展是个难题，要有新思路。发展是头等大事，与百万移民将来能不能稳得住、能不能富裕密切相关，也直接关乎三峡工程的成败和声誉。

二是特别要关注河流、河势的进一步发展和泥沙问题。不仅荆江这段，长江跟洞庭湖的关系也在变化，原来长江水有四个口进洞庭湖，然后再从洞庭湖的出口流回长江。现在这四个口有一个淤死了，只剩下三个口，而且还在变，因为长江干流冲深了，水位下降，进这三个口的水开始减少。有人说2009年秋冬湖南和洞庭湖干旱是三峡工程引起的，只能讲有一点道理，因为从长江进洞庭湖的水在减少，但主要是湘江本身干旱，进洞庭湖水少了。江西那边鄱阳湖也干了，跟长江水位低有一定关系，但赣江自身来水少，到了最低水位。

三是污染治理一定要跟上去。库区现在都在建污水处理厂，但有的是检查时运行，不检查时照样排放。如果三峡水库蓄了水，但是污染物排放总量没降下来，就可能出问题。这也是社会上敏感的问题。另外，还应该加强地质灾害防治，其中有一部分与三峡工程直接相关，水库水位变动幅度比较大，附近会发生“库岸再造”，一段时期内容易出现塌方等问题。

大事记

大 事 记

（1918—2020）

1918 年

本年　孙中山先生在其《建国方略》之二——《实业计划》中说：“自宜昌而上，入峡行，约一百英里而达四川之低地……改良此上游一段，当以水闸堰其水，使舟得溯流以行，而又可资其水力。”这是国人首次提出三峡水力开发问题。1919年，英国工程师波韦尔在考察长江宜渝段后又提出修建多座闸坝兼顾航运与水电开发的设想。此前即1894年，孙中山在其《上李鸿章书》中，对西方新兴之水电能源已在向清廷呼吁：“近又有人想出新法，用瀑布之水力以生电，以器蓄之，可待不时之用，可供随地之需，此又取之无尽、用之不竭者也。”

1924 年

8月　孙中山在广州国立高等师范学校演讲《民生主义》时，更具体地提出三峡水力问题：“又像扬子江上游夔峡的水力，更是很大。有人考察由宜昌到万县一带的水力，可以发生3000余万匹马力的电力”。

1932 年

10月　由国民政府建设委员会技正恽震建议，在国防设计委员会副秘书长钱昌照支持下，组队进行了为期两月的长江上游水电勘测工作，并于翌年春提出包括黄陵庙、葛洲坝两处低坝方案的《扬子江上游水力发电勘测报告》。这是我国为开发三峡水力资源进行的第一次勘测研究工作。

1944 年

4月 中国战时生产局顾问、美国经济学家潘绥写了一份《利用美贷筹建中国水力发电厂与清偿贷款方法》的报告，建议在长江三峡建造水力发电厂，同时兴办肥料厂，由美国投资并提供器材设备，以生产的肥料偿还债务。

5月 美国垦务局设计总工程师萨凡奇应邀访华，在听取长江三峡的水力形势和潘绥《报告》后，决心亲往三峡查勘。

9月 萨凡奇率领国民政府经济部资源委员会技术人员前往三峡查勘。然后，依据有关单位提供的资料，编写了《扬子江峡谷计划初步报告》——其中之一为《扬子江三峡计划初步报告》，即萨凡奇方案，提出兴建三峡工程的建议，建议拦河坝坝址设在宜昌上游5—15公里范围内，即南津关至石牌之间。

1945 年

5月—8月 在国民政府经济部资源委员会主持下，成立了由国家水利、农林、交通、地质部门与长江流域机构组成的三峡水力发电计划技术研究委员会，以及负责设计、施工和勘测的全国水力发电工程总处三峡勘测队。

10月 中国资源委员会与美国垦务局签订了《中美关于编制长江流域工程报告的合约》——通称《中美三峡工程设计合约》。《合约》规定，三峡工程由美国代为设计，中国派员参加。

1946 年

4月上旬 萨凡奇在中国技术人员陪同下复勘三峡坝址。三峡工程坝区库区的地形测量、地质钻探、经济调查、规划设计工作陆续开展；中方参加设计人员50余人于夏秋分批赴美。

1947 年

5月 三峡工程因“财政危机，外汇困难”奉命“中止”。美国垦务局一工程师在写给中国同事的信中说：“伟大如三峡计划，中国自不能久置不问，相信不久之将来，定有兴工之一日。”在美参加三峡设计工作的人员，大部分8月起分批回国。

1949 年

汛期，长江大水，中下游堤防多处溃口，荆江大堤岌岌可危。5月16日，中南重镇武汉宣布解放。在中南军政委员会水利部领导下，中下游各省水利机构积极组织了防汛与汛后的复堤、赈灾工作。

1950 年

2月 水利部长江水利委员会在武汉成立。下设长江上游工程局（驻北碚，1953年迁重庆）、中游工程局（驻武汉）、下游工程局（驻南京）、洞庭湖工程处（驻长沙）、荆江工程处（驻沙市）。该会当年便确立了以防洪工作为首要任务的治江方针，积极进行复堤固堤，决定近期完成荆江分洪工程和一批湖泊蓄洪垦殖工程。

1951 年

8月 长江水利委员会编制完成《荆江分洪工程计划》，计划争取在1952年大汛来临以前，完成进洪闸及泄洪闸工程。12月，又提出《荆江分洪工程技术设计草案》。

12月 长江水利委员会主任林一山在《治江工作的简要报告》“治江三阶段”中，首次提出以三峡工程为长江防洪的治本性工程，以荆江分洪工程为当时平原防洪的重要措施。

1952 年

3月 中南军政委员会根据中央指示，作出《关于荆江分洪工程的决定》，指出：经有关部门负责人商讨，“一致同意荆江分洪的计划，认为这一计划的方针是照顾全局，兼顾了两省，对两湖人民都是有利的”。

同月 中央人民政府政务院发布《关于荆江分洪工程的规定》，指出：“为保障两湖千百万人民生命财产的安全起见，在长江治本工程未完成以前，加固荆江大堤并在南岸开辟分洪区乃是当前急迫需要的措施”。

4月5日 荆江分洪工程主体工程北闸、南闸和分洪区围堤的主要组成部分黄天湖大堤全面开工，至6月20日提前15天完成任务。毛泽东、周恩来亲笔题词，向广大建设者赠送锦旗。毛泽东的题词是：“为广大人民的利益，争取荆江分洪工程的胜利。”周恩来的题词是：“要使江湖都对人民有利。”

1953 年

2月 毛泽东乘“长江”号军舰从武汉去南京途中，特意也是第一次召见长江水利委员会主任林一山，并听取林一山《关于长江水灾、防洪及长江水资源开发利用情况》的汇报。针对华北缺水难题，毛泽东和林一山讨论了南水北调问题。毛泽东还询问了兴建长江三峡工程的利弊、可行性和治水队伍等。在听取了林一山关于长江防洪的两种设想方案的汇报后，毛泽东说：为什么不在这个总口子上卡起来，毕其功于一役，就先修那个三峡水库怎样？这是新中国领导人第一次谈到三峡工程。

6月 根据中央农村工作部部长邓子恢的指示，林一山在北京起草第二次治江方案报告，即《关于治江计划基本方案的报告》。《报告》在远景计划中列入了三峡水库，提出"上游各支流除与本地除害兴利有结合价值者外，均应先与三峡大坝作出比较结论后才能确定计划的程序"。

10月 长江水利委员会上游局党组向西南局财委的报告中提出，将来三峡水库的蓄水高度可能在190米左右，请西南局向沿江城市和有关单位打招呼，不要在190米高程以下设厂或建较重要的工程。西南局财委同意了这个意见。

1954 年

5月 周恩来在第一届全国人民代表大会第一次会议上所作的《政府工作报告》中讲到水利工作时指出："今后必须积极从流域规划入手，采取治标治本结合、防洪排涝并重的方针，继续治理为害严重的河流，同时积极兴办农田水利，以逐渐减免各种水旱灾害，保证农业生产的增长。"

5月—8月 长江流域发生了有记录以来的特大洪水，江汉平原、洞庭湖区损失惨重。为了解除洪水对荆江大堤的威胁，经中央批准，先后三次运用荆江分汉工程，降低沙市最高洪水位约1米，保证了大堤安全。同时，先后12次运用人工扒口分洪，减缓了武汉洪水的上涨速度，争得了加高堤防的时间，保住了武汉主要市区。但由于洪水超过防御标准很多，在高水位长期浸泡下，长江、汉江干堤仍有多处溃口。仅湖北省境内受灾农田即达2127万亩，受灾人口926万人，死亡30582人。这次大水再次警示：消除中下游严重洪水灾害的威胁乃是治理长江首要而紧迫的任务。

9月 长江水利委员会主任林一山在《关于治江计划基本方案的报告》中指出，长江三峡水库、汉江丹江口水库、沅水五强溪水库是长江干流及重要支流中最有控制价值的三个水库。提出三峡坝址拟选在黄陵庙地区，蓄水位拟选为191.5米。

11月下旬 毛泽东、刘少奇、周恩来在从武汉至广水的列车上又专门召来林一山了解关于三峡水利枢纽的情况，进一步询问有关三峡的地质、水文、降雨量、洪水源头等情况。根据林一山汇报时提出的“技术上若有外援更有把握”的话，毛泽东即请周总理返京后与苏联政府照会，要求苏联派专家来华，协助编制长江流域规划。

1955 年

1955年起，在中共中央、国务院领导下，有关部门和各方面人士通力合作，全面开展长江流域规划和三峡工程勘测、科研、设计与论证工作。3月，中国技术进口公司与全苏技术工业出口公司在莫斯科正式签订第1002号聘请苏联专家的合同，第一批苏联专家6月到达武汉。查勘三峡后，苏联专家提出勘探美人沱至南沱河段的建议。随后，4台钻机和第七地形测量队陆续进入三峡地区，分别对美人沱、太平溪、黄陵庙、南沱4个段面进行了2—4个钻孔的勘测。

12月 周恩来在北京主持会议，在听取长江水利委员会和苏联专家关于治江战略重点问题上两种截然相反的意见后，肯定了国内专家的意见，正式提出，三峡水利枢纽有着“对上可以调蓄、对下可以补偿”的独特作用，三峡工程是长江流域规划的主体。苏联专家组组长德米特里也夫斯基听了周总理的意见，表示赞同。

1956 年

3月 国务院副总理邓子恢传达周恩来的指示，决定将长江水利委员会改为长江流域规划办公室（简称长办，属国务院建制，由水利部代管）。10月，水利部转发国务院通知，批准成立长江流域规划办公室。11月，水利部向长办颁发圆形胶质印章。林一山在来文上批注："长江流域规划委员会未成立之前，暂先成立长江流域规划办公室。原长委会名义，在需要时仍将使用。"长办具体承担长江流域规划工作，燃料工业部所属水电建设总局、交通部、地质部、水产部等单位亦派出人员参加流域规划工作。

同月 长江水利委员会成立汉江规划设计室，专门研究汉江规划、丹江口工程设计和引汉济黄等工作。上半年，经过近两年的努力，汉江流域规划要点报告基本完成。5月，水利部主要领导、专家会同有关部门进行专门审查，历时月余，基本通过规划报告，并指示规划选定的第一期工程——丹江口水利枢纽初步设计工作要抓紧进行。在此之前还批准了兴建汉江下游分洪工程——杜家台分洪工程。

5月 《中国水利》第5、6期发表林一山的文章《关于长江流域规划若干问题的商讨》。9月，《水力发电》杂志第9期发表电力工业部水电建设总局局长李锐的《关于长江流域规划的几个问题》。这是在论证兴建三峡工程过程中最初的分歧意见。

6月 毛泽东在武汉畅游长江后写下了"更立西江石壁，截断巫山云雨，高峡出平湖"的著名词句，描绘出三峡工程的壮丽宏图，唱响了兴建长江三峡工程的新乐章。

1957年

12月 周恩来为全国电力会议题词："为充分利用中国五亿四千万千瓦的水力资源和建设长江三峡水利枢纽的远大目标而奋斗。"

1958年

1月 在南宁召开的中央工作会议上，毛泽东把三峡工程作为一个重大议题，并亲自主持关于三峡工程的辩论。对三峡工程持不同意见的林一山和李锐分别作论辩发言。大会还就三峡工程造价问题作了专项探讨。最后针对双方相持不下的意见，毛泽东对三峡工程提出了“积极准备，充分可靠”的方针性意见，并委托周恩来亲自抓长江流域规划和三峡工程工作。

2月底—3月初 周恩来率李富春、李先念副总理和国务院有关部委、有关省区的领导以及中外专家、工程技术人员组成100多人的视察团查勘荆江大堤和三峡坝址。除实地查勘外，还在船上听取三峡工程研究和长江流域规划工作汇报、汉江流域规划和丹江口水利枢纽工程设计的汇报。最后周总理作了总结，指出：从国家长远的经济发展和技术两个方面考虑，三峡工程水利枢纽是需要修建而且可能修建的，应当采取积极准备、充分可靠的方针进行各项有关的工作。他对规划设计研究工作作了全面的具体安排，并提出加强组织领导和规划设计审查工作，指出：由于条件比较成熟，汉江丹江口工程应当争取在1958年做施工准备或正式开工。周恩来还指出：建设丹江口水利枢纽工程，第一确保质量，第二要妥善安排移民，第三设计由长江流域规划办公室负责，施工由湖北省政府负责，省长张体学亲自挂帅。

3月 周恩来在成都会议上作《关于三峡水利枢纽和长江流域规划的报告》。成都会议通过了《中共中央关于三峡水利枢纽和长江流域规划的意见》，明确提出：“从国家长远的经济发展和技术条件两个方面考虑，三峡水利枢纽是需要修建而且可能修建的”，“应当采取积极准备和充分可靠的方针，进行各项有关的工作。”三峡大坝正常高水位的高程应当控制在200公尺以内，同时在规划设计中还应当研究190公尺和195公尺两个高程，提出有关的资料和论证。从此，三峡工程的设计和科研工作进入一个新阶段。

3月30日 毛泽东在结束成都会议后，在西南、中南、华东三大区负责人李井泉、王任重、柯庆施的陪同下，乘“江峡”号客轮沿长江作了一次全面视察，并重点考察了三峡坝址。经过三峡时，毛主席在驾驶舱观察三峡地形，向身边的海员们说：有些地方航道仍然不好，在三峡修一个大水闸，又发电又便利航运，你们赞成吗？海员回答说：太赞成啦！修了水闸，航行就更加方便了。傍晚，船经三斗坪，毛主席让掉转船头，减速行驶，他到甲板上，仔细察看三峡坝址。

4月　三峡科研领导小组成立。

5月　长办根据周恩来指示精神，完成了丹江口水利枢纽初步设计报告，由水利电力部和湖北省组织审查，通过了设计方案。设计方案重点研究确定了三个主要问题：一是设计蓄水位，关系到工程规模与梯级衔接；二是坝轴线；三是坝型和枢纽布置。

6月　三峡水利枢纽第一次科研会议在武汉召开。国家科委三峡组组长张劲夫主持会议。参加会议的有中国科学院、水电部及有关部、委、局和产业部门的设计部门、科研院所、制造单位、高等院校共82个单位、268人。会议制定了三峡科研计划，查勘了三峡坝区。会后，向毛泽东和党中央呈送了关于三峡水利枢纽科学技术研究会议的报告。

8月　周恩来在北戴河会议期间，主持召开长江工作会议，具体讨论研究长办编印的《有关建设三峡水利枢纽的准备工作问题的报告》和进一步加快三峡工程兴建的设计及有关的准备工作问题。会议批准兴建三峡试验坝——蒲圻陆水工程。

9月　丹江口水利工程正式开工。12月，实现了汉江截流。

11月　长办编制完成《三峡水利枢纽初步设计要点报告》。《报告》着重研究了坝址和正常高水位选择的问题，对南津关和三斗坪两处坝址提供了综合论证的全面比较资料，提出了不同正常高水位对国民经济各部门的影响，推荐选用三斗坪坝址和正常蓄水位200米的方案。

1959年

3月　长办将《三峡水利枢纽初步设计要点报告》报送水利电力部，并于5月在武昌召开“三峡水利枢纽初步设计要点报告”讨论会。会议就坝址选择、正常高水位选择及施工方案进行了重点讨论。经过讨论，绝大多数代表认为三斗坪与南津关两坝址相比，前者具有不可争辩的优越性。大会一致同意选用三斗坪坝址和正常蓄水位200米方案——这是第一次确定三斗坪坝址。会后，长办向水电部并国家计委、国务院报送了《关于三峡水利枢纽初步设计要点报告讨论情况的报告》。6月底，长办开始对三斗坪坝址进行初步设计。

8月 周恩来在庐山会议期间，专门听取林一山等人关于三峡问题的汇报，并特意询问在场的苏联专家组组长巴塞克也夫："三峡工程设计已达到怎样水平？"巴答道："现在即可做施工准备。"

10月 科委三峡组在武汉召开第二次科研会议。会议总结了一年来的工作成就（一年来，各单位提供了科研成果报告700多份），交流了经验，还重点结合设计中的若干关键问题，展开了讨论。会后，科委三峡组向聂荣臻、科委党组、李先念、周恩来报送了《长江三峡第二次科学技术研究会议报告》，并附送了《长江三峡17个重大科学技术问题简要介绍》。

12月 交通部和长办在北京召开三峡航运问题讨论会。会上，交通部同意长办提出的三峡工程的反调节坝——葛洲坝水库。这是第一次提出修建葛洲坝工程。

1960 年

4月 水电部组织水电系统的苏联专家及国内有关单位的专家在三峡查勘，研究选择坝址。同月，中共中央中南局在广州召开经济协作会，讨论了在"二五"期间投资4亿元、准备1961年三峡工程开工的问题。

5月 长办在汉口召开三峡施工方案及准备工作计划讨论会。会上，长办提交了《三峡水利枢纽施工准备工作计划》。

同月 刘少奇在林一山陪同下，从重庆乘轮船东下，查勘长江，并对三峡坝线和中堡岛的勘探竖井进行实地视察。

8月 周恩来在第二次北戴河会议期间，召开长江规划工作会议。鉴于当时国家暂时的经济困难和国际形势的影响，调整了三峡建设的步伐，但指示“雄心不变，加强科研，加强人防”。

9月 科委三峡组以书面形式发出《三峡水利枢纽第三次科研会议的通知》。《通知》要求：（一）三峡科研工作要认真贯彻“雄心不变，加强科研”的精神；（二）今年不开大会，以各大组分别召开小型专家会议或汇报座谈为主，切实深入地研究讨论初步设计中的重大科学技术问题；（三）充分研究已有成果及经验，制定1961年至1962年科研计划。

1961年

2月 科委三峡组在北京召开扩大会议。会议主要是肯定1958年以来的三峡科研工作的巨大成就，交流三峡研究工作的情况。据这次会议统计，参加三峡科研的单位已达360个，提交的报告共有1376篇，为三峡初步设计提供了有力的科学依据。

1962年

2月 周恩来在听取各有关方面关于丹江口工程出现质量问题的汇报后，作出要按设计施工，立即暂停施工，处理混凝土质量事故，加强机械化施工准备，整顿队伍，加强培训等决定，并以中央正式文件下达。

12月 科委三峡组在中国科学院召开扩大会议，提出1963年至1972年十年科研规划，并将兴建三峡的各项有关内容列入科研工作中。主要研究课题有：水库淤积、水库预报调度、双水内冷大型水轮发电机组、升船机、高水头深孔泄洪、高压输电技术、大跨度地下建筑物、人工骨料等。

1963年

1月—6月 国务院及有关技术部门继续研究石牌坝址方案。经两年研究，认为石牌方案坝址地质条件差、技术复杂、造价高、工期长，不宜采用。

7月 决定石牌方案告一段落，重点深入进行美人沱坝区的工程防护和分期开发方案的研究。下半年，提出了分期建设、工程防护和水库淤积三个专题研究报告，并确定了以太平溪坝段作为进一步研究重点。

1964 年

4月 林一山向周恩来呈报关于三峡枢纽开发方案和勘探设计工作的请示报告，主要汇报了分期开发方案。第一期水库正常高水位115米，主要任务是提前发电；第二期将大坝加高到162米高程，正常高水位150米，主要任务是防洪、发电；第三期正常蓄水位抬高到200米的最终规模。

夏季 为研究水库长期使用问题，林一山带领长办人员到西北、东北、华北等地对十几个多泥沙河流的水库进行了淤积调查，写了调查报告。9月，林一山向周恩来作了汇报。周恩来审阅报告后，转呈毛泽东。调查报告提出：根据水库淤积规律和天然河流水沙年内分布的特点，通过水库的合理调度，即汛期降低水位泄洪排沙、汛后蓄水的“蓄清排浑”运行方式，可以使水库长期保留一定的有效库容，做到长期使用。

1965 年

本年 在党中央、国务院的关怀下，湖北省委、省政府、水电部给予大力支持，全体建设人员克服重重困难，丹江口水库大坝混凝土继续施工，1967年大坝达到挡水发电高程，下闸蓄水，1968年建成拦洪发电，1973年全部竣工。

本年 继续进行太平溪坝段的地质勘探及设计研究工作。进一步研究了三峡工程分期开发的技术可能性和经济合理性。

1966年

3月 林一山向中共中央、毛泽东报送了《关于三峡水利枢纽分期开发研究的报告》。《报告》提出，长办按照毛主席所指示的“积极准备，充分可靠”和“有利无弊”的方针，着重研究了建筑物防护、水库淤积和分期建设等三个问题，进一步分析了分期建设可以大大增加近期建设三峡工程的可能性，更符合“有利无弊”的方针。根据国家经济情况看，三峡工程宜早不宜迟，建议中央将三峡工程列为第三、四个五年计划期间的建设项目，争取1968年开始施工准备，1969年正式开工，1975年汛前开始发电。

4月 长办编制了《三峡水利枢纽设计简要报告》。《报告》汇报了1958年以来长办对三峡工程的设计论证进程。在“积极准备，充分可靠”的方针指导下，在有关单位的协作配合下，长办基本查清了对建设大坝最为重要的地质问题；经过比较研究，基本解决了三峡工程的重大技术问题。论证也表明，建设三峡工程在技术上是可靠的，经济上是合理的。同时编印了《三峡水利枢纽分期开发方案研究情况》的汇报提纲。汇报提纲提出了设计蓄水位为115米、150米和200米的分三期开发的方案：第一期发电为主；第二期可以收到更大的综合效益，特别是防洪方面有显著效益；第三期完成最终规模。

1967年

7月 长办第一勘测大队编制完成《长江三峡水利枢纽综合工程地质勘察报告》。《报告》主要反映了美人沱坝区（黑岩子—太平溪河段）地质勘测工作所取得的成果。

1968 年

4月 长办人员陪同湖北省革命委员会副主任张体学等查勘了三峡坝址，并向水电部部长钱正英汇报了三峡枢纽的研究情况。经张体学、钱正英审核同意，由水电部和湖北省联名向党中央、国务院报送了《关于修建三峡水利枢纽的设想》，建议三峡水利枢纽分两期建设：第一期工程着重解决荆江地区防洪和鄂、豫、湘西部地区的用电问题，改善川江最困难的峡谷航道，尽量减少淹没。按此拟定第一期设计，蓄水位150米左右，大坝坝顶高程160米左右，总库容186亿立方米至200亿立方米，防洪库容80立方米至150亿立方米，发电400万千瓦，装机容量800万千瓦，年发电量550亿千瓦时，淹没耕地约9万亩，迁移人口25万人，工程总投入约40亿元，施工期10年左右，推荐坝址为太平溪或三斗坪。第二期工程修至最终规模。

1969 年

10月 毛泽东视察湖北时，湖北省革命委员会主任曾思玉向毛泽东提出修建三峡工程的建议。毛泽东指出，“目前备战时期，不宜作此想”。事后，曾思玉等根据一些同志的意见，提出先修葛洲坝工程的建议。按长办过去研究的建设程序，葛洲坝应在三峡建成之后兴建，或与三峡工程同时兴建；如在三峡之前修建，将增加葛洲坝工程的建设难度和投资，对三峡工程的施工也有不利影响。因而当时对是否先修建葛洲坝工程，存在不同意见。

1970 年

10月 武汉军区和湖北省革命委员会在现场组织了葛洲坝工程的设计研究和试验工作，并于30日向中央和国务院写了《关于兴建长江葛洲坝水利枢纽工程的请示报告》。《报告》提出："我们在现场进行了水工试验和研究。试验结果：泥沙虽有些淤积，但人工完全可以调节、控制，对大坝影响不大，保证不淤塞，不断航"，"经过反复勘察、模型试验，认真研究，均认为切实可行。现建议兴建宜昌长江葛洲坝水利枢纽工程"。与此同时，林一山提出了先建葛洲坝所带来的重大技术难题，并向周恩来写了汇报信。

12月16日 周恩来第一次听取葛洲坝工程与三峡工程相互关系的汇报，听取了对兴建葛洲坝工程的不同意见，并要林一山把不同意先建葛洲坝工程的意见用书面写出。会后，周恩来将中央批复送审稿及武汉军区、湖北省的报告，连同林一山的信一并呈送毛泽东主席。周恩来在写给毛泽东的信中说："至于三峡大坝，需视国际形势和国内防空炸的技术力量的增长，修高坝经验的积累，再在'四五'期间，考虑何时兴建。"

12月25日 中共中央在对葛洲坝工程的批复中提出："修建葛洲坝水利枢纽，是有计划、有步骤地实现伟大领袖毛主席'高峡出平湖'伟大理想的实战准备"，在建设葛洲坝工程时，"也要考虑今后保证三峡高坝建设的有效措施"。

12月26日 鉴于国内具体情况，尤其是华中地区用电紧张需要缓解，兴建三峡工程需要作实战准备等，毛泽东在葛洲坝工程兴建报告上作了批示："赞成兴建此坝。现在文件设想是一回事。兴建过程中将要遇到一些现在想不到的困难问题，那又是一回事。那时，要准备修改设计。"

12月30日 葛洲坝工程开工。

1971 年

3月 长办完成《三峡水利枢纽初步设计要点补充研究报告·坝址补充研究（讨论稿）》。《报告》建议将以防护剖面混凝土大坝和地下厂房为主的防护方案作为三峡建设的基本方案，以太平溪坝址作为三峡坝址。

6月23日 周恩来约湖北省革命委员会副主任张体学等开会，听取关于葛洲坝情况汇报。提出：对于水利工程，要综合考虑，太急容易出乱子。不要把重点放在发电上，要保证通航、发电和泄洪的安全。

1972 年

11月8日—21日 周恩来身患重病听取葛洲坝工程的汇报。由于设计和施工都存在不小的问题，他严肃地指出了工程建设中的问题，并决定主体工程暂停施工，修改设计；重新指定由林一山、钱正英、张体学、王英先、马耀骥、沈鸿、谢北一、袁宝华、廉荣禄9人组成葛洲坝工程技术委员会，直接对国务院负责；修改设计工作由长办负责。长办机构不拆散，不改组，全力以赴搞好葛洲坝、三峡工程建设。又进一步阐明修改葛洲坝工程设计是为三峡工程作实战准备。他说，过去没有实践，现在修葛洲坝，要使它成为三峡大坝的试验坝。

1973 年

本年 长办遵照周恩来提出来的“葛洲坝工程要为三峡工程作实战准备”的指示，从本年起，本着“三峡着眼，近期着手”的精神，会同有关单位开展了葛洲坝工程建设的大量科研试验工作，如泥沙淤积、通航建筑物、长江截流、大型闸门及启闭机、高压输变电设备、机械化施工工艺等。试验所获得的研究成果直接解决了葛洲坝建设中的问题，也为后来的三峡工程提供了宝贵的借鉴。

1974 年

12月8日—20日 葛洲坝工程技术委员会在北京召开第6次会议。会上讨论了三峡工程和葛洲坝工程的关系问题，要求1976年底以前完成三峡枢纽初步设计修改补充报告，以能在葛洲坝工程大江截流前将三峡工程纵向围堰水下部分予以预建，减少葛洲坝蓄水后修三峡工程的困难。为此，建议1975年第三季度召开一次三峡会议，研究坝址和预建工程。当时长办考虑结合人防要求，推荐采用太平溪坝址，但有不同意见。

1975年

7月7日—19日 葛洲坝工程技术委员会在北京举行第7次会议。会议讨论了三峡工程问题，达成共识是：尽快选定坝址和搞清淹没是当前的主要问题；决定给国务院写报告。报告建议10月召开三峡工作会议，讨论坝址和今后工作原则。

8月 国家建委召开三峡水利枢纽工作会议，研究坝址和水库蓄水位问题。因库区社会经济情况（不同水位的迁移人口及淹没房屋、耕地、厂矿等）已经发生了很大的变化，长办与有关省市联合调查组向会议提供了自1958年以来的调查数据，提出了三峡水利枢纽170米到200米分级蓄水位以下各项主要淹没指标。

1976年

3月 《三峡水利枢纽初步设计要点补充研究报告·坝址补充研究》编制完成，并于5月28日报送水利电力部，抄送国家计委、国家建委及有关部、局。《报告》推荐以太平溪作为三峡的建设坝址。认为虽然美人沱坝区地质条件优良，能满足建坝水工和施工布置要求，但从防御核武器的角度出发，需要采用以加大剖面的混凝土坝和地下厂房为主的枢纽布置，在这一点上，太平溪坝址较为有利。

1977年

9月 长办提交了《三峡水利枢纽防护方案研究报告》。

1978 年

1月6日—9日 国家副主席李先念和国务院副总理谷牧视察葛洲坝工程。在谈到三峡工程时，李先念说："要研究高坝中用的方案。"

2月4日—24日 由水电部主持召开的三峡水利枢纽坝址选择准备工作讨论会在湖北宜昌举行。会议代表着重讨论了四个问题：一、三斗坪、太平溪两个坝址的比较；二、关于"高坝中用"的问题；三、葛洲坝蓄水前的预建工程；四、选坝前需要补充的工作和建议。会议要求长办为选坝会议提供有关规划、地质、水工、施工、防护及设计任务书等方面情况的5个报告。

6月下旬 林一山带领一个工作组前往川东调查研究三峡库区移民工程问题，并在成都与四川省委主要领导交换意见。四川省主要领导说：不是不想搞三峡，而是想晚一点搞，因为这几年川东人民被"四人帮"搞得很苦，想缓一口气。对于移民问题，他认为，搞移民工程，因地制宜，就地后靠，搞多种经营是好的，但四川人多，山上粮食问题不大好解决。三峡分期搞，第一步移民20万左右，问题不大，可以考虑，希望在四川其他水库先搞一个试验。林一山根据调查情况，写出了《关于三峡水库移民问题的报告》，并于10月26日报送李先念转国务院。《报告》提了四点建议：一、高坝中用，分批移民；二、做好库边后靠的移民工作；三、做好移民区的整体规划设计工作；四、依靠地方党委实现移民政策。

8月 《长江三峡水利枢纽坝址选择补充设计阶段报告》编印完成。这个补充报告是根据1970年以后，在工程防护、分期兴建、移民工程规划、水库排沙防淤方面有了新的研究成果，以及葛洲坝工程已开工兴建的新情况下，对三峡工程的水工、施工设计方案和坝址比较后的研究成果所作的修改补充工作。《报告》于9月17日报送水电部。

11月 长办向中央写了《关于召开长江三峡水利枢纽选坝会议》的专门报告。

1979 年

4月26日 国务院召开会议讨论三峡工程建设和选坝会议的问题，由李先念主持，6位副总理，6位有关省、市的第一书记，各部、委负责人参加。会议听取了林一山、魏廷琤关于长江流域规划及三峡工程的汇报。讨论后决定由林一山主持召开三峡选坝会议。

5月12日—24日 长江水利枢纽选坝会议在武汉举行。到会的有55个单位200多名代表。代表们首先乘轮船察看了太平溪、三斗坪两个坝址和荆江大堤，然后在武昌洪山饭店举行会议。多数代表希望长办对各种意见进行分析研究，报请国务院及早把坝址确定下来，为早日开工做好准备。也有部分代表认为确定坝址的条件还不成熟，少数代表怀疑修建三峡工程的必要性和合理性。

8月28日 邓小平副总理和美国蒙代尔副总统在北京签署《中美水力发电和有关水资源利用合作议定书》。

9月6日 根据国务院指示，水利部主持召开三峡水利枢纽选坝会议汇报会。由参加5月选坝会议的6个大组组长汇报选坝会议上的讨论情况。会议讨论了三峡建设和选坝问题及今后的工作意见。会后由水利部向国务院作了报告，建议按三斗坪坝址开展初步设计工作。长办遂将工作的重点再次转入三斗坪坝址。

11月28日 水利部向中央报送《关于三峡水利枢纽的建议》，《建议》将三峡作为我国四个现代化建设中的一项重大战略性工程，争取在20世纪90年代建成。

1980 年

7月11日、12日 中共中央副主席、国务院副总理邓小平从重庆乘船顺江而下，视察长江三峡坝址和葛洲坝工地，听取长办关于三峡工程的汇报，并察看荆江大堤的防洪形势。邓小平到达武汉后，在与胡耀邦、赵紫阳、姚依林等谈到三峡问题时，建议由国务院主持召开一次三峡专业会议。

8月 国务院召开常务会议，研究三峡建设问题，决定：关于三峡建设问题，由国家科委、建委负责，继续组织水利、电力及其他方面的专家进行论证，提出意见。

10月4日 由国家科委和建委领导武衡、谢北一主持召开了“三峡工程论证预备会”。

11月 长办编制上报《长江三峡水利枢纽论证报告》。

1981 年

1月4日 葛洲坝工程大江截流胜利合龙。

2月 为了减少三峡工程初期投资和移民数量，及早发挥枢纽效益，长办编制了《三峡（三斗坪）枢纽分期开发初期蓄水位128米方案（坝顶高145米）简述》，并向水利部部长钱正英汇报了这一方案。该方案初期移民约20万人，发电600万千瓦，随着以后大坝继续加高，陆续发挥防洪作用，并提高发电和航运等效应。

12月 葛洲坝水利枢纽二江电站一、二号机组通过国家验收正式投产。

1982 年

2月 钱正英传达中央领导指示：三峡水利枢纽工程拟列入近期国家计划。要求长办向中央作一补充报告。长办随即向中央、国务院和湖北省报送了《关于兴建三峡水利枢纽的补充报告》。《补充报告》说：从全局和长远考虑，我们认为选用最终规模蓄水位200米方案比较合理。为了减少集中投资的压力，特别是减轻移民负担，建议大坝、电站一次修建至最终规模，采取分期抬高蓄水位的方式运行。初期水位较低，能提前发电，同时移民数量减少有利于安置。随着发电收益的积累，从中适当提成，继续安置移民，并逐步抬高蓄水位，增加防洪、发电和其他综合效益。湖北省委、省人民政府讨论研究了长办的《补充报告》，并向中央和国务院写了《关于兴建长江三峡水利枢纽的报告》。国务院副总理万里批示："请计委研究。"

10月7日 中共中央政治局委员、国务院副总理万里和中央书记处书记胡启立、候补书记郝建秀等视察葛洲坝工程。8日，万里等专门视察了三峡坝址，并听取了关于三峡工程勘测、设计工作进展情况的汇报。

11月24日 邓小平听取国家计委关于二十年工农业总产值翻两番的汇报，当汇报到准备兴建三峡工程时，他说："我赞成搞低坝方案。看准了就下决心，不要动摇。"陈云、李先念、胡耀邦等也赞同邓小平这个意见。

11月底 根据中央对三峡工程考虑的精神，钱正英向长办负责人提出：为了适应2000年总产值翻两番的要求，宜立即着手兴建三峡工程，但建设规模要适当，要适应我国当前的国情，尽量减少水库淹没。根据长办过去对三峡各种方案的研究，采用三峡蓄水位150米，可有防洪库容140多亿立方米，电站装机容量1200万千瓦，移民不超过40万人，投资约100亿元，这一规模比较适当，应立即研究这一方案的可行性。关于坝址问题，根据长办多年的勘探研究，三斗坪和太平溪都是好坝址。太平溪虽然节省混凝土，但结合我国当前的施工水平等情况看，可确定采用三斗坪作为三峡坝址。

1983 年

2月22日 邓小平在听取姚依林、宋平汇报当前经济情况时谈到，三峡怎么办，能不能上，上三峡你们定下来没有？投资安排不可能那么准确，要安排得十分科学是不可能的，主要是要争取时间，要把争取时间放在首位。东挤一点，西挤一点，三峡建设就挤上去了。上三峡要先修路，这方面要勇敢点，难免会出点错，错了大家负责，太稳了不行。没有闯劲，翻两番翻不起来……

3月 长办编制完成了《三峡水利枢纽150米方案可行性研究报告》。《报告》对坝顶高程165米、正常蓄水位150米的方案进行了研究和论证。防洪库容143亿立方米，电站装机容量300万千瓦。《报告》于4月5日上报国家计委和水电部。

5月3日—13日 国家计委组织350余名专家在北京召开会议，对《三峡水利枢纽150米方案可行性研究报告》进行审查。会议认为：提出的可行性研究报告基本可行，建议国务院原则批准。

1984年

2月17日 中央财经领导小组召开会议，讨论水电部所提的《关于建议立即着手兴建长江三峡水利枢纽工程的报告》，决定三峡工程采用正常蓄水位150米、坝顶高程175米的方案。今明两年作施工准备，争取1986年正式动工。决定成立三峡工程筹备领导小组并筹组三峡行政特区和三峡工程开发总公司。

3月15日 李鹏、宋平、杜星垣、钱正英根据中央财经领导小组会议决定，对三峡筹备工作中的一些问题，在经过多次讨论研究的基础上，取得一致意见，向中央呈送了《关于开展三峡工程筹备工作的报告》。

4月5日 国务院以〔1984〕国函字第57号文件原则批准《长江三峡水利枢纽工程可行性研究报告》。批文中指示："三峡工程按正常蓄水位150米、坝顶高程175米设计。""今明两年可先进行场外公路、部分码头、供电、通讯、部分房屋建筑和施工征地等方面的前期准备工作。"

4月28日 李鹏主持召开三峡工程筹备领导小组第一次会议。会上宣读了中共中央办公厅、国务院办公厅转发《关于开展三峡工程筹备工作的报告》的通知，宣布三峡工程筹备领导小组正式成立。会议听取了钱正英关于当前准备工作情况的汇报，并对近期需要研究决定的重大问题作了初步安排。

6月30日 国务院三峡工程筹备领导小组以国三峡筹发〔1984〕2号文发出通知。《通知》指出：经国务院批准，成立三峡工程开发总公司筹备组，组长由国务院三峡工程筹备领导小组成员陈赓仪兼任，副组长由陆佑楣担任，请立即开展工作。

7月31日 中共中央书记处第147次会议决定：为加快三峡电站的建设，妥善解决三峡库区移民问题，决定成立三峡特区，特区政府直属国务院领导。川鄂两省凡有移民的地区，均划归三峡特区政府管辖。

9月18日—21日 李鹏主持召开国务院三峡工程筹备领导小组第二次会议。会议传达了中共中央书记处决定成立三峡特区的决定。会议对特区范围、组建工作以及三峡工程施工准备和三峡工程科研等问题提出了原则性的意见和贯彻执行的措施。同时，对三峡开发总公司的任务、职权、体制提出了意见，认为成立"中国三峡工程开发总公司"已具备条件。

10月8日 重庆市委、市人民政府向中央提出《对三峡工程的一些看法和意见》，认为：三峡大坝150米方案的回水末端在重庆以下的洛碛与忠县之间，使重庆以下较长一段天然航道得不到改善，万吨级船队难以直达重庆……希望在最后确定正常蓄水位时要充分考虑发挥长江的潜在航运效益。认为：180米方案能基本解决川江航运问题。"180米方案既能较充分发挥三峡工程的综合效益，国力又能基本胜任，建议中央予以考虑。"交通部也持同样的看法。

10月26日 国务院第47次常务会议决定：原定成立的三峡特区，可以改为三峡行政区。确定了行政区范围，准备1985年提交全国人大常委会议审议通过。并决定成立三峡行政区筹备小组。

12月10日 水电部以水电劳字〔1984〕100号文，决定成立中国三峡开发总公司筹建处，筹建处设在湖北省宜昌市，行使总公司职权，并在北京设办事处。26日，陈赓仪在宜昌召开大会，宣布筹建处正式成立。

1985 年

1月19日 邓小平听取李鹏关于三峡工程建设安排及相关问题的汇报。

2月8日 三峡省筹备组正式成立，李鹏到会讲话。会后，颁发了中发〔1985〕4号文即《中共中央、国务院关于成立三峡省筹备组的通知》。

3月 长办编制完成三峡工程150米方案（坝顶高175米）初步设计报告。

5月3日—8日 国务院三峡工程筹备领导小组召开第三次（扩大）会议。主要议题是听取第二次会议以来设计、科研单位关于三峡工程泥沙、航运等方面的成果报告，研究下一步工作安排。由于重庆市和交通部门建议提高三峡工程正常蓄水位至180米，会上，李鹏提出由国家科委和计委组织三峡正常蓄水位的进一步论证工作。

9月2日 水利部召开内部预审会，审查1985年7月长办提出的《长江三峡水利枢纽正常蓄水位补充论证报告》。

1986 年

3月31日 邓小平接见美国《中报》董事长傅朝枢时表示：对兴建三峡工程这样关系千秋万代的大事，中国政府一定会周密考虑，有了一个好处最大、坏处最小的方案时，才会决定开工，是决不会草率从事的。

4月 为了解三峡库区的情况，国务院领导在考察川、鄂边山区后，由长办魏廷琤、郑守仁等陪同察看了三斗坪坝址、葛洲坝工程工地。同时，视察了长办宜昌三峡设计科研基地，并在荆江大堤郝穴段了解堤防加固和防洪情况。通过考察，决定不成立三峡省，并对三峡工程进行重新论证。

5月8日 中共中央、国务院以中发〔1986〕12号文下达《关于将三峡省筹备组改建为国务院三峡地区经济开发办公室的通知》。

5月 经中加两国政府签约，由加拿大国际开发署提供赠款，加拿大政府两个水电机构和三个私营公司组成咨询集团，负责按国际标准与我国平行编制三峡工程可行性研究报告。此项研究于7月开始，1988年8月完成，其结论与我国相同，仅水位推荐为160米。

6月2日 中共中央、国务院以中发〔1986〕15号文下达《关于长江三峡工程论证工作有关问题的通知》。通知要求水电部广泛组织各方面专家对三峡工程问题进行深入论证，重新编制可行性报告；国务院成立三峡工程审查委员会负责审查新编的报告，再经国务院审查，转报全国人民代表大会审议。

6月19日 根据中发〔1986〕15号文要求，水电部三峡工程论证领导小组成立。该小组首次会议将论证工作分为10个专题，共设立14个专家组；至1989年3月初，经过10次会议完成了新编报告的审议，并于9月连同14个专题论证报告一并报送国务院三峡工程审查委员会。

6月23日—24日 水电部三峡工程论证领导小组召开首次会议。会议就进一步论证三峡工程的有关问题进行了研究。确定了论证工作的目标、要求、方法、主要内容、阶段划分及组织机构。论证工作分为10个专题进行，其中4个专题又设2个专家组，共设立14个专家组。

8月11日—16日 水电部三峡工程论证领导小组召开第2次（扩大）会议。会议审议了14个专家组的论证工作纲要和专家组的名单，并进一步讨论了论证工作的要求、方法和程序。

12月22日—30日 水电部三峡工程论证领导小组召开第3次（扩大）会议，听取了14个专家组关于论证工作进展情况和有关科研单位关于泥沙的科研成果的汇报，提出在专题论证的基础上，综合优选一个有代表性、各方面可以接受的三峡正常蓄水位方案，再由专题组进一步深入论证，供宏观决策时参考。

1987年

2月 根据水电部三峡工程论证领导小组第3次（扩大）会议的安排，长办完成了《长江三峡水利枢纽工程正常蓄水位选择意见》及附件一《长江流域综合利用规划要点修订补充报告总论》、附件二《两级开发研究》和附件三《分期蓄水方案研究》。

4月17日—20日 水电部三峡工程论证领导小组召开第4次（扩大）会议，审议"综合规划与水位专家组"根据各专家对三峡工程水位方案论证的意见，综合归纳提出了初选水位方案的意见。通过讨论，绝大多数同志同意采用将"综合规划与水位"专家组提出"一级开发、一次建成、分期蓄水、连续移民"的方案作为进一步深入论证的初选方案。这一方案主张坝顶高程185米、正常蓄水位175米、初期蓄水位156米。

12月17日—22日 水电部三峡工程论证领导小组召开第5次（扩大）会议，审议通过了地质地震、水文、机电设备三个专题组的论证报告。

1988年

1月26日—28日 水电部三峡工程论证领导小组召开第6次（扩大）会议，审议并通过枢纽建筑物、施工、投资估算三个专题组的论证报告。

2月23日—3月1日 水电部三峡工程论证领导小组召开第7次（扩大）会议，审议移民、生态与环境和泥沙三个专题论证报告。

4月22日—30日 水电部三峡论证领导小组召开第8次（扩大）会议，审议防洪、电力系统和航运三个专题论证报告。

11月21日—30日 水电部三峡工程论证领导小组召开第9次（扩大）会议，审议"综合规划与水位"和"综合经济评价"两个专题组的论证报告。主要结论是：三峡工程是难得的具有巨大综合效益的水利枢纽，经济效益是好的，技术上是可行的，也是在国力能承受的范围之内，三峡工程建比不建好，早建比晚建有利，建议及早决策。领导小组按原则部署，责成长办根据专家组的论证报告编写可行性研究报告。

1989 年

2月23日 长办在1986年至1988年论证的基础上，重新编制完成正常蓄水位175米的《长江三峡水利枢纽可行性研究报告》，报送三峡工程论证领导小组。

2月27日—3月7日 水利部三峡工程论证领导小组召开第10次（扩大）会议，审议并原则通过根据论证报告重新编写的《长江三峡水利枢纽可行性研究报告（审议稿）》。报告围绕各界所关心的重要问题，着重论述了三峡工程的必要性、技术可行性、经济合理性，建议国家在经济条件容许的情况下尽快安排建设。至此，三峡工程重新论证工作全部结束。

7月21日—24日 中共中央总书记江泽民在水利部部长杨振怀、农牧渔业部部长何康陪同下，视察三峡工程坝址、葛洲坝工程、荆江大堤、荆江分洪工程，视察了长江水利委员会并为之题写会名，参观了长江科学院三峡水库模型试验厅，作了重要讲话。

9月 水电部三峡工程论证领导小组正式向国务院三峡工程审查委员会报送了《长江三峡水利枢纽可行性研究报告》和14个专题论证报告。

1990 年

7月6日—14日 国务院召开三峡工程论证汇报会。中共中央总书记江泽民会见了出席会议的全体同志。会议听取了潘家铮代表论证领导小组所作的《关于三峡工程论证情况的汇报》。76位专家、教授、学者和各方面的人士在大会上发言或提交了书面意见，会议充分肯定了各方面专家论证的工作成果，并决定将在此论证基础上重新编制的《长江三峡工程可行性研究报告》正式提请国务院三峡工程审查委员会审查。会上，国务院总理李鹏宣布了国务院三峡工程审查委员会名单。

8月22日 国务院办公厅以国办发〔1990〕57号文下达了调整后的国务院三峡工程审查委员会组成人员名单。主任：国务院副总理邹家华；副主任：国务委员兼财政部长王丙乾、国务委员兼国家科委主任宋健、国务委员陈俊生。审查委员会办公室设在水利部，负责审查委员会的日常工作。办公室主任：水利部部长杨振怀；副主任：能源部副部长陆佑楣、水利部副部长张春园。

9月21日 国务院以国发〔1990〕56号文，批转全国水资源与水土保持工作领导小组《〈关于长江流域综合利用规划简要报告〉审查意见的通知》。审查意见明确指出，长江三峡水利枢纽工程地理位置适中，条件优越，建成后综合效益巨大，在整个流域综合治理开发中，具有重要地位和作用。建议将三峡工程列为国家建设项目，在国家财力可能的条件下，尽早兴建。

12月11日 国务院三峡工程审查委员会首次会议在北京举行。国务院副总理、审委会主任邹家华主持会议，王丙乾、宋健及审查委员会成员出席会议。会议明确了审查委员会的主要任务：负责审查三峡工程可行性研究报告，提出审查意见上报国务院。审查的主要内容是：审查三峡工程在技术上是否可行，经济上是否合理，对生态与环境的影响如何，并对建设资金筹措、兴建时机及实施步骤提出意见。审查方式：采取“分专题、分阶段”方式，首先将三峡工程可行性研究报告分为10个专题，由审查委员会组织专家进行预审，然后由审查委员会集中审查。

1991 年

2月17日—18日 国家副主席王震、全国政协副主席王任重邀请13位专家、学者及有关的同志在广州举行三峡工程座谈会，听取了他们对三峡工程的意见。与会专家希望中央在“八五”计划和“十年规划”中对三峡工程早作安排。

2月26日 中宣部召开三峡工程宣传会，常务副部长徐惟诚就三峡工程的宣传问题指出：“当前三峡工程宣传要下点‘中雨’。人大常委会和全国政协两个考察团去三峡后，做了一些宣传，舆论空气起了很大变化。有的民主人士对我说，三峡工程的宣传太不够了。过去反对上三峡是你们宣传不够，我们不了解。建议新闻局同水利部联系，要让新闻单位了解三峡的人逐渐多起来，为记者宣传三峡工程造成好的条件。”

7月9日—12日 邹家华主持国务院三峡工程审查委员会第2次会议，审议《长江三峡工程可行性研究报告》，听取魏廷琤关于《长江三峡工程可行性研究报告》的汇报和10个预审专题主持人关于预审情况的汇报。

8月3日 国务院三峡工程审查委员会第3次会议在北京举行。会议一致通过《关于对〈长江三峡工程可行性研究报告〉的审查意见》，审查委员会全体成员都签了字，正式上报国务院，建议党中央、国务院予以批准并提请全国人大审议。

8月14日 国务院办公厅以国办发〔1991〕48号文通知：决定成立国务院三峡工程移民试点工作领导小组，其目的是加强对移民试点工作的领导，进一步扩大三峡工程开发性移民试点工作，加快移民工作进程。组长：国务委员陈俊生；副组长：国务院副秘书长刘仲藜、李昌安，国务院三峡地区经济开发办公室主任李伯宁，四川省副省长蒲海清，湖北省人大常委会副主任王汉章。国务院三峡地区经济开发办公室同时作为国务院三峡移民试点领导小组办公室。

8月26日 国务院三峡移民试点工作领导小组首次会议召开。会议由邹家华、陈俊生主持。领导小组听取并讨论了三经办主任李伯宁作的《关于三峡移民试点工作情况和今后试点几个有关问题的汇报》。

10月21日—11月2日 以王光英副主席为团长的全国政协视察团，赴四川、湖北、湖南三省有关地区，考察三峡工程建设问题。委员们通过考察认为，三峡工程是综合治理长江、开发长江资源的关键工程，对四化建设和增强中华民族的凝聚力，有着重要的意义，建议早作宣传、尽快决策、抓紧上马。

11月13日—24日 以陈慕华副委员长为组长、曹志副秘书长为副组长的全国人大常委会三峡工程考察组在四川、湖北、湖南就三峡工程的有关问题进行了考察。考察组先后考察了重庆、涪陵、丰都、万县、云阳、奉节、巫山、巴东、秭归、宜昌、沙市、公安、安乡、岳阳等地市县和三峡工程坝址三斗坪、葛洲坝水利枢纽、荆江大堤、荆江分洪区、洞庭湖湖区；听取了各地党政部门、三峡工程的有关部门和单位的汇报；深入实地察看了三峡库区的开发性移民试点工程及荆江和洞庭湖地区分蓄洪区；同各地党政负责人和人民群众进行了座谈讨论。这是新中国成立以来全国人大常委会组织的规模最大的考察组对一项工程进行实地考察。

12月6日 李鹏主持国务院第167次总理会议，听取水利部副部长张春园“关于全国人大常委会、政协全国委员会组团考察三峡工程情况”的汇报，听取李伯宁“关于扩大移民试点问题”的汇报。会议决定向全国人大常委会副委员长陈慕华和全国政协副主席王光英、钱正英征求对三峡工程建设问题的意见。会议还就国务院听取《长江三峡工程可行性研究报告》审查情况汇报的时间以及提请审议的具体事宜作了研究。

12月12日—19日 国家计委、水利部、能源部、交通部联合组织各省、自治区、直辖市及各计划单列市的政府负责同志共47人组成全国省长三峡工程考察团，自重庆沿江而下，在四川、湖北、湖南三省对拟议的三峡工程进行实地考察。考察团建议国家尽早决策兴建，并对如何建好三峡工程提出了许多积极意见和建议。

12月26日 全国人大常委会副委员长陈慕华在七届全国人大常委会第23次会议全体会议上说，三峡工程对四化建设是必要的，技术上是可行的，经济上是合理的，建比不建好，早建比晚建有利。建议国务院尽早将三峡工程建设方案提交全国人大审议。

1992年

1月17日 李鹏主持国务院第95次常务会议，讨论了国务院三峡工程审查委员会对《长江三峡工程可行性研究报告》的审查意见；邹家华汇报了审查委员会的审查意见并作了补充说明；张春园汇报了全国人大常委会、全国政协、全国省长考察团对如何兴建三峡工程提出的意见和建议。会议经过认真讨论，原则同意建设三峡工程。会议确定：将可行性研究报告、审查委员会的审查意见和国务院常务会议的讨论意见，报请党中央和全国人民代表大会审议。

2月20日—21日 中共中央总书记江泽民主持召开政治局常委会第169次会议，邹家华代表国务院汇报了国务院对《长江三峡工程可行性研究报告》的审查意见。会议原则同意国务院关于审查意见的汇报，并要求国务院根据会议讨论的意见，对三峡工程的有关问题作进一步研究后，将兴建长江三峡工程议案交七届全国人大五次会议审议。

3月16日 国务院总理李鹏向七届全国人大五次会议提交《国务院关于提请审议兴建长江三峡工程的议案》。《议案》提出：经过几十年来的治理实践和各种方案的反复研究和论证，为解决长江中下游的防洪问题，必须采取综合治理措施。兴建三峡工程是综合治理的一项关键性措施。同时，三峡工程还有发电、航运、灌溉、供水和发展库区经济等巨大经济和社会效益。三峡工程的兴建，对加快我国现代化建设进程，提高综合国力，具有重要意义。《议案》提出：经过多年的研究、论证和审查，三峡工程坝址选在湖北宜昌三斗坪镇。工程拦河大坝全长1983米，坝顶高程185米，最大坝高175米，水库正常蓄水位175米，总库容393亿立方米，水电总装机容量1768万千瓦。工程静态总投资570亿元（1990年价格）。主体工程建设工期预计15年，工程建设第9年即可发电受益，预计在工程建成后不太长的时间里，即能偿还全部的建设资金。

4月3日 七届全国人大五次会议对《关于兴建长江三峡工程的决议》进行表决，以1767票赞同、177票反对、644票弃权、25人未按表决器的结果通过。《决议》将兴建长江三峡工程列入国民经济和社会发展的十年规划，由国务院根据国民经济发展的实际情况和国家财力、物力的可能，选择适当时机组织实施；对已发现的问题要继续研究，妥善解决。

8月11日—14日 国务委员陈俊生主持召开三峡工程库区移民对口支援工作会议。全国21个省、自治区、直辖市和8个计划单列市的负责人及中央有关部门、三峡库区各地的负责同志共200多人参加了会议。

8月25日 李鹏主持召开国务院第200次总理办公会议，研究为澳星发射、三峡工程论证审查和奥运会取得优异成绩作出贡献的人员增拨政府特殊津贴指标的问题。会议同意增拨100名政府特殊津贴指标给从事三峡工程论证审查作出突出贡献的专家，由水利部商请有关部门统筹分配选拔名次。

10月8日 经国家批准，中国人民建设银行三峡工程专业分行在湖北宜昌成立，这标志着三峡工程的资金筹措、供应、管理、监督体系已形成，意味着三峡工程的筹备工作进入新的阶段。

11月19日 国务院总理李鹏在武汉主持召开国务院三峡工程建设工作会议，研究成立三峡工程建设领导机构，讨论三峡工程建设前期准备工作。

1993 年

1月3日 国务院国发〔1993〕1号文件《国务院关于成立国务院三峡工程建设委员会的通知》决定，成立国务院三峡工程建设委员会，由李鹏总理任主任委员，邹家华副总理、陈俊生国务委员及郭树言、肖秧、李伯宁同志任副主任委员，全国政协副主席钱正英任顾问，委员会成员由国务院有关部委负责同志组成，考虑到工作需要，请魏廷琤、陆佑楣同志任委员会成员。委员会下设办公室和移民开发局。办公室具体负责三峡工程建设的日常工作，办公室主任由郭树言兼任，李世忠、魏廷琤、漆林任副主任。移民开发局在原国务院三峡地区经济开发办公室的基础上组建，负责三峡工程移民工作规划、计划的制定和实施，由唐章锦任局长，綦连安、杨绍宗、杨启声任副局长。同时决定成立中国长江三峡开发总公司，并明确总公司是一个自负盈亏、自主经营的经济实体，是三峡工程的业主，全面负责三峡工程建设和经营。调能源部副部长陆佑楣任总经理，李永安、袁国林、贺恭、王家柱、秦中一任副总经理（上述三个机构的负责人，均系国务院国发〔1993〕1号文件后在1994年陆续任命的）。

3月11日 郭树言主持召开国务院三峡工程建设委员会第一次办公会议，研究三峡工程对外交通运输方案。会议确定三峡工程对外交通运输选用高速公路为主、水运为辅的方案。

4月2日 国务院三峡工程建设委员会第一次会议在中南海举行，李鹏总理主持会议。会议听取并讨论了郭树言关于三峡工程准备工作情况的汇报和李伯宁关于三峡库区移民工作情况的汇报。会议决定：（1）抓紧进行枢纽工程初步设计审查；（2）当前移民工作的重点在湖北省，希望加强领导，抓紧进行坝区征地和移民，为整个移民工作开个好头；（3）同意汇报中提出的1993年计划安排；（4）对三峡库区工厂搬迁技术改造专项贷款应予以支持。

4月14日 为筹集三峡工程建设资金，根据1992年国务院第205次总理办公会议决定，国家计委、财政部、电力部、国家物价局以计投资〔1993〕631号文联合发出通知：从1993年1月1日起，对葛洲坝电厂上网电价在现行电价基础上每年提价1分钱，分4年到位，每千瓦时共提价4分，作为三峡工程建设基金。

5月13日—25日 由国务院三峡建委办公室组织的三峡水利枢纽工程初步设计专家审查会在北京召开。来自全国各地的126位专家，组成核心专家组和水文、地质、泥沙、枢纽、施工等10个专题，审查通过了三峡水利枢纽初步设计。该设计是长江水利委员会根据已批准的可行性研究报告编制的，共分11篇，300多万字。

5月16日 经中国人民银行批准，一个专门为三峡工程筹措、融通建设资金的证券公司——三峡证券公司在三峡工程所在地湖北省宜昌市投入营运。

6月29日 国务院副总理朱镕基受李鹏总理委托主持召开国务院第6

次常务会议，审议并通过《长江三峡工程建设移民条例（草案）》。《条例（草案）》对移民的安置、淹没区和安置区的管理及各项优惠措施作了明确规定。李鹏总理于8月19日签发了国务院第26号令，发布《长江三峡工程建设移民条例》。

7月26日 国务院副总理邹家华受李鹏总理委托，在北京主持召开国务院三峡建委第2次会议，审查批准长委会设计编制的《长江三峡水利枢纽初步设计报告（枢纽工程）》，批准长江三峡工程建设将采用"明渠通航、三期导流"的施工方案。31日，国务院三峡建委以国三峡委发办字〔1993〕1号文发出《关于批准〈长江三峡水利枢纽初步设计报告（枢纽工程）〉的通知》。

8月17日 江泽民主持召开中央财经领导小组第7次会议，研究三峡库区移民和资金筹集问题。会议指出：库区移民事关三峡工程的进度，政策性强，必须高度重视，要认真贯彻开发性移民方针，抓紧制定移民实施规划，要加强对移民工作的组织领导。"中央统一领导，分省负责，县为基础"，特别是四川、湖北两省要切实负责，逐级落实。

9月26日 江泽民为三峡工程题词："发扬艰苦创业精神　建好宏伟三峡工程。"

9月27日 中国长江三峡工程开发总公司在宜昌正式挂牌。

11月22日 国务院总理李鹏在中南海召开座谈会，听取各民主党派中央、全国工商联负责人和无党派人士考察三峡工程的意见。李鹏在讲话中着重谈到做好三峡工程资金筹措工作、移民工作、库区的生态环境与文物保护工作等问题。

11月23日 国家环保局以及长江中下游有关环保部门，成立长江及三峡生态环境监测网。这个监测网将保证三峡工程建设与环境建设同步实施，实现库区及长江中、下游生态环境良性循环，使工程经济效益与环境效益相统一。

12月9日 中国三峡工程开发总公司技术委员会成立，聘请电力部顾问潘家铮为技术委员会主任。技术委员会主要负责三峡工程技术设计的审查及重大科研工作把关。

12月23日 在距三峡大坝中轴线下游4.5公里处，西陵长江大桥动工奠基。它是三峡工程前期准备中的关键项目，全长1501.6米，跨度900米。

12月25日 国务院总理李鹏主持召开三峡建委第3次会议，听取陆佑楣关于三峡工程施工准备情况进展的汇报和唐章锦关于移民工作会议情况的汇报，并着重研究了移民工作。

12月27日 国务院副总理邹家华、国务委员陈俊生在北京召开三峡工程移民工作会议。会议总结三峡工程移民试点经验，部署中央各部委、各省进一步开展对口支援工作。陈俊生强调，移民工作要妥善处理好七大关系：三峡工程建设与经济发展的关系；三峡工程建设与全国生产力布局的关系；移民搬迁与地方经济发展的关系；农业与第二、三产业的关系；就地解决与外迁的关系；对口支援与互惠互利的关系；中央政府与地方政府的关系。

1994年

1月10日 经国务院三峡工程建设委员会批准修建的三峡水利枢纽工程对外交通专用公路动工。这条公路全长28.6公里，属山岭重丘全封闭准一级公路专用线。由铁道部第十八工程局等单位担负施工。

1月26日—28日 财政部、电力工业部和中国三峡工程总公司在武汉联合召开全国三峡基金征收管理工作会议。会议要求贯彻国务院关于1994年三峡基金以每千瓦时征收3厘钱调整为4厘钱的决定，1994年征收23亿左右。

4月7日 国务院办公厅转发国务院三峡建委移民开发局《关于深入开展对口支援三峡工程库区移民工作意见报告的通知》，要求“各地、各部门要采取措施，进一步落实对口支援计划并切实组织实施”。

6月18日 国务院副总理、三峡建委副主任邹家华主持会议，研究三峡工程移民问题。会议认为：三峡移民问题复杂，政策性强，工作难度大，目前的组织管理办法要不断完善，以充分调动地方政府的积极性，按照“中央统一领导，分省负责，县为基础”的原则，现在要具体明确两省责任，层层落实责任制。会议确定三峡移民工作从现在起实行“分省负责，经费包干使用”的原则。

7月 国务院三峡建委办公室发出通知，正式实施《长江三峡工程水库淹没处理及移民安置规划大纲》。三峡水库安置补偿投资总额为400亿元人民币，明确《规划大纲》是指导性文件。

8月5日 三峡工程入选世界超级工程。工程代表应邀出席了在西班牙巴塞罗那召开的第二次“全球超级工程会议”。

8月25日 国务院发出国函〔1994〕92号文《国务院关于三峡工程库区进一步对外开放问题的批复》。一、同意将湖北、四川两省所辖长江三峡库区下列县列为长江三峡经济开放区，实行沿海开放区的优惠政策：湖北宜昌市所辖的宜昌县、秭归县、兴山县；恩施土家苗族自治州所辖的巴东县；四川省万县市所辖的巫山、巫溪、奉节、云阳、开县和忠县；黔江地区所辖的石柱县；涪陵地区所辖的丰都县、武隆县；重庆市所辖的长寿县、江北县、巴县和江津市。二、宜昌市、万县市、涪陵市列为沿江开放城市，实行沿海开放城市的政策。

9月13日 国务院三峡工程建设委员会办公室聘请25位专家在北京举行会议，对输变电工程初步设计进行初审。邹家华在会议期间听取了专家意见，并作了讲话。

10月12日—19日 中共中央总书记、国家主席、中央军委主席江泽民乘巴山轮由重庆，经涪陵、万县、秭归县、兴山县到宜昌，先后察看了三峡水库淹没区、移民安置开发点和大坝施工现场三斗坪，听取了工程准备情况的汇报。江泽民指出，三峡工程具有防洪、发电和航运等巨大效益，它不仅在中国而且在世界上也是罕见的特大工程，是功在当代、造福子孙的伟大事业。要周密细致、积极稳妥地做好移民安置、资金筹措、工程设计等开工前的准备工作，为三峡工程正式开工创造条件。

11月17日 李鹏主持召开国务院三峡建委第4次会议，研究三峡工程正式开工的问题。

12月14日 长江三峡开工典礼在宜昌三斗坪三峡一期工程土石围堰右侧基坑上隆重举行。典礼仪式由国务院副总理邹家华主持。10时40分，李鹏总理宣布长江三峡工程正式开工，并发表了讲话。

12月15日—16日 国务院三峡建委移民开发局在宜昌召开三峡库区移民工作座谈会。来自库区19个县市移民主管部门及分管移民工作的负责人100多人参加座谈会。会议总结了三峡移民工作的经验，讨论了《关于三峡工程库区移民规划管理有关问题的通知》、《长江三峡工程移民计划及资金管理办法》等，研究了1995年移民工作的基本思路及有关问题。

1995 年

4月11日—14日 国务院三峡工程移民工作会议在四川省万县召开，国务院副总理邹家华主持会议并发表重要讲话。会议主要任务是：全面贯彻江泽民总书记在三峡库区考察时的重要指示和李鹏总理在三峡工程开工典礼上的重要讲话，认真分析三峡工程开工后的库区形势，研究在社会主义市场经济条件下，如何搞好移民开发工作，如何搞好对口支援工作，交流经验，部署当前工作。

11月1日 国务院三峡建委第5次会议在北京举行。李鹏主持会议。会议听取了陆佑楣关于三峡工程进度情况的报告；听取了唐章锦关于移民进展情况的汇报；听取了潘家铮关于机组招标问题的汇报。

11月5日 国务院批准同意成立国家电网总公司（《关于同意成立国家电网建设总公司的批复》函〔1995〕107号），明确了公司名称、性质、财务关系、经营范围、运作方式等有关事项。

12月4日 国务院三峡工程建设委员会通知《关于三峡工程输变电系统设计的批复意见》（国三峡委发办字〔1995〕35号），批准三峡水电站供电范围、送电方向、出线回路数、交直流工程总量、工程总概算、工程的业主单位等事宜。

12月23日 长江三峡永久船闸一期开挖工程在坛子岭工地胜利完成，比预定计划提前8天。永久船闸是长江三峡水利枢纽三大主体工程（大坝、发电厂房和通航）之一。

1996 年

6月27日—28日 国务院三峡建委在京西宾馆召开三峡库区搬迁企业技改工作座谈会。总结交流1995年以来三峡库区淹没搬迁企业技改工作经验；研究讨论技改工作中存在的主要问题和解决办法；讨论修订《三峡库区淹没工矿企业搬迁结合技术改造项目管理办法》。

10月14日—20日 国务院三峡工程移民暨对口支援工作会议在重庆召开。国务院总理、三峡建委主任李鹏和国务院副总理、三峡建委副主任邹家华出席会议并作重要讲话。李鹏强调，建设新库区，主要依靠库区人民发扬自力更生、艰苦创业的精神，同时也离不开全国人民的支援。移民是三峡工程成败的关键，已批准的规划要成为指导移民搬迁和建设工作的蓝图，不能规划是一套，做起来又是一套。现在移民经费已经切块包干到省、市，要树立切块包干的严肃性，精打细算，少花钱、多办事，做到事半功倍。

12月 宜昌三峡机场通航。

1997 年

1月8日 三峡工程对外交通专用公路全线实现双线通车。

1月 国家计委正式批准10亿元人民币三峡债券发行计划，这是三峡总公司第一次采取国内发行债券的形式用以筹措三峡工程建设资金。

2月27日 国务院三峡工程建设委员会关于三峡工程输变电系统设计概算的批复，总概算按1993年5月价格水平，为275. 32亿元人民币。

3月26日 三峡输变电工程第一个单项工程——长寿至万县500千伏

线路及万县变电站在万县破土动工。

3月 八届全国人大第五次会议批准设立重庆直辖市。这有利于三峡工程建设和库区移民统一规划、安排和管理。

5月1日 长江三峡水利枢纽与流明渠破堰进水，标志着三峡右岸导流明渠工程胜利完成。

9月2日 三峡工程左岸电站水轮发电机组国际招标采购合同和贷款协议签字仪式在人民大会堂举行。国务院总理李鹏、副总理邹家华出席签字仪式。

9月28日—30日 国务院三峡建委大江截流前验收领导小组会议在三峡工地召开。此前验收组分工程枢纽组、库区移民组对工程建设和库区一期水位淹没线下的移民搬迁进行了全面验收。

10月1日 亚洲载重量最大的公路大桥——三峡工程覃家沱大桥建成通车，标志着三峡工程对外交通建设全部完成。

10月6日 人工开挖的3.5公里长、可供大型船队航行的三峡工程导流明渠正式通航。

10月13日 国务院三峡工程建设委员会第6次会议审议批准《长江三峡工程大江截流前验收报告》。14日，国务院第63次常务会议通过三峡工程大江截流前验收报告，决定三峡工程于11月8日实施大江截流。

10月29日—11月1日 中共中央政治局常委、书记处书记胡锦涛考察三峡工程建设特别是大江截流的情况，并到秭归县考察了库区移民工作。他强调，要继续努力，再创佳绩，把三峡工程建设的各项工作做得更好。

11月7日—13日 国务院三峡工程移民暨对口支援工作会议在宜昌召开，国务院总理李鹏、副总理邹家华出席并作重要讲话。此次会议在全面总结、交流一期移民和对口支援工作经验的同时，对二期移民任务、1998年的工作，以及进一步推动全国范围的对口支援工作做了部署。国务院三峡工程建设委员会在此次会议上发布表彰决定，对在一期移民和对口支援工作中做出显著成绩的34个先进单位、19名先进工作者进行了表彰。

11月8日 三峡工程大江截流仪式在三峡工地隆重举行，江泽民、李鹏、邹家华、丁关根、陈俊生、钱正英、王丙乾等出席。三峡工程实现大江截流，标志着为期5年的一期工程胜利完成，三峡工程转入二期工程建设。

11月11日 曾于1946年赴美国研讨和参加三峡工程设计的56位专家之中的18位代表李毓芬、杨贤溢、徐怀云等到三峡工地访问，受到三峡总公司领导热情接待。

12月11日 三峡工程左岸电站厂房坝段浇筑第一块混凝土。此举标志三峡水利枢纽的主体工程浇筑施工在左岸电站的厂房坝段首先拉开序幕。

1998年

1月初 中国长江三峡工程开发总公司根据国家有关工程质量的法令、法规，结合三峡工程建设实际，制定《三峡工程质量管理办法（试行）》，并于1998年1月正式执行。

1月12日 国务院三峡工程建设委员会第7次会议研究三峡二期工程的目标、任务和重点工作的有关问题。

4月21日 三峡永久船闸一期开挖工程通过竣工验收，工程质量合格率达100%，优良率达82.6%，总体质量完全达到设计要求。

4月30日 朱镕基总理主持召开国务院三峡建委第8次全体会议，研究三峡工程建设有关问题。会议认为三峡工程与国民经济关系重大，要毫不松懈坚决办好。会议通过讨论，议定以下主要意见：1. 要加强对三峡枢纽工程建设的监理，确保工程质量。2. 移民问题是三峡工程成败的关键。3. 关于三峡工程的电力、电量分配及电价问题。4. 关于三峡二期工程资金缺口问题。5. 三峡工程建设要能够促进国有工业发展，带动国内经济增长。6. 要重视三峡工程的文物保护工作，认真贯彻“重点保护、重点发掘”的方针。会议原则确定了新一届三峡建委的组成单位和成员。

5月1日 经过5年的建设，长江三峡临时船闸正式通航。这是目前世界上最大的双线五级船闸。

6月1日 三峡工程二期围堰下游防渗墙宣告全线封闭，共完成防渗墙面积25746平方米。

10月8日 三峡永久船闸上游引航道靠船墩浇下第一方混凝土，标志着世界最大的船闸已由开挖阶段转入混凝土浇筑阶段。

12月28日—30日 国务院总理、国务院三峡建设委员会主任朱镕基对三峡工程库坝区进行了考察，并谆谆告诫全体三峡建设者，三峡工程是“千年大计，国运所系”，质量是三峡工程的生命，质量责任重于泰山。

1999 年

6月10日 国务院三峡建委成立三峡枢纽工程质量检查专家组。全国政协副主席、中国工程院院士钱正英为组长，中国科学院、中国工程院两院院士张光斗为副组长，水利水电、交通、机电等领域的权威专家组成。专家组本着认真、求实、科学的精神，每年定期向三峡建委提出三峡工程质量检查报告，有特别需要时，提出专题报告。专家组下设工作组，协助专家组工作。

10月3日 三峡工程永久船闸南线五闸首保护层最后一方石碴被运往渣场，至此，由武警水电部队第四支队担负的永久船闸南线开挖全线告捷，标志着永久船闸主体开挖工程圆满结束。

2000 年

1月24日 三峡工程左岸电站厂房首台机组基础环在一号机安装就位，标志着三峡左岸电站厂房施工由土建施工为主转入土建与机组埋件安装并举阶段。

6月16日 国务院三峡建委第9次全体会议在北京召开，朱镕基总理在会上作了重要讲话。他强调，三峡工程是中华民族的千秋大业，质量是三峡工程的生命，要本着对国家、对人民、对子孙后代高度负责的精神，把工程质量放在首位，确保三峡工程质量经得起历史考验。同时，要加强库区的环境保护和生态建设，积极稳妥地做好移民安置工作，加大对搬迁工矿企业结构调整的力度，实现库区经济、社会事业和生态环境建设的协调发展。会议还提出，对三峡工程的电能消纳和分配，要结合中国电力体制改革通盘考虑，协调安排。

7月17日 150户639名重庆市云阳县农村移民外迁到上海市崇明县落户。这是由政府组织的首批外迁移民。

2001年

1月5日 “长江三峡工程淹没区及迁建区文物古迹保护规划报告”正式通过审查。

2月15日 朱镕基总理主持国务院第35次常务会议，审议并原则通过《长江三峡工程建设移民条例（修正草案）》，这是对1993年的条例进行的修订。《条例》结合一期移民工作实践，对移民迁建和管理的一些政策和原则进行了必要的修改、补充和完善。《条例》自2001年3月1日起实施。

6月3日 国务院三峡建委第10次全体会议在北京召开，朱镕基主持会议并作了重要讲话。他强调，三峡工程是一项世界瞩目的宏伟水利工程，质量是三峡工程的生命，要牢固树立质量第一的思想；同时，要继续坚持“两个调整”，积极鼓励库区移民外迁安置，加大对搬迁工矿企业结构调整的力度，加强库区地质灾害的防治工作，进一步搞好环境保护和生态建设，促进库区经济和社会的可持续发展。

11月7日 三峡工程永久性船闸首扇反弧门在闸首中南竖井内安装成功。

2002年

1月13日 经过9年建设，三峡工程大坝已经达到2003年蓄水发电所需的坝高，三峡大坝迎水面高程已经全线达到140米海拔高程以上，大坝高度已具备挡水要求。

3月17日 三峡工程首台发电机组转轮吊装成功。转轮的顺利安装为三峡工程在2003年实现首批机组发电创造了条件。

5月1日 三峡工程成功地实施了对上游围堰的爆破。1997年大江截流形成的上游围堰完成了历史使命。

9月1日 三峡工程永久船闸开始进行有水调试。永久船闸按年单向5000万吨和通过万吨级船队要求设计。过往永久船闸的船舶包括万吨级船队，每次过闸的时间大约需要2小时35分钟。根据三峡工程建设计划，船闸将于2003年6月通航。

10月25日 国务院召开长江三峡二期工程验收委员会全体会议，同意枢纽工程验收组关于在2002年11月实施导流明渠截流的意见。

10月26日 全长1580米的三峡二期大坝全线封顶，整段大坝都已升高到海拔185米设计坝顶高程。

10月29日 朱镕基总理主持国务院三峡工程建设委员会第11次会议，同意国务院三峡二期工程验收委员会的意见，决定在11月6日进行导流明渠截流合龙。次日，三峡工程开发总公司宣布了国务院三峡建委的决定。

10月 胡锦涛同志考察三峡库区。他对当地干部说，移民工作是关系广大移民群众切身利益的大事，也是三峡工程成败的关键。一方面，要加快移民迁建进度，确保三峡工程二期移民目标如期实现；另一方面，要加快库区经济发展，帮助群众广开致富门路，真正使库区移民搬得出，稳得住，逐步能致富。

11月6日 长江三峡工程导流明渠截流合龙。李鹏、吴邦国、曾培炎参加导流明渠截流仪式，李鹏作了讲话。全长3.7公里、渠宽350米的导流明渠，是为解决三峡二期工程期间通航和过流而开挖出来的一段“人造长江”。

11月7日 世界上最大的水轮发电机组转子在三峡工地成功吊装，标志着三峡首台机组大件安装基本完成，从此进入总装阶段。

12月16日 三峡工程三期碾压混凝土围堰开始浇筑。三期围堰设计总浇筑量为110万立方米，将与下游土石围堰一起保护右岸大坝、电站厂房及右岸非溢流坝段施工，是实现三期工程蓄水、通航、发电的关键性工程。

2003 年

4月11日 三峡工程临时船闸停止通航运行，长江三峡水域拟实行为期67天的断航，至6月16日恢复通航。与此同时，翻坝转运工作全面启动。

4月22日 三峡工程左岸临时船闸改建冲沙闸工程开工。

4月27日 三峡工程二期移民工程通过国家验收。这标志着三峡移民工作取得重大阶段性成果，三峡库区135米水位线下移民迁建及库底清理工作已全面完成，达到三峡工程按期蓄水的要求。

5月21日 国务院长江三峡二期工程验收委员会枢纽工程验收组正式宣布，三峡二期工程达到蓄水135米水位和船舶试通航要求。同意三峡工程6月1日下闸蓄水，并可以在6月实施永久船闸试通航。至此，中国建成世界上水位落差最大的船闸。

6月1日 三峡大坝中的闸门按计划准时启动，三峡工程正式下闸蓄水。三峡工程船闸全长6.4公里，其中船闸主体部分1.6公里，引航道4.8公里。三峡船闸系双线5级梯级船闸，其工程规模居世界之最。

6月16日 三峡船闸开始试通航。

6月24日 三峡首批发电的2号机组成功进行并网发电试验。

7月1日 三峡工程第一台发电机组——2号机组开始进行72小时并网试运行。4日，2号机组发生运行故障，机组随即跳闸停机。在故障原因查明后，2号机组于5日重新启动，开始新一轮72小时并网试运行。

7月10日 长江三峡工程第一台发电机组——装机容量70万千瓦的2号机组提前20天实现并网发电。

8月18日 三峡工程第3台投产的发电机组——3号机组正式并网发电。

9月5日 国务院三峡建委第13次会议在北京召开，国务院总理、国务院三峡工程建设委员会主任温家宝主持会议并作重要讲话，指出：三峡二期工程建设任务已顺利完成，三期工程全面展开。我们面临的任务仍很艰巨，责任重大。一定要再接再厉，尽职尽责，确保如期完成三峡工程的各项任务，向国家、向人民交出一份完满的答卷。会议审议批准了国务院三峡二期工程验收委员会关于首批机组启动和二期输变电工程的验收报告。温家宝对做好三期工程建设各项工作提出了明确要求：第一，始终保持积极进取和极端负责的精神。第二，始终把质量放在工程建设的首位。第三，继续做好库区移民和经济发展工作。第四，进一步加强库区地质灾害防治和生态环境保护。第五，切实加强水库管理工作。第六，高度重视安全生产。

11月22日 长江三峡工程1号机组正式并网发电并投入商业运行。

2004年

1月9日 新华社报道，三峡工程从2004年起进入三期工程。

4月30日 长江三峡工程左岸电站7号发电机组正式并网发电。

7月8日 国务院长江三峡二期工程船闸通航验收委员会在三峡工地宣布，三峡船闸已经通过正式通航验收，由试通航转为正式通航。

7月26日 三峡工程第9台投产机组——三峡左岸电站11号发电机组正式并网发电。

8月24日 三峡工程左岸电站8号机组于正式并网发电。

8月26日 重庆奉节县的882名移民踏上赴江西的外迁之路，标志着三峡库区出省市外迁移民工作全部结束。

12月8日 长江三峡工程地下电站主体工程首次进行公开招标，拉开三峡地下电站建设的序幕。

12月24日 国务院三峡建委第14次全体会议召开。温家宝主持会议并作重要讲话。他强调，三峡工程建设要全面落实科学发展观，更加重视工程质量和安全生产，更加重视移民安置，更加重视库区经济发展和生态环境保护，更加重视水库管理，高标准、高质量完成三峡工程建设任务。

12月28日 三峡电力外送的第三条通道——三峡至上海500千伏直流输变电工程在湖北宜都正式开工。

2005 年

4月5日 三峡库区农村移民外迁工作总结表彰会在重庆万州召开，国务院副总理、国务院三峡工程建设委员会副主任曾培炎出席会议并讲话。曾培炎指出，三峡库区农村移民出省市外迁安置任务如期完成，充分体现了社会主义集中力量办大事的优越性，体现了中华民族团结互助的精神，在新中国移民史上写下了光辉的一页。

9月16日 三峡工程左岸14台70万千瓦机组全部并网运行，提前一年实现了投产发电。国务院副总理曾培炎出席投产发电仪式并致辞。

10月12日 三峡大坝启动导流底孔封堵工程。该工程计划于2006年5月15日前完工。

12月1日 三峡重庆库区三期蓄水库底清理工作全面启动，清库工作将为2006年汛后三峡工程蓄水至156米做准备。

12月16日 历经55天的三峡船闸下引航道、口门区及连接段清淤施工顺利结束，完成疏浚工程量44万立方米，是三峡船闸引航道自2003年通航以来清淤量最大的一次。

2006年

2月10日 截至10时，三峡电站累计发电量达到1000亿度，为缓解我国电力紧张局面作出了重要贡献。

4月13日 由中宣部、国务院三峡办、中共重庆市委联合主办的三峡移民精神报告会在北京举行。三峡移民精神集中体现了“顾全大局的爱国精神，舍己为公的奉献精神，万众一心的协作精神，艰苦创业的拼搏精神”，是以爱国主义为核心的民族精神和以改革创新为核心的时代精神。

5月12日 国务院总理、国务院三峡工程建设委员会主任温家宝主持国务院三峡工程建设委员会第15次全体会议，听取三峡办等有关部门的工作汇报，审议批准三峡水库今年汛后蓄水至156米的工作方案，部署今后一段时期的重点工作。温家宝在总结时指出：自2003年三峡工程全面转入三期建设以来，三峡枢纽工程和输变电工程建设进展顺利，三峡大坝即将全线达到185米设计高程。防洪、发电、航运等综合效益开始发挥。移民安置稳步前进，生态环境建设步伐加快，水库综合管理得到加强。今后一段时期需要做好以下重点工作：一是确保三峡工程建设质量；二是切实做好移民稳定工作；三是大力推动库区经济社会发展，四是进一步加强生态环境保护和水库管理。

5月20日 三峡大坝全线达到185米设计高程，三峡大坝全线建成。

6月6日 三峡大坝上游碾压混凝土围堰爆破拆除，三峡大坝开始全面挡水。

9月2日—5日 验收组在三峡坝区召开了蓄水（156米水位）验收会议，在察看现场、听取汇报、查阅资料和认真讨论的基础上，通过了《长江三峡三期工程枢纽工程蓄水（156米水位）验收鉴定书》。

10月27日 三峡水库胜利实现156米蓄水目标，提前一年进入初期运行，开始发挥防洪、发电、通航三大效益。

12月4日 全国对口支援三峡库区移民工作会议在京召开，国务院总理温家宝作重要批示。国务院副总理曾培炎出席会议并讲话。会议强调，必须充分认识三峡库区经济社会发展的重要性和艰巨性，充分认识广大移民群众稳定致富的长期性和必要性，坚持方针不动摇、政策不改变、措施不减弱，切实把全国对口支援三峡库区移民工作深入持久地开展下去。

2007 年

2月10日—11日　三峡工程移民工作会议在湖北宜昌召开。国务院副总理曾培炎专题听取了三峡工程建设情况的汇报，要求把提高移民安置质量放在重要位置，努力实现库区经济社会又好又快发展。

6月11日　三峡工程右岸电站首台发电机组——22号机组正式并网发电，标志着三峡右岸电站进入了发挥效益的阶段。

11月25日—28日　国务院三峡三期工程验收委员会验收组对三峡工程右岸电站首批3台机组（22号机、26号机、18号机）进行了验收，《长江三峡三期枢纽工程右岸电站首批启动验收鉴定书》获得通过。

2008 年

5月4日　中国国民党荣誉主席连战一行抵达湖北省宜昌市，参观三峡工程展览馆、坛子岭、三峡大坝坝顶、三峡左岸电站以及“二八”观景平台。连战说：三峡工程是所有中华儿女共同的骄傲，可以说是福国利民，造福生灵。

7月17日　国务院副总理、三峡建委主任李克强主持召开三峡建委第16次会议，并作重要讲话。强调，要深入贯彻落实科学发展观，以对子孙后代负责的精神，牢固树立质量和安全是三峡工程生命线的意识，进一步加强生态环境建设与保护，促进移民安稳致富，实现库区经济社会全面协调可持续发展。

9月　三峡工程开始首次试验性蓄水。11月，水库水位达到172.8米。

10月29日 三峡右岸电站最后一台机组——15号机组结束72小时试运行，正式并网发电。标志着三峡工程初始设计的左、右岸26台机组全部投产发电，进度比初步设计整体提前一年。

10月 三峡工程设计中最后一个永久性建筑物——三峡升船机主体工程土建及部分设备安装施工合同日前在湖北宜昌签订。三峡升船机过船规模为3000吨级，年单向通过能力350万吨，最大垂直升降高度113米。

2009年

7月9日 国务院副总理、国务院三峡工程建设委员会主任李克强在湖北宜昌三峡坝区主持召开三峡工程座谈会，并考察枢纽工程和坝区库区。他强调，要深入贯彻落实科学发展观，统筹三峡工程建设运行、移民安置和库区发展，如期完成三峡工程初步设计各项任务，有序推进三峡工程后续工作，发挥好工程综合效益，促进全面协调可持续发展。

8月29日 长江三峡三期枢纽工程最后一次验收——正常蓄水175米水位验收获得通过，标志着三峡枢纽工程建设任务已按批准的初步设计基本完成，三峡工程可以全面发挥其巨大的综合效益。

9月 三峡工程第二次启动175米试验性蓄水，当年水库水位达到171.43米。

2010年

7月 三峡工程经受住流量为7万立方米/秒的特大洪峰考验。洪峰规模超过1998年洪峰，是长江有水文记录以来的第三大洪峰。

9月10日 三峡工程第三次启动175米试验性蓄水。

10月26日 三峡工程在走过18年的建设历程后，终于首次达到设计的175米蓄水位，标志着这一世界最大水利枢纽工程的防洪、发电、通航、补水等各项功能都可达到设计要求，开始步入全面收获期。

11月30日　国务院三峡建委第17次全体会议北京召开。会议审议了三峡工程验收结论的报告和后续工作规划。李克强强调，三峡工程初步设计建设任务如期完成后，要科学安排各项后续工作，确保三峡工程长期安全运行和持续发挥综合效益。会前，回良玉还主持召开三峡三期工程验收委员会全体会议，对三峡三期工程进行了验收。

12月　中国工程院发布《三峡工程阶段性评估报告·综合卷》。《评估报告》认为，三峡工程在1986年至1989年的论证工作与可行性研究（简称“原论证”）时作出的“建比不建好，早建比晚建好”的总结论；推荐水库正常蓄水位175米；“一级开发，一次建成，分期蓄水，连续移民”的建设方案，经受了实践检验。

2011年

5月18日　国务院总理温家宝主持召开国务院常务会议，讨论通过《三峡后续工作规划》。会议指出，三峡工程在发挥巨大综合效益的同时，在移民安稳致富、生态环境保护、地质灾害防治等方面还存在一些亟需解决的问题，对长江中下游航运、灌溉、供水等也产生了一定影响。适时开展三峡后续工作，对于确保三峡工程长期安全运行和持续发挥综合效益，提升其服务国民经济和社会发展能力，更好更多地造福广大人民群众，意义重大。《三峡后续工作规划》的主要目标是：到2020年，移民生活水平和质量达到湖北省、重庆市同期平均水平，覆盖城乡居民的社会保障体系建立，库区经济结构战略性调整取得重大进展，交通、水利及城镇等基础设施进一步完善，移民安置区社会公共服务均等化基本实现，生态环境恶化趋势得到有效遏制，地质灾害防治长效机制进一步健全，防灾减灾体系基本建立。为此，一要促进库区经济社会发展，实现移民安稳致富。二要加强库区生态环境建设与保护。三要强化库区地质灾害防治。四要妥善处理三峡工程蓄水后对长江中下游带来的不利影响。五要提高三峡工程综合管理能力。六要以洪水资源化、水库优化调度、供水效益拓展为主攻方向，拓展三峡工程防洪、发电、航运、生态和水资源配置等综合效益，提高在国家水安全和电网运行安全等方面的战略保障能力。

6月 中国三峡集团在北京发布2010年社会责任报告。这是中国三峡集团发布的第一份社会责任报告。2010年，三峡工程共进行7次防洪运用，防洪经济效益达266.3亿元，通过三峡枢纽的货运量为8794万吨，是蓄水前最高年货运量的4.9倍。2011年1月至5月，三峡水库累计为下游补水200亿立方米。

2012 年

7月2日 三峡地下电站最后一台机组27号机组正式并网投产发电，这标志着三峡地下电站建设全面完工。

2013 年

6月7日 国家审计署公布长江三峡工程竣工财务决算草案审计结果。审计结果表明，三峡工程总体建设运营情况良好，专项资金管理基本上做到了合规有序，三峡工程发挥的综合效益达到或超出预期目标。同时，三峡工程由于施工难度大、建设周期长、移民搬迁安置任务重，以及建设初期相关法规制度不健全等，工程建设和资金管理中存在一些问题。三峡集团公司、国家电网公司、三峡办对审计中存在的问题已全部进行了整改。

本年 三峡工程运行10周年。10年间，三峡水电站累计发电量超过7119亿千瓦时；累计拦蓄洪水872亿立方米，为长江下游补水893天、补水量达932亿立方米；三峡船闸累计运行94558闸次，通过船舶59.4万艘。三峡工程被世界著名科普杂志《科学美国人》列为世界十大可再生能源工程。

2014 年

3月31日 中国地震局地震研究所水库诱发地震研究室主任王秋良等专家对社会普遍关心的地震是否与三峡蓄水有关，是否影响大坝安全，是否还有较大地震等问题，进行现场解答。据介绍，三峡库首湖北秭归近期发生的4.3级和4.7级地震，与三峡水库蓄水无关。目前还没有发现三峡大坝与地震之间的规律。

6月24日 国务院副总理、国务院长江三峡工程整体竣工验收委员会主任汪洋主持召开验收委员会第一次全体会议，部署安排三峡工程整体竣工验收工作。国务院三峡建委在三峡工程初步设计建设任务基本完成后，安排了6年时间进行试验性蓄水运行。监测表明，各项指标均在设计或预测范围之内，库区地质总体安全稳定，水库水质总体良好，三峡工程质量、功能等都得到了相应的检验，验收的各项准备已经就绪。三峡工程整体竣工验收程序是，2014年6月底前，验收委员会完成组织机构的设立和验收大纲的审定。2015年6月底前，中国工程院提交第三方独立评估报告。2015年第四季度，完成各项工程的竣工验收，并形成整体竣工验收报告。2016年第一季度，将召开验收委员会全体会议，讨论作出整体竣工验收结论，提请国务院三峡建委全体会议审议并报国务院审批。

2015 年

2015年 三峡升船机工程续建工程完成设备安装及调试。

2016 年

5月 三峡升船机通过试通航前验收，标志着这一世界级升船机工程开始由建设阶段逐步转入通航试运行阶段。

9月18日 世界上技术难度最高、规模最大的升船机——三峡升船机进入试通航阶段。这也是世界最大水利枢纽三峡工程的最后一个建设项目。

2018年

4月24日 中共中央总书记习近平视察三峡大坝，详细了解三峡工程建设、发电、水利、通航、生态保护等方面的情况。随后，前往通航船闸、升船机和左岸发电厂实地调研。他对工程技术人员说，我们要靠自己的努力，大国重器必须掌握在自己手里。试想当年建设三峡工程，如果都是靠引进，靠别人给予，我们哪会有今天的引领能力。我们自己迎难克坚，不仅取得了三峡工程这样的成就，而且培养出一批人才。希望共同努力，上下同心，13亿多中国人齐心合力共圆中国梦。

2020年

11月1日 水利部、国家发展改革委公布，三峡工程日前完成整体竣工验收全部程序。根据验收结论，三峡工程建设任务全面完成，工程质量总体优良，运行持续保持良好状态，防洪、发电、航运、水资源利用等综合效益全面发挥。防洪方面，三峡水库通过有效拦蓄长江上游洪水，保障了中下游地区防洪安全。从蓄水至2020年8月底，三峡水库累计拦洪总量超过1800亿立方米。发电方面，三峡电站是世界上总装机容量最大的水电站。截至2020年8月底，累计发电量达13541亿千瓦时，有力支持了华东、华中、广东等地区电力供应，已成为我国重要的大型清洁能源生产基地。航运方面，三峡船闸自2003年6月试通航以来，过闸货运量快速增长，2011年首次突破1亿吨。截至2020年8月底，累计过闸货运量14.83亿吨，有力推动了长江经济带快速发展。水资源利用方面，三峡水库已成为我国重要的战略性淡水资源库。截至2020年8月底，累计补水2267天，补水总量2894亿立方米。中下游地区生产、生活和生态用水条件得到显著改善。生态与环境保护方面，节能减排效益显著。自投产至2020年8月底，三峡电站发出的优质清洁电力能源，相当于节约标准煤4.30亿吨，减少二氧化碳排放11.69亿吨。